Zu diesem Buch

Den in den Evangelien so dramatisch geschilderten Prozeß, in dem der jüdische Hohe Rat Jesus von Nazareth wegen Gotteslästerung zum Tode verurteilte, gab es nicht. Es war die römische Besatzungsmacht, die durch Pilatus den Rabbi aus Galiläa als vermeintlichen Aufrührer in einem militärischen Schnellverfahren verurteilte und hinrichtete. Paulus und die Evangelisten haben diese historische Tatsache verdreht. Sie wollten mit ihrer römerfreundlichen Berichterstattung der neuen Religion eine Überlebenschance im römischen Imperium sichern. Fatalerweise ahnten sie nicht, daß aus ihrer These von der Schuld der Juden am Tode Jesu im christlichen Abendland ein Rechtstitel zur Vertreibung und Ermordung dieses Volkes hergeleitet werden würde. Diese These jedoch ist unchristlich und widerlegbar.

Zu diesem Urteil kommt der Autor in einer wissenschaftlichen und streng juristischen Beweisführung. Sein brillantes Plädoyer für historische Wahrhaftigkeit, Humanität und ein aufgeklärtes Christentum entzieht dem Antisemitismus die Grundlage.

Weddig Fricke, geboren 1930, studierte an den Universitäten Würzburg, Freiburg und Basel sowie, als Fulbright-Stipendiat, Spezialprobleme des amerikanischen Strafprozeßrechts an der University of Southern California in Los Angeles. 1958 zum Dr. jur. promoviert, ist er seit 1960 selbständiger Rechtsanwalt in Freiburg.

Weddig Fricke

Standrechtlich gekreuzigt

Person und Prozeß
des Jesus aus Galiläa

Rowohlt

Für die Taschenbuchausgabe erweiterte und aktualisierte
der Autor Text und Anhang des Buches.
Das Titelbild zeigt den Pilatusstein, der 1961 in Caesarea
gefunden wurde. Es ist die einzige Inschrift,
in der Pilatus erwähnt wurde. Er heißt dort:
[Pon]tius Pilatus [Prae]fectus Judae[ae]

Umschlagentwurf Jürgen Kaffer
Veröffentlicht im Rowohlt Taschenbuch Verlag GmbH,
Reinbek bei Hamburg, Dezember 1988
Copyright © 1986 by Dr. Weddig Fricke, Freiburg i. Br.
Satz Trump Mediaeval (Linotron 202)
Gesamtherstellung Clausen & Bosse, Leck
Printed in Germany
1480-ISBN 3 499 18476 1

Inhalt

Vorwort	9
Vorwort zur Taschenbuchausgabe	12
Einleitung	13

I. Teil: Zur Person

1. Kapitel: Die Quellen und ihre historische Qualität — 19
Autoren und Kanon — 19
Eine Frohe Botschaft soll verkündet werden — 26
Strömungen und Wandlungen im Urchristentum — 28

2. Kapitel: Der biblische Jesus — 35
Die vier Evangelien im Überblick — 35
Der Apostel Paulus berichtet — 46
Zeugen und Theorien über die Auferstehung — 56

3. Kapitel: Die Frage nach der Geschichtlichkeit Jesu — 60
Die Chronisten schweigen — 60
Die historische Jesus-Forschung — 72
Gesicherter Indizienbeweis — 75

4. Kapitel: Wie, wann und wo geboren — 84
Geboren von einer Jungfrau? — 84
Geburtstag und -jahr — 89
Als Cyrenius Landpfleger in Syrien war — 90

Der Kindermord des Königs Herodes	92
Der Stern von Bethlehem	94
Geburtsort	95
Der Nasiräer und die Nezer-Prophezeiung	100

5. Kapitel: Vorfahren und Familie 104
Die Stammbäume im Matthäus- und Lukas-Evangelium	104
Familienleben und familiäre Spannungen	105

6. Kapitel: Jesu Fremdheit bleibt 112
Spekulationen über die äußere Gestalt	113
Vermutlich kein Asket	114
Verfechter sozialer Gerechtigkeit?	119

II. Teil: Zur Sache

7. Kapitel: Zum Passionsbericht 127
Zielort Jerusalem	127
Einzug in die Stadt	131
Erfüllte Prophezeiungen?	134
Ungewisses Todesdatum	137
Fehlende Augen- und Ohrenzeugen	142
Verleugnung des Petrus	145

8. Kapitel: Die Römer, nicht die Juden 147
Die Todesstrafe der Kreuzigung	147
Die «Vollstreckungs-Legende»	150
Ein vermeintlicher Aufrührer	155
Haftgrund und Haftbefehl?	162
Verrat des Judas?	165
Festnahme in Gethsemane	172
Das «kleine» Verhör im Johannes-Evangelium	175
Mitwirkung des jüdischen Establishments?	178
Das unbekannte Grab eines Patrioten	183
Die Publizisten unter politischem Druck	187

9. Kapitel: Angeblicher Prozeß vor dem Synedrium — 199
Gericht und Vorsitzender Richter — 199
Ungereimtes im Prozeßablauf — 201
Massive Verstöße gegen geltendes Recht — 204
Beinahe ein Freispruch — 209
Bist du Christus, der Sohn Gottes? — 213
Zur prozeßentscheidenden Frage und Antwort — 218
Messianität und Gottessohnschaft — 221
Die Messiasfrage in zeitgenössischer Interpretation — 230
Rechtsirrtümliche Anwendung des «Gotteslästerungsparagraphen»? — 235

10. Kapitel: Rechtsbrüche Jesu außerhalb der Anklage? — 239
Sabbatverletzungen? — 241
Ablehnung der Reinheitsvorschriften? — 243
Gotteslästerliche Anmaßung? — 246

11. Kapitel: Gelitten unter Pontius Pilatus — 248
Die Situation des Gefangenen — 248
Todesbereitschaft oder Lebenswille? — 259

12. Kapitel: Der Prokurator und die Juden — 264
Die behauptete Kollektivschuld — 264
Der Gerichtsherr als Biedermann — 273
Wer war Barabbas? — 278
Pilatus am Ende — 282

Epilog — 286

Anmerkungen — 290

Literaturverzeichnis — 340

Autorenregister — 344

Register der Bibelstellen — 347

Namen- und Sachregister — 353

Vorwort

Der gedankliche Ursprung dieses Buches liegt in einem Rechtsfall, mit dem ich mich als Anwalt beruflich zu befassen hatte. In den Jahren 1970 – 1974 war ich Offizialverteidiger in einem Verfahren wegen nationalsozialistischer Gewaltverbrechen, welches vor dem Schwurgericht in Freiburg verhandelt wurde. Dem Angeklagten war vorgeworfen, 1942 als Polizist im Judengetto von Tschenstochau acht Juden aus nichtigem Anlaß und niedrigen Beweggründen erschossen zu haben.

Auf der Anklagebank saß ein biederer Schlossermeister, ehrbarer Familienvater und rührender Opa. Als junger Mann – es lagen 32 Jahre zurück – hatte er die Taten begangen. Durch die Zeugenaussagen galt er als überführt: Seine persönliche Verantwortung und Schuld standen fest. Er wurde wegen Mordes zu lebenslanger Freiheitsstrafe verurteilt.

Erschütternd in einem solchen Verfahren ist das Szenarium des Grauens, das aus den Schilderungen der Zeugen den Gerichtssaal erfüllt. Erschütternd ist aber auch die Feststellung, daß dieser so absolut unauffällige Angeklagte seine Taten nur in einem geistigen Umfeld pervertierten Rechtsempfindens hatte begehen können, für dessen Existenz er nicht mehr Verantwortung trug als diejenigen, die sich jetzt mit seinen Taten zu befassen hatten.

Während der Mörder im landläufigen Sinne gegen die staatliche Ordnung und die in ihr ruhenden gesellschaftlichen Vorstellungen handelt, sich außerhalb von Staat und Gesellschaft stellt, durfte ein Polizist, der 1942 im Getto Juden erschoß, weil diese irgendeinen kleinen Verstoß gegen die Ordnungsbestimmungen begangen hatten, glauben, in seiner Tat mit Staat und Gesellschaft konform zu sein. Gerade in diesem Umstand liegt das Unterscheidungsmerkmal zwischen einem Staat, in welchem sich *auch* Verbrechen ereignen, und einem solchen, in welchem das Verbrechen zur Tugend erklärt wird.

So hatte ich mich im Rahmen jener Strafverteidigung mit dem historischen Antisemitismus – eigentlich sollte man nicht von

«Antisemitismus», sondern von «Antijudaismus» sprechen – zu befassen, einer Erscheinung, die zwar unter Hitler ihren grauenvollen Höhepunkt erreicht hatte, die aber viel älter ist und sich auch keineswegs auf Deutschland beschränkt.

Ausgeprägt ist der historische Antijudaismus in all den Ländern, die zum christlichen Kulturkreis gehören. Folgt man diesen Spuren bis zum Ursprung, dann steht man – leider muß es gesagt werden – bei den Autoren des Neuen Testaments. Aus der von ihnen aufgestellten These von der Schuld der Juden am Tode Jesu und der bei Matthäus nachzulesenden Selbstverfluchung der Juden wurde über alle Zeiten hinweg ein Rechtstitel hergeleitet, der zur Diskriminierung, Vertreibung und Ermordung der Juden angewandt wurde. Wann immer «Christen» ihren Judenhaß austobten, haben sie sich dabei insbesondere auf das Matthäus- und Johannes-Evangelium berufen.

Unterzieht man sich der Mühe, die Evangelien in einer «enttheologisierten» Form zu lesen, so stößt man verhältnismäßig rasch auf zahlreiche historische Unrichtigkeiten, und insbesondere erkennt man mühelos den Grund, warum die Autoren des Neuen Testaments bestrebt waren, nicht die Römer, sondern die Juden für den Tod Jesu verantwortlich zu machen.

Diese erste Erkenntnis veranlaßte mich, das Quellenstudium zu vertiefen und mich schließlich der Faszination hinzugeben, die gerade auch die historische Persönlichkeit des Jesus von Nazareth ausübt. So entstand das vorliegende Buch.

Dank sagen möchte ich all denjenigen, die mich zur Konzeption dieses Werkes veranlaßt und durch Ratschläge und Anregungen ermutigt haben, an dem Manuskript weiterzuarbeiten, das – bedingt durch die Inanspruchnahme des beruflichen Alltags – oft über längere Zeitspannen hinweg in der Schublade ruhte.

Mein ganz besonderer Dank gilt meinem Freund Georg Thamm. Er war es, der mich in langen abendlichen Gesprächen wissenschaftlich beraten hat, mir beim Lesen des Manuskripts und bei der Überprüfung der Zitate behilflich war und mich mit manchen Hinweisen zu weitergehenden Erkenntnissen führte. Und ein herzliches Dankeschön gilt auch Fräulein Elke Lenski, die als frischgebackene Anwaltsgehilfin das Manuskript getippt hat, oft nach Feierabend und an den Wochenenden, und ihre heitere Stimmung auch dann bewahrte, wenn durch sich ergebende stilistische Korrekturen viele Seiten mehrmals geschrieben werden mußten. Ich danke allen, die um der historischen Redlichkeit willen zur Verbreitung dieses Buches beitragen.

Freiburg, 9. November 1986   Weddig Fricke

Vorwort zur Taschenbuchausgabe

Die große Resonanz in den Medien auf die im Dezember 1986 im Mai-Verlag erschienene Erstauflage meines Buches hat mich überrascht und erfreut. Ausgeprägte Zustimmung traf mit schroffer Ablehnung aufeinander. Schon im Sommer 1987 war das Buch (unverändert) in der 3. Auflage erschienen.

Wohlwollende Hinweise und konstruktive Kritik, die ich von Theologen, Historikern und Juristen erhalten habe, veranlaßten mich, das Buch zu überarbeiten, einige Richtigstellungen und Ergänzungen vorzunehmen und auf die Weise Akzente zu setzen, die mir zu einem besseren Verständnis sinnvoll erschienen. Die deutschsprachigen Publikationen, die in der Zwischenzeit zum Thema erschienen sind, wurden weitgehend berücksichtigt.

Freiburg, Sommer 1988   Weddig Fricke

Einleitung

Rechtsanwälte haben sich mit der Person des Jesus von Nazareth und den Umständen seines gewaltsamen Todes bis jetzt kaum befaßt. Das überrascht insofern, als der Anwalt in besonderem Maße zur Stellungnahme herausgefordert sein sollte. Denn der Überlieferung zufolge ist der Fall Jesus einer jener Fälle – und zwar der folgenreichste –, in denen ein Unschuldiger zum Tode verurteilt und hingerichtet worden ist.

Eine Stellungnahme zum Prozeßgeschehen kann nicht erfolgen, ohne die über den Angeklagten zur Verfügung stehenden biographischen Tatsachen zu berücksichtigen und diese unter kritischer Würdigung bestimmter Faktoren seiner Umwelt in die Betrachtung einzubeziehen. In Anlehnung an den Ablauf eines Strafprozesses unserer Zeit habe ich daher dem eigentlichen Verfahrensstoff einen Abschnitt «Zur Person» vorangestellt.

Es kann hier freilich nicht der Versuch unternommen werden, den Lebenslauf Jesu darzustellen oder den Jerusalemer Prozeß gedanklich aufzurollen, etwa mit dem Ziel, zu einer Revision im Schuldspruch zu gelangen. In Anbetracht der Fragwürdigkeit, ob es überhaupt einen derartigen Prozeß im Sinne der zeitgenössischen Strafprozeßordnung gegeben hat, wäre der Versuch einer juristischen Analyse von vornherein zum Scheitern verurteilt.

Keine der drei – historisch allein relevanten – Theorien über die Hintergründe der Kreuzigung Jesu sind letzten Endes beweisbar: Weder die, daß das jüdische Establishment sich des unerwünschten Propheten aus Galiläa entledigen wollte und ihn an die Römer auslieferte, noch die Theorie, daß Jesus in Wirklichkeit ein zelotischer Widerstandskämpfer gegen das römische Besatzungsregime war und als solcher ergriffen und hingerichtet wurde, noch schließlich jene, der hier der größte Grad an Wahrscheinlichkeit beigemessen wird, wonach Jesus als *vermeintlicher* Aufrührer in einem militärischen Schnellverfahren von den Römern verurteilt und gekreuzigt wurde, weil diese den im Grunde friedfertigen Charakter seines Handelns verkannt hätten.

Die Evangelien geben nur einen bescheidenen Aufschluß sowohl über den Lebensweg Jesu als auch darüber, wie es zur Verurteilung und Hinrichtung gekommen ist. Weit eher aufzeigbar sind die Punkte, in denen die Berichterstattung mit objektiven Kriterien nicht in Einklang zu bringen ist und die daher einer Korrektur bedürfen. Unter Zugrundelegung des gegenwärtigen Erkenntnisstandes der Forschung will ich versuchen, einige Spuren des gewaltsam zu Tode gekommenen Menschen Jesus von Nazareth aufzuzeigen. Der Umstand, daß außerhalb der Evangelien nirgendwo von einem Prozeß berichtet wird, der in Jerusalem um das Jahr 30 unserer Zeitrechnung gegen eine prominente Persönlichkeit stattgefunden hätte, läßt mich zu dem Ergebnis kommen, daß es sich für die Zeitgenossen bei dem Geschehen von Golgatha zumindest nicht um ein aufsehenerregendes Ereignis gehandelt haben kann.

Weder Paulus noch die Evangelien, noch die übrigen Autoren des Neuen Testaments sind an einer Biographie Jesu sonderlich interessiert. Die ungewöhnliche Dürftigkeit der Informationen ließ sogar immer wieder die Frage aufkommen, ob Jesus als geschichtliche Persönlichkeit existiert hat. Erst durch die Erkenntnisse der sogenannten kritisch-historischen Jesusforschung ist diese Skepsis wohl endgültig überwunden.

Die Evangelienberichte dienten dem Anliegen, die christliche Botschaft im römischen Imperium zu verkünden. Die Frage nach der Schuld am Tode Jesu ist daher von Anfang an tendenziös behandelt worden. Der in den historischen Quellen als besonders grausam und judenfeindlich beschriebene Römer Pontius Pilatus wird als ein im Grunde milder Gerichtsherr vorgestellt, der alles darangesetzt habe, dem vor seinem Tribunal stehenden Angeklagten Jesus von Nazareth die Freiheit zu schenken.

Die Aussagen, die der Leser in der nachfolgenden Abhandlung erfährt, können von ihm – als jeweilige Einzelaussage – sicherlich auch anderwärts bezogen werden, ja es gibt hier wohl keinen Gedanken, der seinem Inhalt nach nicht auch schon irgendwo auf der breiten Palette der theologischen Diskussion erschienen ist. Soweit ich sehe, ist aber eine Gesamtschau dieser Gedanken bisher noch nicht erfolgt. Auch unterscheidet sich der methodische Ansatz von dem anderer Veröffentlichungen.

Als Anwalt erschien es mir reizvoll, gewissermaßen nach Art

eines Plädoyers die «Würdigung des Beweisergebnisses» in bezug auf Person und Prozeß Jesu vorzunehmen. Die bevorzugt argumentative Form der Darstellung unter Verwendung und häufiger Zitierung gerade solcher Quellen, deren Verankerung im christlichen Glauben bzw. deren besonderer Wert für den christlich-jüdischen Dialog zweifelsfrei ist, soll dem Leser bewußtmachen, daß das gemeinhin durch Kirche und Predigt geprägte Jesusbild in ganz entscheidenden Punkten von dem Bild abweicht, das einer historischen Nachprüfung – im bescheidenen Rahmen des Möglichen – standhält.

Wenngleich wohl alle Stellungnahmen zum historischen Jesus mitgeprägt sind von den weltanschaulichen Vorstellungen und glaubensmäßigen Orientierungen des jeweiligen Autors, bin ich dennoch bestrebt, die Fragen des persönlichen Glaubens unangetastet zu lassen. Auch derjenige, der geneigt ist, sich meinen Argumenten anzuschließen, wird uneingeschränkt an der zentralen Botschaft des Christentums festhalten können: daß Jesus von Nazareth der für mich gestorbene und auferstandene Christus ist. Wogegen ich mich wende, ist ein Glaube, der die Ergebnisse historischer Forschung negiert und daher naiv ist. Die Geschichte lehrt, wie leicht naiver Glaube in Fanatismus und Verfolgung anderer ausarten kann. Um dem Buch gerecht zu werden, sollte man es nicht unter theologischen, sondern unter juristisch-historischen Aspekten sehen.

I. Teil
Zur Person

1. Kapitel:
Die Quellen und ihre historische Qualität

Autoren und Kanon

Wer biographische Tatsachen über Jesus erfahren will, tappt ziemlich im dunkeln. Man kann nicht annähernd so viel zusammentragen wie beispielsweise über Alexander, Cäsar oder Augustus. Nur Vermutungen kann man äußern, wie dies oder jenes – vielleicht – gewesen sein mag. Schon eher läßt sich sagen, was von den bekannten Schilderungen seiner Persönlichkeit und seines Handelns mit Sicherheit Legende ist.[1]

Jesus selbst hat der Nachwelt kein schriftliches Zeugnis hinterlassen. Das zeitgenössische Schrifttum beschreibt ihn nicht.[2] Einzige Quelle ist das Neue Testament. Doch niemand, der dort von Jesus berichtet, ist jemals mit ihm zusammengetroffen. Auch Paulus nicht, der einzige, der immerhin ein Zeitgenosse Jesu war. Der Franziskaner Dautzenberg spricht aus, was unter Theologen seit langem mehr oder weniger Allgemeingut ist: «Kein Evangelium ist von einem Augenzeugen geschrieben worden.»[3]

Die Verfasser der Evangelien – Zeitgenossen einer späteren Generation – sind historisch unbekannte Persönlichkeiten. Bei keinem von ihnen handelt es sich etwa um einen der gleichnamigen Apostel, die als Jünger Jesu genannt werden. Auch der Verfasser der beiden Petrus-Briefe ist, obwohl er sich als der Jünger Simon Petrus vorstellt und als Augenzeuge der Geschehnisse ausgibt, nicht identisch mit dem in den Evangelien und in der Apostelgeschichte genannten Jünger Simon Petrus. Ein unbekannter Verfasser der beiden Briefe hat sich lediglich den Namen Petrus zugelegt, um damit seine Autorität zu erhöhen und seinen Worten ein größeres Gewicht zu geben.[4]

Ähnliches gilt für den Jakobus-Brief und den Judas-Brief. Die Namen wurden wahrscheinlich gewählt, um der Familie Jesu zu huldigen. Die Verfasser dieser Briefe sind nicht die in Mk. 6.3 genannten Brüder Jesu Jakobus und Judas.

In der Antike war der Begriff des literarischen Eigentums unbekannt, und zahlreiche Schriften wurden unter den Namen bedeutender Persönlichkeiten verfaßt, ohne daß die jeweiligen Verfasser mit dem Träger dieses Namens etwas zu tun hatten. Zum Beispiel haben die meisten Psalmen Davids und die Sprüche Salomos mit den Königen David und Salomo so wenig zu tun wie die Bücher Mosis mit Mose.

Ebenso irreführend wie der Verfasser der Petrus-Briefe erklärt auch der Autor des Johannes-Evangeliums:

«Dies ist der Jünger, der von diesen Dingen zeugt und dies geschrieben hat; und wir wissen, daß sein Zeugnis wahrhaftig ist.» (Jh. 21.24)

Es soll die Vorstellung erweckt werden, der Johannes-Evangelist sei identisch mit Johannes, dem 'sogenannten Lieblingsjünger. Auch die Stelle (Jh. 19.35), wonach Johannes unter dem Kreuz gestanden und die letzten Augenblicke Jesu miterlebt habe, wird für diese (unrichtige) Annahme einer Identität zwischen Lieblingsjünger und Evangelist herangezogen. In Wirklichkeit lag, als das Johannes-Evangelium verfaßt wurde, das berichtete Geschehen schon etwa achtzig Jahre zurück. Der Verfasser hätte also über hundert Jahre alt gewesen sein müssen, wenn er dabeigewesen wäre.

Bei den Jüngern[5], überhaupt bei allen, die Jesus in der kurzen Zeit seines Wirkens umgeben haben mögen, handelt es sich um einfache, des Lesens und Schreibens allenfalls in den Grundzügen kundige Leute. Obwohl Jesus bemüht ist, sich dem einfachen Volk verständlich zu machen und keine besonderen intellektuellen Anforderungen an seine Zuhörer zu stellen, sollen gerade die Jünger häufig Schwierigkeiten gehabt haben, ihm gedanklich zu folgen. Ihre Rückfragen, wie dies oder jenes zu verstehen sei, müssen des Meisters Geduld oft auf eine harte Probe gestellt haben:

«Versteht ihr dies Gleichnis nicht, wie wollt ihr dann die andern alle verstehen?» (Mk. 4.13)

> «Habt ihr denn noch immer nichts bemerkt und immer nichts verstanden? Ihr habt Augen und sehet nicht und habt Ohren und höret nicht.»
> (Mk. 8.17–18)

In ihrer Mehrzahl sind die Jünger wohl – wie Petrus – galiläische Fischer gewesen. Abgesehen davon, daß von ihnen tatsächlich kein schriftliches Zeugnis vorliegt, wäre es auch völlig undenkbar, daß einer von ihnen befähigt gewesen wäre, ein theologisches Gedankengut zu verfassen, wie es in den Schriften des Neuen Testaments zum Ausdruck kommt. In der Apostelgeschichte (Apg. 4.13) werden speziell Petrus und Johannes als «ungebildete und einfache Leute» bezeichnet – ein weiterer Beweis dafür, daß der Petrus-Brief nicht vom Jünger Petrus und das Johannes-Evangelium nicht vom Jünger Johannes verfaßt ist.

Die Evangelien und die anderen Berichte des Neuen Testaments wurden von ihren Autoren in griechischer Sprache geschrieben. Jedenfalls gibt es weder einen philologischen Beweis noch einen vernünftigen Grund für die Annahme, daß sie ursprünglich in Hebräisch oder Aramäisch geschrieben worden seien und daß uns lediglich griechische Übersetzungen vorlägen.

Zur Zeit Jesu war in Palästina Griechisch die Sprache der gebildeten Volksschichten. Ob Jesus die griechische Sprache beherrscht hat, weiß man nicht. Auch Salcia Landmann kann es nicht wissen, sie hat aber eine feste Meinung: «Wir können davon ausgehen, daß der galiläische Dörfler Jesus etwa gleichviel Griechisch und Lateinisch konnte wie ein ostgalizischer Wunderrabbi Polnisch und Ruthenisch. Also nur ein paar Worte, die allenfalls zu einer notdürftigen Verständigung über einfachste Tagesfragen ausreichten.»[6]

Jesus selbst und sein engerer Anhang haben Aramäisch gesprochen, eine dem Hebräischen eng verwandte Sprache. Man darf vermuten, daß es Aramäisch mit einem etwas schwerfälligen Akzent war, typisch für Galiläa. Petrus soll man gerade daran als Galiläer und damit als Anhänger Jesu erkannt haben:

> «Wahrlich, du bist deren einer; denn du bist ein Galiläer, und deine Sprache lautet gleichalso.» (Mk. 14.70)

Was Jesus im persönlichen Bereich gesprochen hat, was er von sich und seiner Familie, von seinem Lebenslauf erzählt hat, darüber gibt es keine Aufzeichnungen. Bei den meisten Autoren des Neuen Testaments, zum Beispiel in den Paulus-Briefen, kommt Jesus selbst überhaupt nicht zu Wort. Nur in den Evangelien sind Worte Jesu angeführt. Diese Worte sind in die damalige Weltsprache Griechisch übersetzt worden; Rückübersetzungen zum Verständnis für die zum Teil wiederum nur Aramäisch sprechenden Anhänger der sich etablierenden Jesus-Bewegung waren nötig, bis sie schließlich in den vorliegenden Evangelien für ein Publikum niedergeschrieben wurden, das seinerseits in der griechischen Sprache beheimatet war.

Jesu Worte, wie wir sie in den Evangelien lesen und verstehen sollen, basieren nicht auf der Grundlage seiner semitischen Sprachwelt, sondern auf unserer europäischen. Es ist nun aber allgemein bekannt, daß Angehörige einer anderen Sprachfamilie nicht nur anders sprechen, sondern auch anders denken. Jesus und sein Anhang (als Angehörige einer semitischen Sprachfamilie) haben in anderen Kategorien gedacht als die Angehörigen unserer (indoeuropäischen) Sprachfamilie.

Die ältesten uns vorliegenden Zeugnisse sind die Paulus-Briefe, deren erster vermutlich im Jahre 50 von Korinth aus nach Saloniki (Gemeinde der Thessalonicher) gesandt wurde. Paulus freilich hat sich mit der irdischen Person Jesu weder befaßt noch sich für sie überhaupt interessiert. Daher weiß er von ihr auch so gut wie nichts zu berichten. Er berichtet vom gekreuzigten, geglaubten, auferstandenen und gepredigten Christus, nicht aber von der geschichtlichen Person Jesus von Nazareth.

Man ist sich über die zeitliche Reihenfolge der Evangelien zwar weitgehend einig, aber das Jahr ihrer jeweiligen Entstehung ist nicht genau bekannt. Nach herrschender Meinung entstand Markus (ohne die letzte Hälfte des Schlußkapitels, die erst etwa hundert Jahre später geschrieben wurde) um das Jahr 70; Matthäus (ebenfalls ohne Schlußkapitel, das erst etwa einhundertfünfzig Jahre später entstand) in den achtziger Jahren; Lukas kurz darauf, etwa um das Jahr 90; Johannes etwa zehn bis dreißig Jahre später, also erst um die oder nach der Jahrhundertwende.[7] Die Apostelgeschichte (ihr Verfasser ist identisch mit dem Verfasser des Lukas-Evangeliums) entstand um das Jahr 95.

Die im Jahre 70 erfolgte Eroberung Jerusalems durch die Römer und die Zerstörung des Tempels werden sowohl im Markus-Evangelium (Mk. 13.14ff.) als auch im Lukas-Evangelium (Lk. 21.20ff.) erwähnt. Bei Matthäus ist der Bericht von der zerstörten Hauptstadt eingebettet im Gleichnis vom Großen Abendmahl (Mt. 22.7).

Die Apokalypse des Johannes, also diejenige Schrift, die im Neuen Testament an letzter Stelle steht, wird auch als das jüngste kanonische Dokument angesehen. Eine kleine Minderheitsmeinung allerdings will gerade die Apokalypse an den zeitlichen Anfang stellen, und zwar mit dem Hinweis darauf, daß die dort in 13.18 erwähnte mystische Zahl 666 ein Geheimzeichen Kaiser Neros sei.[8]

Weder die Evangelien noch die übrigen Schriften des Neuen Testaments sind in ihrer Originalfassung erhalten. Auch die ersten Abschriften liegen nicht vor. Es gibt nur Abschriften von Abschriften der Abschriften. Niemand vermag sich dafür zu verbürgen, daß in ihnen nicht Zusätze enthalten sind, die erst durch die spätere kirchliche Lehre entstanden. Die ältesten vorliegenden Abschriften der synoptischen Evangelien – nicht mehr auf Papyros, sondern bereits auf Pergament geschrieben – stammen aus dem 3. und 4. Jahrhundert. Das uns heute vorliegende Neue Testament entspricht dem Zustand, in dem es um das Jahr 380 in der östlichen Christenheit verbreitet war.[9] Vom Johannes-Evangelium wurde im Jahre 1933 in der ägyptischen Wüste ein Papyros-Fragment des 18. Kapitels gefunden, das aus der ersten Hälfte des 2. Jahrhunderts stammt.

Das Johannes-Evangelium wurde mit Sicherheit nicht nur von einem einzigen Autor geschrieben. Ob auch bei den anderen Evangelien mehrere Verfasser zusammengewirkt haben, weiß man nicht. Man wird sich die Autoren durchweg als mehr oder weniger gebildete Theologen vorzustellen haben. Woher sie kommen, wo sie vorwiegend gelebt und ihre Werke verfaßt haben, ist letzten Endes unbekannt. Lediglich vom ältesten Evangelium, dem Markus-Evangelium, wird häufig sowohl in der Wissenschaft als auch nach der kirchlichen Überlieferung angenommen, daß es in Rom verfaßt wurde.

Die Evangelien wurden anonym überliefert; ihre jeweiligen Namensbezeichnungen haben sie erst von den Kirchenvätern im

Laufe des 2. Jahrhunderts erhalten. Die Gründe für die Namensgebungen sind nicht bekannt. Nur vom Johannes-Evangelium wird man vermuten dürfen, daß es deswegen so benannt wurde, weil darin der Jünger Johannes exklusiv als der Jünger bezeichnet wird, «den Jesus lieb hatte».

Die Evangelien und die Briefe der wandernden Jesusbekenner wurden zur Verbreitung immer wieder abgeschrieben. Allein dadurch entstanden auf ganz natürliche Weise Abweichungen. Eine weitere Fehlerquelle ist, daß die frommen Chronisten das, was sie über Jesus berichten, überwiegend nur aufgrund mündlicher Erzählungen erfahren haben. Nimmt man dann noch hinzu, daß das ganze Geschehen sich im Vorderen Orient abgespielt hat, die «Informanten» meist von einfacher Herkunft waren und überdies nur solche Leute von Jesus Notiz genommen hatten, die ihrerseits vom Glauben an seine Auferweckung erfüllt waren, dann bedarf es keines weiteren Hinweises darauf, wie schwierig und teilweise unmöglich es ist, Dichtung und Wahrheit auseinanderzuhalten.

In den dreihundert Jahren zwischen Jesu Tod und der Erhebung der christlichen Lehre zur Staatsreligion war in der Lehrmeinung ein nicht mehr zu bewältigender Wirrwarr entstanden. In einem im Jahre 1966 in Istanbul entdeckten Manuskript, welches Aufschluß über die ersten christlichen Jahrhunderte gibt, wird berichtet, daß es etwa achtzig verschiedene Versionen der Evangelien gab. Einige sind auch erhalten, sie gelten aber als apokryph und haben daher im Neuen Testament keine Aufnahme gefunden.

Was man aus der Fülle der verschiedenen Fassungen und Schriften als verbindlich ansehen kann und was nicht, war ein Problem, mit dem schon die ersten paulinischen Gemeinden konfrontiert waren. Von Zeit zu Zeit mußten «Auslesen» getroffen bzw. «Bereinigungen» vorgenommen werden. Das erfolgte mehr oder weniger willkürlich. Der altchristliche Bischof Papias berichtet um das Jahr 140 von einer Zusammenkunft der Kirchenväter, bei der alle vorhandenen Texte unter einen Altar gelegt wurden. Da die echten von den unechten nicht mehr zu unterscheiden waren, beteten die Väter darum, die echten Bücher möchten sich erheben und sich von selbst auf den Altar legen. Dies ist, wie Papias berichtet, dann auch geschehen. Nur hat er leider nicht verraten, welche Bücher es waren.

Als das im eigentlichen Sinne «heilige» Buch wurde nach wie vor das sogenannte Alte Testament angesehen. Die gleiche Autorität genossen die mündlich tradierten Worte Jesu. Daneben, aber in der Bedeutung weit darunter stehend, existierten die zahlreichen Evangelien und sonstigen Schriften, ohne daß man eine Rangordnung unter ihnen eingerichtet hatte. Was als «katholisch» und was als «Häresie» galt, war lange Zeit umstritten und bildete den Gegenstand der innerkirchlichen Auseinandersetzung. Hunderte von rivalisierenden Lehrern behaupteten alle, die «wahre Lehre Christi» zu verkünden, und beschuldigten die anderen als Betrüger.[10] Die «echten» Christen nannten diejenigen Christen, die eine andere Meinung vertraten, «Gnostiker». Der Streit der Christen untereinander wurde bei weitem heftiger ausgetragen als der mit den Heiden, denen gegenüber man sich, solange man noch keine Macht hatte, durchaus tolerant verhielt.

In einem sich über zwei Jahrhunderte hinziehenden Prozeß gelangten dann diejenigen Evangelien zu größerer Bedeutung, die schließlich ins sogenannte Neue Testament aufgenommen wurden. Viele Schriften, die Aufnahme fanden, waren lange umstritten. Bei anderen war es umgekehrt: Man wollte zwar die Aufnahme, konnte sich damit aber nicht durchsetzen. Beispielsweise wollten Tertullian und Origenes das Hebräer- und Ägypter-Evangelium kanonisiert wissen. Bei einer früheren Kanonisierung sollten einmal nur das – allerdings von Judaismen «gereinigte» – Lukas-Evangelium und zehn (ebenfalls «gereinigte») Briefe des Apostel Paulus gelten. Das war die später als Irrlehre verworfene Forderung des Kirchenlehrers Marcion, des wohl bedeutendsten christlichen Streiters im 2. Jahrhundert.[11]

Ein Ende gesetzt wurde dem Durcheinander erst im Jahre 383, als Papst Damasus I. seinen Sekretär Hieronymus beauftragte, die altlateinische Bibelübersetzung zu revidieren, woraus dann ein (ebenfalls in lateinischer Sprache verfaßtes) Werk, die Vulgata, entstand, in der die 27 Schriften enthalten sind, die fortan den Kanon des Neuen Testaments darstellen. Sie galten von nun an als Schriften der Apostel, als vom Heiligen Geist inspirierte Bücher, somit als göttlichen Ursprungs; eine Diskussion über den Inhalt verbot sich daher von selbst. Was speziell die vier Evangelien anbelangt, erfolgte deren Zulassung mit einer eigenartigen Begründung: Es gebe auch vier Himmelsrichtungen und außerdem, dem

Propheten Ezechiel zufolge, vier Tiere am Wagen des allmächtigen Gottes.

Erst im Zuge der Aufklärung wagte man theologischerseits zögernd, das Neue Testament als ausschließliches Werk Gottes in Frage zu stellen und es – so Johann Gottfried Herder – als «ein Buch durch Menschen für Menschen geschrieben» zu sehen. Allerdings konnten nur evangelische Theologen diese Infragestellung offiziell vollziehen. Für Katholiken wurde das Dogma von der göttlichen Inspiration der neutestamentlichen Texte auf dem Ersten Vatikanischen Konzil im Jahre 1870 nochmals bestätigt. Darüber gibt es bis auf den heutigen Tag keine vom Lehramt erlaubte Diskussion.

Eine Frohe Botschaft soll verkündet werden

Die Autoren des Neuen Testaments interessieren sich kaum für historische Tatsachen. Ihr Anliegen ist ein ganz anderes: Sie wollen die Frohe Botschaft («eu-angelion») verkünden, und zwar in erster Linie die paulinische Botschaft vom auferstandenen Christus, dessen Kreuzigungstod die schuldige Menschheit entsühnt hat (2. Kor. 5.19). Speziell die Evangelisten wollen außerdem noch berichten von der Frohen Botschaft, wie Jesus selbst sie verkündet hat, nämlich die Botschaft vom Herannahen des Gottesreiches (Mk. 1.15).[12]

Das Problem der Historizität jesuanischer Worte wird durch den Umstand erschwert, daß es eine spezielle Lehre, die ihren Ursprung in Jesus hat, nicht gibt. Spätestens seit der Entdeckung der Schriftrollen vom Toten Meer im Jahre 1947 muß dies als gesichert angesehen werden.[13] Selbst ein eher konservativer Theologe wie Helmut Thielicke resümiert, Jesus habe «kaum ein Wort gesprochen, das in der rabbinischen Literatur vor ihm nicht wenigstens in ähnlicher Form schon zu lesen gewesen wäre».[14] Hans Küng[15] führt Karl Barth, Rudolf Bultmann und Paul Tillich an, die in ihrer Skepsis sogar noch weiter gegangen sind, indem sie kein einziges der überlieferten Worte Jesu für zweifelsfrei historisch hielten. Aber: Gerade in der historischen Ungewißheit manifestiert sich nach ihrer Glaubensüberzeugung der wahre Glaube. Küng selbst allerdings teilt diese Auffassung insofern nicht, als er (in Übereinstimmung mit der jetzt vorherrschenden Auffassung)[16] in den Evangelien nicht nur reine Glaubenszeugnisse, sondern durchaus auch historische Informationsquellen sieht, die dazu angetan sind, auf den geschichtlichen Jesus rückzufragen.

Es ist zu unterscheiden zwischen den Worten, die Jesus wirklich gesprochen haben könnte (ipsissima verba Jesu) und solchen, die man ihm in den Mund gelegt hat. Ferner: Was ist Wiedergabe eines Geschehensablaufes, und was ist Interpretation, Predigt der nachösterlichen Gemeinde? Und wo wird sogar die Interpretation verlassen und an ihre Stelle Deutung und Verklärung gesetzt?

Ein Beispiel: Nach Markus (15.34) und Matthäus (27.46) stirbt Jesus mit dem klagenden Ausruf:

«Mein Gott, mein Gott, warum hast du mich verlassen?»

Diese beiden Evangelisten lassen also noch die ganze Verzweiflung eines Menschen, der sich von seinem Gott verlassen glaubt, erkennen. Der Verfasser des etwas späteren, hellenistisch geprägten Lukas-Evangeliums sieht die Dinge schon anders. Da spiegeln die letzten Worte nicht mehr Verzweiflung wider, sondern bereits Zustimmung zum Tod:

«Vater, in deine Hände befehlige ich meinen Geist.»
(Lk. 23.46)

Im Johannes-Evangelium schließlich, in welchem alles Menschliche schon weitgehend eingegangen ist in die göttliche Natur des gepredigten Christus, ist weder von Verzweiflung noch von demutsvoller Zustimmung die Rede; hier beendet Jesus sein irdisches Leben mit dem triumphierenden Ausruf:

«Es ist vollbracht!» (Jh. 19.30)[17]

Man muß, wenn man die Evangelien liest, immer bedenken, daß diese nicht an einer historischen Wahrheit interessiert sind, sondern an einer für das Wohl und Heil der Menschen relevanten Wahrheit.[18] Küng[19] vergleicht die Evangelien mit einem Shakespeareschen Drama. Hier wie dort solle nicht möglichst exakte

Historie geboten, sondern eine Botschaft verkündet und ein neues Zeitalter angekündigt werden. So gesehen, kann die Legende also durchaus eine bedeutungsvollere Wahrheit sein als der historische Bericht. Die Geschichte vom Barmherzigen Samariter ist das dafür wohl schönste Beispiel.[20]

Strömungen und Wandlungen im Urchristentum

Die Autoren des Neuen Testaments können nicht als neutrale Zeugen gelten. Sie sind – für den Johannes-Evangelisten gilt nicht einmal das – bestenfalls Zeugen vom Hörensagen. Die frühesten christlichen Berichte enthalten «keinerlei biographisches Material, das mit Recht diesen Namen verdient».[21]

Die «Geschichten», die von Jesus von Nazareth erzählt wurden, waren von Anfang an Berichte solcher Menschen, für die Jesus mehr bedeutete als nur die Erinnerung an einen nahestehenden Verstorbenen. Jeder der Erzähler hatte bereits eine ganz persönliche Heilserfahrung mit ihm gemacht. Jedenfalls darf man annehmen, daß diejenigen, die Jesus noch persönlich gekannt hatten, anders über ihn dachten und berichteten als später Paulus und die Evangelisten. Während Jesu «Jude-Sein» seit Paulus nur noch gewissermaßen beiläufig zum Ausdruck kommt und statt dessen der Eindruck vermittelt wird, Jesus habe sich in einer ständigen Auseinandersetzung mit dem Judentum, zumindest mit einer bestimmten Gruppe, den Pharisäern, befunden, kann mit Sicherheit angenommen werden, daß ihn die Urgemeinde noch ganz, ohne jeden Abstrich, als einen «Juden mit Leib und Seele» empfunden und geschildert hat.

Die Texte des Neuen Testaments sind überlagert von dem spirituellen Interesse, Jesus aus der Sicht der Auferstehung und der Verherrlichung als Erlöser zu schildern («Predigtcharakter» der Evangelien). Zwischen dem geglaubten und dem historischen Jesus klafft der sogenannte Ostergraben.

Die ungewöhnliche Dürftigkeit der Information über den Mann aus Nazareth läßt erkennen, daß man schon in den frühen christlichen Gemeinden an dessen Lebensgeschichte nicht sonderlich interessiert war. Seine historische Gestalt wurde systematisch ausgehöhlt und tendierte – auf paulinischer Grundlage – hin zum

«Göttlichen Christus». Das Bild, das gezeichnet wurde, war von Anfang an nicht ein Bild, wie Jesus gewesen ist, sondern wie es die Gemeinde für den Glauben brauchte.[22] Gewisse Etappen allerdings lassen sich in den Evangelien, entsprechend ihrer zeitlichen Reihenfolge, unterscheiden. Man könnte sie, überspitzt formuliert, wie folgt bezeichnen: Zimmermannssohn bei Markus, Davidssohn bei Matthäus, Prophet und Retter bei Lukas, Gottessohn bei Johannes – und dann sogar Gott selbst auf den Konzilien von Nicäa im Jahre 325 und Chalcedon im Jahre 451.[23]

Die Evangelien berichten nicht unabhängig voneinander. Die Verfasser des Matthäus- und Lukas-Evangeliums haben das Markus-Evangelium benutzt. Bei beiden ist der Markus-Text um etwa ein Drittel erweitert, so daß sie scherzhaft als «zweite und dritte erweiterte Auflage des Markus-Evangeliums» bezeichnet worden sind. Die Werke von Markus, Matthäus und Lukas werden «synoptische» Evangelien genannt, weil sie im Aufbau und in der Auswahl des Stoffes vergleichbare Züge aufweisen, also einer «Zusammen-Schau» zugänglich sind. Aber auch sie weichen in vielen Punkten voneinander ab.

Demgegenüber weist das Johannes-Evangelium einen völlig anderen Charakter auf. Vom palästinensischen Ursprung ist in diesem Evangelium nichts mehr enthalten. Es ist eine ausschließlich christologische Abhandlung. Theologisch wird es als «pneumatisches» Evangelium bezeichnet.

In der Wissenschaft wird allgemein die Auffassung vertreten, daß zumindest Matthäus und Lukas eine (schriftliche? aramäische?) Quelle für ihre Erzählung benutzten, die sie dann gemäß ihren eigenen (paulinischen) Glaubensvorstellungen redaktionell bearbeitet haben. Diese sogenannte «Logienquelle» (in der Wissenschaft wird sie meist nur mit «Q» bezeichnet) ist verschollen, möglicherweise der kirchlichen Zensur zum Opfer gefallen. Man vermutet, daß es eine Sammlung bestimmter, Jesus zugeschriebener Sprüche war, die dann später – beispielsweise in der sogenannten Bergpredigt[24] – redaktionell aufbereitet und zusammengefaßt wurden.

Speziell die Passionsgeschichte dürfte schon ganz früh überliefert worden sein, möglicherweise noch zur Amtszeit von Kaiphas und Pilatus, also vor dem Jahre 37. Gegenstand dieser frühen Passionsgeschichte war Jesu Leidensweg unter Pontius Pilatus. Noch nicht in ihr enthalten war der «Religionsprozeß» vor dem Synedrium.[25]

Bei der Schilderung der Passion ist die redaktionsgeschichtliche Anpassung besonders deutlich. In den synoptischen Evangelien sind Bestandteile enthalten, die verschiedene Überlieferungen der Passionsgeschichte voraussetzen. Im Markus- und im Matthäus-Evangelium heißt es, die Behörde habe sich gescheut, Jesus innerhalb der in Jerusalem zu Passah versammelten Festgemeinde verhaften zu lassen, weil sie in einem solchen Fall einen Aufstand der Bevölkerung zugunsten des Verhafteten befürchtete:

> «Sie sagten aber: Ja nicht am Fest, damit es im Volk keinen Aufruhr gibt.» (Mk. 14.2)

Bei Lukas erscheinen die Römer bisweilen als die Feinde des Glaubens Jesu und des jüdischen Volkes.[26] Es muß eine ursprüngliche Überlieferung gegeben haben, derzufolge die Hinrichtung Jesu am römischen Kreuz von der Bevölkerung Jerusalems als eine nationale Tragödie empfunden wurde: Eine große Volksmenge folgte ihm auf seinem Gang zur Hinrichtungsstätte und betrauerte und beklagte sein Schicksal. Jüdinnen versuchten, seine Qualen mit einem Betäubungstrank zu lindern, und die Volksmassen waren es, die sich trauernd an die Brust schlugen, als die Hinrichtung vollzogen war:

> «Es folgte ihm aber eine große Menge des Volkes und viele Frauen, die ihn betrauerten und beklagten. Jesus jedoch wandte sich zu ihnen und sprach: Ihr Töchter Jerusalem weinet nicht über mich, weinet vielmehr über euch und euere Kinder... Und die ganze Volksmenge, die zu diesem Schauspiel zusammengeströmt war, schlug sich beim Anblick dessen, was geschehen war, an die Brust und ging betroffen weg.» (Lk. 23.27,48)

Dasselbe Thema behandelt – wenn auch in abgeschwächter Form – Markus, indem er berichtet, daß Jesus auf dem Weg zur Hinrichtungsstätte «Wein und Myrrhe gereicht wurde, er es aber nicht zu sich nahm» (Mk. 15.23). Dies war, wie David Flusser[27] bemerkt, ein Akt der Barmherzigkeit, den man in Israel einem

Verurteilten auf seinem Todeswege zu erweisen gewöhnt war; der Trunk sollte ihn etwas betäuben und ihm sein Leiden erleichtern.

Diese markinischen und lukanischen Textstellen sind ein und derselben Überlieferung zuzuschreiben. Sie kontrastieren zu einem der Hauptthemen in den evangelischen Berichten, wonach das jüdische Volk in einem Ausbruch von Leidenschaft und Haß die Verurteilung und Hinrichtung Jesu verlangt haben soll. Lukas berichtet ferner (wie es auch den Tatsachen entspricht), daß es sich bei Pilatus um einen besonders grausamen Menschen gehandelt hatte, dem es nichts ausmachte, friedliche jüdische Pilger serienweise niederzumetzeln:

> «Es waren aber zu der Zeit etliche dabei, die verkündigten ihm von den Galiläern, deren Blut Pilatus mit ihrem Opfer vermischt hatte.» (Lk. 13.1)

Auch diese Textstelle dürfte auf eine Quelle zurückgehen, die im Widerspruch steht zu anderen Schilderungen in den Evangelien, wonach Pilatus ein gutmütiger Mensch gewesen sei, der viele Versuche unternommen habe, Jesu Leben zu retten.

Die Doppelschichtigkeit läßt sich an vielen Stellen noch redaktionell nachvollziehen. So ist das Matthäus-Evangelium auf der einen Seite durch eine besonders judenfeindliche Gesamttendenz gekennzeichnet, während auf der anderen Seite ständig betont wird, daß Jesu Erscheinen und Jesu Taten die Erfüllung der Propheten des Alten Testaments sind. Bei Lukas fällt eine ausgeprägte prorömische Gesamttendenz auf (die Römer haben mit dem gewaltsamen Tode Jesu eigentlich überhaupt nichts zu tun – Lk. 23.25–26; Apg. 2.36; 5.30), während im Widerspruch dazu Jesus als der erwartete Kampfmessias gekennzeichnet ist, der die Römer aus dem Lande vertreiben werde (Lk. 1.68–71; 24.19–21) und dessen Hinrichtung von der Bevölkerung als ein großes Unglück empfunden wird.

Insgesamt bleibt festzustellen, daß es eine ursprüngliche Überlieferung des Lebens und Sterbens Jesu gegeben hat, in der noch viel von dem enthalten war, was dann nach dem Sieg der hellenistisch-paulinischen Lehre nicht mehr dem aktuellen Stand der Berichterstattung entsprach.

Die noch lebenden Mitglieder der Urgemeinde, also diejenigen, die Jesus noch persönlich gekannt hatten, diese Leute aus seiner engsten Umgebung, die von ihrem Meister getreulich berichtet hatten, wie er wirklich gewesen war, hatten keinerlei Einfluß mehr auf die redaktionelle Gestaltung der Schriften. Sie hielten sich auch gar nicht mehr in Jerusalem auf. Beim Ausbruch des Jüdischen Krieges gegen die Römer im Jahre 66 waren sie nach Pella ins Ostjordanland geflohen,[28] weil sie – inzwischen Pazifisten geworden – den Kriegsdienst mit der Waffe ablehnten.[29] Diese (sich auf Jesu Bruder Jakobus berufenden) Judenchristen huldigten auch in der Fremde dem Ideal der Armut, nannten sich «Ebioniten» («die Armen») und zeigten sich als besonders gesetzestreue Juden. Sie leugneten die – später aufgekommenen – Lehren von der jungfräulichen Geburt sowie der Gottheit Christi. Deswegen wurden sie im Laufe des zweiten Jahrhunderts als Häretiker verbannt, ihr Andenken aus der Kirchengeschichte getilgt.[30] Jedenfalls hatte, als die Evangelien und die Apostelgeschichte entstanden, die paulinische Theologie bereits den Sieg über die Glaubensvorstellungen der Jerusalemer Urgemeinde davongetragen. Sie war zur «herrschenden Meinung» unter den Jesusanhängern geworden.[31]

Das Charakteristikum paulinischer Lehre liegt darin, Jesus nicht nach dem zu beurteilen, was und wie er zeitlich gewirkt hat, sondern Jesu Leben aus der Sicht seines Todes zu interpretieren. Genau das tun auch die Evangelisten. Der Tod Jesu wird nunmehr mit der Vorstellung verbunden, ein seit jeher unbußfertiges Israel zeige die Verstockung seines Herzens in der Tötung der Propheten.[32]

Ganz und gar paulinisch auch sind z. B. der im Markus- und Matthäus-Evangelium enthaltene Taufbefehl[33] und der Missionsbefehl:

«Darum geht zu allen Völkern und macht alle Menschen zu meinen Jüngern; tauft sie auf den Namen des Vaters und des Sohnes und des Heiligen Geistes.»
(Mt. 28.19)

«Vor dem Ende aber muß allen Völkern das Evangelium verkündet werden.» (Mk. 13.10)

Beide «Befehle» sind ins Evangelium eingefügt worden, um die Missionsreisen des Paulus zu rechtfertigen. Der Taufbefehl ist sogar noch eine eindeutig dogmatische Fortentwicklung paulinischer Gedanken. Er ist Gedankengut der Trinitätslehre, die erst von Tertullian im dritten Jahrhundert konzipiert und auf den Konzilien des vierten Jahrhunderts (Nicäa und Konstantinopel) festgelegt wurde.[34] Und der Missionsbefehl steht im wörtlichen Widerspruch zur historischen Situation, in der Jesus seine Botschaft verbreiten wollte:

> «Ich bin nur zu den verlorenen Schafen des Hauses
> Israel geschickt worden.» (Mt. 15.24)

Ja, es ist ihm nicht einmal einerlei, ob auch die Heiden davon profitieren. Vielmehr verbietet er den Jüngern ausdrücklich, die Nichtjuden mit der Botschaft bekanntzumachen.

> «Gehet nicht auf der Heiden Straße und zieht nicht in
> der Samariter Städte, sondern gehet hin zu den verlo-
> renen Schafen aus dem Hause Israel.» (Mt. 10.5–6)

Dieser Standpunkt ist umso bemerkenswerter, als Jesus schließlich gewußt hatte, daß sein biblischer Glaube ihm eine Hinwendung an die Heiden keineswegs verbot. Der Gott Israels hat sich allen Menschen zugewandt, wie es in den Büchern der Könige und beim Propheten Jesaja zum Ausdruck kommt.[35]

In moderner Sprachregelung würde man manche Äußerung Jesu sogar als ausgesprochen chauvinistisch bezeichnen müssen. So zum Beispiel sagt er (Mt. 6.7), die Nichtjuden würden «plappern», wenn sie beten. Er bezeichnet sie als «Hunde» und «Säue»:

> «Ihr sollt das Heiligtum nicht den Hunden geben, und
> eure Perlen sollt ihr nicht vor die Säue werfen.»
> (Mt. 7.6)

Als stolzer Israelit geht er sogar so weit, dem Gebot der Nächstenliebe eine nationale Grenze zu setzen: Als eine Nichtjüdin von ihm Heilung für ihre kranke Tochter erfleht, hört sie die bitteren Worte aus Jesu Munde:

«Füttern wir erst die Kinder; es ist nicht fein, den Kindern das Brot zu nehmen und es den Hunden vorzuwerfen.» (Mk. 7.27)

Die «Kinder», das sind die Kinder Israels, die «Hunde» sind auch hier die Nichtjuden. Ben-Chorin:[36] «Erst nachdem sich die um ihre erkrankte Tochter besorgte Mutter so tief demütigt, daß sie auf dieses Gleichnis eingeht: ‹Doch, Herr, denn auch die jungen Hunde fressen von den Brocken, die vom Tisch ihrer Herren fallen›, wird er von diesem Glauben überwältigt: ‹O Weib, groß ist dein Glaube; dir geschehe, was du begehrst.›» In den Evangelien wird nur ein einziger Heide erwähnt, dem Jesus seine Heilkräfte vorbehaltlos angedeihen ließ: dem Knecht des römischen Hauptmanns (Mt. 8.10; Lk. 7.9).[37]

Die Widersprüche freilich zeigen auf der anderen Seite auch wieder beispielhaft, daß es gerade die Evangelien und ihre vielschichtige Entstehungsgeschichte sind, die unter paulinischer Tünche noch immer Spuren des historischen Jesus erkennen lassen.

2. Kapitel:
Der biblische Jesus

Die vier Evangelien im Überblick

Der älteste Text, das Markus-Evangelium, ist unmittelbar nach der Zerstörung Jerusalems und der Plünderung des Tempels durch die Römer im Jahre 70 entstanden. Die sogenannte «Markus-Priorität» ist seit der Mitte des 19. Jahrhunderts historisch und theologisch nachgewiesen. Markus hat gewissermaßen das Gerüst der Erzählungen geschaffen, an das sich die anderen Evangelisten gehalten haben. Überwiegend wird angenommen, daß das Markus-Evangelium in Rom verfaßt wurde.

Ob Markus Judenchrist oder Heidenchrist war, ist umstritten, jedenfalls war er ein heidenfreundlicher Mann. Einiges spricht dafür, daß er Galiläer war. Sein Evangelium, wiewohl für heidenchristliche Leser geschrieben,[1] hat einen ausgeprägten galiläischen Bezug. Dies gilt auch für das – sehr viel später, vermutlich in der Mitte des zweiten Jahrhunderts entstandene – Schlußkapitel, den sogenannten «Markus-Nachtrag».[2] Sogar der auferstandene Christus begibt sich zunächst wieder nach Galiläa.[3] Ein weiteres Indiz für den galiläischen Ursprung des Markus-Evangeliums sind die häufig verwandten typischen Begriffe aus der aramäischen Sprachwelt, teilweise auch drastische Begriffe, die dann in der griechischen Sprache entsprechend «unfein» wirken.

Der Soziologe Anton Mayer unternimmt den Versuch, das Markus-Evangelium als Beweis für die proletarische Herkunft Jesu heranzuziehen, indem er auf die typische unterschichtige Sprache verweist, die diesem ursprünglichsten Evangelium eigen ist. So findet sich zum Beispiel in Mk. 7.19 das derbe Wort «aphedron», das Jesus ganz ungeniert gebraucht haben soll. Mayer: «Aphedron ist kein Abort, eher noch ein Abtritt, und schon ganz und gar nicht ein WC. Es ist, mit Respekt gesagt, das ‹Scheißhaus› der Proletarier, das auch kein Klassiker der Antike in den Mund zu nehmen wagte.»[4] Möglicherweise – und das wäre eine Erklärung für die mitunter derbe Ausdrucksweise – hatte der Markus-Evangelist eine soldatische Vergangenheit. Auffallend oft spricht er in Termini, die dem römischen Militärbereich entstammen. Das wiederum könnte darauf hindeuten, daß er römischer Bürger war.

Bei Markus klingt nicht entfernt an (im Gegensatz zu Matthäus und Lukas, die immerhin eine Jungfrauengeburt behaupten), daß Jesus eine überirdische Gestalt sein könnte. Nach markinischer Schilderung liegt Jesu einzige Besonderheit darin, daß – in Gestalt einer Taube – der Geist Gottes als Zeichen göttlichen Wohlgefallens über ihm schwebte, nachdem er sich von Johannes dem Täufer hatte taufen lassen. Erst von da an und nur ganz vereinzelt wird der Begriff «Gottessohn» gebraucht. Außer der himmlischen Stimme (Mk. 1.11; 9.7) sind es zweimal von bösen Geistern besessene Menschen, die Jesus so nennen (Mk. 3.12; 5.7). Ganz am Schluß des Evangeliums gebraucht dann Jesu Henker, der römische Hauptmann, diesen Ausdruck (Mk. 15.39). Die bei Markus dominierenden Bezeichnungen lauten «Lehrer» und «Rabbi».

Das wohl etwas über ein Jahrzehnt nach dem Markus-Evangelium entstandene Matthäus-Evangelium ist in einem korrekten, wenn auch nicht so eleganten Griechisch wie das zeitlich wiederum spätere Lukas-Evangelium geschrieben.

Der Verfasser des Matthäus-Evangeliums ist Judenchrist gewesen, vermutlich hat er in Syrien gelebt. Er berichtet, daß Jesu Ruf sich in «Syrien» verbreitet habe (Mt. 4.24). Von seinem Standpunkt aus liegt Judäa «jenseits des Jordan» (Mt. 19.1).

Abwegig ist die mitunter aufgestellte Behauptung, Matthäus sei der Zöllner gewesen, der zur Jüngerschar Jesu gehört habe, weil dieser Zöllner, der sonst (jüdisch) Levi heißt, im Matthäus-Evangelium den Namen Matthäus trägt, und weil in der Apostelgeschichte (Apg. 1.13) auch ein urchristlicher Apostel namens Matthäus im Zusammenhang mit der Jüngerschar erwähnt wird, die sich nach Jesu Tod zu einer ersten Zusammenkunft auf dem Ölberg versammelt haben soll.[5] Der Evangelist Matthäus behauptet von sich jedenfalls nicht, zu den Jüngern Jesu gehört zu haben. Auch Paulus erwähnt keinen Jünger namens Matthäus, welcher zur Verkündigung der Frohen Botschaft besondere Aktivitäten entfaltet hätte. Nur Jakobus, Petrus und Johannes werden in den Paulus-Briefen als Apostel bezeichnet.

Das Matthäus-Evangelium ist das Lieblingsevangelium der katholischen Kirche. Das hat einen naheliegenden Grund: Nur dort wird pointiert davon berichtet, daß Jesus einem einzelnen Jünger, nämlich Simon Petrus, eine bevorzugte Stellung eingeräumt habe, während die übrigen Evangelisten sich mit dem schlichten Hinweis begnügen, daß Jesus dem Jünger Simon den Beinamen Petrus, was «Fels» bedeutet, gegeben habe.

> «Selig bist du, Simon Barjona... Und ich sage dir auch: du bist Petrus, und auf diesen Felsen will ich bauen meine Kirche, und die Pforten der Hölle sollen sie nicht überwältigen. Und ich will dir des Himmelreichs Schlüssel geben: alles, was du auf Erden binden wirst, soll auch im Himmel gebunden sein, und alles, was du auf Erden lösen wirst, soll auch im Himmel gelöst sein.» (Mt. 16.17–19)

Auf diese Textstelle, in welcher Petrus sogar göttliche Vollmachten verliehen werden, haben sich von jeher die Päpste berufen, um ihre Autorität als Nachfolger Petri zu fundieren. Deswegen wird das Matthäus-Evangelium auch in der redaktionellen Reihenfolge (anstelle des Markus-Evangeliums) an den Anfang gesetzt. Katholischerseits wird von Petrus auch gern behauptet, er sei am Ende seines Lebens nach Rom gekommen und habe dort während der neronischen Christenverfolgung den Märtyrertod erlitten. In Wirklichkeit aber ist über das weitere Schicksal Petri nichts bekannt, insbesondere sind Zeitpunkt und Umstände seines Todes unbekannt. Nicht auszuschließen ist, daß er, ebenso wie die Zebedäiden Johannes und Jakobus, im Jahre 44 durch König Agrippa als Zelot hingerichtet wurde.

Es kann nicht mehr ernsthaft bestritten werden, daß es sich bei der erwähnten Textstelle Mt. 16.17–19 um einen späteren christologischen Einschub handelt. Dies ergibt sich schon daraus, daß es dem Juden Jesus natürlich nicht in den Sinn gekommen sein kann, eine «Kirche»[6], die Kirche Jesu, zu gründen. Auch wissen die anderen Evangelisten nichts von einer Bevorzugung Petri zu berichten, was sie mit Sicherheit getan hätten, wenn die Bevorzugung historisch wahr wäre. Daß die Hervorhebung Petri im Urtext gefehlt haben muß, wird im übrigen auch dadurch deutlich, daß

Jesus ausgerechnet den Jünger Petrus, nur vier Verse weiter, in außerordentlich scharfer Form zurechtweist:

> «Hebe dich Satan von mir! Du bist mir ärgerlich, denn du meinst nicht, was göttlich, sondern was menschlich ist.» (Mt. 16.23)

Diese Zurechtweisung kann mit der angeblichen Inthronisation Petri und der Verleihung der sogenannten Schlüsselgewalt schlechterdings nicht in Einklang gebracht werden.[7]

Deutlicher noch als bei den anderen Synoptikern wird bei Matthäus hervorgehoben: Das Judentum außerhalb der bekehrten Gemeinde ist verstockt und sündhaft; seine Führer – die traditionsbewußten Pharisäer – sind Heuchler, blinde Narren, Ottern, Natterngezücht, Kinder der Hölle.

Nur im Matthäus-Evangelium stehen die beiden Perikopen, die im Laufe der abendländischen Geschichte immer wieder als «Rechtsgrundlage» für die Verfolgung der Juden herangezogen worden sind, nämlich der sogenannte «Verstoßungssatz Jesu» und die sogenannte «Selbstverfluchung der Juden».

> «Darum sage ich euch: Das Reich Gottes wird euch weggenommen und einem Volk gegeben werden, das die erwarteten Früchte bringt.» (Mt. 21.43)

> «Da rief das ganze Volk: Sein Blut komme über uns und unsere Kinder!» (Mt. 27.25)

Andererseits ist es gerade Matthäus – so paradox das angesichts seiner ansonsten schroffen Verwerfung Israels erscheinen mag –, der dezidiert bemüht ist, das Neue Testament mit dem Alten Testament zu verzahnen. Es ist das Bemühen um den sogenannten «Schriftbeweis»: Mit dem Erscheinen Jesu und seinem Wirken hat sich das erfüllt, was die Bibel Israel verheißen hat. Die ständige Formel lautet:

> «Das aber ist alles geschehen, auf daß erfüllet werde, was der Herr durch die Propheten gesagt hat.»

Insoweit unterscheidet sich Matthäus in nichts von einigen Fundamentalisten im modernen Judentum, die exakt wissen, in welchem Bibelvers die Balfour-Erklärung oder die Staatsgründung Israels oder der 6-Tage-Krieg vorausgesagt wurden.

Ein weiteres Interesse des Matthäus-Evangelisten ist, Jesus als den verheißenen Messias zu bezeugen. Dies kommt in der bei ihm besonders häufig auftretenden Bezeichnung «Sohn Davids» zum Ausdruck, was nach damaligem Verständnis als messianisches Prädikat zu werten ist. Die breit angelegte Genealogie Jesu in der Einleitung seines Evangeliums, die Hervorhebung Bethlehems als Geburtsort und das typisch messianische Schicksal der Flucht (Flucht nach Ägypten) sind Beispiele für dieses Anliegen. Interessant jedoch ist, daß Jesus nicht als Kampfmessias vorgestellt wird, den man sich in der Zeit des römischen Jochs ersehnt hatte, sondern als ausgesprochener Friedensfürst (Mt. 21.4–5).

Bei Lukas, dessen Evangelium im vorletzten oder letzten Jahrzehnt des 1. Jahrhunderts verfaßt wurde, dürfte es sich um einen griechischen, vermutlich nicht jüdischen, theologisch gebildeten Gelehrten gehandelt haben, um einen sogenannten Heidenchristen. Beheimatet war er in Griechenland oder Kleinasien; er ist viel gereist, wie seine detaillierten Ortskenntnisse beweisen.

Der lukanische Jesus ist nicht mehr der auf der Erde gegenwärtige, sondern der Jesus, der früher einmal gelebt, inzwischen aber im Himmel Aufnahme gefunden hat. Lukas ist der einzige unter den Autoren des Neuen Testaments, der eine Himmelfahrt Jesu schildert (Lk. 24.50–52; Apg. 1.9–11). Simonis[8] bezeichnet ihn als den «großen Erzähler» unter den Evangelisten, bei dem die Gestalt Jesu «bewußt literarisch» geworden ist. Die hellenistische Gedankenwelt, in der Lukas lebte, dürfte der Grund dafür gewesen sein, daß dieser Autor, mehr noch als die anderen Evangelisten, eine besondere Vorliebe für das Wunderwirken Jesu zeigt.

Gern, besonders kirchlicherseits, wird behauptet, Lukas sei Arzt gewesen. Dafür gibt es aber keinen Beweis, allenfalls ein – sehr kleines – Indiz: Krankheiten werden bei Lukas genauer beschrieben als bei den anderen Evangelisten, die medizinischen rfolge Jesu werden noch etwas mehr hervorgehoben. Bei einer Erzählung, bei der Markus eine kritische Haltung zu den Ärzten einnimmt, weil diese mit ihren Honorarforderungen eine Frau um ihr gesamtes Vermögen gebracht hatten, unterdrückt Lukas (kollegialiter?) diese Kritik (Mk. 5.25–26; Lk. 8.43). Im Kolosserbrief (4.14) stellt Paulus einen «Arzt Lukas, unseren lieben Freund» vor. Die exegetische Forschung verneint aber, daß dieser Lukas identisch sei mit dem Verfasser des Evangeliums.

Der Autor des Lukas-Evangeliums ist auch der Verfasser der Apostelgeschichte (Apg. 1.1). Das Lukas-Evangelium kann daher nicht isoliert betrachtet werden, sondern ist mit der Apostelgeschichte Bestandteil eines theologischen Doppelwerkes. Der Bericht beginnt im Tempel (Lk. 1.5–8) und endet auch dort (Lk. 24.53). Das Schicksal Jesu wird mit dem Schicksal Jerusalems verknüpft.[9]

Lukas gilt, wie Mayer[10] betont, als der «vornehmste Autor des Neuen Testaments», der sich «an ein feinsinniges Leserpublikum, an den Besitzbürgerstand» wendet: «Er liebt es, Wörter nach ihrem Sozialprestige zu wählen. Sofern ein Wort auch nur von Ferne nach Unterschicht riecht, meidet er es... Lukas selbst hätte vermutlich nichts dagegen, wenn man ihn den ersten christlichen Gentleman hieße.» Häufig ist von «führenden Männern», von «vornehmer Herkunft», von «Königswürde» die Rede. Im Gleichnis vom verlorenen Sohn kann der Vater es sich leisten, ein Mastkalb zu schlachten.

Andererseits hat das Lukas-Evangelium einen ausgesprochen sozialkritischen Bezug. Oft wird der Gegensatz arm/reich betont. Im Gleichnis vom großen Gastmahl (Lk. 14.15–24) sind es die Armen und Krüppel, die Blinden und Lahmen, die eingeladen werden – ein Gleichnis allerdings (ähnlich wie das von den bösen Winzern) mit antijudaistischem Inhalt: Die zuerst Eingeladenen, die Vornehmen, sind das Volk Israel. Israel aber ist verstockt, folgt der Einladung Gottes nicht. In seinem Zorn wendet Gott sich nunmehr an die Armen, die Krüppel und Blinden. Das sind die Heiden, sie sind nunmehr Gottes Gäste.

Der sogenannte «Ur-Kommunismus» der ersten Christengemeinden wird nur in der lukanischen Apostelgeschichte erwähnt (Apg. 4.32–37). Das Magnifikat der Maria hat sogar klassenkämpferische Züge:[11]

> «Er (Gott) stößt die Gewaltigen vom Thron und erhebt die Niedrigen. Die Hungrigen füllet er mit Gütern und läßt die Reichen leer.» (Lk. 1.52–53)

Jesus wird pointiert als das Kind armer Leute vorgestellt. Nicht einmal für die Niederkunft findet die Mutter einen menschenwürdigen Ort. Ein dunkler Stall ist die Geburtsstatt. Vielleicht war es wirklich so. Ein Viehstall wird nicht so ohne weiteres erfunden. Aber Lukas hat Sinn für Sentimentales. Die Elendsgeburt wird zur Krippenidylle. Deswegen liebt gerade das deutsche Publikum so sehr die Weihnachtsgeschichte aus dem Lukas-Evangelium: Maria, die das Jesuskind in der Krippe wickelt, flankiert von Joseph, Ochs und Esel.[12]

Maria ist es, die im Lukas-Evangelium eine hervorragende Stellung erlangt. Diese Textstellen werden, nachdem es im 4. Jahrhundert (und dann nochmals verstärkt im Zug der Gegenreformation) zur Marienverehrung und zu einem regelrechten Marienkult gekommen war, zur lyrisch ausbaufähigen Grundlage für einen «Muttergotteskult».

> «Und der Engel kam zu ihr hinein und sprach: Gegrüßest seist du, Hochbegnadete! Der Herr ist mit dir...
> Und Maria sprach: Meine Seele erhebet den Herrn, und mein Geist freuet sich Gottes, meines Heilandes.» (Lk. 1.28, 46–47)

Ansonsten nämlich spielt Maria in den Evangelien keine nennenswerte Rolle. Dort, wo beiläufig Begegnungen zwischen Jesus und seiner Mutter geschildert werden, haben diese einen eher abwertenden Charakter.[13] Paulus hält Maria offenbar für so belanglos, daß er nicht einmal ihren Namen nennt, obwohl er vermutlich mit ihr in Jerusalem zusammengetroffen war (Apg. 1.14). Aber auch bei Lukas gibt es eine markante Stelle, die von einem nicht gerade respektvollen Verhalten des Sohnes zur Mutter zeugt. Als aus der Menge heraus Jesu Mutter gepriesen wird, legt Jesus selbst dagegen sofort Verwahrung ein:

> «Es rief eine Frau aus der Menge ihm zu: Selig die Frau, deren Leib dich getragen und deren Brust dich genährt hat. Er aber erwiderte: Selig sind vielmehr die, die das Wort Gottes hören und es befolgen.»
> (Lk. 11.27–28)

Ebenfalls nur im Lukas-Evangelium wird erwähnt, daß in der Gefolgschaft Jesu nicht nur Jünger, sondern auch Jüngerinnen gewesen seien:

> «In der folgenden Zeit wanderte er von Stadt zu Stadt und von Dorf zu Dorf und verkündete das Evangelium vom Reich Gottes. Die Zwölf begleiteten ihn, außerdem einige Frauen, die er von bösen Geistern und von Krankheiten geheilt hatte: Maria Magdalena, aus der sieben Dämonen ausgefahren waren, Johanna, die Frau des Chuzas, eines Beamten des Herodes, Susanna und viele andere. Sie alle unterstützten Jesus und die Jünger mit dem, was sie besaßen.» (Lk. 8.1–3)

Außer den drei namentlich genannten Frauen waren es also noch «viele andere». Möglicherweise zählten sogar mehr Frauen als Männer zu Jesu engerer Umgebung.[14]

Der Verfasser des – vermutlich erst nach der Wende des 1. Jahrhunderts entstandenen – Johannes-Evangeliums hat nichts zu tun mit dem sogenannten «Lieblingsjünger» Johannes, der zusammen mit seinem Bruder Jakobus als Sohn des Zebedäus vorgestellt wird («Donnersöhne») und der, ebenso wie sein Bruder, unter König Herodes Agrippa I. im Jahre 44 als Märtyrer (Zelot?) enthauptet worden sein soll.[15]

Das Johannes-Evangelium ist von einem ganz generellen und grundsätzlichen Antijudaismus gekennzeichnet. Zwar steht der berühmte Satz Jesu, den er zu der Frau am Jakobsbrunnen gesagt haben soll:

> «Das Heil kommt von den Juden» (Jh. 4.22)

überraschenderweise im Johannes-Evangelium; doch besagt dieser Satz nicht mehr als die ohnehin unumstrittene Tatsache, daß der Messias aus dem Volke Israel hervorgehen wird.[16]

Freilich spricht es für die Vielschichtigkeit auch des Johannes-Evangeliums, daß angesichts seiner antijüdischen Grund- und Gesamttendenz gerade umgekehrt die Juden besonders häufig als begeisterte Anhänger Jesu geschildert werden.[17] Sogar zu ihrem König wollten sie ihn einmal machen (Jh. 6.14–15).

Dem Johannes-Evangelisten zufolge beschimpft und verdammt Jesus seine jüdischen Landsleute, wo immer er mit ihnen zusammentrifft. Er spricht ihnen jedwedes Gottesverständnis ab (5.37f.). Bisweilen tut er auch so, als seien sie für ihn Ausländer. Er spricht von «eurem» Gesetz (Jh. 10.34) oder von «ihrem» Gesetz (Jh. 15.25) und vom «Fest der Juden» (Jh. 7.2). Sogar über diejenigen, «die an ihn glauben» (Jh. 8.31), spricht er die Bannformel:

> «Ihr habt den Teufel zum Vater, und ihr wollt das tun,
> wonach es eurem Vater verlangt. Er war ein Mörder
> von Anfang an.» (Jh. 8.44)

Lapide[18] formuliert es drastisch: «Ein Eskimo, der seine Kenntnisse über das Christentum ausschließlich dem Vierten Evangelium entnimmt, muß aus solchen Texten zwangsläufig folgern, daß Jesus aus unerklärlichen Gründen in die üble Gesellschaft von verräterischen, ungläubigen und mordlustigen Juden geraten war, deren Gehässigkeit ihn früher oder später ums Leben bringen mußte. Die Idee, daß dieser Jesus und ‹die Juden› auch nur die geringste Gemeinsamkeit besäßen, müßte ihm als unvorstellbar gelten.» Jesus allein ist «der gute Hirte». Die Juden können Gott nicht kennen, denn Gott wird nur durch Christus erkannt.[19] Die Juden sind unfähig, die Bedeutung der Heiligen Schrift zu erkennen, weil sie die christologische Exegese ablehnen.[20]

Der Johannes-Evangelist hat nicht in Palästina, sondern irgendwo im hellenistischen Raum, vermutlich in Kleinasien (Smyrna?), gelebt. Obgleich nicht auszuschließen ist, daß er selbst Jude (Diasporajude) war, ist der redaktionelle Aufbau seines Evangeliums doch ganz unjüdisch. Es ist stark beeinflußt vom Gedankengut einer bestimmten frühchristlichen (später vom Christentum heftig bekämpften) Richtung der «Gnosis», einem, wie der evangelische Theologe Hans Conzelmann formuliert, «ungeheuerlichen mixtum compositum aus iranischen, babylonischen, ägyptischen Ideen».[21] Einigkeit in der Beurteilung herrscht darüber, daß das Werk des Evangelisten unvollendet geblieben ist, weil der Verfasser vor der Vollendung starb. Mitarbeiter oder auch spätere Autoren haben das Evangelium nicht nur ausgeschmückt und redaktionell bearbeitet, sondern auch durch das 21. Kapitel vollendet. Manche Theologen sind der Auffassung, Johannes habe die Synoptiker ergänzen, andere meinen, er habe sie verdrängen wollen, und eine dritte Ansicht geht dahin, Johannes habe die Synoptiker überhaupt nicht gekannt, die Parallelen zu ihnen würden sich aus der gemeinsamen christlichen Tradition erklären.[22]

Während bei den Synoptikern Jesus nach Art eines jüdischen Rabbi jener Zeit Gottes Gebote in Form von Gleichnissen und Sprüchen darlegt und das Herannahen des Gottesreiches verkündet – eine Sprechweise, die von den Leuten recht wohl verstanden werden konnte und vielen zu Herzen gegangen sein mochte –, spricht er im Johannes-Evangelium in langen, monologischen, sich wiederholenden Sätzen, die um das Wesen seiner eigenen Person kreisen. Unvorstellbar, daß der leibhafte Jesus zu seinen Landsleuten etwa Sätze folgender Art gesprochen haben könnte:

> «Ich bin das lebendige Brot, vom Himmel gekomen. Wer von diesem Brot essen wird, der wird leben in Ewigkeit. Und das Brot, das ich geben werde, ist mein Fleisch, welches ich geben werde für das Leben der Welt... Wahrlich, wahrlich ich sage euch: Werdet ihr nicht essen das Fleisch des Menschensohnes und trinken sein Blut, so habt ihr kein Leben in euch. Wer mein Fleisch isset und trinket mein Blut, der hat das ewige Leben, und ich werde ihn am Jüngsten Tage auferwecken. Denn mein Fleisch ist die rechte Speise, und mein Blut ist der rechte Trank. Wer mein Fleisch isset und mein Blut trinket, der bleibt in mir, und ich bleibe in ihm. Wie mich gesandt hat der lebendige Vater und ich lebe um des Vaters willen, so wird jeder, der mich isset, auch leben um meinetwillen. Dies ist das Brot, das vom Himmel gekomen ist; nicht, wie eure Väter haben Manna gegessen und sind gestorben: wer dies Brot isset, der wird leben in Ewigkeit.»
> (Jh. 6.51–58)

Abgesehen von einigen allegorischen Gemälden, wie dem vom guten Hirten oder der Bildrede vom Fruchtbringen, steht kein einziges Gleichnis in diesem Evangelium.

Für eine Biographie gibt das Johannes-Evangelium noch weniger her als die übrigen Evangelien. Während schon für die Synoptiker gilt, daß es gewissermaßen ein Zufall wäre, wenn das, was dort als Jesu Worte festgehalten ist, auch tatsächlich von ihm gesagt worden wäre, kann man in bezug auf das Johannes-Evangelium völlig ausschließen, daß es sich hier um authentische Jesus-Worte oder eine authentische Jesus-Botschaft handelt.

Bei Johannes ist Jesus nicht mehr, wie bei den Synoptikern, der Rabbi aus Galiläa, in dem das Volk einen Propheten vermutet und die Apostel den Messias ahnen. Beim johanneischen Jesus gibt es keine menschliche Schwäche, keine Bußtaufe, keine Versuchung durch Satan, kein Zittern und Zagen in Gethsemane. Weggefallen ist der von Markus und Matthäus überlieferte Schmerzensschrei am Kreuz. Die Abstammung aus dem Königshaus David interessiert nicht mehr. Statt dessen wird ihm eine Allwissenheit beigelegt, die sonst nur Gott eigen ist. Dieses Evangelium ist geschrieben worden, so sagt es sein Verfasser, «daß ihr glaubet, Jesus ist Christus, der Sohn Gottes».

Zweifellos ist das Johannes-Evangelium das Evangelium mit dem größten intellektuellen Niveau. Es ist übrigens das bevorzugte Evangelium Martin Luthers:

> «Weil nu Johannes gar wenig Werk von Christo, aber gar viel seiner Predigt schreibt, ... ist Johannis Evangelion das einzig zarte, recht Häuptevangelion, und den andern dreien weit, weit furzuziehen.» [23]

Im Johannes-Evangelium werden die Ereignisse in einer theoretisch bereits aufbereiteten Form dargelegt. Die Warte, von der aus berichtet wird, ist distanzierter; Sinnzusammenhänge sollen hergestellt werden. Historische Hintergründe und politisches Kalkül werden im Unterschied zu den anderen Evangelien durchaus berücksichtigt. Bei der Frage, wie dieses oder jenes Ereignis in die Gesamtsituation einzuordnen ist, damit es glaubhaft werde, kann gerade auf dieses Evangelium noch am ehesten zurückgegriffen werden. Ein bemerkenswertes Beispiel dafür sind die Verse 57–60 im 11. Kapitel, in denen der Hohepriester Kaiphas realpolitische Argumente dafür ins Feld führt, daß es für die Interessen des jüdischen Gesamtvolkes gut sei, Jesus bei den Römern zu denunzieren.

Der Apostel Paulus berichtet

Paulus ist die zweifellos überragende Persönlichkeit unter den Autoren des Neuen Testaments. Obwohl er im historischen Schrifttum nirgendwo erwähnt wird, bestehen an seiner Historizität keine Zweifel. Zu seiner Hinterlassenschaft gehören nach offizieller Zählung dreizehn Briefe, von denen nach herrschender Meinung als echt zumindest die folgenden sieben gelten: der Römer-Brief, die beiden Korinther-Briefe, die Briefe an die Galater und Philipper, der 1. Thessalonicher-Brief und der Brief an Philemon.[24] Die übrigen Paulus-Briefe stammen wahrscheinlich von Mitarbeitern des Apostels, die unter dem Namen des Paulus veröffentlicht haben, um ihren Briefen ein besonderes Gewicht zu verleihen.

Von der Person des Paulus ist in der Apostelgeschichte des Lukas ausführlich die Rede. Da der Verfasser aber nirgendwo auf die Briefe Bezug nimmt, wird man schließen müssen, daß sie am Ende des 1. Jahrhunderts noch keine sonderliche Breitenwirkung erzielt hatten.[25]

Paulus wurde etwa im Jahre 10 nach der Zeitrechnung geboren. Zum Zeitpunkt der Hinrichtung Jesu war er also ein noch recht junger Mann. Er dürfte zu jener Zeit gerade Student in Jerusalem gewesen sein. Dennoch hat er Jesus nie persönlich kennengelernt. Paulus entstammte, soweit dem Bericht der Apostelgeschichte (22.3) gefolgt werden darf, einer strenggläubigen jüdischen Familie aus der Stadt Tarsos in Kilikien, im heutigen Anatolien. Er besaß das römische Bürgerrecht. Mit dem Begriffs- und Gedankengut der hellenistischen Philosophie und Religion war er bestens vertraut. Tarsos rühmte sich, die griechischste Stadt Kleinasiens zu sein.

Paulus ist immer Diasporajude geblieben:

> «Den Juden ein Jude, den Griechen ein Grieche.»
> (1. Kor. 9.20)

Die griechische Welt war sein Missionsgebiet, dort hat er seine Erfolge erzielt, als «Apostel der Heiden»[26]. Paulus war «römischer Staatsbürger jüdischen Glaubens und hellenistischer Kultur». So beschreibt ihn Ben-Chorin und stellt ihn insofern in einen Gegensatz zu Jesus, dem er die Bezeichnung «Ur- und Nur-Jude, Volksjude und Volljude» gibt, «den wir heute einen Sabre nennen würden».[27]

Wie es sich für einen rechtschaffenen Juden gehörte, ganz unabhängig von Bildungsstand und gesellschaftlicher Stellung, hatte auch Paulus zunächst ein Handwerk gelernt: Er war Zeltmacher (Sattler). In Jerusalem erhielt er dann eine theologisch-juristische Ausbildung bei Gamaliel (Apg. 22.3) und wurde so Pharisäer. Auf sein Pharisäertum hat er immer gern verwiesen, wenn es ihm nützlich erschien. So zum Beispiel vor dem jüdischen Hohen Rat, wo er um das Jahr 60 wegen gesetzeswidrigen Verhaltens Rechenschaft ablegen sollte:

> «Ihr Männer, liebe Brüder, ich bin ein Pharisäer, der
> Sohn von Pharisäern!» (Apg. 23.6)

In Wirklichkeit war dieser Hinweis nur formal richtig. Paulus hat zwar eine rabbinische Ausbildung genossen, sein Briefstil ist pharisäisch geprägt, doch stand er als Hellenist und durch seine Hinwendung zu den Heiden in fundamentalem Gegensatz zu den Pharisäern.

Eine Tragik besonderer Art liegt darin, daß mit Paulus ein Prozeß einsetzt, der die Grundlage nicht nur des späteren kirchlichen Rigorismus, sondern auch eines krassen Antijudaismus bildet.[28] Paulus prangert – ist es Ausdruck seiner zerrissenen Persönlichkeit? – seine eigene jüdische Abkunft an und bezeichnet das, was ihn zum rechtgläubigen Juden gemacht hat, als «Dreck» (Phil. 3.8). Gegenüber seinen jüdischen Glaubensbrüdern, die nicht gleichzeitig der Jesus-Sekte angehören, werden die Schmähungen des Apostels bisweilen so stark, daß sie in verhängnisvoller Weise «Endlösungs»-Gedanken anklingen lassen:

> «Die haben auch den Herrn Jesus getötet und ihre
> eigenen Propheten und haben uns verfolgt und gefal-
> len Gott nicht und sind allen Menschen zuwider...,
> auf daß sie ihre Sünden erfüllen alle Wege; denn der
> Zorn ist schon über sie gekommen zum Ende hin.»
> (1. Thess. 2.15–16)

Letzten Endes bleibt es unbegreiflich, wie ein Mensch so abfällig über die Juden schreiben kann, der sich andererseits noch ganz dem Verbund seines Volkes Israel zugehörig fühlt und der dieses Volk in der Allegorie des guten Ölbaums sieht, aus dessen Wurzeln die zu bekehrenden Heiden Nahrung ziehen. «Man muß also den jüdischen Selbsthaß und die Liebe zu Israel in den Äußerungen des Paulus zusammen sehen, um sich ein Bild zu machen von der Zerreißprobe, der dieser Mann ausgesetzt war», analysiert Ben-Chorin.[29] Mit Erleichterung möchte man es entgegennehmen, wenn die antisemitischen Ausfälle, namentlich die im Thessalonicher-Brief, sich als eine historische Fälschung erweisen sollten. Nicht auszuschließen ist immerhin, daß dem Apostel solcherlei beschämende Worte erst durch eine spätere «Überarbeitung» seiner Briefe von den zumeist judenfeindlichen Kirchenvätern in den Mund gelegt worden sind. Immerhin liegen uns auch ganz andere Sätze aus der Feder des Paulus vor, Sätze der Versöhnung und eines eindeutigen Bekenntnisses zum Judentum:[30]

> «Denn es gibt keinen Unterschied: Alle haben gesündigt und die Herrlichkeit Gottes verloren. Ohne es verdient zu haben, werden sie gerecht dank seiner Gnade durch die Erlösung in Christus Jesus.» (Röm. 3.22–24)[31]

> «Ja, ich möchte selber verflucht und von Christus getrennt sein um meiner Brüder willen, die der Abstammung nach mit mir verbunden sind. Sie sind Israeliten, damit haben sie die Sohnschaft, die Herrlichkeit, die Bundesordnung, ihnen ist das Gesetz gegeben, der Gottesdienst und die Verheißungen, sie haben die Väter, und dem Fleisch nach entstammt ihnen der Christus, der über allem als Gott steht, er ist gepriesen in Ewigkeit. Amen.» (Röm. 9.3–5)

> «Gott hat sein Volk nicht verlassen, welches er zuvor erwählt hat.» (Röm. 11.2)

Einige Jahre nach Jesu Tod hatte Paulus sich dem neuen Glauben, dem Glauben der Jesusanhänger, angeschlossen. Im Brief an die Galater (Gal. 1.17–20) berichtet der Apostel, daß, nachdem er Jesusanhänger geworden war, er zunächst mehrmals zwischen Damaskus und Arabien und erst dann nach Jerusalem gereist sei, um dort Petrus zu treffen. In Jerusalem lernte er außerdem Jesu Bruder Jakobus kennen. Wann diese Begegnung mit den Männern der Urgemeinde stattgefunden hat, läßt sich allerdings nicht ausmachen. Jedenfalls war es ein ganz kurzes Treffen, woraus man wird schließen können, daß Paulus und Petrus einander von Anfang an nicht sonderlich mochten. Und die 15 Tage, in denen man zusammen war, sind vermutlich so unerfreulich verlaufen, daß sie zum Ausgangspunkt des folgenden persönlichen Zwistes zwischen diesen beiden Männern wurden. Möglicherweise waren die Mitglieder der Jerusalemer Gemeinde auch mißtrauisch gegenüber einem Mann, der sich da plötzlich als Jesusanhänger ausgab. Dessen «Vergangenheit» gab immerhin Anlaß zur Skepsis und legte den Verdacht nahe, daß er ein Spitzel des Synedriums oder der römischen Militärverwaltung sein könnte. Erst 14 Jahre später traf Paulus erneut mit Petrus zusammen (Gal. 2.1–9). Ab dieser Begegnung haben die beiden sich endgültig entzweit.

Wenn in der Apostelgeschichte (15.1–35) geschildert wird, daß Petrus und Jakobus sich dem paulinischen Standpunkt angeschlossen hätten, so ist dies der apologetische Versuch, die Gegensätze möglichst zuzudecken: An einer Offenlegung des persönlichen Zwists zwischen Paulus und der Urgemeinde war man nun, fast dreißig Jahre später und nachdem der judenchristliche Flügel jeglichen Einfluß verloren hatte, nicht mehr interessiert.

Festzuhalten bleibt, daß schon in der Anfangszeit eine Spaltung innerhalb des Christentums eingesetzt hatte: Hebräer contra Hellenisten. Auf der einen Seite standen die streng gesetzestreuen Israeliten der Urgemeinde (angeführt von Jakobus und Petrus), auf der anderen Seite die griechisch sprechenden und der griechischen Kultur nahestehenden Diasporajuden (angeführt von Stephanus und sodann von Paulus). Der katholische Feiertag Peter und Paul kann nur als Ausdruck postumer Versöhnung verstanden werden.

Paulus hatte sich, wie er in mehreren Briefen berichtet (z. B. Gal. 1.13), zunächst an Verfolgungen beteiligt, welchen die Angehörigen der Jesussekte seitens der jüdischen Behörden in gewissem Umfang ausgesetzt waren.³² Die Steinigung des Stephanus vor den Toren Jerusalems soll der Apostelgeschichte zufolge (7.45 ff.) ein Beispiel solcher Verfolgungen sein – wobei aber durchaus fraglich ist, ob die Steinigung auf Anordnung der jüdischen Behörden erfolgte oder ob hier ganz einfach eine Ausschreitung des Mobs vorliegt, deren Hintergrund niemand kennt.

Der Name «Paulus» ist das Cognomen, das er als römischer Bürger hatte. Sein eigentlicher – jüdischer – Name lautet «Saul» (auszusprechen: «Scha-ul»). Falsch ist die Annahme, der Apostel habe seinen jüdischen Namen abgelegt und sich nach seiner Bekehrung zum Christentum «Paulus» genannt. In Wirklichkeit hatte sich Paulus überhaupt nicht zum Christentum «bekehrt», indem er etwa eine alte Religion abgelegt und eine neue angelegt hätte.³³

In seinen Berichten über Jesus beruft sich Paulus nicht etwa auf das Zeugnis der Jerusalemer Ur-Apostel (die er bisweilen spöttisch «Überapostel» nennt), sondern auf eine unmittelbare Offenbarung durch den auferstandenen Christus:

> «Ich habe es ja nicht von einem Menschen übernommen oder gelernt, sondern durch die Offenbarung Jesu Christi empfangen.» (Gal. 1.12)

Er, der gar kein Hehl daraus macht, den geschichtlichen Jesus nicht mit leiblichen Augen, sondern ausschließlich mit geistigem Auge, im Sinne einer Offenbarung Gottes (Gal. 1.16), gesehen zu haben, spricht auch von der Begegnung mit dem Auferstandenen nur in einem ganz und gar übertragenen Sinn: Nachdem Christus auferstanden war «am dritten Tage nach der Schrift», sei er wie folgt erschienen:

> «Er erschien dem Kephas, dann den Zwölf. Danach erschien er mehr als fünfhundert Brüdern zugleich; die meisten von ihnen sind noch am Leben, einige sind entschlafen. Danach erschien er dem Jakobus, dann allen Aposteln. Als letztem von allen erschien er auch mir, dem Unerwarteten, der ‹Mißgeburt›.»
> (1. Kor. 15.5–8)

Eine Behauptung, der auferstandene Jesus sei ihm leibhaftig begegnet, stellt Paulus selbst nirgendwo auf. Die einzige Textstelle, an die man in dem Zusammenhang – vielleicht – denken könnte, ist die etwa dreißig Jahre nach seinem Tod entstandene Apostelgeschichte, und zwar an das dort dreimal in jeweils unterschiedlicher Fassung geschilderte (9.1 ff.; 22.6 ff.; 26.11 ff.) mystische Erlebnis bei Damaskus. Saul soll nach Damaskus im Zuge einer von der jüdischen Behörde angeordneten Christenverfolgung gekommen sein, und da habe ihn Jesus vom Himmel herab gefragt, warum er ihn verfolge; daraufhin habe Saul sich bekehrt und den Wunsch geäußert, in Jerusalem mit den Jesusanhängern zusammenzutreffen:

> «Saulus aber wütete weiter mit Drohen und Morden gegen die Jünger des Herrn. Er ging zum Hohenpriester und bat ihn um Briefe an die Synagogen in Damaskus, um Anhänger der neuen Lehre, Männer und Frauen, wenn er sie dort fände, gebunden nach Jerusalem führen zu können. Als er aber auf dem Weg war und in die Nähe von Damaskus kam, umleuchtete ihn plötzlich ein Licht vom Himmel; und er fiel auf die Erde und hörte eine Stimme, die sagte zu ihm: Saul, Saul, was verfolgst du mich? Er aber fragte: Herr, wer bist du? Der Herr antwortete: Ich bin Jesus, den du verfolgst.» (Apg. 9.1–5)

Abgesehen davon, daß in der Apostelgeschichte lediglich von einer Stimme die Rede ist, die Saul gehört haben soll, nicht aber davon, daß er den Auferstandenen gesehen habe, hält der Bericht über eine Begegnung mit dem auferstandenen Jesus bei Damaskus einer historischen Prüfung auch aus mehreren anderen Gründen nicht stand.

Zum einen ist es ausgeschlossen, daß Paulus im Auftrag des Synedriums nach Damaskus kam, um dort organisierte Jesusanhänger zu verfolgen, die er allesamt gefesselt vor das Jerusalemer Tribunal schleppen sollte. Organisierte Jesusanhänger gab es – jedenfalls in Form residierender Gemeinden – in jenen Jahren nur in Jerusalem, vielleicht noch in ein paar umliegenden Orten, allenfalls auch schon in Galiläa, bestimmt aber nicht im fernen Damaskus.³⁴ Denn es war ja gerade Paulus, der für die Gemeindegründungen außerhalb Palästinas «zuständig» war. Zum anderen erscheint es äußerst fraglich, ob die Jurisdiktion der Jerusalemer Behörden bis nach Damaskus reichte – wobei noch hinzukommt, daß das Synedrium nur in Einzelfällen einschritt, bei denen sich der (jüdische) Täter durch besondere Agitation hervorgetan hatte, und dann in der Regel auch nicht die Todesstrafe, sondern die Auspeitschung verhängte.

Insbesondere aber wäre ganz ungewöhnlich, daß, wenn Paulus ein solches Erlebnis gehabt hätte, ein Erlebnis, das an Dramatik schlechthin nicht zu überbieten wäre, er nicht selbst in einem seiner vielen Briefe davon berichtet hätte – zumal er eine ausgesprochene Neigung hatte, seine persönlichen Erlebnisse den Gemeinden mitzuteilen. Er berichtet zwar (Gal. 1.17), daß er in der fraglichen Zeit nach Damaskus gereist sei. Er erwähnt aber weder etwas von Christenverfolgungen noch von jenem Erlebnis, welches als sogenanntes «Damaskus-Erlebnis» zu einem bekannten Begriff geworden ist.³⁵

Eine Datierung, wonach Paulus den auferstandenen Jesus auf seinem zum Zwecke der Christenverfolgung unternommenen Ritt bei Damaskus gesehen habe, würde im übrigen dem Kontext der neutestamentlichen Berichterstattung zuwiderlaufen. Markus und Lukas berichten nämlich, Jesus habe sich nur an einem einzigen Tage (Ostersonntag) als Auferstandener gezeigt. Matthäus dehnt die Erscheinung auf die Dauer der Reise des Auferstandenen von Jerusalem nach Galiläa aus; Johannes gibt keine Dauer an. Der Apostelgeschichte zufolge sollen die Erscheinungen 40 Tage angedauert haben.³⁶

Eine bestimmte Lehre, die von Jesus vertreten worden sei, spielt in der paulinischen Berichterstattung überhaupt keine Rolle. Nur bei der Beschreibung des Abendmahls, sonst nirgendwo in seinen Schriften, läßt Paulus den Nazarener einmal selbst zu Wort kommen. Auf «Herrenworte» nimmt der Apostel nur drei- oder viermal Bezug.

Der einfache Name Jesus wird von Paulus insgesamt 15mal gebraucht, der Titel «Der Christus» dahingegen 378mal. Jesu Leben interessiert ihn nicht, nur sein Tod:

> «Auch wenn wir früher Christus nach menschlichen
> Maßstäben eingeschätzt haben, jetzt schätzen wir ihn
> nicht mehr so ein.» (2. Kor. 5.16)

Paulus fragt nicht nach den Umständen, die zu Jesu gewaltsamem Tod geführt haben. Seine ganze Botschaft gilt dem «Gekreuzigten Christus». Dieser Begriff ist es, der den Prozeß der kultischen Verklärung verdeutlicht. Er hat seinen Anfang bei Paulus und bildet von da ab die eigentliche Grundlage der Predigt:

> «Denn ich hatte mich entschlossen, bei euch nichts
> zu wissen außer Jesus Christus, und zwar als den Gekreuzigten.» (1. Kor. 2.2)

Paulus ist an einer Biographie Jesu noch weniger interessiert als die Evangelisten. Die einzigen Fakten, die er berichtet, sind die: Jesus war ein loyaler Jude (Gal. 3.16); er wurde nicht von einer Jungfrau, sondern von einer normalen Frau geboren (Gal. 4.4); er hatte mehrere Geschwister (Röm. 8.29); er war allzeit Gott gehorsam (Phil. 2.8); er hielt ein letztes Abendmahl, nach dem er verraten wurde (1. Kor. 11.23–24); er war Schmähungen ausgesetzt (Röm. 15.3); er wurde gekreuzigt (Gal. 2.19; 3.13).[37] Die Passionsgeschichte – das zentrale Geschehen in den Evangelien– bleibt unerwähnt! Paulus weiß zur Passion nicht mehr zu sagen als eine Belanglosigkeit, vorgetragen nicht einmal von ihm selbst, sondern durch einen seiner Schüler:

> «Christus Jesus, der vor Pontius Pilatus das gute Bekenntnis abgelegt hat.» (1. Tim. 6.13)

Im Spiegel paulinischer Verkündigung würde sich der auf Golgatha gekreuzigte Jesus von Nazareth wohl kaum wiedererkennen: Der Zimmermannssohn aus Galiläa, der sein Volk Israel zur Versöhnung mit Gott aufgerufen hatte, soll nunmehr der Erlöser selbst sein, der Erlöser der ganzen Welt. «Man könnte, in diesem Sinne, sich Jesus von Nazareth vorstellen, wie er der Predigt des Paulus lauscht, um das Messiasgeheimnis des prä-existenten Christus zu erfahren.»[38]

Jesus soll von sich gesagt haben, er sei gekommen, um das Gesetz zu erfüllen:

> «Ihr sollt nicht wähnen, daß ich gekommen bin, das Gesetz oder die Propheten aufzulösen; ich bin nicht gekommen, aufzulösen, sondern zu erfüllen. Denn ich sage euch wahrlich: Bis daß Himmel und Erde zergehe, wird nicht zergehen der kleinste Buchstabe noch ein Tüttel vom Gesetz, bis daß es alles geschehe. Wer nun eines von diesen kleinsten Geboten auflöst und lehrt die Leute also, der wird der Kleinste heißen im Himmelreich; wer es aber tut und lehrt, der wird groß heißen im Himmelreich.» (Mt. 5.17–19)

Nach Jesu Meinung (Mk. 10.18) ist «niemand gut als Gott allein». Jesus hat nicht versucht, eine neue Religion zu gründen, schon gar nicht hat er sich als Stifter einer weltumspannenden Religion verstanden; er fühlte sich gesandt

> «Nur zu den verlorenen Schafen des Hauses Israel.»
> (Mt. 15.24)

Paulus hat dies alles abgeändert. Nicht länger an die Juden, sondern an die Heiden wendet er sich mit einer Botschaft.

Aufgegeben ist auch die Vorstellung, daß Gott trotz seiner Unerreichbarkeit so nahe ist, um, wie es die Psalmen, die Propheten und Jesus lehrten, mit «Vater» oder gar mit «Abba» angeredet werden zu können. Der Zugang zu Gott, so lehrt Paulus, bedarf eines Mittlers: Christus Jesus.[39] Als «Lamm Gottes» nimmt dieser die Schuld aller Menschen auf sich und ermöglicht so die Rechtfertigung vor dem letzten Gericht.

Paulus ist es, der den am Kreuz gestorbenen Jesus von Nazareth in einer Weise umgedeutet hat, die in der Geschichte der Völker einmalig ist. Als den «Verderber des Evangeliums Jesu» hat ihn der evangelische Theologe Zahrnt[40] bezeichnet. Und der evangelische Theologe Overbeck konstatiert:[41] «Alle schönen Sachen des Christentums knüpfen sich an Jesus, alle unschönen an Paulus.»

Seit Paulus ist es gewissermaßen «offiziell» erlaubt, zur Verherrlichung Gottes und zur Verherrlichung von allem, dem die Kirche ihre Verkündigung widmet, «heilig zu lügen». Paulus ist es einerlei, ob Christus in unlauterer oder lauterer Weise verkündigt wird (Phil. 1.18). Obwohl er oft beteuert, die Wahrheit zu sagen

(Röm. 9.1; Gal. 1.20), hebt er dann wieder hervor, die Lüge sei ein durchaus legitimes Mittel, um den angestrebten Zweck zu erreichen:

> «Wenn aber die Wahrheit Gottes sich durch meine Lüge als noch größer erweist und so Gott verherrlicht wird, warum werde ich dann als Sünder gerichtet?»
> (Röm. 3.7)

Der «fromme Betrug» ist in der zweitausendjährigen Kirchengeschichte zu einem fast schon liebenswürdigen, jedenfalls mit Schmunzeln auszusprechenden Begriff geworden. Ignatius von Loyola schrieb als Regel vor: «Damit wir in allen Stücken sichergehen, müssen wir immer festhalten: das, was unserem Auge weiß erscheint, sei schwarz, sobald die hierarchische Kirche so entscheidet.»[42]

Nicht nur von den Uraposteln wurde Paulus kräftig angegriffen. Von Anfang an war er die wohl umstrittenste Gestalt. Die Kirchenväter Papias, Justin und Tertullian lehnten ihn ab. Der Verfasser des Jakobusbriefes distanziert sich von ihm. Die Parole: «Zurück zu Jesus – weg von Paulus!» hat bis in die Gegenwart an Aktualität nichts verloren. Es ist eine naheliegende Absicht angesichts der Tatsache, daß der Apostel, von dem wir die ersten schriftlichen Zeugnisse über das Christentum besitzen, diesen Jesus von Nazareth als historische Persönlichkeit überhaupt nicht zur Kenntnis genommen hat.

Paulus, dem größten Theologen aller Zeiten, gebührt der Ruf, der eigentliche Gründer des Christentums zu sein.[43]

Er hat mit seiner Lehre den jüdischen und damit jesuanischen Monotheismus in seiner reinen Form sicherlich verwässert. Im Prinzip aber ist er dennoch nicht abgerückt von dem Glauben, daß es nur den einen Gott und Schöpfer gibt.

Das Schlußwort möchte ich aus gutem Grunde keinem christlichen Autor, sondern zwei jüdischen Gelehrten[44] überlassen:

Franz Rosenzweig: «Es war Paulus, der die hebräische Bibel bis auf die fernsten Inseln gebracht hat, ganz im Sinne des Propheten Jesaja.»

Pinchas Lapide: «Paulus ist es letztlich zu verdanken, daß der Ein-Gott-Glaube das Abendland erobern konnte.»

Zeugen und Theorien über die Auferstehung

Es gibt keinen einzigen neutestamentlichen Zeugen, der geschrieben hätte, die Auferstehung Jesu als solche gesehen zu haben. Und selbst wenn es einen solchen Zeugen gäbe, bliebe die Frage nach seiner Glaubwürdigkeit bzw. Zuverlässigkeit. Immerhin gab es Zeugen, die (sogar unter Eid) der Kaiserwitwe Livia bestätigt haben, sie hätten gesehen, wie der verstorbene Augustus gen Himmel gefahren sei.[45]

Ein Problem besonderer Art war von Anfang an die Frage, wo denn wohl Jesus geblieben sei, nachdem er auferstanden war. Weder Paulus noch Markus, Matthäus und Johannes beantworten diese Frage. Einzig und allein Lukas gibt eine – freilich allzu pragmatische – Antwort: Sowohl in seinem Evangelium (Lk. 24.50–52) als auch in seiner Apostelgeschichte (Apg. 1.9–14) erzählt er die erbauliche Geschichte von einer sichtbaren Himmelfahrt.[46] Das mochten die Frager glauben oder nicht glauben: auf jeden Fall hatten sie eine Antwort.

Der Bericht des Lukas schien den frühen christlichen Gemeinden in ihrer Mehrheit aber offenbar zu blaß und nebensächlich, als daß sie bereit gewesen wären, ihn in ihre Glaubensvorstellungen einzubeziehen. Der Glaube an Christi Himmelfahrt[47] setzte sich erst im 4. Jahrhundert durch, dann allerdings mit solcher Macht, daß er sogar Bestandteil des «apostolischen»[48] Glaubensbekenntnisses wurde.

Zu Jesu Lebzeiten hatte niemand einen Gedanken darauf verwendet, daß, wenn der Meister sterben würde, er noch vor Anbruch der Endzeit von den Toten wiederauferstehen werde. Andernfalls hätten Maria Magdalena, Maria, die Mutter des Jakobus, und Salome kein «Zittern und Entsetzen» ergreifen können angesichts des leeren Grabes (Mk. 16.8), und die Jünger wären dem Bericht der Maria Magdalena wohl weniger skeptisch begegnet. Deutlich und unverblümt den kerygmatischen Gehalt der Auferstehung hervorhebend, sagt es der Johannes-Evangelist:

> «Denn sie verstanden das Schriftwort noch nicht, daß er von den Toten auferstehen mußte. Da gingen die Jünger wieder heim.» (Jh. 20.9–10)

Bezeichnend für eine so schwer faßbare Frage wie die von der Auferstehung Jesu von den Toten sind die vielen Hypothesen, die in dem Zusammenhang aufgestellt worden sind. Die Meinung, Jesus sei nicht am römischen Kreuz gestorben, sondern habe in Wirklichkeit in Indien gelebt und gewirkt, wo er dann als alter Mann gestorben sei, erfreut sich gegenwärtig einer gewissen Resonanz.[49] Älter ist die Theorie, derzufolge Jesus, als er vom Kreuz abgenommen wurde, noch nicht tot gewesen sei, was der römische Hauptmann übersehen habe. Joseph von Arimathia und seine Gehilfen hätten ihn, von der römischen Wache unbemerkt, fortgetragen und gesundgepflegt, und so sei es zu der irrtümlichen Annahme gekommen, er sei von den Toten auferstanden.

Mitte des vorigen Jahrhunderts glaubte der Heidelberger Exeget H. E. G. Paulus[50], die Dinge wie folgt rekonstruieren zu können: Jesus hatte das furchtbare Geschehen überlebt. Er legte ein Gewand an, das ihm der Gärtner geliehen hatte. Die Schwäche zwang ihn aber noch, vorläufig in der Nähe des Gartens zu bleiben. Als Maria Magdalena ihn erblickte, verbot er ihr, ihn zu berühren, da sein Körper noch zu schmerzempfindlich war. Bis zum Nachmittag sei er dann wieder so weit bei Kräften gewesen, daß er bis nach Emmaus habe gehen können. Später habe er sogar gewagt, bis nach Galiläa zu reisen. Allerdings habe ihm das alles nicht viel eingebracht: er sei kurz danach an einer Tetanusinfektion gestorben.

Eine Geschichte besonderer Art hatte sich der Bischofssohn Marcion, den Egon Friedell als den bedeutendsten Theologen des 2. Jahrhunderts bezeichnet, einfallen lassen: Jesus habe als Gott überhaupt nicht leiden und sterben können. Da andererseits die Erzählungen von Jesu Passion beim Kirchenvolk noch ziemlich lebendig waren, verbreiteten Marcion und seine zahlreichen Anhänger folgende Spekulation[51], die vom Kirchenvater Irenäus überliefert ist: Simon von Kyrene habe nicht nur das Kreuz Jesu getragen, sondern es sei ihm auf wundersame Weise untergeschoben worden, so daß er an Jesu Stelle und in Jesu Gestalt gekreuzigt worden sei, während der wahre Jesus, der sich unter der Menge verloren hatte, lachte, als er der Hinrichtung seines Doppelgängers beiwohnte.[52]

Lange noch hatte sich der Marcionismus am Leben erhalten. Erst Jahrhunderte später spielte er im Bewußtsein der Gläubigen keinerlei Rolle mehr. Die – paulinische – Lehre von der Auferstehung Jesu hatte sich seit dem Konzil von Nicäa im Jahre 325 endgültig durchgesetzt.

Die Auferstehung Jesu wird als vom Glauben vorausgesetzte Tatsache angenommen. Historisch belegt ist aber nicht die Auferstehung selbst; belegt ist allein die Tatsache, daß schon die ersten Verkünder des Evangeliums an die Auferstehung Jesu geglaubt haben, so wie es Petrus in seiner Pfingstpredigt verkündet:

> «Diesen Jesus hat Gott auferweckt, dafür sind wir alle Zeugen.» (Apg. 2.32)[53]

Der Bericht über ein Ereignis ist nicht gleichzusetzen mit dem Ereignis selbst. Der Bericht wird geprägt von der subjektiven Einstellung des Verfassers, insbesondere von der bestimmten Absicht, die er mit dem Bericht verbindet. Bornkamm[54]: «Das Ereignis der Auferstehung Jesu Christi von den Toten... (ist) der Geschichtswissenschaft entzogen.» Zentraler Punkt der Predigt war von Anfang an der Glaube an die Auferstehung, nicht aber der Versuch einer Beweisführung. «Für den Glauben wichtig ist nicht, daß Jesus leibhaftig auferstanden ist, also das factum historicum als solches, sondern daß er für mich der Auferstandene ist», formuliert Bultmann.[55] Und Küng:[56] «Es ist nicht nichts geschehen. Aber was geschehen ist, sprengt und übersteigt die Grenzen der Historie. Es geht um ein transzendentes Geschehen aus dem menschlichen Tod in die umgreifende Dimension Gottes hinein.»

Auch der Jude Paulus kann da, allen Umdeutungsversuchen zum Trotz, nicht anders gedacht haben. Wie alle gläubigen Juden bis auf den heutigen Tag betete er den Lobpreis des Achtzehn-Bitten-Gebetes:

> «Gepriesen bist du, Jahwe, der die Toten lebendig macht.»

Paulus beschreibt die Auferstehung als «ein Geheimnis», als Verwandlung der physischen in die geistige Existenz:[57]

> «Damit will ich sagen, Brüder: Fleisch und Blut können das Reich Gottes nicht erben; das Verwesliche wird nicht erben die Unverweslichkeit.»
> (1. Kor. 15.50)

Nach paulinischem Verständnis ist die Auferstehung nicht ein Bestandteil des persönlichen Schicksals Jesu; sie ist nicht das, was unter einer «persönlichen Auferstehung» zu verstehen wäre, sondern bedeutet für Paulus, daß der Geist des Herrn den Menschen befähigt, das Böse zu überwinden und damit dem Tode zu trotzen:[58]

> «Der Herr aber ist der Geist, und wo der Geist des Herrn wirkt, da ist Freiheit.» (2. Kor. 3.17)

Der paulinische Auferstehungsglaube wiederum ist identisch mit der Auferstehungsvision der Jünger, wie Paulus selbst bezeugt (1. Kor. 15.5–8). Hier wie dort handelt es sich um eine geistige, nicht um eine dem leiblichen Auge zugängliche Vision.

3. Kapitel:
Die Frage nach der Geschichtlichkeit Jesu

Die Chronisten schweigen

Die Historiker des 1. Jahrhunderts begnügen sich mit ein paar belanglosen Zeilen über die Christen. Es gibt keine zeitgenössischen nichtchristlichen (neutralen, tendenzfreien) Quellen, die über einen Jesus von Nazareth berichten. Dies ist um so erstaunlicher, als eine ganze Reihe von Schriftstellern über die damalige Situation in Palästina ausführlich geschrieben hat. Zu nennen sind die Römer Plinius der Ältere (23–79) und der jüdische Schriftsteller und Philosoph Philon von Alexandrien (etwa 20 vor bis 50 nach Chr.). Speziell Philon hat sich als Mittler zwischen jüdischer Tradition und griechischer Bildung sowie durch sein mutiges Auftreten vor Kaiser Caligula große Verdienste erworben. Mit den spannungsgeladenen Verhältnissen, in deren Mittelpunkt Jesu Wirken gestanden haben soll, war Philon gewissermaßen laufend in Berührung. Aber nirgendwo in seinen Schriften taucht der Nazarener auf. Er prangert ungerechtfertigte Hinrichtungen durch Pilatus an, erwähnt aber nicht die Hinrichtung Jesu.

Zu erwähnen ist auch Plinius der Jüngere, der im Jahre 111 in seiner Eigenschaft als Prokonsul in Bithynien einen Brief an Kaiser Trajan geschrieben hat, in welchem er auf das starke Anwachsen des neuen Glaubens hinweist. Jesus bleibt bei ihm ungenannt.

Auch in den – allerdings nur fragmentarisch erhaltenen – Schriften des Geschichtsschreibers Justus von Tiberias kommt Jesus nicht vor. Justus war ein Zeitgenosse Jesu und außerdem in derselben Gegend zu Hause wie dieser.

Ähnliches gilt für die im Jahre 1947 entdeckten Schriften der Essener, einer Sekte, die ein bedeutendes Kloster in der judäischen Wüste unterhielt: Qumran, ein paar Kilometer entfernt vom Nordwestende des Toten Meeres. Auch in den Qumranschriften, die u. a. in einer Zeit entstanden, in der Jesus gewirkt haben soll, und die obendrein in unmittelbarer örtlicher Nähe dieses Wirkens verfaßt wurden, wird ein Jesus von Nazareth nicht erwähnt.

Die Texte, die man in Qumran fand, enthalten Stellen, die inhaltlich, ja teilweise sogar wörtlich, mit Passagen übereinstimmen, die im Neuen Testament zu lesen sind. Der Bezug zur Bergpredigt tritt deutlich hervor. Brüderlichkeit galt den Essenern als religiöse Pflicht, Nächstenliebe als moralisches Gebot. Zu schwören war ihnen untersagt; statt dessen sollten sie nur «ja, ja» oder «nein, nein» sagen. Armut, Demut und Askese waren ihre Ideale. Sie glaubten an die Unsterblichkeit der Seele. Ihr ritueller Mittelpunkt war das Taufbad, vorgesehen zur Reinigung von den Sünden. Im essenischen Sektenkanon ist – wie übrigens auch im Alten Testament – das Gebot der Feindesliebe verankert:[1]

> «Keinem will ich vergelten das Böse, mit Gutem will ich den Menschen verfolgen, denn bei Gott ist das Gericht über alles, was lebt.»

Es gibt, etwas überspitzt ausgedrückt, überhaupt keinen «christlichen» Lehrsatz, den man nicht auch schon bei den Essenern finden könnte. Der Jerusalemer Tempel verkörperte für sie den «Alten Bund». Einen «Neuen Bund» wollten sie mit Gott schließen, damit dieser sich mit dem Volk Israel wieder versöhne und es aus der Knechtschaft befreie. Es ist der Neue Bund, den nach der Überlieferung der Evangelien Jesus geschlossen hat: Das Neue Testament, wie Martin Luther (in Anlehnung an Hieronymus) übersetzt.

Bei so zahlreichen und überraschenden Parallelen ist eine Verbindung Jesu zum Essenertum (eventuell über Johannes den Täufer?) ein an sich naheliegender Gedanke. Daß Jesus in den Schriften der Essener keinerlei Erwähnung findet, läßt sich nur aus der allgemeinen Unbekanntheit des Nazareners zu seinen Lebzeiten, bis hin zum Ende des ersten Jahrhunderts, erklären. Nachdenklich aber stimmt es, daß umgekehrt die bedeutungsvolle religiöse Gruppe der Essener, von der das zeitgenössische Schrifttum so ausführlich berichtet, im Neuen Testament nirgendwo erwähnt wird.[2] Die Funde von Qumran, von denen man sich auch Aufschluß über die Persönlichkeit Jesu erhofft hatte, haben also in dieser Hinsicht leider nichts gebracht.

Wenn Jesus nun indirekt doch einmal in neutralen Quellen erwähnt wird, dann sind diese Zeugnisse zum einen deswegen nicht brauchbar, weil sie fast hundert Jahre nach seinem Tod verfaßt sind, also in einer Zeit, in der das Christentum schon zu einer Massenbewegung geworden war, so daß es nichts Besonderes oder gar Sensationelles ist, wenn darauf hingewiesen wird, die Christen sähen ihren Religionsstifter als Messias an und dieser sei vom Prokurator Pontius Pilatus gekreuzigt worden. Zum anderen geben diese relativ späten Erwähnungen deswegen nichts her, weil sie so blaß sind, daß man wegen dieser Blässe gerade umgekehrt den Schluß auf eine allgemeine Unbekanntheit Jesu zur Zeit seines Wirkens und in den Jahrzehnten danach ziehen muß.[3]

Tacitus zum Beispiel berichtet in seinen um das Jahr 115 geschriebenen «Annales» über eine Christenverfolgung, die ca. fünfzig Jahre zuvor unter Nero in Rom stattgefunden habe.

> «Um das schlimme Gerücht aus der Welt zu schaffen, der Brand sei auf seinen Befehl gelegt worden, schob Nero die Schuld auf andere und verhängte über die, die durch ihr schändliches Gebaren verhaßt waren und im Volksmund ‹Christianer› hießen, die ausgesuchtesten Strafen. Dieser Name leitet sich von Christus ab, der unter der Regierung des Tiberius durch den Prokurator Pontius Pilatus hingerichtet worden war. Der für den Augenblick unterdrückte verhängnisvolle Aberglaube griff von neuem um sich, nicht in Judäa, wo dieses Übel entstanden war, sondern auch in Rom, wo alle Scheußlichkeiten und Abscheulichkeiten aus der ganzen Welt zusammenströmen und freudigen Anklang finden.» (XV.44)[4]

Mehr weiß dieser größte Geschichtsschreiber Roms, ca. 85 Jahre nach Jesu Tod, nicht zu berichten. Wie wenig Bedeutung im übrigen Tacitus der Erwähnung des angenommenen Gründers der Christensekte beimißt, geht aus der Tatsache hervor, daß er nicht von Jesus von Nazareth spricht, sondern von «Christus», von dem die Christen ihren Namen ableiten. Der «bürgerliche» Name «Jesus» war ihm offenbar nicht bekannt. Zahlenmäßig dürfte es sich um eine noch sehr kleine christliche Gemeinde gehandelt haben, die zur Zeit Neros in Rom existierte. Daß der Kaiser sie überhaupt zur Kenntnis genommen hatte, wäre überraschend, noch überraschender aber der Umstand, daß er sie als eine vom Judentum schon losgelöste Gruppe angesehen hätte. Menschen jüdischen Glaubens jedoch wurden von Nero nicht verfolgt; seine (einflußreiche) Ehefrau Poppaea Sabina war sogar zum Judentum konvertiert. Es wird daher vielfach die Vermutung geäußert, die betreffende Stelle in den «Annales» stamme gar nicht von Tacitus, sondern sei ein späterer Einschub.[5] Vor Tacitus hat kein Schriftsteller behauptet, daß es unter Nero eine Christenverfolgung gegeben habe.

Der römische Historiker Sueton erwähnt im Jahre 120 in seinem Buch «Vita Claudii» als Urheber von Tumulten in Rom unter Kaiser Claudius (Regierungszeit 41–54) einen «Chrestos». Diese Erwähnung kann aber kaum mit Jesus in Verbindung gebracht werden. Denn erstens gab es während der Regierungszeit des Claudius noch keine Christen in Rom. Die christliche Gemeinde in Rom wurde später als die von Antiochia und Alexandria gegründet, frühestens Ende der fünfziger Jahre. Zweitens waren die sich etablierenden christlichen Gemeinden sehr darauf bedacht, Tumulte zu vermeiden. Paulus hatte sie ausdrücklich dazu ermahnt (z. B. Röm. 13.1 ff.). Drittens geht Sueton davon aus, daß jener Urheber der Tumulte unter Claudius noch am Leben war und sich in Rom aufhielt. Beides trifft für Jesus nicht zu. Viertens geht es im Bericht des Sueton offenbar auch gar nicht um aufsässige Christen, sondern um aufsässige Juden.

Als weitere mögliche Quelle zu erwähnen wäre noch ein Privatbrief, den der Syrer Mara bar Sarapion an seinen in Edessa studierenden Sohn geschickt hat. Dort heißt es:

> «Was hatten die Athener einen Nutzen davon, daß sie Sokrates töteten? ... Oder die Samier von der Verbrennung des Pythagoras? ... Oder die Juden von der Hinrichtung ihres weisen Königs, da ihnen von jener Zeit an das Reich weggenommen war? Denn gerechterweise nahm Gott Rache für jene drei Weisen.»[6]

Die Datierung des Briefes ist äußerst schwierig. Aufhauser läßt die Zeit zwischen 73 und 160 offen. Ob der Briefschreiber mit dem «weisen König» Jesus gemeint hat, ist fraglich. Selbst wenn das der Fall sein sollte, hat er dessen Namen offenbar nicht gekannt, namentlich bekannt sind ihm Sokrates und Pythagoras. Einen für die Person Jesu historischen Wert kann man dem Brief auch deshalb nicht beimessen, weil mit keinem Wort Pilatus und die Römer erwähnt werden – ganz abgesehen davon, daß nichts darüber bekannt ist, ob der Brief einer christlichen oder nichtchristlichen Quelle entstammt.

Genannt wird der Name Jesu in einer Schrift des berühmten römischen Philosophen und Politikers Celsus (Kelsos), etwa Mitte des 2. Jahrhunderts. Was Celsus schreibt, ist aber alles andere als neutral, sondern fußt ganz offenbar auf talmudischen Schmähschriften, die seit dem Ende des 1. Jahrhunderts gegen die Christen verfaßt wurden. «Celsus sagt direkt (Orig. C.C.I.28), Maria sei von ihrem Mann, seines Zeichens Zimmermann, wegen Ehebruchs verstoßen worden, habe heimlich Jesus geboren, der sich aus Armut in Ägypten als Tagelöhner verdungen und dort die Zauberei erlernt habe. Dann sei er zurückgekehrt und habe sich kraft dieser Fähigkeit öffentlich zum Gott erklärt.»[7]

Im Talmud, einer Kommentar- und Protokollsammlung zu den verschiedenen jüdischen Lehrmeinungen, wird über eine rabbinische Diskussion berichtet, die etwa im Jahre 95 stattgefunden hat. Jesus wird darin als «Narr» bezeichnet; seine Mutter «Mirjam, die Frauenhaarflechterin, war ihrem Manne untreu, ihr Buhle hieß Pandera». Craveri: «Man hat sich die Mühe gemacht, den möglichen Wahrheitsgehalt dieser Talmud-Überlieferung zu prüfen. In Bingerbrück (Deutschland) wurde angeblich der Grabstein eines aus dem phönizischen Sidon stammenden Soldaten des römischen Heeres namens Tiberius Julius Panther gefunden, der zu einer Kohorte gehörte, die bis zum Jahre 9 n. Chr. in Palästina in Garnison gelegen hatte. Immerhin war die Autorität des Talmud so beträchtlich, daß selbst die Kirchenväter lange Zeit hindurch das Gefühl verspürten, die Beziehung dieses unbequemen Individuums zu Jesus irgendwie zu klären.»[8]

Ob man daraus wenigstens den Schluß ziehen kann, daß Ende des 1. Jahrhunderts die historische Existenz Jesu auch im Talmud nicht angezweifelt wurde, ist eine Frage, die ich offenlassen möchte. Die Schmähungen könnten sich auch auf eine fiktive Gestalt beziehen. Bedeutender ist die Feststellung, daß zu Jesu Lebzeiten im jüdischen Schrifttum nicht von ihm berichtet wird, insbesondere seine angeblichen Auseinandersetzungen mit den Pharisäern nirgendwo erwähnt werden. Salcia Landmann:[9] «Auch Debatten mit ‹Ketzern› gingen ja ungekürzt in den Talmud ein... Tatsache ist, daß Jesus nicht mit einer Silbe erwähnt ist, obgleich dieses Schrifttum über ganz unbedeutende Persönlichkeiten und Episoden ausführlich berichtet.»

Als bedeutendster zeitgenössischer Schriftsteller ist Josephus Flavius (37–95) zu nennen. Dieser hat in seinen nach der Zerstörung des Staates Israel verfaßten umfangreichen Geschichtswerken «Jüdische Altertümer» und «Geschichte des jüdischen Krieges» sehr ausführlich die Situation und Geschehnisse in Palästina gerade auch zu Jesu Zeit behandelt.[10] Jede kleine Ruhestörung, jeder Aufstand, jedes gerechte oder ungerechte Todesurteil, sofern es nur irgendeine politische Bedeutung hatte, wird in seinen Schriften ausführlich mitgeteilt. Speziell die gewaltsamen Übergriffe des Prokurators Pilatus gegenüber der jüdischen Bevölkerung werden im einzelnen aufgezählt und dargestellt.[11] Alle Einflüsse und geistigen Strömungen jener Zeit werden detailliert beschrieben. Josephus Flavius erwähnt aber weder etwas von relevanten christlichen Gemeinden, noch berichtet er von Jesus von Nazareth als einer historischen Persönlichkeit.

Die erste christliche Gemeinde außerhalb Palästinas war die von Antiochia, einer römischen Stadt in Kleinasien, die einen starken jüdischen Bevölkerungsanteil hatte. Paulus hatte die Gemeinde gegründet, etwa Mitte der vierziger Jahre. Die «Brüder», die sich dort vereinsartig zusammengeschlossen hatten, wurden «Christianoi» genannt. Hier taucht die Bezeichnung zum ersten Mal auf (Apg. 11.26), wohingegen der hebräische Flügel in Jerusalem «Nazaräersekte» (Apg. 24.5) genannt wurde. Etwa ein Jahrzehnt nach der Gemeinde von Antiochia entstand die Gemeinde von Alexandria und einige Jahre später die von Rom.

Offenbar maß man Jesus und der Sekte der Jesusanhänger in den ersten vierzig Jahren zwischen Jesu Tod und dem Ende des jüdischen Krieges keinerlei Bedeutung bei. Josephus hatte ja keinen Grund, Jesus (dasselbe gilt für Paulus, der ebenfalls nicht erwähnt wird) etwa absichtlich zu ignorieren. Im Gesamtwerk dieses

Chronisten kommen etwa zwanzig verschiedene Personen vor, die den Namen Jesus tragen, ungefähr die Hälfte von ihnen waren Zeitgenossen unseres Jesus. Josephus berichtet u. a. von einem Propheten Jesus, «des Ananos Sohn». Dieser Jesus habe den Untergang des Tempels prophezeit, er sei deswegen von den Juden festgenommen und den Römern übergeben worden. Die Römer hätten ihn bis auf die Knochen ausgepeitscht und dann laufenlassen, weil sie davon ausgingen, daß er wahnsinnig sei.[12]

Der Name Jesus – hebräisch Josua, Jesua oder auch Jehosua, was so viel heißt wie «Gott hilft» oder «Gott wird erlösen» – war damals allerdings ein so gebräuchlicher Name wie zu anderer Zeit und an anderem Ort Wilhelm oder Otto. Später wurde der Name Jesus seltener. Den Juden war der Name wohl zu verhaßt, als daß sie ihn ihren Kindern weiterhin geben wollten. Und in den jungen christlichen Gemeinden hat man sich gescheut, den Namen Jesus anderen Personen zu geben. Der Heilsname sollte in Einmaligkeit strahlen. Und wenn man nicht umhin konnte, einen anderen Träger dieses Namens zu erwähnen, dann wurde sein Name umbenannt. So avisiert Paulus im Brief an die Kolosser (4.11) einen seiner Gehilfen, der ebenfalls Jesus heißt, mit den Worten: «Jesus, der da heißt Justus.»

Tatsächlich taucht nun auch einmal der Nazarener Jesus in einem Werk des Josephus auf, und zwar in dem um das Jahr 90 fertiggestellten Buch «Jüdische Altertümer». Es wird dort vom Hohenpriester Ananos[13] berichtet, der von König Agrippa II. abgesetzt worden war, weil er in einem Willkürverfahren Jesu Bruder Jakobus zum Tode verurteilt und hatte hinrichten lassen:

> «Er versammelte den Hohen Rat zum Gericht und stellte vor dasselbe den Bruder des Jesus, der Messias genannt wurde, mit Namen Jakobus, sowie noch einige andere, die er der Gesetzesübertretung anklagte und zur Steinigung führen ließ.» (XX. 9.1)

Gerade der an die Nennung des Namens «Jesus» angefügte Relativsatz: «... der Messias genannt wurde», ist ein Zeichen dafür, daß dieser Name häufig war. Im übrigen wird in der exegetischen Wissenschaft überwiegend angenommen, daß der im Josephustext zu lesende Relativsatz in dieser Form nicht vom Autor stammt, sondern ein späterer Einschub ist: Nur Christen konnten ein Interesse daran haben, die Messianität Jesu hervorzuheben.[14] Dies wiederum macht auch die Namensnennung als solche, die ja notwendigerweise dem Relativsatz vorangehen muß, historisch fragwürdig.

Im Gegensatz zum Nazarener Jesus ist der Täufer Johannes eine historisch einwandfrei belegte, bekannte und mit großer Verehrung beschriebene Persönlichkeit. Josephus Flavius berichtet – «Jüdische Altertümer»:

> «Manche Juden waren übrigens der Ansicht, der Untergang der Streitmacht des Herodes sei nur dem Zorne Gottes zuzuschreiben, der für die Tötung Johannes des Täufers die gerechte Strafe gefordert habe. Den letzteren nämlich hatte Herodes hinrichten lassen, obwohl er ein edler Mann war, der die Juden anhielt, nach Vollkommenheit zu streben, indem er sie ermahnte, Gerechtigkeit gegeneinander und Frömmigkeit gegen Gott zu üben und so zur Taufe zu kommen.» (XVIII.5.2)

Was möchte man darum geben, wenn – ohne daß an der Echtheit gezweifelt werden müßte – auch über Jesus wenigstens ein einziger Satz solcher Art irgendwo im zeitgenössischen historischen Schrifttum zu finden wäre!

Solange die junge christliche Kirche sich noch nicht staatlich abgesichert hatte, sondern um ihre Durchsetzung und Anerkennung, ja bisweilen ums schlichte Überleben kämpfen mußte, hatte man sich weiter keine Gedanken darüber gemacht, daß ihr Stifter eine unbekannte historische Persönlichkeit war. Es gab Wichtigeres zu tun, als sich darüber den Kopf zu zerbrechen. Im 4. Jahrhundert aber, als dem Bischof und Kirchenvater Eusebius der Schachzug gelang, sich mit Kaiser Konstantin zu verbinden – es war übrigens ein Schachzug auf Gegenseitigkeit –, drang das historische Defizit, das der Zentralfigur des christlichen Glaubens anhaftete, offenbar ins Bewußtsein der sich etablierenden jungen Staatskirche. Eusebius, der inzwischen auch zum Hoftheologen Konstantins avanciert war – Jacob Burckhardt nennt den Bischof den «ersten durch und durch unredlichen Geschichtsschreiber des Altertums»¹⁵ – verfaßte ungefähr im Jahre 320 für Kaiser Konstantin eine Kirchengeschichte, in welche er einen «Auszug» aus den «Jüdischen Altertümern» des Josephus hineinschrieb. Konstantin konnte nun folgende Sätze zur Kenntnis nehmen, die – ihrem vermeintlichen Ursprung nach – aus der Feder des im Kaiserreich nach wie vor sehr angesehenen Josephus stammen sollten:

> «Um diese Zeit lebte Jesus, ein weiser Mensch, wenn man ihn überhaupt einen Menschen nennen darf. Er war nämlich der Vollbringer ganz unglaublicher Taten und der Lehrer aller Menschen, die mit Freuden die Wahrheit aufnahmen. So zog er viele Juden und auch viele Heiden an sich. Er war der Christus. Und obgleich ihn Pilatus auf Betreiben der Vornehmsten unseres Volkes zum Kreuzestod verurteilte, wurden doch seine früheren Anhänger ihm nicht untreu. Denn er erschien ihnen am dritten Tage wieder lebend, wie gottgesandte Propheten dies und tausend andere wunderbare Dinge von ihm vorherverkündigt hatten. Und noch bis auf den heutigen Tag besteht das Volk der Christen, die sich nach ihm nennen, fort.» (XVIII. 3.3)

Daß es sich bei diesen Sätzen (dem sogenannten «Testimonium Flavianum») um eine – obendrein recht plumpe – Fälschung handelt, wird heute, soweit ich sehe, von keinem ernstzunehmenden Forscher mehr bezweifelt: Josephus hätte selbst Christ gewesen sein müssen, wenn er solche Sätze geschrieben hätte. Josephus war aber kein Christ, er ist – in römischen Diensten stehend – seinem jüdischen Glauben treu geblieben und hat nicht an die Messianität Jesu geglaubt.¹⁶ Es gibt allerdings eine Minderheit von Autoren (z. B. Klausner), die es für denkbar hält, daß die Erwähnung Jesu als solche doch von Josephus stammt, möglicherweise sogar die positive Erwähnung, Jesus sei ein «weiser Mensch» gewesen, den Pilatus «auf Betreiben der Vornehmsten unseres Volkes zum Kreuzestod verurteilte». Folgt man dieser Minderheitsmeinung, dann bliebe gleichwohl festzuhalten, daß Ende des 1. Jahrhunderts, als das Christentum schon eine in vielen Gegenden verbreitete Sekte geworden war, der historische Stellenwert des Jesus von Nazareth gerade erst ausreichte, um in einer großen Chronik überhaupt nur namentlich erfaßt zu werden.

Josephus Flavius entstammte einer Jerusalemer Aristokratenfamilie. Sein Vater war Priester (und folglich doch wohl Mitglied des Hohen Rats), als gegen Jesus der Prozeß stattgefunden haben soll. Josephus selbst war zunächst Pharisäer. Bei Kriegsausbruch im Jahre 66 war er jüdischer Oberbefehlshaber in Galiläa. Nach der Eroberung der Festung Jotapata durch die Römer geriet er in Gefangenschaft und wurde seinem römischen Gegenspieler, dem alten Haudegen[17] Vespasian, vorgeführt. Josephus verstand es, sich die Gunst des Siegers zu erwerben, und erhielt – Vespasian war inzwischen Kaiser geworden – bald darauf das römische Bürgerrecht. Dadurch bekam er Vespasians Vornamen und Gentilnamen «Titus Flavius»; als Cognomen wählte er seinen jüdischen Namen und versah ihn mit einer lateinischen Endung. Als römischer Bürger hieß er also Titus Flavius Josephus, während sein jüdischer Name Joseph ben Matitjahu ha-Kohen war.

Davon, daß in Jerusalem in der Zeit der letzten Regierungsjahre des Kaisers Tiberius eine bekannte Persönlichkeit in einem aufsehenerregenden und beispiellosen Doppelprozeß vor dem jüdischen Synedrium und dem römischen Statthaltergericht zum Tode verurteilt und hingerichtet worden sein soll, hätte gerade Josephus durch die Erzählungen seines Vaters und durch Berichte von Verwandten und Freunden seiner Eltern etwas gehört haben müssen.

Auch das Ratsmitglied Nikodemus, von dem mehrere Äußerungen historisch überliefert sind[18], verliert kein einziges Wort über einen Prozeß, bei dem er angeblich eng mit dem Hingerichteten verbunden war: Er soll, zusammen mit dem Ratsherrn Joseph von Arimathia, für Jesu würdige Beisetzung gesorgt haben (Jh. 19.39).

Des weiteren schweigt ein anderes bekanntes Ratsmitglied: Gamaliel der Weise, der Lehrer des Paulus, von dem ebenfalls mehrere schriftliche Äußerungen vorliegen. Gamaliel wie auch Nikodemus sollen, den Synoptikern zufolge, für das Todesurteil gegen Jesus gestimmt haben: Beide waren Mitglieder des Hohen Rats, und alle Ratsherren sollen – außer Joseph von Arimathia, dessen Stimmenthaltung allerdings nur von Lukas (23.51) berichtet wird – dem Todesbeschluß zugestimmt haben.

Und schließlich schweigt auch Paulus selbst.[19] Er schreibt nichts über den Prozeß, obwohl er gerade im Zeitpunkt des vermeintlichen Geschehens Theologie- und Jurastudent in Jerusalem war und Vorlesungen eines Mitgliedes des Kollegialgerichts besuchte, das Jesus angeblich zum Tode verurteilt hat.

Dem Bericht der Evangelien zufolge sollen sich, als die Hinrichtung vollzogen war, einmalige Dinge ereignet haben:

> «Und von der sechsten Stunde an ward eine Finsternis über das ganze Land bis zu der neunten Stunde ... Und siehe da, der Vorhang im Tempel zerriß in zwei Stücke von obenan bis untenaus. Und die Erde erbebte, und die Felsen zerrissen, und die Gräber taten sich auf, und standen auf viele Leiber der Heiligen, die da schliefen, und gingen aus den Gräbern nach seiner Auferstehung und kamen in die heilige Stadt und erschienen vielen.» (Mt. 27.45, 51–53)

Das ist natürlich kein historischer Bericht, sondern eine legendäre Botschaft, die Bedrohung und Unheil künden will. Die Sonnenfinsternis, die geherrscht haben soll, hat es schon deswegen nicht gegeben, weil bei Vollmond der Mond nicht zwischen Sonne und Erde stehen kann.[20] Der Riß im Vorhang des Tempels soll bedeuten, daß Gott fortan nicht mehr im Tempel wohnt, die Juden somit zu einem gottverlassenen Volk werden. Die gängige christliche Ideologie folgert daraus: Die Juden haben Jesus abgelehnt, und deswegen wohnt Gott nicht mehr im Tempel von Jerusalem. Er ist zu den Christen übergewechselt und wohnt in den christlichen Kirchen.

Aber auch dann, wenn es weder eine Sonnenfinsternis gegeben hat noch all die anderen Wunderdinge, hätten ja wohl Mitglieder des Richterkollegiums wie Nikodemus oder Gamaliel, ein Jerusalemer Student wie Paulus und ein engagierter Historiker wie Josephus über einen Prozeß gegen Jesus von Nazareth berichtet, sofern dieser Prozeß eine bemerkenswerte Angelegenheit gewesen wäre und es sich nicht um eines der damals üblichen militärischen Schnellverfahren gehandelt hätte. «Die jüdische Geschichte hatte in der Periode der messianischen Erhebungen die Kreuze wälderweise sich erheben sehen – die drei Kreuze auf Golgatha galten ihr als eine unerhebliche Episode, die sie nicht in ihren Annalen verzeichnete, so wenig sie Tacitus einer Aufzeichnung in seiner römischen Geschichte würdigte. Auf einen gekreuzigten Juden mehr oder weniger kam es weder den Statthaltern und Kaisern noch ihren Geschichtsschreibern an.»[21]

Daß sich in den kaiserlichen Archiven kein Bericht des Pilatus befand, hat die Kirche, nachdem sie Staatskirche geworden war, als korrekturbedürftige Lücke empfunden. Die Lücke sollte geschlossen werden: Ähnlich wie man in bezug auf Jesu Leben und Wirken ein Zitat des Josephus erfunden und als echt hingestellt hatte, erfand man in bezug auf Jesu Sterben und Auferstehung die sogenannte «Acta Pilati», eine eindeutige Fälschung.[22]

Für Pilatus gab es schlichtweg nichts Außergewöhnliches nach Rom zu berichten, was einen Mann namens Jesus von Nazareth betraf. Mit dieser Tatsache hat man sich im Grunde auch theologischerseits längst abgefunden. Ich habe keinen Zweifel, daß Theologen wie Dibelius, Rahner oder Küng die Bedeutungslosigkeit des Prozesses aus der Sicht des Prokurators Pilatus ohne weiteres bejahen würden. Die meisten Theologen aber bleiben doch weiterhin bemüht, diese Tatsache zu verschweigen oder zu verschleiern.

Anatole France berichtet in seiner Novelle «Der Statthalter von Judäa» von einer Begegnung des alten Pontius Pilatus mit seinem Freund Lamia. In den Bädern von Baiae plaudern sie von vergangenen Zeiten. Lamia erzählt von seiner Geliebten, die ihn verlassen hat: «Ein paar Monate später erfuhr ich zufällig, daß sie sich einer kleinen Zahl von Männern und Frauen angeschlossen hatte, die einem jungen Galiläer folgten, der umherzog und Wunder tat. Er war aus Nazareth und hieß Jesus. Später wurde er wegen irgendeines Verbrechens gekreuzigt. Ich weiß nicht mehr, was es war. Erinnerst du dich noch an diesen Mann, Pilatus? Pontius Pilatus runzelte die Brauen, er fuhr mit der Hand über die Stirn, als ob er sich auf etwas zu besinnen suchte. Dann, nach einer kurzen Pause, murmelte er: Jesus? Jesus? Aus Nazareth? Nein, ich erinnere mich nicht mehr.»[23]

Es hat viele römische Militärgouverneure gegeben, in Palästina, Syrien, Gallien und Germanien. Wohl alle sind sie historisch belegt. Aber nur Fachleute kennen ihre Namen. So wäre es auch Pontius Pilatus ergangen, einer grauen Maus unter grauen Mäusen, wenn ihm nicht von der kleinen Schar der Verkünder des

Evangeliums ein so herausragender Platz zugewiesen worden wäre. Der evangelische Theologe Goguel meint: «Pilatus hätte man sicher sehr damit überrascht, wenn man ihm angekündigt hätte, daß sein Name wegen des nichtssagenden kleinen Juden, der vor ihm erschienen war, unsterblich gemacht würde.»[24] Und der katholische Theologe Kolping sieht in der Hinrichtung Jesu «eine unscheinbare Episode in der offiziellen Geschichte des Römischen Imperiums, die vergessen worden wäre, wäre sie nicht die erstaunliche Grundlage für das Christus-Bekenntnis der nachösterlichen Kirche geworden.»[25]

Was immer man nun von den spärlichen Erwähnungen bzw. Nichterwähnungen Jesu halten mag – eines steht fest: Soweit er zu seinen Lebzeiten überhaupt eine aus dem provinziellen Rahmen herausragende Persönlichkeit war, hat wohl kaum jemand von den Zeitgenossen sich vorstellen können, daß das Auftreten dieses Mannes aus Galiläa zu einem die Welt verändernden Ereignis werden könnte.

Die historische Jesus-Forschung

Leute wie Friedrich der Große, Napoleon und Goethe haben – allerdings mehr einer intellektuellen Modeerscheinung ihrer Zeit folgend – Zweifel an der Geschichtlichkeit Jesu geäußert. Die Tatsache, daß über Jesus im zeitgenössischen Schrifttum nichts berichtet wird, und die unabweisbare Einsicht, daß es eine tendenzfreie Überlieferung nicht gibt und daß die Quellen, die zur Verfügung stehen, obendrein widersprüchlich sind, stellen auch alle Forscher und Gelehrten, die sich mit den Fragen des historischen Jesus befassen, vor eine letzten Endes kaum zu lösende Detektivaufgabe.

Erst im Zeitalter der Aufklärung waren Forschungen in dieser Richtung überhaupt möglich. Sie wären vorher, da das Neue Testament als ein vom Heiligen Geist inspiriertes Buch galt, strafrechtlich verfolgt worden. Nur ein naiver Glaube war als wahrer Glaube gefordert. Und diese Forderung war so sehr ausgeprägt, daß sie bis in unsere Zeit hinein noch nachwirkt. Gerade in bezug auf den irdischen Jesus scheint es ein besonders dornenvoller Weg zu sein, fest verankerte Meinungen ein wenig aufzulockern. Inzwischen ist die Situation häufig so, daß sogar Theologen es als schmerzlich empfinden, wenn sie sehen, wie groß das Mißtrauen im christlichen Kirchenvolk auch gegenüber anerkannten und gut fundierten Ergebnissen historischer Kritik ist.[26] «Es gibt», wie Zahrnt[27] formuliert, «nicht nur einen verstockten Unglauben, es gibt auch eine verstockte Gläubigkeit.»

Gegenwärtig ist es insbesondere Küng, der sich in seinen Vorträgen und Schriften gegen die verbreitete Naivität in Glaubensdingen ausspricht und versucht, den Glauben an Jesus und das historische Wissen über Jesus auf einen Nenner zu bringen: «Naivität ist nicht schlecht, aber zumindest in Glaubensdingen gefährlich. Naiver Glaube kann am wahren Jesus vorbeiglauben und bei bester Absicht falsche Konsequenzen in Theorie und Praxis zur Folge haben. Naiver Glaube kann den einzelnen oder eine Gemeinschaft blind, autoritär, selbstgerecht, abergläubisch werden lassen... Umgekehrt kann historisches Wissen dem christlich Glaubenden neue Weiten aufschließen, ihn einsichtig und damit bescheiden machen, ihn vielfältig inspirieren. Aufklärung kann – die Geschichte beweist es – dem religiösen Fanatismus und der Intoleranz wehren. Nur Glaube und Wissen zusammen, glaubendes Wissen und wissender Glaube, vermögen heute den wahren Christus in seiner Weite und in seiner Tiefe zu erfassen.»[28]

Gegen das dogmatische Christusbild der Kirche hatte sich die Leben-Jesu-Forschung in ihrer ersten Phase, der sogenannten «literaturkritischen Phase», gewandt. Goethe leistete im Westöstlichen Diwan einen kleinen poetischen Beitrag:

> «Jesus fühlte rein und dachte
> Nur den Einen Gott im stillen;
> Wer ihn selbst zum Gotte machte,
> kränkte seinen heilgen Willen.»

Zu wissenschaftlicher Relevanz gelangten die von Lessing ab 1774 herausgegebenen «Fragmente des H. S. Reimarus». Jene literaturkritische Phase war gekennzeichnet von dem Bemühen, den historischen Jesus zu finden, um ihn dann, wie er ist, als Lehrer oder Heiland in die Gegenwart hineinzustellen. Später resümierte Albert Schweitzer das Scheitern dieser Bemühung: «Sie löste die

Bande, mit denen er (Jesus) seit Jahrhunderten an den Felsen der Kirche gefesselt war, und freute sich, als wieder Leben und Bewegung in die Gestalt kam und sie den historischen Menschen auf sich zukommen sah. Aber er blieb nicht stehen, sondern ging an unserer Zeit vorüber und kehrte in die seinige zurück.»[29]

Die herrschende These der Leben-Jesu-Forschung zum Schluß des 19. und zu Beginn des 20. Jahrhunderts lautete: Jesus von Nazareth ist niemals auf der Welt gewesen. Seine Gestalt ist eine Erfindung. Sie beruht auf einer Fehlinterpretation derer, die als erste den christlichen Glauben verkündet haben. Nicht eine historische Person ist durch den Glauben vergöttlicht worden, sondern ein anfänglicher Mythos hat durch den Glauben eine historische Person hervorgebracht.[30]

Sowohl deutsche als auch englische, französische und amerikanische Wissenschaftler vertraten die These von der Unhistorizität. Zu nennen sind Arthur Drews, Bruno Bauer, David Friedrich Strauß, John M. Robertson, Emile Burnouf, William Benjamin Smith.[31] Nach Ansicht dieser Gelehrten konzentrierten sich in der Person, in der Geschichte und in den Gleichnissen Jesu alte Symbolvorstellungen. Der überzeugte und engagierte Christ Albert Schweitzer[32] schreibt dazu: «Das moderne Christentum muß von vornherein und immer mit der Möglichkeit einer eventuellen Preisgabe der Geschichtlichkeit Jesu rechnen.» Und er spricht sich auch gegen eine Lösung aus, die zwar zwischen dem historischen und dem gepredigten Jesus unterscheidet, diesen aber in einem Gewand präsentiert, das für seine Historizität genausowenig paßt wie das alte Klischee. «Der Jesus von Nazareth, der als Messias auftrat, die Sittlichkeit des Gottesreiches verkündete, das Himmelreich auf Erden gründete und starb, um seinem Werk die Weihe zu geben, hat nie existiert. Er ist eine Gestalt, die vom Rationalismus entworfen, vom Liberalismus belebt und von der modernen Theologie in ein geschichtliches Gewand gekleidet wurde.»

Schweitzer geht letzten Endes zwar von der Historizität Jesu aus, aber doch mit einer eher resignierenden Begründung: Es sei, wenn man alle Ergebnisse der Forschung kritisch analysiert, wahrscheinlicher, daß Jesus gelebt habe, als daß er nicht gelebt habe. Allerdings meint Schweitzer, die Frage, ob Jesus tatsächlich gelebt habe, sei für den Glauben von untergeordneter Bedeutung.

Gesicherter Indizienbeweis

Heute gibt es, soweit ich sehe, überhaupt keinen Gelehrten von Rang mehr, der an der Geschichtlichkeit Jesu zweifelt. Es waren vor allem amerikanische, englische, französische und skandinavische Gelehrte, die – auf der Grundlage der verdienstvollen Forschungen der literaturkritischen Phase der Leben-Jesu-Forschung – versuchten, bei der Frage nach der Historizität Jesu die Resignation zu überwinden und neue Wege zu beschreiten. Ihre Überlegungen gingen davon aus, daß die Schriften zu ausdrucksvoll auf eine zentrale Persönlichkeit hin angelegt seien, als daß ihnen die Erdichtung einer nur imaginären Figur zugrunde liegen könnte. Obendrein handelt es sich um eine Persönlichkeit, deren Leben und Sterben fast zeitlich mit den ersten Verkündern der christlichen Botschaft zusammenfalle. Zum Beispiel enthalten die Petruspredigten in der Apostelgeschichte sicher sehr altes Überlieferungsgut, in denen nicht vom «Herrn», vom «Auferstandenen» die Rede ist, sondern schlicht von «Jesus» bzw. «Jesus von Nazareth».

Wäre der personale Bezug zu einem Jesus von Nazareth nicht wirklich vorhanden, dann wäre es nicht gut denkbar, daß etwa von Paulus die Autorität des Jakobus als «des Herrn Bruder» anerkannt worden wäre, zumal Paulus sich als derjenige empfindet, dem das größte Verdienst in der Verkündigung des Glaubens zukommt (1. Kor. 15.10). Warum also einen «Bruder des Herrn» akzeptieren, wenn es den Herrn selbst in seiner personalen Erscheinung gar nicht gegeben hätte?

Schließlich: In den Evangelien wäre die Schilderung von Ereignissen, in deren Mittelpunkt eine nur erdichtete Figur steht, sicherlich anders ausgefallen. Die Verherrlichung wäre dann in einer noch weit größeren und durchgreifenderen Art erfolgt. Schwachstellen in bezug auf die Person, die zu loben und preisen das Anliegen der Verfasser ist, wären vermieden worden. Gestorben wäre nicht ein Mensch in Einsamkeit und Qual, sondern ein Held von beispielloser Todesverachtung, unerschüttert im Glauben an den Sieg über die Feinde. Das Neue Testament würde insgesamt als ein auf Hochglanz poliertes Werk dastehen. Genau das aber ist nicht der Fall. Ernst Bloch: «Der Stall, der Zimmermannssohn, der Schwärmer unter kleinen Leuten, der Galgen am

Ende, das ist aus geschichtlichem Stoff, nicht aus dem goldenen, den die Sage liebt.»[33]

Die sogenannte «redaktionsgeschichtliche» (oder auch «formgeschichtlich» und «historisch-kritische» genannt) Methode der von Ernst Käsemann begründeten und heute so gut wie ausnahmslos anerkannten neuen historischen Jesus-Forschung ist eine «indirekte» Methode mit zwei bedeutsamen, einerseits verschiedenen, andererseits einander bedingenden Ausgangspositionen.

Bei der ersten Ausgangsposition (Prinzip der «Cross-Section») verfährt man folgendermaßen: Man nimmt die zeitgenössische, nichtchristliche Geschichtsschreibung über die Verhältnisse, Ereignisse und Gestalten, die irgendeine Rolle gespielt haben in speziell der Zeit, die als Lebens- bzw. Wirkungszeit Jesu in Betracht kommt. Dann nimmt man die Evangelien, und zwar die Stellen, in denen sie – wenn vielleicht auch nur ganz kurz und stichwortartig – diese von den nichtchristlichen Autoren beschriebenen Verhältnisse ebenfalls erwähnen. So ergibt sich die Möglichkeit, die im Neuen Testament enthaltenen «Nachrichten» zu kontrollieren.

Wenn man also die gesicherten historischen Erkenntnisse wie ein Gitternetz über die Evangelien legt, kann man ziemlich genau feststellen, welche Beschreibung in dem Evangelienbericht auf historischer Wahrheit beruht und welche als legendär oder als Zweckbehauptung gelten muß. Hat der Evangelist einen konkreten und belegten historischen Vorgang wahrheitsgemäß beschrieben, dann besteht kein Grund zu der Annahme, daß die Erwähnung und Beschreibung Jesu in einer solchen konkreten Situation nicht ebenfalls auf Wahrheit beruht. Denn wäre Jesus ein Phantom, dann hätte der Evangelist von ihm abstrakt und ohne Bezug auf eine konkrete Umwelt oder ein konkretes historisches Ereignis berichtet. Das Ganze wird um so glaubwürdiger, wenn das Ereignis einen ganz neutralen Charakter hat, also nicht als Plattform dafür verwendet werden kann, das Ansehen oder die Verehrungswürdigkeit Jesu zu vergrößern.

Ein weiteres Kriterium innerhalb dieser ersten Ausgangsposition ist die Frage, ob es in den Evangelien Aussagen über Jesus gibt, die Bestandteile weder eines allgemeinjüdischen Gedankengutes sind noch der Glaubensvorstellung im Urchristentum. Kann eine solche Feststellung im Einzelfall getroffen werden, so erlaubt dies den Rückschluß auf eine einigermaßen gesicherte Historizität.[34] Jesu Vorliebe für gutes Essen und Trinken[35], seine Gesellschaft mit Dirnen und Sündern, ja allein schon die Tatsache, daß er Umgang mit Frauen hatte, sind Beispiele hierfür.

Ebenso überzeugend und bei weitem ergiebiger ist – als Ergänzung und Weiterführung der ersten – die zweite Ausgangsposition, die von folgenden Prämissen ausgeht: Es gilt als sicher, daß die Evangelisten (genau gesagt: die Evangelisten und diejenigen kirchlichen Stellen, welche nachträglich redaktionelle Bewertungen in Form von Korrekturen und Ergänzungen vorgenommen haben) in ihren Werken zwei kardinale Zielsetzungen hatten: Jesus erstens als den von Gott gesandten, mit göttlicher Vollmacht und göttlicher Kraft zur Befähigung von Wundertaten ausgestatteten Christus vorzustellen:

«Diese aber sind geschrieben, daß ihr glaubet, Jesus sei Christus, der Sohn Gottes» (Jh. 20.31),

zweitens zu beweisen, daß sich durch Jesu Erscheinen genau das erfüllt hat, was von den Propheten verheißen war. Immer wieder heißt es bei Matthäus:

«Das aber ist alles geschehen, auf daß erfüllet werde, was der Herr durch den Propheten gesagt hat.»

Als drittes Anliegen kommt hinzu, Jesus in ständiger Auseinandersetzung mit dem jüdischen Pharisäertum zu schildern, insbesondere die Schuld an seinem Tode den Juden anzulasten und den Tatbeitrag der Römer abzuschwächen.

Alles nun, was in den Texten entweder von der vorausgesetzten göttlichen Vollmacht und göttlichen Kraft Jesu oder von der These abweicht, daß durch sein Erscheinen die prophetischen Verheißungen in Erfüllung gehen, gewinnt gerade dadurch an historischem Wahrheitsgehalt. Und ebenfalls indiziert wird die Historizität dort, wo in den Berichten auf einen Antagonismus zwischen Jesus und dem Judentum verzichtet wird oder gar ein klares Bekenntnis Jesu zum Judentum, womöglich noch verbunden mit einer romkritischen oder gar romfeindlichen Haltung, hervortritt oder – noch einen Schritt weiter – Jesu Hinrichtung am römischen Kreuz als ein von der jüdischen Bevölkerung beklagenswertes Ereignis erscheint.

Dazu Beispiele: 1. Die Evangelien berichten übereinstimmend, daß Jesus von Johannes im Jordan getauft worden ist. Es handelt sich dabei um eine sogenannte Bußtaufe, bei welcher diejenigen, die ihre Sünden bekennen, im Wasser untertauchen, um durch diesen rituellen Akt die Sünden abzuwaschen, Umkehr zu geloben und fortan ein nur an der Gottesfurcht orientiertes Leben zu führen. Wenn Jesus nun aber der mit göttlicher Vollmacht ausgestattete Christus, ja sogar Gottes eingeborener Sohn war, dann hätte er einer Taufe nicht bedurft. Das Faktum, von Johannes getauft worden zu sein und sich diesem als Jünger angeschlossen zu haben, setzt logischerweise ein Sündenbewußtsein auf seiten Jesu voraus. Das aber ist nicht geeignet, ihn in seiner Göttlichkeit zu demonstrieren. Offenbar konnte man diese Begebenheit nicht verbergen oder die Dinge gar so hinstellen, daß nicht Jesus von Johannes Vergebung der Sünden begehrt hätte, sondern umgekehrt Johannes von Jesus. Eine solche Darstellung dürfte deswegen nicht möglich gewesen sein, weil in der ersten Hälfte des nachchristlichen Jahrhunderts die Täufersekten sehr stark vertreten waren und sich in einer polemischen Auseinandersetzung mit den Jesusanhängern befanden[36], so daß ein Verschweigen der Taufe Jesu durch Johannes oder gar eine Umdrehung der Fakten leicht als eine Täuschung hätte entlarvt werden können.[37] Nur schwer hat sich die Bußtaufe Jesu verarbeiten lassen. Der Kirchenvater Ignatius meinte gar, der Herr habe mit seiner Taufe das Wasser heiligen wollen – ein Argument, dem sich tausend Jahre später noch Thomas von Aquin anschloß.

2. In den Evangelien wird beschrieben, daß Jesu Leben und Wirken alles andere als erbaulich verlief. Nachdem er kaum begonnen hatte, sein Werk zu entfalten, ereilte ihn schon der Tod. Der Erfolg war mäßig. Von Ruhm konnte keine Rede sein. In seiner engeren Heimat wurde er verlacht, verstoßen und sogar für verrückt erklärt.[38] Der gelegentlichen Zustimmung, die er erhielt, standen ständige Zweifel seiner Mitmenschen, Hader und Streit mit der Umwelt, Auseinandersetzungen mit den Jüngern gegenüber.[39] Resignation und Verlassenheit begleiten den gesamten Bericht.

Nicht nur der Verherrlichung Jesu laufen die vorgenannten beiden Beispiele strikt zuwider, sondern es gibt auch keine Prophezeiung im Alten Testament, derzufolge der Messias sich erst einmal einer Bußtaufe unterziehen und ein glanzloses irdisches Leben führen werde.

3. Daß die Verkünder des Evangeliums freimütig den Tod Jesu am Kreuz schildern, wird als der überzeugendste Beweis für die Historizität angesehen. In den Augen und in der Beurteilung der Verkünder nämlich war der Tod am Kreuz nicht etwa ein ehrenvoller Märtyrertod. Im Gegenteil, ein solcher Tod mußte als ein Skandalon ersten Ranges empfunden werden, als das Schändlichste, was dem Messias widerfahren konnte. Wäre Jesus gesteinigt worden wie die anderen Märtyrer oder enthauptet wie Johannes der Täufer, dann wäre alles viel leichter zu ertragen gewesen. Die Kreuzigung aber ist aus der zeitgenössischen Betrachtung heraus eine in höchstem Maße ehrenrührige Todesstrafe.

«Verflucht ist, wer am Holze hängt.» (5. Mos. 21.23)

Moses hat dabei natürlich nicht an eine Kreuzigung durch Römer oder andere Besatzungstruppen (etwa Perser oder Griechen), die diese spezielle Hinrichtungsart anwandten, gedacht. Der Fluch bezog sich ursprünglich auf gesteinigte Gotteslästerer oder erdrosselte Verbrecher sonstiger Art, deren Leichen man zur allgemeinen Abschreckung an einem Balken aufhängte. In ihrer unerschütterlichen Treue zum geschriebenen Wort und einer daraus resultierenden positivistischen Denkungsart übertrugen die Juden Fluch und zusätzliche Demütigung auf solche Menschen, die zwecks Hinrichtung ans Kreuz gebunden oder genagelt wurden. Die Schändung des Delinquenten wurde noch durch die häufig mit der Kreuzigung einhergehende Grabverweigerung verschärft, so daß die Gekreuzigten den streunenden Hunden, Hyänen oder Bären und den Raubvögeln zum Fraß dienten.

Für die ganze antike Welt war die Kreuzesstrafe eine anstößige Sache. Sie blieb – aus römischer Sicht – die Hinrichtungsart der Barbaren, ungeachtet der Tatsache, daß gerade die Römer sie in großem Umfang anwandten. Mit der eigentlichen Henkersarbeit wurden vorwiegend Sklaven und Söldner betraut.

Auch die Opfer dieser «barbarischen» Hinrichtungsart waren

zumeist Sklaven oder die unteren Bevölkerungsschichten der Angehörigen unterworfener Völker. Eine sensationelle Ausnahme war es, wenn die Römer jemanden kreuzigten, der seinerseits römischer Bürger war. Hengel[40] schildert unter Berufung auf das antike Schrifttum einige dieser Ausnahmefälle, so z. B. den von Sueton überlieferten: Der Statthalter von Spanien, Galba, hatte einen ungetreuen Vormund zum Kreuzestode verurteilt, weil dieser aus Habgier seinem Mündel Gift gegeben hatte. Der Verurteilte berief sich auf sein römisches Bürgerrecht, woraufhin ihn Galba an ein besonders hohes[41] und weiß bemaltes Kreuz heften ließ. Ein anderes Beispiel ist das des Statthalters von Sizilien, Gaius Verres, der einen römischen Bürger an der sizilianischen Küste mit dem Blick aufs italische Festland kreuzigen ließ, um ihm die Nutzlosigkeit seines römischen Bürgerrechts drastisch vor Augen zu führen.[42] In den Provinzen hatte der jeweilige Statthalter die freie Verfügungsgewalt, gegen Räuber und Aufrührer mit der Kreuzesstrafe vorzugehen. Hengel[43]: «Der Strafvollzug gegen Aufrührer und Gewalttäter hatte ausgesprochen militärischen Charakter... Ein angeblicher Gottessohn, der sich in höchster Todesnot nicht selbst helfen konnte (Mk. 15.31), der vielmehr die Nachfolge im Kreuztragen verlangte, war für die unteren Schichten schwerlich eine Attraktion.»

Paulus ist es dann gewesen, der mit seiner Theologie gewissermaßen aus der Not eine Tugend machte. Es ist natürlich nicht anzunehmen, daß ein so überaus gebildeter und die Zusammenhänge erkennender jüdischer Theologe wie Paulus nicht erkannt haben sollte, daß Jesus von Nazareth als Unschuldiger am Kreuz hingerichtet worden war. Eher ist ein theologischer Schachzug zu vermuten: Da man das Christentum im römisch-hellenistischen Raum verkündet, also in Bevölkerungskreisen, in deren Augen ein Gekreuzigter nun wirklich nichts anderes ist als ein gemeiner Verbrecher, stimmt man einer solchen Betrachtung – scheinbar – zu. Man beruft sich sogar auf Moses, demzufolge ein Gekreuzigter ein «vor Gott Verfluchter» ist, um dann um so wirkungsvoller im Sinne der eigenen Theologie zu argumentieren: Jesus hat durch den «schändlichen» Kreuzigungstod den Fluch der ganzen Welt auf sich genommen und ist damit auch zum Erlöser der Heiden geworden, also derjenigen, an die Paulus und seine Nachfolger ihre Botschaft in erster Linie richten.

Mit anderen Worten: Auch Paulus (Gal. 5.11) geht zwar von dem Fluch des Kreuzes, dem Schandmal des Galgens aus – bekanntester Ausspruch:

> «Den Juden ein Ärgernis, den Heiden eine Torheit»
> (1. Kor. 1.23) –,

dieser Fluch aber, den Jesus auf sich nahm, so argumentiert Paulus, ist es, der die Menschen vom Fluch Gottes befreit hat, so daß gerade ganz speziell durch den erlittenen Kreuzigungstod Christus als Erlöser erscheint:

> «Christus hat uns vom Fluch des Gesetzes freigekauft, indem er für uns zum Fluch geworden ist; denn es steht in der Schrift: Verflucht ist jeder, der am Pfahl hängt. Jesus Christus hat uns frei gemacht, damit den Heiden durch ihn der Segen Abrahams zuteil wird und wir so aufgrund des Glaubens den verheißenen Geist empfangen.» (Gal. 3.13–14)

Demselben Gedankengang folgt der Johannes-Evangelist. Auch für ihn ist die «Stunde der Kreuzigung» zugleich die der «Erhöhung» und «Verherrlichung» (Jh. 3.14; 8.28; 12.32, 34; 17.1, 5). Und im Hebräerbrief (12.2) heißt es, Jesus habe «angesichts der vor ihm liegenden Freude das Kreuz auf sich genommen, ohne auf die Schande zu achten».

Für die christliche Urkirche war es zunächst noch undenkbar, das Kreuz als ein Symbol des neuen Glaubens aufzunehmen. Blinzler: «Was die Gemeinde wirklich beunruhigte, war die Tatsache, daß der von ihnen als Messias und Gottessohn Verehrte den Fluchtod am Verbrechergalgen gefunden hatte.»[44]

Das Symbol der jungen Christengemeinde war der Fisch – ein Hinweis auf den Anfang: die Fischer und der See Genezareth. Daneben hatte der Fisch die Bedeutung eines Geheimzeichens: Wenn man nämlich die Anfangsbuchstaben der griechischen Version der Wörter «Jesus Christus Gottes Sohn Retter» zu einem Wort zusammenfaßt, dann entsteht das griechische Wort für «Fisch». Nur zaghaft fand das Kreuz Eingang in die Liturgie, und zwar erst, nachdem durch Kaiser Konstantin die Kreuzigung als

Exekutionsart längst abgeschafft war. Vom 2. Jahrhundert an dominierte das Lamm – im Sinne des Opferlamms – als Symbol. Auf der Synode Quinisextum im Jahre 692 wurde dann die Darstellung der menschlichen Gestalt des Heilands gefordert. Ab dem 5. Jahrhundert erfolgten schon Darstellungen Jesu am Kreuz, aber man scheute sich noch immer, ihn als den «Gekreuzigten» wiederzugeben. Vielmehr stand er auf einem kleinen Podest am Kreuz, die Augen offen, die Arme gleichsam segnend ausgebreitet, das Haupt von der Sonnenscheibe umgeben – ein mystisches Zeichen für die Erlösernatur. Einen toten Jesus am Kreuz gibt es in der christlichen Kunst erst seit dem 8. Jahrhundert.

Im Kreuz manifestiert sich für die historische Jesus-Forschung ein dreifacher Indizienbeweis. Erstens: Das Schandmal war nicht geeignet, der Verherrlichung zu dienen. Zweitens: Es gibt keine Prophezeiung, wonach der Messias gekreuzigt werden wird.[45] Drittens: Das Kreuz beweist, daß Jesus nicht von den Juden getötet wurde, sondern als Patriot am römischen Marterpfahl starb.

Von weiterem aufschlußreichen Indizwert für die Historizität Jesu sind die kleinen Denkfehler, die den Verkündern unterlaufen sind, die Nachlässigkeiten und Versehen, die Ungenauigkeiten und Ungereimtheiten bei der redaktionellen Bearbeitung.[46] Wenn zum Beispiel Jesus als der Messias vorgestellt wird, so ist dabei die Tatsache übersehen worden, daß der Messias nur für Israel Bedeutung haben kann, daß dieser eine Nationalfigur des Judentums ist, die zu dem christologischen Bestreben, Jesus von den «Fesseln des Judentums» zu befreien und ihn als Erlöser der ganzen Menschheit darzustellen, in unüberbrückbarem Widerspruch steht.

Noch gravierender ist ein anderes Beispiel: Für Jesus stand unverbrüchlich fest, daß die Endzeit gekommen war und daß er, die Jünger und das ganze Volk Israel den Anbruch der Gottesherrschaft – die Parusie – erleben würden. In diesem Punkt hat Jesus sich aber zweifellos geirrt, und humorvolle Theologen sprechen gelegentlich von «Parusie-Verzögerung».[47] Es überrascht, daß die kirchliche Zensur diesen kardinalen Irrtum Jesu, der noch dazu auf einem Eckpfeiler seiner Lehre beruht, nicht kaschiert hat.

Glücklicherweise haben also Paulus und nach ihm eine umfassende kirchliche Zensur den historischen Untergrund nicht komplett zugedeckt, obwohl beide sich zum Ziel gesetzt hatten, alle

Konturen zu verwischen, die der Verherrlichung des Auferstandenen im Wege stehen könnten. So ist hinter der Übermalung doch immerhin ein kleiner Rest biographischen Materials erhalten geblieben, durch das die Person Jesu in einigen Umrissen sichtbar wird.

4. Kapitel:
Wie, wann und wo geboren

Geboren von einer Jungfrau!

Eine Erzählung über Jesu Abstammung und die Umstände seiner Geburt ist nur bei Matthäus und Lukas enthalten. An exponierter Stelle, jeweils am Anfang (Mt. 1.18 ff.; Lk. 1.26 ff.), wird die Zeugung durch den Heiligen Geist zum Ausdruck gebracht und Maria als Jungfrau vorgestellt. Dagegen wissen Markus, Johannes und Paulus nichts von einer Jungfrauengeburt, und im weiteren Verlauf ihrer Berichte gehen dann auch Matthäus und Lukas als ganz selbstverständlich davon aus, daß Jesu Vater ein Zimmermann war (Mt. 13.55) und Joseph geheißen hat (Lk. 4.22). Wahrscheinlich war der Bericht von der Jungfrauengeburt auch bei Matthäus und Lukas nicht von Anfang an enthalten, sondern ist ein späterer Nachtrag. Bemerkenswert ist immerhin, daß in der bekannten Weihnachtsgeschichte des Lukas-Evangeliums mit keinem Wort von der Jungfräulichkeit Marias die Rede ist:

> «... auf daß er sich schätzen ließe mit Maria, seinem vertrauten Weibe, die war schwanger.» (Lk. 2.5)[1]

An zahlreichen anderen Stellen dieses Evangeliums wird dem Leser ein ganz natürliches Eltern-Kind-Verhältnis vor Augen geführt. Es waren «die Eltern», die das Kind Jesus in den Tempel brachten (Lk. 2.26). «Sein Vater und seine Mutter» staunten über die Worte, die über Jesus gesagt wurden (Lk. 2.33). Es waren «seine Eltern», die jedes Jahr zum Osterfest nach Jerusalem zogen (Lk. 2.41).

Nur Matthäus (1.23) geht ein Quentchen näher auf die Jungfräulichkeit ein. Er glaubt, darin einen Schriftbeweis zu erblicken, nämlich daß sich eine Prophezeiung Jesajas erfüllt habe:

> «Siehe, eine ‹Jungfrau› wird schwanger sein und einen
> Sohn gebären.» (Jes. 7.14)

Das Jesaja-Wort läßt sich mit der Geburt Jesu indes nicht in Einklang bringen. Denn hier prophezeit Jesaja dem König Ahas, daß seine Gemahlin ihm einen Thronerben (den späteren König Hiskia) gebären werde – ein Ereignis, das im Zeitpunkt der Geburt Jesu etwa siebenhundert Jahre zurücklag. Jesaja spricht auch nicht von einer «Jungfrau» (was die Ehefrau des Ahas ohnehin nicht mehr war), sondern von einer «jungen Frau», womit er eben die jungvermählte Königin meint.

Matthäus lagen die Schriften der Propheten in griechischer Übersetzung vor; der hebräische Urtext wurde bei der allgemeinen Lektüre nicht mehr benutzt. Im hebräischen Text aber war von einer «alma» die Rede, was «junge Frau» bedeutet. Durch die bei Qumran gefundenen Schriftrollen, unter denen sich eine vollständige Ausgabe des hebräischen Jesaja-Textes befindet, ist dies nochmals in aller Eindeutigkeit bestätigt worden. Durch einen Übersetzungsfehler wurde in der Septuaginta[2] das Wort «parthenos» gewählt, und das ist (so wie dann auch der lateinische Ausdruck «virgo») das Wort für «Jungfrau». Hätte der Prophet eine Jungfrau gemeint, dann wäre das hebräische Wort dafür nicht «alma», sondern «betulla». Möglicherweise ist Matthäus einem schlimmen Irrtum erlegen; wahrscheinlicher ist, daß ihm der Übersetzungsfehler in der Septuaginta gelegen kam und er ihn bewußt übernommen hat.

Den Aposteln der Urgemeinde war die Geschichte von der Jungfrau noch unbekannt. Paulus verliert kein Wort über eine wundersame Geburt; statt dessen schreibt er lapidar:

> «Geboren von einem Weibe» (Gal. 4.4)

Auch Markus erwähnt nichts von einer Jungfrauengeburt. Er geht vielmehr als ganz selbstverständlich von einer natürlichen Geburt aus. So fragen die Leute, als Jesus erstmals in der heimatlichen Synagoge den Gottesdienst leitet:

> «Ist das nicht der Zimmermann, Marias Sohn?»
> (Mk. 6.3)

Überraschenderweise ist dieser Markus-Text sogar von Johannes (Jh. 6.42) übernommen worden, also von dem Evangelisten, der sonst so sehr darauf bedacht ist, Jesus nicht als Menschen, sondern als gottähnliches Wesen darzustellen.

Wenn nun also eine sensationelle und einmalige Begebenheit wie die Geburt durch eine Jungfrau sogar von der Mehrzahl der Verkünder des Evangeliums nicht erwähnt bzw. sogar in Abrede gestellt wird, wenn ferner, um dies gleich anzufügen, Jesus selbst nicht ein einziges Mal von sich behauptet hat, er sei der Sohn einer Jungfrau, dann läßt dies – historisch – nur eine einzige Schlußfolgerung zu: Die Jungfrauengeburt ist Legende. Dies ist jetzt auch die herrschende Meinung unter Theologen. Küng[3]: «Jesu Gottessohnschaft hängt nicht an der Jungfrauengeburt... Geburt aus Gott und menschliche Erzeugung machen sich keine Konkurrenz.»

Wann der Glaube an die Jungfräulichkeit aufgekommen ist, läßt sich nicht mehr genau festlegen. In der Apostelgeschichte (1.14) wird von Maria lediglich berichtet, daß sie sich den Jesusanhängern angeschlossen habe; sie hat in der Gemeinde eine nur unbedeutende Rolle gespielt. Die These von der Jungfräulichkeit wäre Männern wie etwa Jakobus oder Petrus als Absurdität erschienen.

Andererseits hatte der Glaube an die Jungfrauengeburt aber offenbar doch schon eine gewisse Bedeutung, bevor später der eigentliche Marienkult einsetzte. Für eine solche Annahme spricht der Umstand, daß es – Israel allerdings gerade ausgenommen[4] – durchaus dem Zeitgeist entsprach, derartige Thesen aufzustellen. Die Geburt eines mit göttlichen Eigenschaften ausgestatteten Menschen mit einer Jungfrau in Verbindung zu bringen, war ein in der ganzen Antike verbreiteter Brauch. In der ägyptischen Mythologie wird der Pharao wunderbar gezeugt, und in der griechischen Mythologie gehen die Götter mit Menschentöchtern «heilige Ehen» ein, aus denen dann Göttersöhne wie Perseus und Herakles hervorgehen. Der Jungfrauenglaube ist also nichts spezifisch Christliches. Auch über Alexander den Großen hatte es geheißen, er sei in Wirklichkeit nicht der leibliche Sohn des Makedonierkönigs Philipp II. gewesen, sondern von Zeus durch einen Blitzstrahl gezeugt worden. Warum also nicht für Jesus etwas Ähnliches proklamieren?[5]

Der Marienkult kam unter Eusebius und Kaiser Konstantin auf, als sich das Christentum in Rom zur Staatsreligion hin entwikkelte und sich auf Staatsebene das Bedürfnis ergab, dem im hellenistisch-römischen Raum bedeutsamen heidnischen Isis-Kult etwas Gleichartiges entgegenzusetzen.[6] An die Stelle der Mutter-Göttin Isis trat die Mutter-Göttin Maria. Die Isis-Tempel wurden umgewandelt in Marienkirchen. Aber auch Tempel der Ceres, Minerva und Venus wurden Maria geweiht, nachdem dieser auch Eigenschaften jener Göttinnen zugeschrieben worden waren. Die neue Göttin konnte man nicht gut als die Witwe eines Zimmermannes präsentieren.

Von einer in der Apostelgeschichte nur ganz untergeordnet erwähnten Frau unter den Jesusanhängern der urchristlichen Gemeinde (Apg. 1.14), vom paulinischen schlichten «Weib», das Jesus gebar, über «Jesu Mutter», wie Johannes sie distanziert nennt, wurde Maria im Laufe der Kirchengeschichte ab dem 4. Jahrhundert (nochmals verstärkt im Zuge der Gegenreformation) von einem menschlichen Wesen in ein Himmelswesen umgewandelt, das man anbeten konnte wie eine antike Göttin. 1854 erklärte Pius IX. das Dogma von der «Unbefleckten Empfängnis», demzufolge Maria nun sogar ihrerseits als «unbefleckt» empfangen galt, so daß sie von der Erbsünde bewahrt blieb. Und 1964 konnte Kardinal Wyszynski bei Paul VI. durchsetzen, daß der Papst, gegen den Willen des Konzils, Maria zur «Mater Ecclesiae» erklärte. Maria, die «Mutter Gottes» und «Himmelskönigin», wurde damit formell an die Spitze der Kirche gestellt.

Soweit vor Eintreten des Marienkults die vermeintliche Jungfräulichkeit glaubensmäßig überhaupt eine Rolle spielte[7], wurde natürlich nur im matthäisch-lukanischen Sinne geglaubt: Allein bedeutsam war die Empfängnis des Sohnes Jesus, des künftigen Messias (virginitas ante partum). Hierauf beschränkt sich in Mt. 1.20 der Auftrag des Engels.

> «Als Joseph erwachte, tat er, was der Engel des Herrn ihm befohlen hatte, und nahm seine Frau zu sich. Er erkannte sie aber nicht, bis sie ihren ersten Sohn gebar. Und er gab ihm den Namen Jesus.» (Mt. 1.24–25)

Und in der Weihnachtsgeschichte des Lukas-Evangeliums heißt es ausdrücklich:

«Sie gebar ihren ersten Sohn.» (Lk. 2.7)

Joseph erscheint auf früheren Abbildungen auch jung und frisch und ohne Bart. Erst der Marienkult brachte es mit sich, daß Joseph gänzlich auf die Seite geschoben und ihm die demütigende Rolle eines «Nährvaters» auferlegt wurde. Auf den Bildern erscheint er nun mit Bart, als gütiger, alter und offenbar zeugungsunfähiger Mann, der die sprichwörtliche «Josefsehe» führt.

Dreihundert Jahre lang hatte sich die Kirche desinteressiert gezeigt, wie sich das Geschlechtsleben Marias im weiteren Verlauf ihrer Ehe gestaltet hatte.[8] Erst im Zuge der sich abzeichnenden Marienverehrung und des aufkommenden Marienkults kam die eigentliche Diskussion um die Frage der Jungfräulichkeit auf. Kirchenlehrer wie Tertullian oder Ambrosius[9] hatten über Begriffe wie «vulva reservata» und «uterus clausus» ernsthaft gestritten. Bei «vulva reservata» war immer noch die Annahme möglich, daß Maria zu einem späteren Zeitpunkt geschlechtsintime Beziehungen aufgenommen und weitere Kinder zur Welt gebracht hat. Dann aber dringt die mariologische Betrachtungsweise vom «uterus clausus» durch. Jetzt konstatierte man, daß Maria ihre Jungfräulichkeit niemals eingebüßt habe, sie ist die «immerwährende Jungfrau» (semper virgo)[10]. Beschlossen und verkündet, zum Dogma erklärt auf dem Laterankonzil im Jahre 649: Es hat niemals geschlechtliche Beziehungen bei Maria gegeben, folglich auch keine weiteren Kinder. Schon die Kirchenväter mochten nicht glauben, was sie denken, sondern sie dachten, was sie glauben mochten.

Stellt man hingegen Maria in das Sittenverständnis ihrer Zeit, dann muß man zu einer exakt gegenteiligen Auffassung kommen: Für eine orientalische Jüdin waren Heirat und Verlust der Jungfräulichkeit ein ebenso erstrebenswertes Ziel wie die Fruchtbarkeit. Geschlechtliche Enthaltsamkeit ist eine Erfindung der Kirche, und diese Erfindung entsprach der Interessenlage des römischen Kaisertums im 4. Jahrhundert: Menschen mögen sich paaren, eine Göttin tut so etwas nicht.

Geburtstag und -jahr

Der Tag von Jesu Geburt ist unbekannt. Wir haben den 25. Dezember (bzw. die Nacht zum 25. Dezember) als Geburtstag im kirchlichen Kalender. Daß die Festlegung auf diesen Tag willkürlich ist, wird von niemandem in Abrede gestellt. Der Geburtstag Jesu wird überhaupt erst seit dem 4. Jahrhundert gefeiert, seither gibt es «Weihnachten». Dreihundert Jahre lang wurde das Evangelium ohne diesen Feiertag verkündet.

Der 25. Dezember hat ironischerweise keine christliche, sondern eine heidnische Vorgeschichte. Dieses Datum war als Tag des «unbesiegten Sonnengottes» festgelegt und – zur Wiederbelebung der erschlaffenden Gott-Kaiser-Idee [11] – im 3. Jahrhundert als Reichsfeiertag eingeführt worden. Kaiser Konstantin machte, nachdem er sich mit dem Christentum verbunden hatte, diesen heidnischen Feiertag zum Feiertag der Christen, zum Geburtstag des Erlösers: Weihnachten.

Auch der «Sonntag» verrät in der deutschen und englischen Sprache seine Abkunft vom Sonnengott. Es ist derselbe Tag, den die Römer des Kaiserreichs dem Sonnengott gewidmet hatten: «Dies Dominica», was dann im Französischen «dimanche», im Italienischen «domenica» heißt. Freilich gab es bei den heidnischen Völkern nicht einen bestimmten Wochentag, der als Ruhetag eingerichtet und respektiert war. Der eine Tag in der Woche, an dem jede Arbeit ruhen sollte, ist ausschließlich jüdischen Ursprungs, der Schöpfungsgeschichte in der Genesis entnommen. Christen und Mohammedaner haben ihn übernommen.[12]

Jahrhundertelang war der 25. Dezember auch der Jahresbeginn; aus praktischen Gründen wählte man später den ersten Tag des folgenden Monats.[13]

Die Ostkirche führte ebenfalls den Geburtstag Jesu als Festtag ein. Dort wird Weihnachten freilich am 6. Januar gefeiert. Auf dieses Geburtstagsdatum kam die Ostkirche auf eigenartige Weise. In Anlehnung an Lukas 3.23, wo es heißt, Jesus sei «ungefähr» dreißig Jahre alt gewesen, als er zu wirken begann, ging man davon aus, daß Jesus genau dreißig Jahre alt war, als er starb, und zwar gerechnet vom Tage der Empfängnis. Als Todestag nahm man den 6. April an. Indem man neun Monate Schwangerschaft hinzurechnete, kam man auf den 6. Januar.

Als Cyrenius Landpfleger in Syrien war

Was nun das Jahr der Geburt anbetrifft, stehen wir vor der etwas bedauerlichen Tatsache, daß es reiner Zufall wäre, wenn Jesus in dem Jahr geboren wäre, welches – nachdem im 6. Jahrhundert der römische Mönch Dionysius die Zeit nach den Jahren ab Christi Geburt gerechnet hatte – kalendermäßig als das Geburtsjahr erscheint. Er könnte ein paar Jahre nach der Zeitrechnung geboren sein, wahrscheinlicher noch ist, daß er ein paar Jahre davor geboren wurde.[14]

Dem Lukas-Evangelium zufolge soll Jesus in dem Jahr geboren worden sein, als Kaiser Augustus eine Volkszählung in Palästina angeordnet hatte. Dies soll gewesen sein, als Cyrenius Landpfleger (Provinzgouverneur) in Syrien war.[15]

> «Es begab sich aber zu der Zeit, daß ein Gebot von dem Kaiser Augustus ausging, daß alle Welt geschätzt würde. Und diese Schätzung war die allererste und geschah zu der Zeit, da Cyrenius Landpfleger in Syrien war. Und jedermann ging, daß er sich schätzen ließ, ein jeglicher in seine Stadt. Da machte sich auf auch Joseph aus Galiläa, aus der Stadt Nazareth, in das jüdische Land zur Stadt Davids, die da heißt Bethlehem, darum daß er von dem Hause und Geschlechte Davids war, auf daß er sich schätzen ließe mit Maria, seinem vertrauten Weibe, die war schwanger.» (Lk. 2.1–4)

Cyrenius ist identisch mit dem in vielen historischen Quellen belegten Quirinius, Nachfolger des Quintilius Varus, welcher im Jahre 9 n. Chr. (vermutlich im Teutoburger Wald) eine vernichtende Niederlage von Armin dem Cherusker erlitt.

Bis zum Tode des Königs Herodes des Großen im Jahre 4 vor der Zeitrechnung war ganz Palästina[16] von diesem regiert worden. Er war ein römischer Vasall, doch genoß das Land unter ihm volle Selbstverwaltung. Nach dem Tode des Herodes wurde das Land unter einigen seiner Söhne aufgeteilt, die den Titel «Tetrarchen» («Vierfürsten») erhielten. Den Nordosten, also das Quellgebiet des Jordan, das Gebiet der Golan-Höhen mit dem überragenden Berg Hermon, bekam Philippus. Galiläa, Perea und ein Stück ostjordanischen Gebietes einschließlich des Toten Meeres und der Stadt Jericho erhielt Herodes Antipas. Samaria und Judäa einschließlich der Hauptstadt Jerusalem erbte Archelaos. Während Archelaos als grausam, Herodes Antipas als verschlagen beurteilt wurde, galt Philippus als gütiger und gerechter Herrscher. Im Jahre 6 wurde Archelaos von den Römern abgesetzt, sein Gebiet wurde der römischen Provinz Syrien zugeschlagen.

Der Provinzgouverneur entstammte dem senatorischen Stand. Er trug den Titel «Legatus Augusti» und residierte in Damaskus. Er war der unmittelbare Vorgesetzte des Prokurators von Judäa, mit dem Sitz in Caesarea Maritima. Während der Provinzgouverneur über reguläre Legionstruppen verfügte, mit denen er nach eigenem Ermessen jederzeit eingreifen konnte, wenn die politische Lage es erforderte, standen dem Prokurator nur Auxiliartruppen zur Verfügung, bestehend aus einer halben Legion. Davon waren vier Kohorten in Caesarea Maritima stationiert, und eine Kohorte bildete die Besatzung der Burg Antonia in Jerusalem. An der Spitze einer jeden Kohorte steht ein Tribun (Chiliarchos); die Unterführer haben die Bezeichnung «Centurio».

Judäa hatte einen Status besonderer Art, sozusagen den eines eigenen Regierungsbezirks, was schon rein äußerlich dadurch zum Ausdruck kam, daß der oberste römische Verwaltungsbeamte, der Prokurator, dem Ritterstand entstammen mußte und somit einem Prokonsul vergleichbar war. Der erste, im Jahre 6 vom Gouverneur Quirinius eingesetzte Prokurator war Coponius. Der Prokurator Pilatus wurde im Jahre 26 eingesetzt.[17] Er unterstand dem Gouverneur Vitellius. Dieser hat im Jahre 36 die Abberufung des Pilatus durch Kaiser Tiberius veranlaßt.[18]

Quirinius hatte tatsächlich eine Volkszählung durchführen lassen – aber nicht in Galiläa, dem Gebiet des Tetrarchen Herodes Antipas, sondern ausschließlich in dem Rom unmittelbar unterstellten Judäa. Darüber gibt es bei Josephus Flavius mehrere eindeutige historische Belege. Es war die einzige Volkszählung, die in jener Zeit durchgeführt worden ist. Lukas berichtet, «diese Schätzung war die allererste». Sie fand im Jahre 6 und 7 n. Chr. statt. Sinn und Zweck einer solchen Volkszählung konnten nur darin bestehen, daß die Bewohner von den römischen Behörden erfaßt und registriert werden, damit entsprechende Steuern erhoben werden können. Man wollte die Einwohnerschaft der Ortschaften und die Einkommensverhältnisse ihrer Bewohner erfassen. Natürlich sollte sich niemand auf den Weg irgendwohin machen, im Gegenteil, man sollte zu Hause bleiben, um sich dort registrieren zu lassen.

Nun wird zwar im allgemeinen nicht angenommen, daß Jesus im Jahre 6 oder 7 nach der Zeitrechnung geboren sei, denn das würde bedeuten, daß er erst etwa 24 Jahre alt gewesen wäre, als er gekreuzigt wurde. Aber man wird in der besagten Schilderung dennoch einen personalen Bezug zum historischen Jesus erkennen: Als Lukas sein Evangelium schrieb, lag die Geburt Jesu schon beinahe hundert Jahre zurück, und er wird die von Quirinius durchgeführte Volkszählung nur als einen vagen Anhaltspunkt genommen haben, um darzulegen, wann ungefähr Jesus geboren worden war – so wie er andererseits die gleichzeitige Schwangerschaft der Mutter Jesu und der Mutter Johannes des Täufers in die Regierungszeit Herodes des Großen legt (Lk. 1.1–25), nicht bedenkend, daß zwischen dem Tod des Herodes und der Volkszählung unter Cyrenius eine Zeitspanne von zehn Jahren liegt.

Der Kindermord des Königs Herodes

Als weiterer Anhaltspunkt für das Geburtsjahr könnte der im Matthäus-Evangelium beschriebene Kindermord des Herodes dienen. Dies würde voraussetzen, daß Jesus spätestens im Jahre 4. v. Chr. – dem Todesjahr von Herodes – geboren wurde.

> «Als Jesus zur Zeit des Königs Herodes in Bethlehem in Judäa geboren worden war, kamen Sterndeuter aus dem Osten nach Jerusalem und fragten: Wo ist der neugeborene König der Juden? Wir haben seinen Stern aufgehen sehen und sind gekommen, um ihm zu huldigen. Als König Herodes das hörte, erschrak er und mit ihm ganz Jerusalem.» (Mt. 2.1–3)

Es wird berichtet, daß Herodes daraufhin alle Knäblein in Bethlehem (vorsorglich bis zum Alter von zwei Jahren) niedermetzeln ließ und daß die Heilige Familie sich den Häschern nur durch eine Flucht nach Ägypten hatte entziehen können.

Diese Geschichte muß ins Reich der Legende verwiesen werden. Allzu deutlich sind die Parallelen zu anderen Sagen der Antike, wie zum Beispiel zu der Geburt des Ödipus. Auch Moses soll auf eine ähnlich wundersame Weise vor dem grausamen Pharao gerettet worden sein. Im Rückgriff auf die Schriften des Alten Testaments soll der Kindermord von Bethlehem Erfüllung des Propheten Jeremia sein:

> «So spricht der Herr: Man hört Klagegeschrei und bitteres Weinen in Rama: Rahel weint über ihre Kinder und will sich nicht trösten lassen über ihre Kinder; denn es ist aus mit ihnen.» (Jer. 31.15)

Von einem Massenmord an Kindern, den Herodes in Bethlehem veranstaltet haben soll, ist historisch nichts bekannt. Ein solches Ereignis aber wäre mit Sicherheit von der damaligen Geschichtsschreibung festgehalten worden, insbesondere von Josephus Flavius, welcher sehr detailliert über Herodes und seine Untaten berichtet. Auch fällt auf, daß von einem derartig sensationellen Ereignis, bei dem Jesus nur durch ein Wunder dem Tode entronnen wäre, außer Matthäus kein anderer Evangelist berichtet, auch Lukas nicht, der einzige, der noch etwas Wert darauf legt, von den Kindheits- und Jugendjahren Jesu zu berichten.[19]

Allerdings wäre Herodes, der – obwohl mit außergewöhnlichen Fähigkeiten ausgestattet – als skrupelloser Bösewicht in die Geschichte eingegangen ist, eine Mordaktion wie der beschriebene Bethlehemer Kindermord durchaus zuzutrauen. Herodes hat zwei seiner Ehefrauen und drei seiner Kinder hinrichten lassen. Von Kaiser Augustus ist der Satz überliefert, er möchte «lieber Schwein als Kind im Hause des Herodes» sein – was freilich gleichzeitig eine Anspielung darauf sein dürfte, daß die Juden aus religiösen Gründen kein Schweinefleisch essen, so daß Herodes also mehr Skrupel hätte, ein Schwein zu schlachten als einen Menschen.

Seine Söhne Alexander und Aristobolus ließ Herodes im Jahr 7 v. Chr. erdrosseln, nachdem er einen von diesen inszenierten Aufstand rechtzeitig aufgedeckt hatte. Es wäre denkbar, daß speziell diese Tat als «Kindermord» in die Erinnerung des Volkes eingegangen war[20] und daß die Legende später von einem «Massenmord» an Kindern sprach, nachdem Herodes im Zusammenhang mit der Hinrichtung seiner Söhne auch noch dreihundert ihrer (meist jugendlichen) Anhänger durch den Pöbel in Jericho hatte lynchen lassen.

Wenn Herodes also eine Rolle in bezug auf das Geburtsjahr Jesu zukommt, dann bietet das Jahr 7 v. Chr. einen gewissen Anhaltspunkt. Unmöglich aber könnte Jesus dann später als vier Jahre vor der Zeitrechnung geboren sein, denn 4 v. Chr. ist das Todesjahr des Herodes.

Der Stern von Bethlehem

Auch der bei Matthäus erwähnte «Stern von Bethlehem» wird bei der Ermittlung des Geburtsjahres zu Rate gezogen. Tatsächlich hat es in jener Zeit eine sehr auffallende Sternkonstellation gegeben. Dieses Phänomen ist schon von dem Astronomen Johannes Kepler (1571–1635) untersucht worden: Etwa alle 800 Jahre tritt eine Konstellation auf, in welcher im Sternbild der Fische die Planeten Jupiter und Saturn in demselben Längengrad erscheinen (Conjunctio Magna) und sich dadurch dem Beobachter wie ein einziger großer und leuchtender Stern darstellen. Eine solche Konjunktion hat Kepler für das Jahr 7 vor der Zeitrechnung bestimmt, die Richtigkeit wurde von der modernen Wissenschaft bestätigt.

Der Stern hat natürlich nicht über Bethlehem gestanden oder gar über einem bestimmten Gebäude, etwa einem Stall. Man kann aber davon ausgehen, daß diese Sternkonjunktion gerade im Mittelmeerraum und im Vorderen Orient besonders gut sichtbar war und die Menschen dort sehr beeindruckt hat. Der Matthäus-Evangelist, der die Geburt Jesu mit der Sternkonjunktion zusammenfallen läßt, ist offenbar mit Leuten zusammengetroffen, die, obwohl sie selbst keine Augenzeugen mehr sein konnten, von dem Ereignis noch immer berichteten.

Sollte nun das Geburtsjahr Jesu in das Jahr jener Sternkonjunktion fallen, dann wäre er im Jahre 7 vor der Zeitrechnung geboren. Insoweit ergäbe sich eine Übereinstimmung mit dem Datum des sogenannten Kindermordes. Es würde bedeuten, daß Jesus etwa 37 Jahre alt geworden ist.[21]

Geburtsort

Der Geburtsort ist ebenso unsicher wie das Geburtsjahr. Von den Kanzeln wird verkündet, namentlich an Weihnachten, Jesus sei in Bethlehem geboren, einer kleinen, aber bekannten Ortschaft in Judäa. Vorherrschend allerdings ist die Meinung, Jesus sei in Nazareth geboren. In Betracht kommt aber auch Kapernaum am See Genezareth. Für Kapernaum sprechen einige Gründe, die nicht von der Hand zu weisen sind: Kapernaum ist, im Gegensatz zu Nazareth, eine historisch genau belegte Stadt in Galiläa. Es hatte auch eine Synagoge, in welcher Jesus zu Beginn seines Wirkens gesprochen haben mag (Mk. 1.21). Nach Markus (2.1 i. V. m. 3.20) lebte Jesus in Kapernaum, dort war er «zu Hause». Dort waren die «Seinigen» (3.21), also seine Mutter und seine Geschwister. Nach Matthäus (9.1) fuhr Jesus mit dem Schiff zu «seiner Stadt», und auch damit ist Kapernaum gemeint. Allerdings behauptet Matthäus (4.13), Jesus sei von Nazareth nach Kapernaum umgezogen.

Paulus und Markus, die beiden ältesten Autoren im Neuen Testament, haben von Bethlehem als Geburtsort Jesu nichts gehört. Nur Matthäus und Lukas nehmen – wenn auch mit ganz unterschiedlicher und nicht miteinander in Einklang zu bringender Schilderung der Umstände der Geburt – Bethlehem als Geburtsort an. Johannes zwar hat von Bethlehem als Geburtsort etwas gehört, denn als sein Evangelium entstand, lagen die Berichte von Matthäus und Lukas vor; er hat sich davon aber distanziert.[22]

Der im Neuen Testament überwiegenden Nichterwähnung von Bethlehem kommt insofern besondere Bedeutung zu, als das judäische Bethlehem natürlich eine bei weitem bessere Adresse für die Verkündigung des auferstandenen Christus wäre als eine Ortschaft in Galiläa. Der Prophet Jesaja (8.23) spricht voller Verachtung von dem «Galiläa der Heiden»[23], und Nazareth wäre obendrein sozusagen der letzte Winkel in Galiläa. Ein galiläischer Fischer, der als Jünger geworben werden soll, fragt unverblümt:

«Was kann von Nazareth Gutes kommen?» (Jh. 1.46)

Und als auf dem Laubhüttenfest in Jerusalem einige Leute behaupten, Jesus sei der Messias, rufen andere empört:

> «Soll der Christus aus Galiläa kommen? Sagt nicht
> die Schrift: aus dem Geschlecht Davids und aus dem
> Ort Bethlehem, wo David war, soll der Christus kom-
> men?» (Jh. 7.41–43)

Für Paulus, Markus und Johannes ist es ganz selbstverständlich, daß Jesus nicht aus der zentralen Provinz Judäa, sondern aus der Nordostprovinz Galiläa stammt (z. B. Mk. 1.9; Jh. 1.45): Er war von der Abstammung her Galiläer, er ist in Galiläa zur Welt gekommen, und er hat – abgesehen von der Taufe, die er im heutigen Westjordanien empfangen hat, und von seinem Einzug in Jerusalem, wo er dann verhaftet und hingerichtet wurde – ausschließlich in Galiläa gewirkt. Auch seine Gefolgsleute waren Galiläer.

Der Grund, warum Matthäus (dasselbe gilt für Lukas) Bethlehem, die Stadt Davids, als Geburtsort angibt, liegt klar auf der Hand: Bethlehem ist die von den Propheten (2. Sam. 7; Jes. 9.5–6; Micha 5.1) vorgegebene Stadt, in welcher der Messias dereinst geboren wird. Der Herzog (Messias), der in Bethlehem geboren wird, mußte ein Abkömmling des Königshauses David sein. Kolping: «Die Verschiedenheit der einzelnen Geburtsumstände bei Matthäus und Lukas scheinen darauf hinzuweisen, daß dort Bethlehem nicht aus historischem Wissen, sondern aus dogmatischen Gründen steht.» [24]

Matthäus zitiert den Propheten Micha und gibt damit ganz unverhüllt den Grund an, warum er Jesus in Bethlehem zur Welt kommen läßt:

> «Denn also steht geschrieben durch den Propheten:
> Und du Bethlehem im jüdischen Lande bist mitnichten die kleinste unter den Fürsten Juda's; denn aus dir
> soll mir kommen der Herzog, der über mein Volk
> Israel ein Herr sei.» (Mt. 2.6)

Ein kleiner Schönheitsfehler allerdings bleibt: Der Prophet Micha erwähnt nicht das wohlbekannte Bethlehem, 15 Kilometer südwestlich von Jerusalem, sondern spricht von «Bethlehem-Ephrata», einer kleinen Ortschaft in der Nähe von Rama, nordwestlich Jerusalems gelegen:

«Aber du, Bethlehem-Ephrata, so klein unter den
Gauen Judas, aus dir wird mir einer hervorgehen, der
über Israel herrschen soll.» (Micha 5.1)

Im Gegensatz zu Lukas, der Maria und Joseph von Nazareth nach Bethlehem gelangen läßt, damit gemäß der Prophezeiung der Messias dort zur Welt komme, geht Matthäus davon aus, daß Jesu Eltern schon immer in Bethlehem gewohnt haben. Folgerichtig wird Jesus daher auch nicht in einem Stall, sondern in einem Haus geboren (Mt. 2.11). Er kommt also in seinem Elternhaus zur Welt.

Über die ersten Kindheitswochen schreibt Matthäus nichts, nur daß man in Bethlehem nicht wohnen bleiben kann: Derselbe Engel des Herrn, der knapp ein Jahr zuvor Maria im Traum erschienen war, um sie von ihrer Schwangerschaft zu unterrichten, erscheint nunmehr Joseph im Traum und warnt ihn vor einem Mordanschlag des Königs Herodes. Joseph entschließt sich daraufhin, mit der Familie zu fliehen.

Obgleich nach der Erzählung des Matthäus sich dies alles unmittelbar nach der Geburt Jesu und im Zusammenhang mit der Anbetung des neugeborenen Kindes durch die Weisen aus dem Morgenland (welche Herodes – ungewollt – auf die Fährte des Kindes gebracht haben sollen) abgespielt hat, setzen manche Theologen, in Anlehnung an ein apokryphes Evangelium («Pseudo-Matthäus»), den Besuch der Weisen aus dem Morgenland und damit auch die Mordaktion des Herodes zwei Jahre später an. Dies würde also bedeuten, daß Jesus die ersten beiden Lebensjahre zu Hause in Bethlehem verbracht hätte.

Die Familie flieht nach Ägypten, und wenn sie von dort eines Tages nach Israel zurückkehren wird, dann hat sich abermals eine Prophezeiung erfüllt:

«Du hast einen Weinstock aus Ägypten geholt und
hast vertrieben die Heiden und denselben gepflanzt.»
(Ps. 80.9)

Tatsächlich kehrt, Matthäus zufolge, die Heilige Familie nach Judäa zurück, nachdem bekanntgeworden ist, daß Herodes gestorben sei. Dort angekommen, erfahren sie aber, daß Archelaos, ein Sohn des Herodes, inzwischen Nachfolger seines Vaters geworden ist. Vor dem fürchten sie sich ebenfalls, und deswegen ziehen sie nach Galiläa. Da herrscht inzwischen zwar auch ein Sohn des Herodes, nämlich Herodes Antipas, aber in ihm sehen sie offenbar keine Gefahr für die Familie. Jedenfalls wohnen sie fortan «in der Stadt, die da heißt Nazareth». Nach Matthäus also waren Jesus und seine Eltern keine Galiläer, sondern dorthin «Zugereiste».

Ganz anders lautet der Lukas-Bericht. Er erzählt die Geschichte, daß Vater Joseph aus profanem Anlaß (Volkszählung) nach Bethlehem mußte. Bedeutsam wird die Sache dadurch, daß Maria in der Zeit gerade hochschwanger war und ihren Mann auf der Reise begleitete. Durch diesen doppelten Zufall wurde Jesus in Bethlehem, der Stadt Davids, geboren.

Anschließend wollte man so schnell wie möglich wieder nach Hause zurückkehren. Acht Tage lang mußte Maria freilich das Wochenbett hüten, dann wurde der Knabe beschnitten und ihm der Name Jesus gegeben. Da man nun aber sowieso in der Nähe der Heiligen Stadt war, ließ man sich die Gelegenheit zum Tempelbesuch nicht entgehen, um die nach dem Gesetz Mosis vorgeschriebenen rituellen Handlungen zu vollziehen.

In 3. Mos. 12.1–8 sind die gesetzlichen Fristen beschrieben. Insgesamt vierzig Tage durfte die Frau nach der Geburt eines Sohnes (doppelt so lange nach der Geburt einer Tochter) nichts Heiliges berühren oder gar den Tempel betreten.[25] Dann mußte sie ein Tieropfer bringen. Das Tieropfer war in der Regel ein einjähriges Lamm. Die von Lukas beschriebene Opferung von lediglich zwei Tauben soll auf die besondere Armut der Heiligen Familie hinweisen.[26]

Somit also wäre Jesus knapp sechs Wochen alt gewesen, als sich seine Eltern mit ihm auf die Rückreise nach Galiläa machten.

Ergibt sich schon aus der liebevoll beschriebenen Reise von Nazareth nach Bethlehem, der Geburt in der Krippe und der Rückkehr nach Nazareth, daß es sich hier um nichts weiter als um eine schöne Legende handelt, so hält auch der beschriebene politische Hintergrund der Weihnachtsgeschichte einer historischen Nachprüfung nicht stand, und zwar unabhängig davon, daß die von Kaiser Augustus angeordnete Volkszählung sich gar nicht auf Galiläa, sondern auf Samaria und Judäa bezog, die der Provinz Syrien zugeschlagenen Gebiete.

Die lukanische Erzählung rankt sich um eine Begebenheit, die in ihrem tatsächlichen Geschehen ganz anders aussah: In derselben Zeit, in der auf kaiserliche Anordnung in Judäa eine Volkszählung durchgeführt wurde, gingen die römischen Behörden in Galiläa besonders rücksichtslos gegen die Bevölkerung vor, um Steuern einzutreiben («Großer Zensus»). Hierbei bedienten sie sich vorwiegend jüdischer Hilfskräfte, der sogenannten «Zöllner». Unter der Führung des Judas von Gamala kam es dabei zu einem zelotischen Aufstand. Dieser Aufstand wurde von den Truppen des römischen Befehlshabers in Syrien niedergeschlagen. Eine große Anzahl galiläischer Ortschaften wurde zerstört, zweitausend Anhänger des Judas von Gamala – er selbst konnte fliehen – endeten am Kreuz.

Der Knabe Jesus, der damals dreizehn oder vierzehn Jahre alt gewesen sein mag, dürfte das bewußt miterlebt haben. Gehörte womöglich sein Vater Joseph zu den frommen Freischärlern, die den Legionären bei ihrer Verfolgungsjagd in die Hände fielen und dann gekreuzigt wurden? Lapide hält das für nicht unwahrscheinlich, könnte es doch der Grund dafür sein, warum Joseph im Evangelium noch während Jesu Kindheit spurlos verschwindet: Sein Schicksal mußte um jeden Preis totgeschwiegen werden, um nicht Jesus von seiner nächsten Verwandtschaft her in das Umfeld zelotischer Aufstände zu bringen.[27]

Aber noch eine ganz andere Alternative zur christlichen Deutung der Weihnachtsgeschichte hat Lapide parat, indem er den Text – wie er sich ausdrückt – «gegen den griechischen Text bürstet»: Joseph habe sich nicht auf die Reise, sondern auf die Flucht begeben. Er, der den galiläischen Patrioten zumindest nahestand und seinen Widerstand in der Tributverweigerung zum Ausdruck brachte, habe sich mit seiner hochschwangeren Verlobten in einer Höhle versteckt, dem typischen Unterschlupf der Aufständischen. In einer solchen Höhle (nicht in einer Krippe, wie die Vulgata falsch übersetzt) sei Jesus zur Welt gekommen. Wenn es aber dennoch eine Krippe gewesen sein sollte, dann deutet alles darauf hin, daß die Eltern auf ihrer Flucht das Neugeborene in einer Krippe abgelegt hatten, von der sie annehmen durften, daß es dort bald von den Hirten entdeckt und versorgt werden würde.[28]

Wenn feststeht, daß Bethlehem nicht der Geburtsort Jesu ist, wenn ferner davon auszugehen ist, daß Jesus aus Galiläa kommt, es in Galiläa bereits eine Stadt mit dem Namen Nazareth gab, und – nach immer noch vorherrschender exegetischer Auslegung – alle Evangelien und die Apostelgeschichte Jesus mit dem Ort Nazareth in Verbindung bringen (nur Paulus schweigt sich darüber gänzlich aus), dann läge es nahe, Nazareth als Geburtsort anzusehen. Allerdings spielt Nazareth, im Gegensatz zu Kapernaum, im Leben Jesu überhaupt keine Rolle. Viele Gelehrte behaupten, einen Ort mit Namen Nazareth bzw. einen Ort, den man mit Nazareth hätte verwechseln können, habe es zur Zeit Jesu noch gar nicht gegeben. Dieser sei erst nachträglich erfunden worden. Wieder ist es Josephus Flavius, der hier als Zeuge herangezogen wird. Er nämlich hat Galiläa gewissermaßen kartographiert und 63 Orte in Galiläa genannt – aber Nazareth ist nicht darunter. Dies zwingt zu der Feststellung, daß Josephus bei der geographischen Erfassung Nazareth entweder übersehen hat, vielleicht deswegen, weil es allzu unbedeutend war, oder aber daß Nazareth als Ortsname nachträglich in die Evangelien hineingekommen ist, zu einer Zeit, in welcher er dann tatsächlich existierte.

Der Nasiräer und die Nezer-Prophezeiung

Der Beiname «Nazarener» könne, so wird argumentiert, auch etwas anderes sein als die Bezeichnung eines Mannes aus Nazareth. Ursprünglich, also im griechischen Urtext, war die Rede von «Jesus der Nazoräer», daraus sei «Nazarener» geworden, und daraus wiederum «Jesus von Nazareth». In Wirklichkeit aber sei «Nazoräer» eine durch Dialekt bedingte Abwandlung von «Nasiräer». Albert Schweitzer[29] schreibt dazu: «In der Zeit nach Paulus kam nämlich unter den Christen der Streit für oder gegen die asketische Lebensweise auf. Die Anhänger der Enthaltsamkeit wurden nach den altjüdischen Naziräern... benannt... In keinem Fall haben die... Ausdrücke ursprünglich irgend etwas mit einem Ort Nazareth zu tun, da sonst die Bezeichnung ‹Nazarethäer› oder ähnlich gelautet hätte. Da die asketische Richtung Jesum selbstverständlich zum Naziräer machte, wurde er dementsprechend benannt. Dieses Stadium ist in der Apostelgeschichte fixiert. Sie redet von den Christen als von den Nazoräern und bezeichnet auch Jesum als Nazoräer. Später bemühten sich die ‹antiasketischen Gruppen›, den Naziräismus innerhalb des Christentums ‹lahmzulegen›. Zu diesem Behufe schufen sie für den Ausdruck eine ‹neue, quasi-historische Grundlage› und ließen Jesum aus einem Ort Nazareth stammen.»

Im Alten Testament ist es der starke Simson, der als Nasiräer vorgestellt wird (Richter 13.5–7). Das waren «Geweihte Gottes», Asketen, die in Essen und Trinken besondere Zurückhaltung übten, insbesondere keinen Wein tranken und sich auch das Haar nicht scheren ließen. Diese Beschreibung würde allerdings weniger auf Jesus zutreffen, sie würde weit eher für Johannes den Täufer passen, welcher in der Wüste ein Asketendasein führte und Zucht und Buße predigte.

Immerhin wäre es aber denkbar, daß man Jesus den Beinamen Nasiräer deswegen gegeben hatte, weil er zunächst ein Jünger des Täufers gewesen, gewissermaßen aus dessen «Schule» hervorgegangen war und dann seine Nachfolge angetreten hatte. Bultmann: «In der Literatur der später auftauchenden gnostischen Sekte der Mandäer sind manche Fragmente einer Tradition bewahrt worden, die auf die Taufsekten zurückgeht, in deren Rahmen auch Johannes der Täufer seinen historischen Ort hat. Merkwürdig ist es, daß die Mandäer sich Nazoräer nennen; so wird ja auch Jesus in der urchristlichen Überlieferung mehrfach bezeichnet. Da sich nun diese Benennung nicht von dem Namen seines Heimatdorfes Nazareth ableiten läßt und da die urchristliche Überlieferung die Erinnerung daran bewahrt hat, daß Jesus sich von Johannes taufen ließ, so wird man schließen dürfen, daß Jesus ursprünglich zu der Sekte des Täufers gehörte.»[30]

Auch auf Jesu Bruder Jakobus könnte die Bezeichnung «Nasiräer» zutreffen. Jakobus war der führende Kopf in der Jerusalemer Urgemeinde.[31] Er hatte sich den dort versammelten Jüngern angeschlossen, die auf die Wiederkehr ihres hingerichteten Rabbi warteten (Gal. 2.9; 1. Kor. 15.7; Apg. 1.14). Eusebius beschreibt Jakobus folgendermaßen: «Er war schon vom Mutterleib an heilig. Er trank weder Wein noch sonst ein geistiges Getränk, noch aß er etwas aus dem Tierreich; ein Schermesser kam nie auf seinen Kopf. Er salbte sich weder mit Öl, noch nahm er ein Bad. Ihm allein war es verstattet, in das Heilige einzugehen, denn er trug kein wollenes, sondern ein leinenes Gewand. Er ging immer allein in den Tempel, wo man ihn finden konnte, wie er auf den Knien lag und Gott für das Volk um Vergebung bat, so waren die Knie verhärtet wie die eines Kamels.»[32] Die Bezeichnung Jesu als Nasiräer kann also möglicherweise auch auf verwandtschaftlichen Rücksichten beruhen und als Ausdruck der Verehrung für Jakobus gemeint sein, den man auch späterhin von jeglicher persönlichen Verunglimpfung ausgenommen hatte, nachdem seine Sekte der Ebioniten längst als häretisch verdammt war.

Noch eine weitere Erklärung gibt es für den Beinamen «Nazoräer». Sowohl Johannes (1.45) als auch Matthäus (2.23) behaupten, die Propheten hätten angekündigt, der Messias werde aus Nazareth kommen. Das macht stutzig, denn von Nazareth ist bei den Propheten nirgendwo die Rede. Bei Matthäus verwundert diese Behauptung zusätzlich deswegen, weil er sich im 1. Kapitel seines Evangeliums auf Bethlehem durch Zitierung des Propheten Micha ganz besonders festgelegt hatte. Also wird man annehmen dürfen, daß Matthäus im Zusammenhang mit der im 2. Kapitel angeführten Prophezeiung gar nicht die Stadt Nazareth gemeint hat. Dasselbe muß auch für den Verfasser des Johannes-Evangeliums gelten. Die Exegeten haben die Prophezeiungen mit Blick auf diese Merkwürdigkeit untersucht, um herauszufinden, welche Propheten Matthäus und Johannes wohl im Sinne hatten, als sie in dem Zusammenhang den Namen Nazareth erwähnten. Man ist auf eine Stelle bei den Propheten Jesaja und Jeremia gestoßen, auf die die beiden Evangelisten möglicherweise angespielt haben:

> «Und es wird eine Rute aufgehen von dem Stamm Isais und ein Zweig aus einer Wurzel Frucht bringen, auf welchem wird ruhen der Geist des Herrn, der Geist der Weisheit und des Verstandes, der Geist des Rates und der Stärke, der Geist der Erkenntnis und der Furcht des Herrn.» (Jes. 11.1–2)

Der Stamm Isais, von dem Jesaja spricht, ist das Königshaus David, denn Isai ist der Vater des Königs David. Aus diesem Haus soll ein Zweig entstehen, es soll Frucht tragen, und aus dieser Frucht wird der Messias hervorgehen.

Die in Frage kommende Stelle bei Jeremia lautet:

> «Siehe, es kommt die Zeit, spricht der Herr, daß ich
> dem David ein gerechtes Gewächs erwecken will, und
> soll ein König sein, der wohl regieren wird und Recht
> und Gerechtigkeit auf Erden anrichten.» (Jer. 23.5)

Ben-Chorin[33] weist darauf hin, daß das Gewächs, welches aus der Wurzel hervorgeht, hebräisch «nezer» heißt, es sich also um einen Schößling handelt. Auch «Reis», «Zweig» und «Sproß» bedeutet das Wort «nezer». Der Prophet Ezechiel (17.3–4) spricht von einem «Reis» (gemeint ist der zarte oberste Zweig), das ein großer Adler von einer Zeder im Libanon abbricht, um es nach Jerusalem zu bringen, wo es Wurzeln schlägt. Im Kirchenlied heißt es deshalb: «Es ist ein' Ros' entsprungen aus einer Wurzel zart.» So ist also denkbar, daß über diesen noch größeren sprachlichen Umweg der Nazarener seinen Beinamen erhielt.

Wo Jesus nun wirklich geboren ist – in Kapernaum, in Nazareth oder in einem anderen galiläischen Ort –, läßt sich letzten Endes ebensowenig bestimmen wie Tag und Jahr der Geburt. Küng:[34] «Als Verkündigungs- und Bekenntnisgeschichten wollen die Geburtstagsgeschichten nicht primär historische Wahrheit, sondern Heilswahrheit kundtun.»

Jesus ist jedenfalls nicht in Bethlehem geboren. So ist ja auch noch nie jemand auf die Idee gekommen, statt «Jesus von Nazareth» etwa «Jesus von Bethlehem» zu sagen.

Und er ist auch nicht – es sei denn, der Zufall will es – im Jahr des Beginns unserer Zeitrechnung geboren, sondern wohl frühestens sieben Jahre davor, spätestens sechs Jahre danach. Eine genauere Bestimmung ist nicht möglich.

5. Kapitel:
Vorfahren und Familie

Die Namen der Eltern Jesu sind allgemein geläufig. Man geht davon aus, daß sie Maria und Joseph geheißen haben. Aber diese Namen sind nicht zweifelsfrei. Namentlich genannt werden beide Elternteile nur im Matthäus- und Lukas-Evangelium. Paulus erwähnt mit Namen weder Mutter noch Vater. Markus nennt Maria, Joseph aber nicht. Johannes spricht von Joseph und der «Mutter Jesu», nicht aber von Maria.

Die Stammbäume im Matthäus- und Lukas-Evangelium

Nur das Matthäus- und das Lukas-Evangelium legen Wert auf eine Abstammung aus dem Hause David. Die in beiden Evangelien zu findenden Stammbäume (Mt. 1.1–16; Lk. 3.23–38) sollen darlegen, daß Joseph – und damit sein Sohn Jesus – ein Abkömmling des Königs David ist. Freilich kommt dabei eine Unlogik in die Schilderung: Wenn die Davidsche Abstammung über den Vater Joseph hergeleitet werden soll, dann entfällt der Bezugspunkt für die These von der Jungfräulichkeit der Mutter Maria.[1]

Bei der Aufzählung der Vorfahren erscheint übrigens so mancher Name, der mit der Sittenstrenge kirchlicher Lehre nicht gut in Einklang zu bringen ist.[2] Beispielsweise eine Rahab und eine Ruth werden genannt. Rahab ist vermerkt als die «Hure von Jericho» (Jos. 2.1). Dem prominentesten Vorfahren, dem König David, hatte man noch in hohem Alter, als er schwach geworden war und ständig fror, eine junge Dirne besorgt, damit diese ihn im Bett «aufwärmt». (1. Kön. 1.1–2). Und König Salomo schließlich, ein Sohn Davids und damit ebenfalls ein angeblicher Vorfahr Jesu, war nicht nur bekannt für die Größe seiner Weisheit, sondern auch für die Größe seines Harems.

David soll im Jahr 961 vor der Zeitrechnung gestorben sein. Im Zeitalter Jesu gab es wohl niemanden, der seine Abstammung von

König David herleiten konnte. Auch einem gläubigen Christen dürfte es schwerfallen, sich Jesus als einen verkappten Prinzen vorzustellen. Jedenfalls ist der legendäre Charakter der Stammbäume evident.[3] Schon bei Josephs Vater fängt die Unstimmigkeit an: Bei Matthäus heißt er Jakob, bei Lukas Eli.

Familienleben und familiäre Spannungen

Bei Markus wird Jesus schlicht als «Marias Sohn» vorgestellt. Vom Vater Joseph ist nirgendwo die Rede. Im Gegensatz zu Matthäus und Lukas bemüht Markus sich auch nicht, Jesu Abstammung aus dem Hause David darzutun. Nur an zwei Stellen (Mk. 10.48; 11.10) wird die davidische Abstammung Jesu – indirekt – zum Ausdruck gebracht.

Markus führt, von der fehlenden Figur des Vaters abgesehen, eine ganz normale Familiensituation vor: Jesus hat noch vier Brüder und mehrere Schwestern. Als er in der heimatlichen Synagoge predigt, mokieren sich die Leute:

> «Ist er nicht der Zimmermann, Marias Sohn, und der
> Bruder des Jakobus und Joseph und Judas und Simon?
> Sind nicht auch seine Schwestern allhier bei uns?»
> (Mk. 6.3)[4]

Einer der Brüder heißt also Judas. Schwer vorstellbar, daß man Jesu Bruder ausgerechnet unter dem Namen Judas vorstellt, wenn dieser Bruder nicht tatsächlich existiert hätte. In Anbetracht des klaren (darin sogar mit Matthäus 13.53–57 übereinstimmenden) Berichts über Jesu Geschwister darf angenommen werden, daß Jesu Mutter in ihren ersten Ehejahren viele Kinder gebar, womit ihre Fruchtbarkeit dem Gebot von 1. Mos. 1.28 Rechnung trug.

Jedenfalls ist rational nicht nachvollziehbar, wenn von mancher Seite noch immer behauptet wird, Maria habe nur dieses eine Kind Jesus gehabt. Solche Behauptungen sind Auswüchse des Kults um Maria, die man so geschlechtslos wie nur möglich hinstellen möchte, und zwar ungeachtet der Lukas-Stelle 2.7, wo Jesus der «erstgeborene Sohn» Marias genannt wird.[5] Die Brüder und Schwestern, die Jesus gehabt hat, werden in Vettern und Basen oder sonstige Familienangehörige im weiteren Sinne verwandelt.[6] Es wird darauf verwiesen, in der hebräischen Sprache würde nicht zwischen Brüdern, Vettern und Halbgeschwistern unterschieden. Das ist zwar richtig, aber die Evangelisten haben nicht in hebräischer, sondern in griechischer Sprache geschrieben, und da gibt es diese Unterscheidung sehr wohl. Das von den Evangelisten verwendete Wort «adelphós» kann nur den leiblichen Bruder bezeichnen. Rudolf Pesch: «Unvoreingenommene Exegese erlaubt nur die Feststellung, daß in Mk. 6.3 die Namen von vier leiblichen Brüdern Jesu und die Existenz von leiblichen Schwestern historisch bezeugt sind.»[7]

Durch Markus erfährt man, daß Jesus Zimmermann war, Handwerker jedenfalls, Tischler, wie man auch sagen könnte. Die Tischler waren übrigens sehr angesehen und galten als kluge Leute. Wenn man sich um die Lösung einer schwierigen Frage bemühte, dann pflegte man in die Runde zu fragen: «Ist hier ein Tischler, ein Sohn eines Tischlers, der uns die Frage lösen kann?»[8] Ein «Akademiker» jedenfalls war Jesus nicht, ein Autodidakt wahrscheinlich. Um das zu unterstreichen, hat Lukas die Legende vom Zwölfjährigen im Tempel eingeflochten. Im übrigen aber liegen Jesu Kindheits- und Jugendjahre völlig im dunkeln – wenn man davon absieht, daß an einer einzigen Stelle, wiederum bei Lukas (2.52), erwähnt wird, daß er «heranwuchs und im Geiste erstarkte». Es scheint nichts Auffälliges an seiner Kindheit gewesen zu sein.

Es sind viele Erklärungsversuche unternommen worden, warum Markus den Vater Jesu mit keinem Wort erwähnt – ein Umstand, der in Anbetracht der starken Stellung des Vaters in der jüdischen Familie in der Tat auffallend ist. Sowohl der katholische Theologe Kolping als auch der evangelische Theologe Stauffer halten es für denkbar, daß die Formulierung in Mk. 6.3 «diffamierend» gemeint sei. Beide[9] glauben aus einigen Textstellen zu erkennen, daß die Evangelisten bestrebt sind, den Vorwurf abzuweisen, Jesus stamme aus einer «unzüchtigen Verbindung». Stauffer vermutet, daß «allerlei Klatschgeschichten über Maria» von der Jerusalemer Täufersekte, also den Anhängern Johannes des Täufers, stammen.

Trotz der vermeintlichen Bestrebungen der Evangelisten wird

von manchen Autoren aus der Textstelle Mk. 6.3 ein sehr weitreichender Schluß gezogen: Zu einer dauerhaften Verbindung zwischen Maria und Joseph sei es nie gekommen. Vielmehr habe Joseph seine Verlobte verstoßen, nachdem sie ihm von ihrer Schwangerschaft berichtet hatte. Jesus sei also unehelich geboren. «Wir sind nicht unehelich geboren!» halten Jesu Gesprächspartner ihm im Johannes-Evangelium (Jh. 8.41) anzüglich entgegen. Auch im Matthäus-Evangelium findet die These von der unehelichen Geburt eine gewisse Stütze:

> «Als Maria, seine Mutter, dem Joseph vertraut war,
> fand sich's, ehe er sie heimholte, daß sie schwanger
> war von dem Heiligen Geist. Joseph aber, ihr Mann,
> war fromm und wollte sie nicht in Schande bringen,
> gedachte aber, sie heimlich zu verlassen.»
> (Mt. 1.18–19)

Noch quälender wird Josephs Situation in zwei apokryphen Evangelien, dem Proto-Evangelium des Jakobus und dem sogenannten Pseudo-Matthäus-Evangelium, geschildert. Joseph möchte sterben, als er erfährt, daß Maria ohne sein Zutun schwanger ist. Ihren Beteuerungen kann er keinen Glauben schenken. Freundinnen der Maria, die bei der Szene zufällig anwesend sind, greifen vermittelnd ein und bestätigen, daß es nicht Untreue war, sondern daß Gott durch den Engel gewirkt habe. Der arme Joseph aber mag solchen hergeholten Erklärungen nicht glauben:

> «Warum verspottet ihr mich und wollt mich glauben
> machen, daß ein Engel des Herrn sie geschwängert
> habe? Aber es kann sein, daß sich jemand für den En-
> gel des Herrn ausgegeben und sie betrogen hat.» [10]

Nach ihrer Verstoßung, so wird gefolgert, habe Maria dann später einen anderen Mann geheiratet, von dem sie die übrigen Kinder bekommen habe. Dies alles sind natürlich Spekulationen. Ebensogut könnte die Nichterwähnung des Vaters anläßlich der ersten Predigt Jesu auch darauf zurückzuführen sein, daß Joseph zu diesem Zeitpunkt schon lange verstorben war und die Leute keine Erinnerung mehr an ihn hatten. Daß es aber überhaupt zu

Spekulationen dieser Art gekommen ist, beruht letztlich auf der ins Matthäus- und Lukas-Evangelium hineingeschriebenen, von den Kirchenvätern verbreiteten und schließlich zum Dogma erhobenen Annahme, Jesus sei nicht auf natürliche Weise, sondern durch eine Jungfrauengeburt zur Welt gekommen. Craveri[11] spricht es aus: «Anstatt ganz einfach anzuerkennen, daß die gesamte Überlieferung über die Geburt Jesu Legende ist und daß nie ein Schatten ehelicher Untreue den Lebensbund zwischen Joseph und Maria getrübt hat, gehen diese Kritiker von dem Ehebruch des Mädchens aus und mühen sich ab, nicht selten unter Zuhilfenahme von gemeinen, tendenziösen Unterstellungen, Beleidigungen und törichten Schmähungen, den hierfür Verantwortlichen ausfindig zu machen.»

Man wird von Jesus annehmen müssen, daß er bis weit ins Erwachsenenalter hinein innerhalb der Familie gelebt hat. Es handelte sich wohl um eine jener Großfamilien, die bei den orientalischen Juden durchaus üblich waren. Die Tischlerei seines Vaters wird er – der älteste unter den Brüdern – übernommen (Mk. 6.3) und auf die Weise wesentlich zum Unterhalt der Familie beigesteuert haben. Daneben, so ist anzunehmen, hat er sich intensiv dem Studium der hebräischen Bibel hingegeben. Als er dann seinen erlernten Beruf aufgibt, um fortan als Arzt (Psychotherapeut) und Lehrer zu wirken, ist die Familie enttäuscht. Die Angehörigen hätten es viel lieber gesehen, wenn er bei seinem Handwerk geblieben wäre, sie halten nichts von den gescheiten Reden, mit denen der Sohn bzw. Bruder jetzt aufwartet, und ebensowenig halten sie etwas von den Wundertaten, die er vollbringt. Schönredner und Wundertäter gab es genug in Galiläa und anderswo.

Es mag der Familie auch peinlich gewesen sein, daß der Sohn und Bruder in der Heimatstadt verspottet wird, was Jesus dann mit dem bekannten Satz quittiert haben soll:

«Ein Prophet gilt nirgend weniger denn im Vaterland
und daheim bei den Seinen.» (Mk. 6.4)

Es bleibt aber nicht bei harmlosem Spott, die Sache wird ernst: Herodes Antipas, der gerade erst Johannes den Täufer wegen aufwieglerischer Reden hatte festnehmen lassen, wird auf den Nazarener aufmerksam. Um es nicht zur Verhaftung kommen zu lassen (Mk. 3.6), greifen die Angehörigen zu einem verzweifelten Mittel: Sie erklären Jesus für verrückt und versuchen, ihn festzuhalten.

> «Und da es die Seinen hörten, gingen sie aus und wollten ihn halten; denn sie sprachen: Er ist von Sinnen.»
> (Mk. 3.21)

So kommt er davon – zumal ihm Unzurechnungsfähigkeit auch von den Schriftgelehrten, also juristischerseits, attestiert wird:

> «Sie sagten: Er hat einen unsauberen Geist.»
> (Mk. 3.30)

Jesus will von den Angehörigen von nun an aber nichts mehr wissen – er verläßt sie. Als Mutter und Geschwister sich um eine Versöhnung bemühen, sollen sie nicht einmal empfangen worden sein:

> «Und es kam seine Mutter und seine Brüder und standen draußen, schickten zu ihm und ließen ihn rufen. Und das Volk saß um ihn. Und sie sprachen zu ihm: Siehe, deine Mutter und deine Brüder draußen fragen nach dir. Und er antwortete ihnen und sprach: Wer ist meine Mutter und meine Brüder? Und er sah rings um sich auf die Jünger, die um ihn im Kreise saßen, und sprach: Siehe, das ist meine Mutter und meine Brüder.» (Mk. 3.31–34)

Im weiteren Verlauf seines Wirkens scheint sich Jesu ablehnende Haltung gegenüber seiner Familie noch verstärkt zu haben. Von seinen Jüngern habe er erwartet, daß sie in dieser Beziehung ebenso radikal denken wie er. Das allerdings wird nicht von Markus, aber doch von Matthäus und Lukas überliefert:

> «Ihr sollt nicht wähnen, daß ich gekommen sei, Frieden zu senden auf die Erde. Ich bin nicht gekommen, Frieden zu senden, sondern das Schwert. Denn ich bin gekommen, den Menschen zu erregen wider seinen

Vater und die Tochter wider ihre Mutter und die
Schwiegertochter wider ihre Schwiegermutter. Und
des Menschen Feinde werden seine eigenen Hausgenossen sein.» (Mt. 10.34–36)

Noch krasser steht es bei Lukas:

«So jemand zu mir kommt und haßt nicht seinen Vater, Mutter, Weib, Kinder, Brüder, Schwestern, auch
dazu sein eigen Leben, der kann nicht mein Jünger
sein.» (Lk. 14.26)

Nur die Konflikte in seiner eigenen Familie machen solche Aussprüche und Aufforderungen erklärbar – und doch wieder schwer begreiflich angesichts des vierten Gebots:

«Du sollst deinen Vater und deine Mutter ehren, auf
daß du lange lebst in dem Lande, das dir der Herr, dein
Gott gibt.» (2. Mos. 20.12)

Etwas matt jedenfalls erscheint mir eine kirchlicherseits in
dem Zusammenhang gegebene Erklärung, wonach Jesus nicht innerfamiliäre Zwietracht säen, sondern in erster Linie auf die glaubensmäßige Vereinigung habe hinweisen wollen, die noch fester sein müsse als eine enge verwandtschaftliche Bindung.

Insbesondere kann auch nicht die Tatsache übersehen werden,
daß Maria, obwohl sie sich dem predigenden Sohn und dem Jüngerkreis angeschlossen haben soll (Jh. 2.12), in den Evangelien überhaupt nur selten erwähnt wird. Es gibt keine Textstelle, die von besonderer Mutterliebe zeugt; es gibt andererseits aber mehrere Stellen, die ein ausgesprochen distanziertes Verhältnis Jesu zu seiner Mutter erkennen lassen.

Auf der Hochzeit zu Kana stellt Jesus die Mutter öffentlich bloß.
Dem Evangelienbericht zufolge (nur Johannes erwähnt dieses Familienfest) handelt es sich hier um eine scheinbar belanglose Dorfhochzeit. Wahrscheinlich aber hat es sich um die Hochzeit eines der Brüder oder Schwestern Jesu gehandelt. Jesus, der noch ganz am Anfang seines öffentlichen Wirkens steht, wird zusammen mit seinen Jüngern zu diesem Fest ausdrücklich «eingela-

den». Auch die Mutter ist anwesend, eine Tatsache, die als ganz selbstverständlich vorausgesetzt wird. Die Mutter scheint die Gastgeberin und Hausfrau zu sein. Es ist von der Dienerschaft die Rede, der sie Anweisungen erteilt. Ihren Sohn Jesus fordert sie auf, für Wein zu sorgen, und in dem Zusammenhang kommt es dann zu einem peinlichen Zusammenstoß zwischen Mutter und Sohn. Nur dem Einlenken der Mutter ist es zu verdanken, daß der Eklat auf der Festgesellschaft vermieden wird.

> «Und da es an Wein gebrach, spricht die Mutter Jesu zu ihm: Sie haben nicht Wein. Jesus spricht zu ihr: Weib, was habe ich mit dir zu schaffen? Meine Stunde ist noch nicht gekommen. Seine Mutter spricht zu den Dienern: Was er euch sagt, das tut.» (Jh. 2.3–5)

Dazu merkt Ben-Chorin[12] an: «Wenn ein Wort Jesu echt ist, dann allerdings dieses harte und so offenbar unbegründete Scheltwort gegen seine Mutter, die er öffentlich bloßstellt, denn wer sollte ein solches Wort erfunden haben?»[13]

Jesus spricht seine Mutter nie mit einem respektvollen oder gar liebevollen Wort an. Die einzige Anrede, die er gebraucht, lautet «Gynae». Für ihn ist sie die «Gebärende», das «Weib», wie Luther übersetzt. Selbst am Kreuz läßt der Evangelist den Ton des Sohnes zur Mutter in einer deutlichen Reserviertheit erscheinen:

> «Weib, siehe, das ist dein Sohn.» (Jh. 19.26)

Salcia Landmann: «Deutlicher kann nicht ausgedrückt werden, wie gering die Bindung Jesu an seine Mutter war und wie wenig der historische Jesus sich zum ‹Aufhänger› für einen religiösen Mutterkult eignet.»[14] Und noch einen anderen Schluß wird man in dem Zusammenhang ziehen müssen: Hätte Maria ihren Sohn auf überirdische Weise empfangen, dann wäre das Verhältnis zwischen Mutter und Sohn mit Sicherheit ein anderes gewesen, als es von den Evangelisten beschrieben wird.

6. Kapitel:
Jesu Fremdheit bleibt

Obwohl man von der gesicherten Tatsache ausgehen kann, daß Jesus wirklich gelebt hat, bleibt andererseits doch das wenig befriedigende Ergebnis, daß über sein Wesen und seinen Charakter so gut wie nichts bekannt ist. Klischeehaft sind die Bilder, die aus der Tradition und einem modernen Jesuskult heraus entstanden: Jesus, ein Gott zum Anfassen. Der holde Knabe im lockigen Haar. Der Sohn einer jungfräulichen Mutter. Der allzeit präsente, einzig wahre Freund. Der gute Hirte, tatkräftig, entschlossen – und doch unendlich mild. My sweet Lord. Jesus Christ Superstar. Der theologische Schriftsteller Adolf Holl sieht ihn als gesellschaftlichen Außenseiter, der in anrüchigen Kreisen verkehrt. Er sei bei den Gefangenen und Verurteilten, bei den Unzufriedenen, die Satten meide er. Jesus sei ein «Skandalmacher» gewesen. Die Kirche habe aus diesem Bürgerschreck einen kreditwürdigen Bourgeois mit Titeln und Würden gemacht.[1] Hans Küng, der an Holls Buch «Jesus in schlechter Gesellschaft» den Titel gut findet, sich von dem Inhalt des Buches aber distanziert, schildert Jesus in einer Weise, die der Holls nicht ganz unähnlich ist: Küng: «Jesus war alles andere als eine gutbürgerliche Erscheinung... Seine Lebensführung hatte hippieartige Züge... Obwohl Sohn eines Zimmermanns und anscheinend selbst Zimmermann, übte er keinen Beruf aus. Vielmehr führt er ein unstetes Wanderleben, predigt und wirkt auf öffentlichen Plätzen, ißt, trinkt, betet und schläft des öfteren im Freien. Ein Mann, der ausgezogen ist aus seiner Heimat, der sich gelöst hat auch von seiner Familie... Für seinen Lebensunterhalt tut er nichts. Nach den evangelischen Berichten wird er von Freunden unterstützt, und ein Kreis von Frauen sorgt für ihn... Hatte er nicht etwas Weltflüchtiges, Schwärmerisches, beinahe Närrisches an sich?»[2]

Je mehr man sich mit dem Nazarener befaßt, desto mehr entzieht er sich – in seiner Person – der Beurteilung. Fast immer liegt etwas Rätselhaftes über seiner Erscheinung. Sie wirkt wie eine

Statue: erhaben, verehrungswürdig, entrückt. Sieht man von der Gethsemane-Szene ab, wo er uns in seiner Angst und Bedrückung menschlich nahe ist, so dominiert seine Reserviertheit. Es fällt allein schon die Vorstellung schwer, Jesus könnte bisweilen auch einmal herzhaft gelacht oder einen jüdischen Witz erzählt haben. Konnte er auch ganz belangloses Zeug plaudern, gelegentlich richtig ausgelassen sein, konnte er, um mit Helmut Thielicke zu fragen, «auf einer Hochzeitsgesellschaft schunkeln»? Von alledem wissen wir nichts.

Spekulationen über die äußere Gestalt

Über die äußere Erscheinung des Nazareners ist nichts bekannt.[3] Möglicherweise hat er sehr viel älter ausgesehen, als er in Wirklichkeit war:

> «Du bist noch nicht fünfzig Jahre alt und hast Abraham gesehen?» (Jh. 8.57)

Texte aus den Propheten oder den Psalmen werden später auf Jesus bezogen – danach kann er von unansehnlicher Erscheinung oder von überragender Schönheit gewesen sein:

> «Siehe meinen Knecht wird's gelingen, er wird erhöht und sehr hoch erhaben sein. Wie sich viele über ihn entsetzen, weil seine Gestalt häßlicher war als die anderer Leute und sein Aussehen als das der Menschenkinder... Er hatte weder Gestalt noch Schönheit.»
> (Jes. 52.13–14; 53.2)

> «Du bist der Schönste unter den Menschenkindern, holdselig sind deine Lippen; darum segnet dich Gott ewiglich.» (Ps. 45.3)

Was die Körpergröße anbetrifft, nahm man im Mittelalter das Dreifache des palästinensischen Längenmaßes an, nämlich 1,66 m. Der Codex Laurentianus aus dem vierzehnten Jahrhundert geht von drei florentinischen Ellen aus, das wären 1,75 m.[4]

Bei den Juden war nicht nur die Abbildung Gottes in aller Strenge verboten, sondern auch die Darstellung von Menschen untersagt. Erst die europäischen Christengemeinden haben Jesus ungeniert bildlich dargestellt. Das früheste – erhaltene – Bild ist ein Fresko-Gemälde in der Domitilla-Katakombe in Rom; es entstand in der ersten Hälfte des 4. Jahrhunderts.[5]

Im Gegensatz zu Johannes dem Täufer, der in den Evangelienberichten eher als rauher Naturbursche erscheint – gekleidet mit einem Zottelgewand aus Kamelhaaren, sich von wildem Honig und Heuschrecken ernährend (Mt. 3.1–4) –, dürfte Jesus einen gewissen Wert auf Äußerlichkeiten gelegt haben. Stauffer: «Seine Kleidung war betont unauffällig, nicht üppig, nicht ärmlich (Lk. 7.25; Jh. 19.23). Er trug ein ärmelloses Untergewand mit Gürtel (Mk. 6.8; Jh. 19.23), das übliche Obergewand (Lk. 8.44), Sandalen (Mk. 1.7; 6.9) und auf seinen Wanderungen einen Stab (Mk. 6.8). Die einzige Besonderheit, von der wir hören, ist die, daß sein Untergewand ungenäht war, durchgewebt wie der Chiton des Hochpriesters. Vielleicht trug Jesus ein weißes Tuch auf dem Kopf, wie es schon im antiken Palästina gern getragen wurde: mit einer Schnur festgebunden und hinten schulterlang herabhängend.»[6]

Das ist natürlich Spekulation, vermittelt aber vielleicht einen Eindruck, der – zumindest in diesem oder jenem Punkt – einen gewissen Grad an Wahrscheinlichkeit für sich hat.

Vermutlich kein Asket

Die Anhänger des Konsumverzichts und einer puritanischen Lebensführung können sich schwerlich auf Jesus berufen. Wenn Markus (1.12–13), Matthäus (4.1–2) und Lukas (4.1–2) übereinstimmend berichten, Jesus habe in der Wüste vierzig Tage verbracht und gefastet, so darf dies nicht wörtlich genommen werden. Die Zahl vierzig hat symbolischen Charakter. Und Fasten ist eine alte semitische Sitte: Durch Verzicht auf bestimmte Speisen, zum Beispiel Fleisch, legte man sich eine gewisse Selbstbeschränkung auf. Honig und Heuschrecken aber waren erlaubt – wobei letztere, in geröstetem Zustand, sogar eine Delikatesse sein sollen.[7]

Auffallend häufig ist bei Jesus von Essen und Trinken die Rede, ja er selbst berichtet von sich (Mt. 11.19; Lk. 7.34), daß die Leute ihn einen «Fresser» und «Weinsäufer» nennen. Der Wein war, nebenbei bemerkt, geharzt und stark gesüßt; häufige Kopfschmerzen und Katerstimmung dürften die unausbleibliche Folge gewesen sein. Als ihm einmal die Völlerei, insbesondere auch die seiner Jünger, mit dem Hinweis vorgehalten wird, daß die Jünger von Johannes dem Täufer sowie die Jünger der Pharisäer fasten, weist Jesus dies mit einem Gleichnis zurück:

> «Wie können die Hochzeitsleute fasten, dieweil der
> Bräutigam[8] bei ihnen ist? Solange der Bräutigam bei
> ihnen ist, können sie nicht fasten.» (Mk. 2.19)

Küng[9] kommentiert dies so: «Wenn für den Täufer die Bußtaufe die charakteristische Zeichenhandlung war, so für Jesus und seine Botschaft das in fröhlicher Stimmung gehaltene Festessen, in welchem man die gemeinsame Zugehörigkeit zum kommenden Reich feierte.»

Auch in bezug auf Frauen scheint Jesus nicht abstinent gewesen zu sein. Einen durchaus pikanten Zug weist die Schilderung bei Lukas (7.37) auf, wo er sich von einer Frau – Lukas nennt sie eine «Sünderin» – im Hause des Pharisäers Simon bedienen läßt und ihre Annäherung, die selbst dem toleranten Gastgeber zu weit geht, gutheißt:

> «Und er wandte sich zu dem Weibe und sprach zu Simon: Siehest du dies Weib? Ich bin gekommen in dein
> Haus; du hast mir nicht Wasser gegeben zu meinen
> Füßen; diese aber hat meine Füße mit Tränen benetzt
> und mit den Haaren ihres Hauptes getrocknet.»
> (Lk. 7.44)

Die Szene mit ihrem erotischen Hauch ist auf vielen großartigen Gemälden zu sehen. Die «schöne Sünderin» wird – freilich ohne daß man sich dabei auf Lukas berufen könnte – meistens mit Maria Magdalena identifiziert.

Mit der Schilderung dieses jesuanischen Wesenszuges will Lukas offenbar ganz bewußt den engherzigen Moralisten, die es zu allen Zeiten gegeben hat, eine Abfuhr erteilen. Dessenungeachtet versucht die leibfeindliche kirchliche Lehre in der Begebenheit nicht etwa eine fröhliche Huldigung der Erotik zu sehen, sondern sie als Beispiel «reuiger Sünde» hinzustellen – ungeachtet der Tatsache, daß diese Frau, von der Jesus sich salben läßt, bei Markus und Matthäus keine Sünderin und bei Johannes nicht die Maria aus Magdala, sondern die angesehene Maria von Bethanien ist, die Schwester des Lazarus, den Jesus von den Toten auferweckt haben soll.[10]

Toleranz kommt auch in dem Gespräch Jesu mit der samaritanischen Frau am Jakobsbrunnen zum Ausdruck (Jh. 4.17f.), die immerhin fünf Männer gehabt hat und nun mit einem zusammenlebt, der nicht ihr legitimer Ehemann ist.

Es ist insgesamt zu beobachten, wie die Kirche von Anfang an weit mehr geneigt war, sich an dem paulinischen Keuschheitsideal zu orientieren als sich auf den Boden jesuanischer Toleranz zu stellen. Das wird am Beispiel deutlich, wie Jesus mit der Ehebrecherin verfuhr, die zum Tode verurteilt worden war und gesteinigt werden sollte:

> «Wer von euch ohne Sünde ist, der werfe den ersten Stein auf sie... Ich verurteile dich nicht. Geh und sündige von jetzt an nicht mehr!» (Jh. 8.7 u. 11)

Schon Augustinus hielt es für angezeigt, Jesus hier wegen seiner «übertriebenen Milde» zu tadeln.[11] Niemals ist seitens der Kirche eine Ehebrecherin mit so milder Ermahnung davongekommen.[12] Nichts steht im Evangelium darüber, ob die Frau die Ermahnung befolgt hat.

Ungeachtet der Tatsache, daß die kirchliche Tradition eine Sexualität Jesu zum Tabu erklärt, ihn zur «männlichen Jungfrau»[13] stilisiert, ist die Frage nach den Beziehungen Jesu zum anderen Geschlecht keineswegs ein Thema, das ausnahmslos zu allen Zeiten als unziemlich oder «unchristlich» galt. Selbst dort, wo man die Göttlichkeit Christi in heiligen Schriften pries, hielt man es bisweilen für angemessen, Jesus als einen Mann zu beschreiben, der sich in der Sexualität von anderen Männern nicht unterschied. Im Philippus-Evangelium heißt es:

> «Die Frauen wandelten mit dem Herrn allezeit: Maria, seine Mutter, deren Schwester und Magdalena, die seine Paargenossin genannt wird... Maria Magdalena liebte der Soter mehr als alle Jünger, und er küßte sie

oftmals auf ihren Mund. Die übrigen Jünger kamen zu ihr und machten ihr Vorwürfe. Zu ihm sagten sie: Weshalb liebst du sie mehr als alle?»¹⁴

Ben-Chorin ist davon überzeugt, daß Jesus verheiratet war. Allein die Tatsache, daß er in seinen Gleichnissen gern den «Bräutigam» als handelnde Figur wählt – er selbst ist dabei der Bräutigam (z. B. Mt. 9.15; Lk. 5.34) –, läßt darauf schließen, «daß er selbst eine bräutliche Stunde erlebt hat». «Jesus wurde von seinen Jüngern und der großen Gemeinde seiner Nachfolger als Rabbi angeredet. Ein unverheirateter Rabbi ist kaum denkbar... Wir müssen uns fragen: Wenn Jesus unverheiratet gewesen wäre, hätten dann nicht seine Jünger ihn nach diesem Mangel gefragt, hätten aber vor allem nicht seine Gegner ins Treffen gegen ihn geführt, daß er die erste Pflicht: ‹Seid fruchtbar und mehret euch› des rabbinischen Pflichtenkatalogs in seinem Leben unerfüllt gelassen hat?... Wir müssen uns vor allem von der Vorstellung frei machen, daß ein verheirateter Jesus für seine Umwelt in irgendeiner Weise anstößig gewesen wäre. Gerade das Gegenteil trifft zu.»¹⁵

Diese Hinweise erscheinen mir nicht zuletzt auch deswegen überzeugend, weil Jesus, wäre er Junggeselle geblieben, sich wohl kaum so positiv über die Ehe geäußert hätte:

> «Habt ihr nicht gelesen, daß der Schöpfer die Menschen am Anfang als Mann und Frau geschaffen hat und daß er gesagt hat: Darum wird der Mann Vater und Mutter verlassen und sich an seine Frau binden, und die zwei werden ein Fleisch sein?» (Mt. 19.4–5)

Ben-Chorin stellt sich die Situation so vor, daß Jesu junge Ehefrau während der kurzen Zeit des öffentlichen Auftretens ihres Mannes mit den Kindern zu Hause geblieben war, während ihre verwitwete Schwiegermutter sich dem Jüngerzug angeschlossen hatte.

Auch von den Frauen und Kindern der Jünger Jesu ist in den Evangelien nicht die Rede. Nur die Schwiegermutter von Petrus wird erwähnt – genauer gesagt: sie wird als etwas ganz Selbstverständliches vorausgesetzt (Mt. 8.14–15). Es wäre ein seltsames Gefolge gewesen, wenn es sich bei den Jüngern vorwiegend um zölibatäre Männer gehandelt hätte.

Der Umstand, daß in den Evangelien jeder Hinweis auf eine Eheschließung Jesu fehlt, ist kein Indiz gegen, sondern gerade für den Verheiratetenstatus. Denn nicht das, was als selbstverständlich vorausgesetzt werden kann, bedarf der Erwähnung, sondern das Außergewöhnliche. So wird man beispielsweise umgekehrt bei einem Nachruf auf einen verstorbenen katholischen Priester nicht den Hinweis finden, daß dieser ledig war. Ein freiwilliges Zölibat jedenfalls, das ein junger Mann auf sich genommen hätte, wäre in der jüdischen Welt jener Zeit ein Umstand, der diesen jungen Mann gesellschaftlich weitgehend isoliert hätte. Den Ehrentitel «Rabbi» hätte er sich so nicht erwerben können.

Martin Luther, der ebenfalls davon ausgeht, daß Jesus verheiratet war, «um der menschlichen Natur völlig teilhaftig zu werden»[16], neigt zu der Annahme, daß es sich bei der Ehefrau um Maria Magdalena gehandelt hat. Für diese Auffassung könnte vor allem der Umstand sprechen, daß Maria Magdalena in allen vier Evangelien eine ganz herausragende Rolle spielt. In keinem der Evangelien wird sie etwa – entgegen einer landläufigen Meinung – als Dirne bezeichnet. Man wird davon auszugehen haben, daß Maria Magdalena verheiratet war. Undenkbar wäre es, daß in jesuanischer Zeit eine ledige Frau unbegleitet in Palästina umherreiste oder gar zum Gefolge eines Rabbi gehörte.

Unbestreitbar ist das hohe Ansehen, das Maria Magdalena am Ende von Jesu öffentlichem Wirken genoß. Von allen Frauen wird ihr Name in den Evangelien stets an erster Stelle genannt. Während alle Jünger bei der Verhaftung Jesu geflohen waren, soll Maria Magdalena ihn auf seinem Gang nach Golgatha begleitet und, dem Johannes-Evangelium zufolge, sogar unter dem Kreuz gestanden haben. Maria Magdalena war es, die das leere Grab entdeckte (Mt. 28.1; Jh. 20.1), und Markus und Johannes zufolge ist ihr der Auferstandene als erster begegnet (Mk. 16.9; Jh. 20.11–18). Das alles könnte ein Indiz dafür sein, daß sie es war, die Jesus zur Frau erkoren hatte. Die eigene Ehefrau wäre es dann gewesen, die, dem Philippus-Evangelium zufolge, Jesus oftmals geküßt hat. Und völlig gleichgültig ist es, welchen Lebenswandel diese Maria vor ihrer Begegnung mit Jesus geführt hat. Mag sie eine «Sünderin» gewesen sein!

Wenn nach kirchlicher Darstellung stets nur das Bild eines unverheirateten Jesus erscheint, so dürfte dies auf den Apostel Paulus zurückzuführen sein, der – nun in der Tat als Sonderling! – sein eigenes Junggesellendasein preist und es zum Modell für einen guten Christen machen möchte (1. Kor. 7.1–2). Während die Persönlichkeit des Apostels einigermaßen bestimmbar ist, bleibt alles, was mit der Person Jesu zusammenhängt, Vermutung. Feststellen läßt sich nur, daß nirgendwo ein Ausspruch des Meisters erscheint, in dem er sich gegen die Sinnenfreuden der Ehe, gegen die Sexualität im allgemeinen und gegen die Sexualität der Frau im besonderen wendet.

Verfechter sozialer Gerechtigkeit?

Jesu Predigt war in erster Linie eine Bußpredigt im Zusammenhang mit der Verkündigung des nahe bevorstehenden Gottesreiches. In Anlehnung an Johannes den Täufer forderte er aber offenbar nicht nur Buße, sondern er stellte gleichrangig daneben das Gebot der Liebe. Ich möchte Deschner gern zustimmen, der ein Jesusbild zeichnet, das auch meiner – gefühlsmäßig verankerten – Vorstellung entspricht: «Eine Tendenz zu äußerster Radikalität scheint ihn beherrscht zu haben: Kampf gegen Kult und zur Schau getragene Frömmigkeit, gegen die Selbstgerechten und Richtenden, gegen die Unterdrückung der Schwachen, die Ausbeutung der Armen, gegen Gewalt, Wiedervergeltung und Mord.»[17] Aber ist das alles wirklich so gewesen, wissen wir genug von der Person Jesus, um eine solche Zeichnung uneingeschränkt stehenlassen zu können? Geht es uns hier nicht so wie immer, wenn wir meinen, Jesus «erkannt» zu haben, und er sich der Beurteilung dann letzten Endes doch wieder entzogen hat?

Eine gewisse Konsequenz im Verhalten Jesu geben die Gleichnisse und Begebenheiten zu erkennen, in denen er Gottes bedingungslose Gnade predigt, ohne Ansehen der Person und unabhängig davon, ob der Betroffene ein sündhaftes Leben geführt hat oder nicht. Jesus ist also gewiß kein Konformist:

> «Ich bin gekommen, um die Sünder zu rufen, nicht die Gerechten.» (Mk. 2.17)

Er soll sich in der Gesellschaft deklassierter Personen wohl gefühlt haben. Schon die Tatsache, daß er den Frauen insgesamt Sympathie entgegenbringt, ist nach den damals geltenden gesellschaftlichen Regeln eine unschickliche Sache. Jesus soll aber noch einen entscheidenden Schritt weiter gegangen sein: Konkubinen und Ehebrecherinnen nimmt er in Schutz. Dirnen verspricht er mehr Vergebung als den Keuschen im Lande:

> «Ihr sind viele Sünden vergeben, denn sie hat viel geliebt; welchem aber wenig vergeben wird, der liebt wenig.» (Lk. 7.47)

Daß er allerdings auch mit den im Volk als Gauner und Betrüger verachteten und verhaßten Zöllnern[18] Freundschaft gepflegt habe (Lk. 5.27–32), bezweifle ich. Damit hätte er sich von vornherein alle Sympathien in der Bevölkerung verbaut. Auch würde es nicht zu seiner Haltung als stolzer Israelit passen, Freundschaften ausgerechnet mit den Kollaborateuren der Besatzungsmacht zu suchen.

Schon eher wäre es denkbar, daß er einen Zöllner abgeworben, ihn bekehrt und zu seinem Jünger gemacht hat (Lk. 15.7). Der Hinweis auf die freundschaftliche Verbundenheit Jesu mit den Zöllnern dürfte von dem Bestreben der Evangelisten diktiert sein, bei Jesus eine eher römerfreundliche Gesinnung hervorzuheben.

Eine bestimmte Gruppe von Gleichnissen könnte eine Grundeinstellung Jesu deutlich werden lassen: Die Kritik am Streben nach irdischen Gütern und die Verdammnis des Reichtums:

> «Es ist leichter, daß ein Kamel durch ein Nadelöhr gehe, denn daß ein Reicher ins Reich Gottes komme.» (Mt. 19.24)

> «Hütet euch vor dem Geiz; denn niemand lebt davon, daß er viele Güter hat... Gott sprach zu ihm: Du Narr! Noch diese Nacht wird man dein Leben von dir zurückfordern. Wem wird dann all das gehören, was du angehäuft hast? So geht es jedem, der sich Schätze sammelt und ist nicht reich in Gott.» (Lk. 12.15, 20–21)

Ist es nach alledem erlaubt, Jesus als einen Verfechter des sozialen Gleichheitsgrundsatzes einzuordnen? Die Frage muß verneint werden. Jesus beteiligt sich nicht an der Drohung gegen die Reichen; nicht der Reichtum ist es, gegen den er sich wendet, kritisiert wird die «Torheit des Kornbauern», der sich auf seinen Reichtum verläßt. Denn wenn das Reich Gottes kommt, werden die Armen nicht mehr arm und die Reichen nicht mehr reich sein.[19]

Auch jemand, der die Forderung nach sozialer Gerechtigkeit ablehnt, könnte sich durchaus auf Jesus berufen:

> «Wenn einer von euch einen Knecht hat, der pflügt oder das Vieh hütet, wird er etwa zu ihm, wenn er vom Feld kommt, sagen: Nimm gleich Platz zum Essen? Wird er nicht vielmehr zu ihm sagen: Mach mir etwas zu essen, gürte dich, und bediene mich; wenn ich gegessen und getrunken habe, kannst auch du essen und trinken. Bedankt er sich etwa bei dem Knecht, weil er getan hat, was ihm befohlen wurde?» (Lk. 17.7–9)

Noch gesteigert erscheint diese Ungerechtigkeit im Gleichnis von den Arbeitern im Weinberg (Mt. 20.1–16), dessen Besitzer alle Tagelöhner gleich entlohnt, gleichgültig, ob sie schon seit dem frühen Morgen gearbeitet haben oder erst am Nachmittag auf der Arbeitsstelle erschienen sind.

In einem anderen Gleichnis wiederum (Gleichnis von den anvertrauten Pfunden) präsentiert sich Jesus als reiner Kapitalist:

> «Ich ernte, wo ich nicht gesät, und sammle, wo ich nicht ausgestreut habe.» (Mt. 25.26)

Mit «ei, du frommer Knecht!» wird derjenige gelobt, der das Geld vermehrt, indem er es zinsbringend angelegt hat; «du Schalk!» wird derjenige gescholten, der sich als nicht geschäftstüchtig erwiesen hat. Die tüchtigen Geschäftsleute werden mit Reichtümern überhäuft, die untüchtigen sollen arm bleiben:

«Warum hast du dann mein Geld nicht auf die Bank gebracht? Dann hätte ich es bei der Rückkehr mit Zinsen abheben können. Und zu den anderen, die dabeistanden, sagte er: Nehmt ihm das Geld weg, und gebt es dem, der die zehn Minen hat. Sie sagten zu ihm: Herr, er hat doch schon zehn. Da erwiderte er: Ich sage euch aber: Wer da hat, dem wird gegeben werden; von dem aber, der nicht hat, wird auch das genommen werden, was er hat.» (Lk. 19.23–26)[20]

Pöhlmann[21]: «Das Verhalten Jesu gegenüber den Reichen war keineswegs eindeutig. So hatte er nichts dagegen, daß ihn begüterte Frauen aus seinem Jüngerkreis unterstützten (Lk. 8.2–3) und daß sein Jünger Petrus ein Haus besaß (Mt. 8.14). Derselbe Jesus, der seine Jünger ermahnte, ihren Besitz den Armen zu geben, läßt sich von einer Frau mit kostbarem Nardenöl im Werte von mehreren hundert Mark das Haupt salben (Mk. 14.3–9). Derselbe Jesus, der vom reichen Jüngling fordert, daß er alles verkauft, verlangt das vom korrupten Oberzöllner Zachäus, bei dem so eine Forderung viel angebrachter gewesen wäre, keineswegs (Lk. 19.8–10).»

Bei so viel Gegensätzlichkeit wissen wir nicht einmal in Ansätzen, wie Jesus sich etwa zu den brennenden Problemen unserer Zeit verhalten hätte. Keine politische Partei, keine außerparlamentarische Opposition, keine alternative Gruppierung kann ihn für sich vereinnahmen.

Die in der Diskussion von Gegenwartsproblemen oft herangezogene Bergpredigt ist für eine Antwort gänzlich ungeeignet.[22] Ein soziales oder politisches Reformprogramm läßt sich daraus nicht herleiten. Zu idyllisch wäre der Traum, daß bei genügend Gottvertrauen die Probleme eines jeden sich von selbst lösen und Gott für die Bedürfnisse sorgt, so wie er für die Blumen auf dem Feld und die Vögel unter dem Himmel sorgt. Die Situation der Sklaven, der «Mühseligen und Beladenen» hat Jesus nicht als Ungerechtigkeit angeprangert. Dies aber wäre, wenn wir die Bergpredigt in unsere Zeit transponieren wollten, wohl die erste Voraussetzung für die Einleitung eines sozialen Programms gewesen. Jesus hat den Betroffenen zugerufen, sich mit ihrem Los abzufinden: Sie werden seliggepriesen, nicht aber aufgefordert, sich gegen ihre Peiniger aufzulehnen.

Die Seligpreisungen, Verwünschungen und Drohungen der Bergpredigt sind nichts weiter als Widerspiegelung der Sehnsüchte der unterdrückten und ärmsten Bevölkerungsgruppen, in deren Welt sich Jesus hineinzufühlen vermochte.[23] Keine Rede aber kann davon sein, daß er die bestehenden Herrschaftsverhältnisse auch nur in Ansätzen in Frage gestellt hätte. An der Tatsache, daß die Gesellschaft eingeteilt ist in Herren und Sklaven, hat Jesus sowenig etwas Anstößiges gefunden wie irgend jemand seiner Zeitgenossen. In vielen Gleichnissen (z. B. Lk. 12.42–46) wird die Beziehung des Sklaven zu seinem Herrn sogar als Modell verwendet für die Beziehung des Menschen zu Gott.[24]

II. Teil
Zur Sache

7. Kapitel:
Zum Passionsbericht

Die Passionsgeschichte ist der zentrale Punkt der Evangelien. Ganz gezielt wird Jesus hier aus der Sicht des Osterglaubens, also der Auferstehung und Erlösung, geschildert. Die Erzählung ist stark von christologischen Motiven durchwirkt, besonders ausgeprägt in den Geschichten, die den Einzug in Jerusalem, das Abendmahl und das Verhör vor dem Hohen Rat behandeln.[1]

Allerdings stimmen alle Forscher darin überein, daß jedenfalls der Grundtatbestand der Passion historisch ist. Dieser letzte Abschnitt im Leben Jesu ist auch in allen vier Evangelien jeweils in einer in sich geschlossenen Erzählung zusammengefaßt. Er ist der älteste Teil der synoptischen Tradition. Alle anderen Berichte über Jesu Leben und Handeln sind rückwärtige Verlängerungen des Passionsberichts oder, anders ausgedrückt: die synoptischen Evangelien sind die Passionsgeschichte mit ausführlicher Einleitung.

Zielort Jerusalem

Der Überlieferung zufolge hatte Jesus vorwiegend in Galiläa gelehrt, speziell am See Genezareth und in dessen Nähe. Der Hauptwohnsitz war Kapernaum. Von dort aus machte er Tageswanderungen oder Bootsfahrten ans andere Seeufer, kehrte aber immer nach kurzer Zeit zurück. Jesu Jünger und Zuhörer waren Galiläer. Dort in der Provinz hatte er keine sonderliche Breitenwirkung mit seiner Botschaft vom Herannahen des Gottesreiches erzielen können. Allzusehr stand er offenbar im Schatten des populären Täufers und Wüstenpredigers Johannes. Der Beifall des Volkes war mäßig. So jedenfalls berichtet es der Johannes-Evangelist. Zustimmung und Ablehnung wechselten einander ab. Hader und Streit mit der Umwelt mischten sich ein:

«Die Welt kann euch nicht hassen. Mich aber haßt sie, denn ich bezeuge, daß ihre Werke böse sind.» (Jh. 7.7)

Resignation und Verlassenheit begleiten den gesamten Bericht. Sogar seine engeren Anhänger sollen ihm bald kein Vertrauen mehr entgegengebracht haben:

«Viele seiner Jünger, die ihm zuhörten, sagten: Was er sagt, ist unerträglich. Wer kann das anhören?» (Jh. 6.60)[2]

Scharenweise haben sich die einstigen Vertrauten von ihm abgewandt und sind ihm davongelaufen:

«Daraufhin zogen sich viele Jünger zurück und wanderten nicht mehr mit ihm umher.» (Jh. 6.66)

Jesus wird betrübt und mutlos, er muß befürchten, daß sogar die zwölf engsten Jünger sich von ihm abwenden werden:

«Da fragte Jesus die zwölf: Wollt auch ihr weggehen?» (Jh. 6.67)

Einen «galiläischen Frühling» vor der Jerusalemer Katastrophe hat es jedenfalls nicht gegeben.[3]
Der Mißerfolg in der Heimat ist möglicherweise einer der Gründe dafür gewesen, daß Jesus sich entschloß, das idyllische Land mit dem See zu verlassen. Er muß innerlich zutiefst verletzt gewesen sein. Nur so ließe sich erklären, daß er sich – ein erschreckender Kontrast zu den Worten der Bergpredigt – in drastischen Verwünschungen galiläischer Städte ergeht, wie es bei Matthäus und Lukas beschrieben wird:

«Dann begann er den Städten, in denen er die meisten Wunder getan hatte, Vorwürfe zu machen, weil sie sich nicht bekehrt hatten: Weh dir, Chorazin! Weh dir, Betsaida! Wenn einst in Tyrus und Sidon die Wunder geschehen wären, die bei euch geschehen sind – man

> hätte dort in Sack und Asche Buße getan. Ja, das sage
> ich euch: Tyrus und Sidon wird es am Tag des Gerichts nicht so schlimm ergehen wie euch. Und du,
> Kapernaum, meinst du etwa, du wirst bis zum Himmel erhoben? Nein, in die Unterwelt wirst du hinabgeworfen. Wenn in Sodom die Wunder geschehen wären, die bei dir geschehen sind, dann stünde es heute
> noch. Ja, das sage ich euch: Dem Gebiet von Sodom
> wird es am Tag des Gerichts nicht so schlimm ergehen
> wie dir.» (Mt. 11.20–24)

Andererseits aber darf bezweifelt werden, ob derartige Verwünschungen je tatsächlich ausgesprochen worden sind. Wegen einer persönlichen Enttäuschung ganzen Städten und ihren Bewohnern Verderben und Untergang zu wünschen, liegt nun doch außerhalb jeder Verhältnismäßigkeit. Auch ein zorniger Jesus wird so weit nicht gegangen sein. Wahrscheinlicher ist, daß die Evangelisten ihm diese Worte in den Mund gelegt, daß sie ihre eigenen Probleme im Zusammenhang mit der Verkündigung des neuen Glaubens in Palästina kurzerhand in Jesus projiziert haben.[4]

Wichtiger für den Entschluß, Galiläa zu verlassen und nach Jerusalem zu ziehen, dürfte ein anderer Grund gewesen sein: Wenn Jesus einen größeren und gewichtigeren Hörerkreis erreichen wollte, wenn, mit anderen Worten, seine Botschaft einen wirklichen Durchbruch erzielen sollte, dann mußte er sie ins jüdische Kernland hineintragen, und das hieß: Jerusalem. Allein über Jerusalem mit seinem Heiligtum, dem Tempel, konnte er das ganze Volk erreichen und zur Entscheidung auffordern. Möglicherweise haben auch die Jünger ihren Meister gedrängt, nach Jerusalem zu gehen und die Botschaft dort zu verkünden. Nach ihrer Meinung – so Lukas 19.11 – würde eine Proklamation in Jerusalem den Anbruch der Gottesherrschaft auslösen.

Jesus ist sicher nicht nach Jerusalem gegangen, um dort das Martyrium zu erleiden.[5] Jedoch wird er realistisch genug gewesen sein, seinen Entschluß als ein Wagnis ersten Ranges einzustufen – freilich weniger mit Blickrichtung auf die römische Besatzungsmacht und die Gefahr einer Kreuzigung als auf die jüdischen Behörden und die Gefahr einer Enthauptung oder Steinigung. Schillebeeckx[6]: «Man müßte Jesus für naiv erklären, wenn man behaupten wollte, daß er aus Galiläa arglos nach Jerusalem hinaufgezogen sei, ohne sich des lebensgefährlichen Widerstandes bewußt zu sein, auf den er stoßen sollte.»

Schon auf seiner Wanderschaft durch Galiläa soll er mit einigen besonders orthodoxen Pharisäern zusammengestoßen sein, die sein Verhalten für ein todeswürdiges Verbrechen hielten (Mk. 3.6). Ihre Bedrohungen hatten aber nur abstrakten Charakter. Im übrigen wird man sich die Pharisäer nicht als eine homogene Kaste vorzustellen haben. Es gab auch Pharisäer, die Jesus Sympathie entgegenbrachten und zu seinen Freunden zählten. Die Zeit Jesu ist durch zwei pharisäische Geistesrichtungen gekennzeichnet: durch eine streng konservative, an deren Spitze Rabbi Schammai stand, und durch eine wesentlich liberalere, geleitet von Rabbi Hillel. Dazwischen gab es viele Schattierungen.[7]

Allerdings konnte kein Zweifel bestehen, daß Jesu Einzug in Jerusalem zu einer echten Herausforderung des priesterlichen Establishments werden konnte. Hier hatte er es nicht mehr nur mit im Grunde harmlosen Schriftgelehrten zu tun, also mit Gesprächspartnern, denen er sich in freier Diskussion – wiewohl selbst ohne theologische oder juristische Ausbildung (Mk. 6.2; Jh. 7.15) – oft als der Überlegene hatte zeigen können. In Jerusalem, im Zentrum der Macht, mußten die Auseinandersetzungen in erster Linie mit den Sadduzäern ausgetragen werden, den Angehörigen der Tempelpartei, die allein schon durch ihre Machtbefugnisse die Möglichkeit besaßen, sich einer unliebsamen Person sehr rasch zu entledigen.[8]

Johannes der Täufer war sogar in der Provinz als ein politisches Sicherheitsrisiko angesehen und kurze Zeit zuvor von Herodes Antipas in der Festung Machärus hingerichtet worden.[9] Um so mehr mußte Jesus das Schicksal seines Lehrers als Warnung vor Augen gestanden haben, als ihm nicht verborgen geblieben sein dürfte, daß man hinter seinem Rücken munkelte, er sei ein «Johannes redivivus» (Mk. 6.14). Im Jerusalemer Machtzentrum waren die «Herodianer» mit einer starken Fraktion vertreten. Die Herausforderung würde um so größer sein, je mehr es Jesus gelang, in der Bevölkerung Anklang zu finden und die breite Masse für sich und seine Botschaft einzunehmen. Aus einer solchen Strömung Gesetzesverletzungen zu konstruieren, haben die Machthaber von jeher und zu allen Zeiten verstanden. Entschlossenheit und persönlicher Mut sowie ein alle Bedenken zerstreuendes Sendungsbewußtsein müssen dafür ausschlaggebend gewesen sein, daß er bereit war, das Wagnis einzugehen.

Einzug in die Stadt

Es lag nahe, als Zeitpunkt für den Einzug in Jerusalem einen der hohen jüdischen Festtage zu wählen, an welchem sich große Pilgermassen in der Stadt befanden. Welches der jüdischen Feste sich Jesus ausgewählt hatte, ist umstritten.

Wahrscheinlich ist, daß, wie im Johannes-Evangelium berichtet wird, Jesus zuvor schon mehrmals als Pilger in Jerusalem war. Moses (5. Mos. 16.16) hat alle jüdischen Männer verpflichtet, dreimal im Jahr nach Jerusalem zu pilgern, und zwar zum Passahfest im Frühling, welches dem Gedenken an den Auszug aus Ägypten gilt, zum sieben Wochen später liegenden sogenannten Wochenfest (Schawuoth), welches der Erinnerung an den Empfang des Gesetzes geweiht ist, und zum Laubhüttenfest im Frühherbst nach der Obst- und Weinernte, dem Erntedankfest, wie wir sagen würden. Das Gebot zum jährlich dreimaligen Pilgern wird in der Praxis nicht so streng gehandhabt worden sein, aber es dürfte doch zum Leben eines frommen Juden wie Jesus gehört haben, zumindest in bestimmten Abständen die Heilige Stadt aufzusuchen, um im Tempel zu beten und Opfergaben zu bringen. Lukas (2.41) berichtet, daß die Familie Jesu regelmäßig zu Passah nach Jerusalem gepilgert sei.

Den synoptischen Evangelien zufolge steht der Einzug in unmittelbar zeitlichem Zusammenhang mit dem Passahfest, an dem sich Jesu Todesschicksal erfüllte. Die Kirche lehrt, Jesus sei als ein bis dahin noch Unbekannter fünf Tage vor Passah, am sogenannten Palmsonntag, in Jerusalem eingezogen. Von Palmen ist in Verbindung mit Jesu Einzug in den Evangelien allerdings nicht die Rede, sondern von «Zweigen», die die Menschenmenge auf den Feldern (Mk. 11.8) bzw. von den Bäumen (Mt. 21.8) abgehauen und zur Begrüßung auf den Weg gelegt hatte. Das von Markus und Matthäus übereinstimmend verwendete griechische Wort ist «stibas». Das bedeutet soviel wie «Streu». Man wird es auch mit «Strohbündel» übersetzen können. So etwas findet man aber nur im Herbst. Wenn in den älteren Übersetzungen für «stibas» der Ausdruck «Maien» erscheint, so ist das eine unkorrekte Wortschöpfung, mit der wohl angezeigt werden soll, daß Jesus im Frühling in Jerusalem eingezogen sei.

> «Und viele breiteten ihre Kleider auf der Straße aus; andere rissen auf den Feldern Zweige (von den Bäumen) ab und streuten sie auf den Weg. Und die vorne vorangingen und die nachfolgten, schrien und sprachen: Hosianna! Gelobt sei, der da kommt im Namen des Herrn! Gelobt sei das Reich unseres Vaters David, das da kommt in dem Namen des Herrn! Hosianna in der Höhe!» (Mk. 11.8–10)

Diese Textstelle – der Matthäus-Text stimmt fast wörtlich überein, während bei Lukas (19.37–40) nur ganz allgemein von der guten und fröhlichen Stimmung der Jünger die Rede ist – hat einige Autoren (z.B. Ben-Chorin und Craveri) vermuten lassen, daß Jesus nicht vor dem verhängisvollen Passahfest, sondern schon zum Laubhüttenfest im vorangegangenen Herbst in Jerusalem eingezogen sei. Denn die Beschreibung in den beiden Evangelien erinnert an die Gebote und Riten, die anläßlich des Laubhüttenfestes eingehalten werden:

> «Am ersten Tag nehmt schöne Baumfrüchte, Palmwedel, Zweige von dichtbelaubten Bäumen und von Bachweiden, und seid sieben Tage lang vor dem Herrn, eurem Gott, fröhlich.» (3. Mos. 23.40)

Bis auf den heutigen Tag werden die erwähnten Zweige beim Laubhüttenfest zu einem Feststrauß vereint, der beim Umzug um den Altar geschlungen wird. Dazu wird aus dem 118. Psalm rezitiert: «Herr, hilf doch! O Herr, laß wohl gelingen!» Dieses «hilf doch!» heißt hebräisch «hoschia na!» was in der gräzisierten Form dann zu «hosianna» wurde.

Die Begrüßungsworte, die Jesus entgegengebracht worden sein sollen, waren nicht exklusiv auf ihn gemünzt, sondern es handelt sich um eine Begrüßungsformel, mit der jeder in Jerusalem ankommende Pilger bedacht wurde. Auch sie ist eine Psalmen-Rezitation:

«Gelobt sei, der da kommt im Namen des Herrn!»
(Ps. 118.26)

Sie wurde zwar nicht nur am Laubhüttenfest, sondern an allen Wallfahrten zum Tempel gebraucht; in Verbindung mit den Zweigen aber ist sie nur für das Laubhüttenfest typisch.[10]

Die Annahme, Jesus sei bereits zum Laubhüttenfest im Jahr vor seinem Tode nach Jerusalem gegangen, findet eine direkte Stütze im Johannes-Evangelium:

> «Das Laubhüttenfest der Juden war nahe... Als aber seine Brüder zum Fest hinaufgegangen waren, zog auch er hinauf, jedoch nicht öffentlich, sondern heimlich.» (Jh. 7.2–10)

Der Johannes-Evangelist geht davon aus, daß Jesus mehrere Monate in Jerusalem gewirkt habe, in deren Verlauf er sich die Feindschaft der herrschenden jüdischen Kreise und am Schluß die Feindschaft der Juden in ihrer Gesamtheit zugezogen hätte. Am Tempelweihfest, im Winter, geht Jesus in der Tempelhalle Salomos auf und ab, diskutiert mit den Leuten und wäre von der erregten Menge beinahe gesteinigt worden (Jh. 10.22–31). Zwischendurch unternimmt er einige kürzere Reisen, ohne jedoch den Kontakt zu Jerusalem zu verlieren. Einige Tage vor dem Passahfest kehrt er in die Heilige Stadt zurück.

Noch aus einem ganz anderen Grunde könnte man geneigt sein, den Herbst als «Einzugsdatum» anzunehmen: Markus (11.12–14) und Matthäus (21.18–19) berichten übereinstimmend eine Episode, die zwar eher nebensächlich, aber vielleicht gerade deswegen besonders aufschlußreich ist: Jesus kam an einem Feigenbaum vorbei. Da er Hunger hatte, wollte er ein paar Feigen pflücken. Der Baum trug aber keine Früchte. Der Meister war darüber so zornig, daß er den Baum verfluchte. Diese Episode gibt nur dann einen Sinn, wenn Jesus hätte erwarten können, daß der Baum Früchte trägt. Das ist nur im Herbst möglich; im Frühling tragen die Feigenbäume in Israel bekanntlich keine Früchte.[11]

Ben-Chorin[12] zieht den Schluß, daß der Einzug Jesu in Jerusalem im Herbst erfolgte, die entscheidenden Ereignisse dann aber im Frühling stattfanden. Den Synoptikern sei der innere Zusammenhang von Einzug und Entscheidung wesentlicher gewesen als der zeitliche Abstand zwischen den beiden Vorgängen. Und auch die Textstellen in Mt. 23.37; Lk. 13.34 deuten (wenn man daraus nicht auf ein mehrmaliges Auftreten Jesu in Jerusalem schließen will) auf einen längeren einmaligen Aufenthalt hin.

Wie so vieles im Ablauf der Geschehnisse um Jesu, muß auch hier die Frage offenbleiben, ob es die von den Synoptikern dargetane und von der kirchlichen Lehre als eindeutig angenommene einzige Woche in Jerusalem zwischen Einzug und Kreuzigung gegeben hat oder ob – dem Johannes-Evangelium und vielen Indizien zufolge – Jesus mehrere Monate in Jerusalem wirkte, sein Einzug in die Heilige Stadt also an jenem Laubhüttenfest erfolgte, das dem Todespassah vorausging.

Erfüllte Prophezeiungen?

Der evangelische Theologe Bornkamm[13] weist darauf hin, daß der ausführliche Bericht in den Evangelien über die Passion Jesu nicht in erster Linie darauf zurückzuführen sei, daß den Verfassern besseres Quellenmaterial zur Verfügung stand, sondern daß hinter dem Geschehen die Hand Gottes sichtbar werden und Jesus als der erscheinen sollte, der Gottes Ratschlüsse verwirklicht und ihre Erfüllung erleidet. Der Schock der Jesus-Anhänger über das unrühmliche Ende ihres Meisters sollte dadurch ein wenig abgemildert werden. «Der größte Stein des Anstoßes, um Paulus Ausdruck zu benutzen... war die Hinrichtung des angeblichen Messias als gewöhnlicher Verbrecher. Deshalb verweisen und stützen sich ja auch die Leidensgeschichten mehr auf das Alte Testament als jeder andere Text der Evangelien.»[14]

Es hagelt «Erfüllungslegenden». Einige Beispiele dazu:

– Der Einzug in Jerusalem ist Erfüllung von Sacharja 9.9:

«Frohlocke laut, Tochter Zion! Jauchze, Tochter Jerusalem! Siehe, dein König kommt zu dir, gerecht und siegreich ist er. Demütig ist er und reitet auf einem Esel, auf dem Füllen einer Eselin.»

— Jesu Worte beim Abendmahl (Mk. 14.18):

> «Einer unter euch, der mit mir isset, wird mich verraten»

entsprechen Psalm 41.10:

> «Auch mein Freund, dem ich vertraute, der mein Brot aß, tritt mich mit Füßen.»

— Das (angeblich) schnöde Motiv des Judas (Geldgier) in Mt. 26.15 ist Reminiszenz an Sacharja 11.12–13:

> «Und sie wogen mir meinen Lohn ab, dreißig Silberlinge... Und ich nahm die dreißig Silberlinge und warf sie ins Haus des Herrn, daß es dem Töpfer gegeben würde.»

— Die Tempelreinigung erfüllt das Wort Jesaja 56.7:

> «Mein Haus soll ein Bethaus heißen für alle Völker.»

— Wer den Bericht vom Todesbeschluß des Hohen Rats liest, soll sich an Psalm 31.14 erinnern:

> «Da sie sich wider mich versammelten, beschlossen sie, nach meinem Leben zu greifen.»

— Wenn der Markus-Evangelist (14.61–62) Jesus auf die Frage des Hohenpriesters, ob er Christus, der Sohn Gottes sei, antworten läßt:

> «Ich bin's, und ihr werdet sehen des Menschen Sohn sitzen zur rechten Hand der Kraft und kommen mit des Himmels Wolken»,

so ist diese Antwort eine Vermischung von Daniel 7.13 und Psalm 110.1:

«Er kam mit den Wolken des Himmels wie eines Menschen Sohn... Der Herr sprach: Setze dich zu meiner Rechten.»

— Jesu Schweigen vor dem Synedrium und vor Pontius Pilatus ist das Motiv von Jesaja 53.7:

«Wie ein Lamm, das zur Schlachtbank geführt wird, öffnet der Knecht Gottes seinen Mund nicht zu Klage und Verteidigung.»

— Daß das aufgehetzte Volk schrie: «Kreuzige ihn!», hat Bezug zu Psalm 31.14:

«Ich hörte die Zischelreden der Menge, rings um mich war ein Grauen, sie scharten sich zusammen und wollten mich töten.»

— Bei Jesu Geißelung soll die Parallele zu Jesaja 50.6 gezogen werden:

«Meinen Rücken bot ich den Geißeln, meine Wange den Schlägen; mein Angesicht verbarg ich nicht vor Schmähungen und Anspeien.»

— Im Psalm 69.22 heißt es (entsprechend Mt. 27.34 u. 48):

«Und sie gaben mir Galle zu essen und Essig zu trinken in meinem großen Durst.»

— Das Händewaschen des Pilatus entspricht Psalm 26.6:

«Ich wasche meine Hände in Unschuld und schreite um deinen Altar.»

— Die Finsternis, die von der sechsten bis zur neunten Stunde im ganzen Land geherrscht haben soll, entspricht Amos 8.9:

«Zur selben Zeit, spricht der Herr, will ich die Sonne
am Mittag untergehen lassen und das Land am hellen
Tage lassen finster werden.»

– Der Gebetsruf des 22. Psalms (22.2):

«Mein Gott, mein Gott, warum hast du mich
verlassen?»

ist nach Markus (15.34) und Matthäus (27.46) der letzte Satz Jesu am Kreuz.

– Und Lukas, der Jesus diesen Verzweiflungsruf nicht in den Mund legt, läßt ihn den 31. Psalm (31.6) zitieren (Lk. 23.46):

«In deine Hände befehle ich meinen Geist.»

Noch viele weitere Beispiele ließen sich anfügen. Will man nicht so weit in der Annahme gehen, Jesus habe sich ab seinem Einzug in Jerusalem so zielstrebig verhalten, um die Aussagen des Alten Testaments in seiner Person und seinem Schicksal in Erfüllung gehen zu lassen[15], dann muß man auch hier wieder, wie bei den anderen Lebensabschnitten Jesu, zu der Einsicht kommen, daß den Evangelisten biographisches Material so gut wie überhaupt nicht zur Verfügung stand. Vielmehr wird deutlich, daß es ihnen gezielt darauf ankommt, die Aussagen des Alten Testaments auch für Jesu letzten Lebensabschnitt in Erfüllung gehen zu lassen.[16]

Ungewisses Todesdatum

Über das Todesdatum sind die Evangelisten uneins. Die Synoptiker sind mit Johannes nicht in Übereinstimmung zu bringen. Weitgehende Einigkeit herrscht nur darüber, daß Jesus am Freitag der Woche, in der Passah begann, hingerichtet (Mk. 15.42; Jh. 19.31) und daß er am Abend zuvor verhaftet worden sei.

Nach dem jüdischen Mondkalender besteht das Jahr aus 360 Tagen; es ist in zwölf Monate eingeteilt. Der erste Monat heißt Nisan, ein Frühlingsmonat, der mit unserem April zusammenfällt. Beendet wird das Jahr mit dem Monat Adar. Im Rhythmus von einigen Jahren wird – auf jeweiligen Beschluß des Synedriums – ein weiterer Monat (er folgt auf den Monat Adar und heißt daher «zweiter Adar») eingefügt, um so eine Angleichung an den Sonnenkalender und die Jahreszeiten zu erreichen.[17]

Das – sieben Tage dauernde – Passahfest beginnt am 14. Nisan, einem Datum, das jeweils auf den ersten Vollmond dieses Frühlingsmonats fällt.[18]

> «Am vierzehnten Tag des ersten Monats ist das Passahfest zu Ehren des Herrn. Der fünfzehnte Tag dieses Monats ist ein Festtag. Sieben Tage lang ißt man ungesäuerte Brote.»

Die Nacht des vierzehnten Nisan wird gefeiert (Seder-Nacht), man gedenkt des glücklichen Auszugs der Kinder Israels aus dem ägyptischen Exil unter der Führung Moses. Nach Abschluß der rituellen Lesungen wird das Passahmahl zelebriert. Es werden die Lämmer verzehrt, die etwa acht Stunden zuvor (um die Mittagszeit) geschlachtet wurden. Dazu wird ungesäuertes Brot (Mazen) gereicht, und in ritueller Abfolge werden vier Becher Wein getrunken.

Ein solches Passahmahl, das Jesus mit seinen Jüngern eingenommen hat, wird in den synoptischen Evangelien beschrieben. Einige Autoren bezweifeln allerdings, daß die Synoptiker wirklich ein Passahmahl gemeint haben. Bornkamm[19] macht darauf aufmerksam, daß Jesus mit keinem Wort die beim Mahl dem Hausvater obliegende Deutung des Passahfestes als Erinnerung an die einstige Rettung des Volkes aus Ägypten gibt. Andere begründen ihren Zweifel damit, daß Jesus das Mahl nur im engsten Jüngerkreis gefeiert hat, nicht aber – wie bei einem Passahmahl üblich – mit den zu seinen Anhängern gehörenden Frauen.[20] Im Hinblick auf das bei allen Synoptikern erwähnte Passahlamm (Mk. 14.12; Mt. 26.19; Lk. 22.7) und die Erwähnung des «ersten Tages der ungesäuerten Brote» (Mt. 26.17) meine ich, daß die Synoptiker Jesu Abendmahl als Passahmahl verstanden wissen wollen.[21] Auch der äußere Ablauf entsprach durchaus dem Ritual, das sich bis auf den heutigen Tag in der jüdischen Feier des Seder-Mahls erhalten hat.

Dem synoptischen Bericht zufolge können zwischen dem Mahl

und Jesu Verhaftung nur einige Stunden gelegen haben. Es wird beschrieben, daß man nach dem Essen die übliche Passahhymne gesungen und sodann beschlossen habe, noch einen ausgedehnten Spaziergang zu machen. Die Gruppe wanderte in Richtung Ölberg und machte Rast im sogenannten Garten Gethsemane. Es mag sich hier um ein Landgut oder eine Art Ölmühle gehandelt haben, jedenfalls noch innerhalb der Bannmeile Jerusalems gelegen. Dort erregten die Jünger Jesu Unwillen, weil sie – offenbar müde vom üppigen Mahl, dem schweren Wein und dem nächtlichen Fußmarsch – sogleich eingeschlafen waren, statt seiner Aufforderung gemäß mit ihm zu wachen und zu beten. Noch während Jesus die Jünger zurechtweist, erscheinen die Häscher und verhaften ihn:

> «Und als sie den Lobgesang gesungen hatten, gingen sie hinaus zum Ölberg... Und sie kamen zu einem Stück Land, das Gethsemane hieß. Und er sprach zu seinen Jüngern: Setzet euch hier, bis ich hingehe und bete... Und kam zurück und fand sie schlafend... Ihre Augenlider waren schwer, und sie wußten nicht, was sie ihm antworten sollten. Und er kam zum dritten Mal und sprach zu ihnen: Ach, wollt ihr nun schlafen und ruhen? Es ist genug; die Stunde ist gekommen. Siehe, des Menschen Sohn wird überantwortet in der Sünder Hände. Stehet auf, laßt uns gehen! Siehe, der mich verrät, ist schon da.» (Mk. 14.26, 32, 37, 40–42)

Dies würde bedeuten, daß Jesus in der Nacht des 14. Nisan verhaftet, verhört und am darauffolgenden Vormittag hingerichtet wurde.

Demgegenüber ist nach dem Bericht des Johannes-Evangeliums der Hinrichtungstag nicht der 14., sondern der 13. Nisan. In der wissenschaftlichen Literatur allerdings ist selten vom 13. Nisan die Rede. Vielmehr wird unterschieden zwischen dem 14. Nisan als dem vermeintlichen johanneischen und dem 15. Nisan als dem vermeintlichen synoptischen Todesdatum.[22] Das beruht auf einem Irrtum, weil nicht bedacht wird, daß nach dem jüdischen Kalender der neue Tag nicht um Mitternacht, sondern schon am Abend nach Sonnenuntergang beginnt. Ist aber Jesus nicht am

Passah, sondern am Rüsttag zu Passah hingerichtet worden (worauf der Johannes-Evangelist Wert legt), dann muß dies der 13. Nisan gewesen sein. Ausdrücklich heißt es, daß das Passahfest, welches durch das Passahmahl eingeleitet wird, noch bevorstand, als man Jesus zu Pilatus führte:

> «Von Kaiphas führten sie Jesus in das Prätorium; es war früh am Morgen. Doch sie gingen nicht hinein, damit sie nicht unrein würden, sondern das Passahmahl essen könnten.» (Jh. 18.28)

An anderer Stelle (19.31) vermerkt Johannes, im Todesjahr Jesu sei der 14. Nisan auf einen Sabbat («großer Sabbat», wie Luther übersetzt) gefallen, so daß, nachdem von allen Evangelien übereinstimmend Freitag als Hinrichtungstag angenommen wird, Jesu Todestag der 13. Nisan war. Dies war der sogenannte Rüsttag zum Passahfest.

Die Kirche hat sich von Anfang an dem von Johannes vorgegebenen Datum angeschlossen. Kerygmatische Begründung ist, daß der Tod Jesu genau auf den Zeitpunkt fällt, zu welchem in Jerusalem die Opferlämmer für das Passahfest geschlachtet werden. Auch Paulus (1. Kor. 5.7) beschreibt den geglaubten Christus in der Allegorie des Passahlammes.

Auch mehrere sachliche Gründe sprechen ganz eindeutig für das johanneische Todesdatum:

Es ist undenkbar, daß, wenn jüdische Behörden an der Beseitigung Jesu überhaupt mitgewirkt haben, diese irgendeine Tätigkeit an einem hohen religiösen Feiertag ausgeübt hätten. Was schon an einem gewöhnlichen Sabbat strikt verboten gewesen wäre, wäre an Passah erst recht verboten.

In den Evangelien ist nirgendwo die Rede davon, daß der Feiertag durch die mit der Verurteilung und Hinrichtung notwendigerweise einhergehenden Aktivitäten entweiht worden wäre. In Mk. 14.2 (entsprechend Mt. 26.5) heißt es sogar ausdrücklich: «Ja nicht am Fest, damit es im Volk keinen Aufruhr gibt.»

Im Widerspruch zu ihrer eigenen Angabe, die Verhaftung Jesu sei in der Seder-Nacht erfolgt (mit der zwingenden Folge, daß der Prozeß dann am Passahfesttag stattgefunden hätte), sprechen jedenfalls Markus (15.42) und Lukas (23.54) an späterer Stelle davon, daß immer noch «Rüsttag» war, als Jesu Leichnam vom Kreuz abgenommen und begraben wurde.

Übereinstimmend erwähnen die Synoptiker einen Bauern, Simon von Kyrene (einen Mann aus der afrikanischen Cyrenaica), der gerade von der Feldarbeit kam und von den römischen Legionären gezwungen wurde, Jesus beim Tragen des Kreuzes (genau gesagt: des Querbalkens, denn die Pfähle steckten immer fest im Boden der Hinrichtungsstätte) zu helfen. An einem Sabbat, geschweige denn an einem Feiertag wie Passah, wäre aber kein jüdischer Bauer zur Feldarbeit gegangen.[23]

Es sind viele Versuche unternommen worden, die Widersprüche im Hinblick auf Jesu Todesdatum zu überbrücken. Am leichtesten wäre noch die Erklärung, daß es sich nur scheinbar um ein Passahmahl gehandelt habe, das bei Markus, Matthäus und Lukas erwähnt wird, wohingegen es in Wirklichkeit nur ein Abschiedsmahl angesichts der Vorahnung des Todes gewesen sei. Deswegen, so könnte man den Harmonisierungsversuch fortsetzen, habe Johannes ein rituelles Mahl auch überhaupt nicht erwähnt, sondern in Kapitel 13 von einem unbestimmten Abend vor Passah gesprochen, an welchem Jesus beim Abendessen und bei einer Fußwaschung mit seinen Jüngern das erörtert habe, was von den Synoptikern in die Seder-Nacht verlegt wird.

Eine ebenfalls vertretene Meinung lautet, daß es zwar ein Passahmahl war, daß Jesus das Passahmahl aber schon vor dem 14. Nisan eingenommen hat, was auf eine Verbindung zu den Essenern zurückzuführen sei.[24] Die Essener benutzten nicht den damals offiziellen Mondkalender, sondern das solare Kalendersystem, demzufolge der 14. Nisan und damit das Passahfest schon einen oder gar mehrere Tage vor dem gemäß dem Mondkalender sich ergebenden Tage lag.[25]

Insgesamt wird man sich damit abzufinden haben, daß der Todestag Jesu umstritten bleibt.[26] Astronomische Berechnungen – sofern man ihnen uneingeschränkt folgen darf – haben ergeben, daß es innerhalb der Amtszeit von Pontius Pilatus (26–36) zwei Daten gibt, an denen in der Nacht von Donnerstag auf Freitag Passah-Vollmond war (synoptisches Datum), nämlich der 11.4.27 und der 23.4.34, wohingegen es nur ein Datum gibt, an dem in der Nacht von Freitag auf Sonnabend Passah-Vollmond war, Freitag tagsüber somit Rüsttag vor Passah (johanneisches Datum): der

7.4.30. Dies also dürfte das für Jesu Tod wahrscheinlichste Datum sein.[26]

Wie alt ist Jesus geworden? Folgt man dem lukanischen Geburtsjahr in der Weihnachtsgeschichte (6 oder 7 n. Chr.) und geht man von dem nach den Synoptikern frühesten Todes-Passah aus (11. April 27), dann wäre Jesus schon mit zwanzig Jahren gestorben. Nimmt man als Geburtsjahr das Jahr 7 vor der Zeitrechnung an («Kindermord des Herodes» und «Stern von Bethlehem») und den nach den Synoptikern spätesten Todes-Passah (23. April 34), dann wäre Jesus einundvierzig Jahre alt geworden. Folgt man hinsichtlich des Geburtsjahres und des Todesjahres den Annahmen, die meines Erachtens jeweils die größte Wahrscheinlichkeit beanspruchen dürfen – das Jahr 7 vor und das Jahr 30 nach der Zeitrechnung –, dann hätte Jesu irdisches Leben siebenunddreißig Jahre gewährt.

Fehlende Augen- und Ohrenzeugen

Außer dem Faktum der Kreuzigung durch die Römer ist nichts bekannt, was in Jerusalem mit Jesus geschehen ist. Es können immer nur Vermutungen geäußert werden.[27]

Niemand kann berichten, wie der Prozeß vor dem jüdischen Hohen Rat abgelaufen ist – unterstellt, es hätte dort überhaupt einen Prozeß oder auch nur ein Verhör gegeben. Dasselbe gilt für das Verfahren vor dem römischen Statthaltergericht – auch hier unterstellt, es habe ein Verfahren stattgefunden, wie es in den Evangelien geschildert wird. Alle Jünger, die als Zeugen[28] in Betracht kommen für die wenigstens mündliche Überlieferung des Geschehens, das dann einige Jahrzehnte später in den Evangelien niedergeschrieben wurde, waren bei der Verhaftung Jesu geflohen. Um nicht dasselbe oder ein ähnliches Schicksal zu erleiden wie er, kehrten sie – das wäre der früheste Zeitpunkt – nach Jerusalem erst zurück, als das schreckliche Geschehen von Golgatha vorüber war und sich der Alltag in der Stadt wieder eingestellt hatte: Das Passahfest war vorüber, die Pilger waren abgereist, die Römer hatten sich in ihre Burg Antonia zurückgezogen.

Allenfalls wäre noch möglich, daß Joseph von Arimathia über das Prozeßgeschehen berichtet hat. Er soll ein «angesehener Ratsherr», also ein Mitglied des Synedriums gewesen sein, und er wird bei Johannes als «heimlicher Jünger» Jesu bezeichnet. Joseph von Arimathia wird aber nur im Zusammenhang mit der Grablegung Jesu erwähnt, als Prozeßberichterstatter (was einer Schlüsselrolle gleichgekommen wäre) erscheint er nirgendwo, er spielt in den Evangelien insgesamt keine nennenswerte Rolle, ist offenbar auch nicht Mitglied der Urgemeinde geworden.

Blinzler[29] bietet folgende Erklärung an: Über den wesentlichen Verlauf der Sitzung vor dem Synedrium konnten sich die Mitglieder der Urgemeinde unschwer Auskunft verschaffen, da zumindest ein Ratsmitglied, Joseph von Arimathia, Jesus günstig gestimmt gewesen sei. Nicht zu übersehen sei auch, daß – Apg. 6.7 und 15.5 zufolge – schon bald eine beträchtliche Anzahl von Priestern und Pharisäern sich der christlichen Gemeinde angeschlossen habe.[30]

Bei der Flucht der Jünger – Markus zufolge (14.52) soll einer sogar nackt geflohen sein – dürfte es sich um ein wahres Ereignis handeln. Denn was hier von Markus und Matthäus ausdrücklich berichtet wird, sich bei Lukas aus dem Kontext ergibt, ist eine Begebenheit, die wegen ihres peinlichen Gehalts wohl kaum überliefert worden wäre, wenn sie nicht auf Wahrheit beruhte. Auch dem Johannes-Evangelium kann man unschwer entnehmen, daß die Jünger den Meister verlassen haben. Nur – typisch für den Johannes-Evangelisten – werden die Dinge dort mit einem anderen Akzent dargestellt: Die Jünger fliehen nicht, sondern begeben sich gewissermaßen auf einen geordneten Rückzug, und zwar aufgrund eines hoheitlichen Befehls, den Jesus seinen Häschern erteilt.

«Wenn ihr mich sucht, dann laßt diese gehen.»
(Jh. 18.8)

Auch bei der Kreuzigung war nach den Synoptikern außer Maria Magdalena niemand von denen anwesend, die Jesus besonders nahegestanden hatten. Im Johannes-Evangelium allerdings erscheint dann der Hinweis, daß auch Jesu Mutter zugegen war.[31] Eine solche bedeutsame Tatsache wäre allerdings auch von den anderen Evangelisten hervorgehoben worden, wenn sie auf historischer Wahrheit beruhte. Johannes erwähnt außerdem noch

Maria Magdalena und eine andere Maria. Diese Maria wird als Jesu Tante vorgestellt, als die Schwester seiner Mutter (Jh. 19.25). Es hätten also drei Frauen, alle mit dem Namen Maria, unter dem Kreuz gestanden, darunter zwei Schwestern mit demselben Vornamen.

Wie wenig zuverlässig der Johannes-Evangelist bei der Schilderung konkreter Begebenheiten (im Gegensatz zur relativen Genauigkeit bei der Erfassung historischer Sinnzusammenhänge) ist, beweist auch der Umstand, daß er sogar sich selbst als Augenzeugen aller in seinem Evangelium beschriebenen Geschehnisse benennt (21.24); dadurch ist es dann zu der fälschlichen Identifizierung zwischen ihm und dem sogenannten Lieblingsjünger Johannes gekommen. Auf vielen Kreuzigungsszenen wird neben den drei Marien der Lieblingsjünger Johannes unter dem Kreuz dargestellt – ein Beispiel rührender Jüngertreue im Kontrast zum «schändlichen Verrat» des Jüngers Judas und zur «feigen Verleugnung» des Jüngers Petrus.[32]

Nach dem Zeugnis der Synoptiker waren nur einige galiläische Frauen anwesend. Abgesehen von Maria Magdalena – ihre Anwesenheit wird nur von Lukas nicht direkt bezeugt[33] – handelt es sich bei jenen Galiläerinnen um ganz unbekannte und für Jesu Leben und Botschaft belanglose Frauen. Der Umstand, daß gerade diese Frauen bei Markus (15.40) und Matthäus (27.56) namentlich genannt werden, spricht für die Historizität des Berichts. Aber auch die erwähnten Frauen haben natürlich nicht unmittelbar unter dem Kreuz gestanden; sie sahen, wie Markus und Matthäus berichten, «von ferne» zu. Die Hinrichtungsstätten wurden von den römischen Wachen abgeschirmt, schon allein um Sabotageakte zu verhindern.

Legende ist daher auch, wenn die Evangelisten schreiben, daß die Hohenpriester und Schriftgelehrten am Kreuz vorbeidefiliert seien und den Gekreuzigten mit Schmähungen überhäuft hätten:

> «Die Leute, die vorbeikamen, verhöhnten ihn, schüttelten den Kopf und riefen: Ach, du willst den Tempel niederreißen und in drei Tagen wieder aufbauen, hilf dir doch selbst, und steig herab vom Kreuz!»
> (Mk. 15.29–30)

Auch hier soll eine Prophezeiung in Erfüllung gehen:

> «Alle, die mich sehen, spotten mein, sperren das Maul
> auf und schütteln den Kopf. Er klage es dem Herrn; der
> helfe ihm aus und errette ihn, wenn er an ihm Gefal-
> len hat.» (Ps. 22.8–9)

Verleugnung des Petrus

Petrus soll seinem verhafteten Meister auf den Spuren geblieben und ihm heimlich in den Palast des Hohenpriesters gefolgt sein. Aber es wird nicht behauptet, daß er das Verhör belauscht habe, denn dem Bericht zufolge wartete er unten im Hof beim Dienstpersonal und wärmte sich an einem Feuer (Mk. 14.66). Die Geschichte von der Verleugnung Petri dürfte auf historischer Wahrheit beruhen. Man nimmt an, daß Petrus selbst es war, der sein Versagen der späteren Gemeinde gegenüber eingestanden habe. Dafür freilich, daß Petrus seinen Meister dreimal hintereinander verleugnet hat, gibt es keinen Anhaltspunkt. Die Zahl drei wird wegen ihres symbolischen Gehalts ins Spiel gebracht. Legende dürfte auch sein, daß bei der Verleugnung ein Hahn krähte; damit soll die Prophezeiung Jesu in Erfüllung gehen:

> «Amen, ich sage dir: In dieser Nacht, noch ehe der
> Hahn kräht, wirst du mich dreimal verleugnen.»
> (Mt. 26.34)

Bei der Verleugnung hat Petrus sich nicht etwa selbst verflucht, wie Luther falsch übersetzt («Er aber fing an, sich selbst zu verfluchen»), sondern schlechthin fluchend – noch genauer gesagt, seinen Rabbi Jesus verfluchend[34] – hat er sich aus der Affäre gezogen:

> «Da fing er an zu fluchen und schwor: Ich kenne die-
> sen Menschen nicht, von dem ihr redet.» (Mk. 14.71)

Hier wird von den Evangelien ein besonders krasser Fall menschlicher Feigheit und Untreue geschildert, begangen von einem Jünger, der noch kurz davor (Mk. 14.31) in pathetischen

Worten Treue bis in den Tod gelobt hatte und nun «nicht vor der maßgeblichen Instanz einer Behörde, sondern dem sehr unmaßgeblichen Forum einiger Knechte und Mägde zu Fall kam».[35] Im Gegensatz zu Judas, der dem Evangelienbericht zufolge wegen seines Verrats Selbstmord begeht, beschränkt Petrus sich darauf, in Reue bitterlich zu weinen, um dann bald darauf in der Jerusalemer Jesus-Gemeinde eine führende Position zu übernehmen.

Die Frage, ob die Geschichte von der Verleugnung Petri auf historischer Wahrheit beruht, ist jedoch umstritten. Goguel[36] ist der Auffassung, daß Petrus in der Gemeinde nicht eine führende Rolle hätte übernehmen können, wenn die Verleugnung historisch wäre. Die Szene sei von den Evangelisten deswegen geschildert worden, weil der Tadel Jesu in bezug auf Petrus und Jesu Befürchtung, Petrus könne ihn im Stich lassen, sich im nachhinein als gerechtfertigt erweisen sollte. Für Conzelmann ist die Verleugnungsgeschichte in geradezu typischer Weise szenisch gestaltete christologische Lehre, ebenso wie die Szene vom Bekenntnis des Petrus.[37]

Diese vom Evangelienbericht abweichende Auffassung führt also dahin, daß Petrus sich bei der Verhaftung Jesu ebenso verhalten habe wie die anderen Jünger: Er ist geflohen und erst zu einem späteren Zeitpunkt nach Jerusalem zurückgekehrt.

8. Kapitel:
Die Römer, nicht die Juden

Als feststehende Tatsache kann man zugrunde legen, daß Jesus nicht von den Juden, sondern von den Römern umgebracht wurde. Trotz aller Bemühungen, in erster Linie die Juden für den Tod Jesu verantwortlich zu machen und den römischen Prokurator in der Rolle eines absichtslosen Werkzeugs erscheinen zu lassen, geht aus den biblischen Berichten letzten Endes doch eindeutig hervor, daß Pontius Pilatus es war, der das Todesurteil gefällt hat, welches dann von seinen Legionären[1] – es dürfte sich um Syrer gehandelt haben, die in römischem Sold standen – vollstreckt wurde.

Die Todesstrafe der Kreuzigung

Das jüdische Recht kannte vier Arten der Todesstrafe: Steinigung, Verbrennung (d. h. Ersticken mit einer brennenden Fackel, die dem Delinquenten in den Mund gesteckt wurde), Enthauptung und Erdrosselung. Die Kreuzigung ist eine römische und keine jüdische Hinrichtungsart.[2] Auch die Geißelung des zum Kreuzestod Verurteilten, die an Jesus vollzogen wurde, entsprach dem nach römischem Recht vorgeschriebenen Procedere. Die Urteilsformel lautete:

>Condemno. Ibis in crucem.
>Lictor conliga manus.
>Verberetur.
>Ich verurteile dich: Du wirst zum Kreuze gehen.
>Lictor, binde ihm die Hände.
>Er möge gegeißelt werden![3]

Eine andere Frage freilich bleibt die, ob auch in einem militärischen Schnellverfahren so förmlich tenoriert wurde. Wahrscheinlicher dürfte sein, daß nur ein barscher Exekutionsbefehl – Geißelung war als Selbstverständlichkeit inbegriffen – erteilt wurde:

> Abi in crucem.
> Ab ans Kreuz!

Für jede Kreuzigung waren jeweils vier Soldaten abkommandiert. Der Johannes-Evangelist gibt es insoweit richtig wieder:

> «Nachdem die Soldaten Jesus ans Kreuz geschlagen hatten, nahmen sie seine Kleider und machten vier Teile daraus, für jeden Soldaten einen.» (Joh. 19.23)[4]

Der Vollzug der Kreuzigung war unterschiedlich. In der Regel wurden die Verurteilten mit Stricken ans Kreuz gehängt. Es sind Fälle überliefert, in denen solchermaßen Gekreuzigte bis zu fünf Tage hängend dahinstarben. Bei der Methode, die möglicherweise bei Jesus angewandt wurde – das Annageln der Verurteilten ans Kreuz war bei den Römern in der fraglichen Zeit häufig[5] –, trat der Tod schneller ein, durch Herzkollaps.

Ob Jesus gebunden oder genagelt wurde, ist eine nicht zu beantwortende Frage. «Die Auffassung, Jesus sei ans Kreuz ‹genagelt› worden, war in der frühen Christenheit keineswegs die herrschende. Ambrosius z. B. spricht nur von den ‹Stricken des Kreuzes› und den ‹Bändern der Passion›, er wußte folglich nichts von Nägeln, die hierbei verwendet worden seien.»[6] So ist bei Lukas nicht von Nägelmalen, sondern nur allgemein von Wundmalen die Rede, die auch ein mit Stricken Gekreuzigter natürlicherweise davonträgt. Für die Annagelung gibt es nur eine einzige Belegstelle, nämlich Jh. 20.25 ff., wo der Jünger Thomas so lange nicht glauben mag, daß der vor ihm Stehende der von den Toten auferstandene Jesus ist, bis er «die Male der Nägel an seinen Händen» sieht.

In einem 1968 in Jerusalem entdeckten Felsengrab stießen die Archäologen auf die Gebeine eines 1,67 m großen, 24- bis 28jährigen Mannes, der um das Jahr 50 gekreuzigt worden war.[7] Bei diesem jungen Mann war die Nagelung angewendet worden: Die

rechte Ferse war über die linke gelegt und der ca. 15 cm lange
Nagel mitten durch die Knochen getrieben worden. Die Handwurzelknochen zeigten keinerlei Verletzung, die Eisenstifte waren
vermutlich durch Elle und Speiche hindurch in den Querbalken geschlagen worden. Es war das Holz eines Olivenbaumes.
Zur Stützung des Körpers war ein Holzpflock («sedile») angebracht, so daß der Mann in Hockstellung dahinstarb.[8] Das uns
von der Kreuzigung Jesu vertraute Bild zeigt ihn ausnahmslos
am Kreuze hängend und nicht etwa in hockender Stellung,
was ein Indiz dafür sein könnte, daß er nicht genagelt, sondern
gebunden war.

Beschleunigt wurde der Tod generell noch dadurch, daß vor Eintritt der Nacht den Gekreuzigten zwecks Fluchtverhinderung die
Beine zerbrochen wurden (sog. «crurifragium»), so daß der Körper,
wenn er nicht durch ein «sedile» gestützt war, vollends durchsackte. Bei den beiden mitgekreuzigten Leidensgefährten Jesu
hatte man, wie der Evangelist berichtet, die Beine zerschlagen, bei
Jesus selbst aber nicht, weil er schon tot gewesen sei. Sein Tod
wäre also besonders rasch eingetreten. Dies ist möglicherweise
darauf zurückzuführen, daß er durch den bei der Geißelung erlittenen Blutverlust schon stark geschwächt war, wofür zusätzlich
die Erwähnung spricht, daß auf dem Weg zur Hinrichtungsstätte
Simon von Kyrene ihm das Kreuz (den Querbalken des Kreuzes)
tragen mußte.

Der Johannes-Evangelist – ihm kommt es bei seiner Schilderung allerdings in erster Linie darauf an, eine Parallele zum
Passahlamm zu ziehen, dessen Gebeine nicht gebrochen werden
dürfen (2. Mos. 12.46) – schildert den Ablauf mit schauriger Deutlichkeit:

> Weil es aber Rüsttag war und die Gekreuzigten nicht
> den Sabbat über hängen bleiben sollten – denn dieser
> Sabbat war ein hoher Festtag –, baten die Juden Pilatus, daß ihnen die Beine gebrochen und sie vom Kreuz
> abgenommen würden. Da kamen die Soldaten und
> zerschlugen dem ersten die Schenkel und dem anderen auch, der mit Jesus gekreuzigt war. Als sie aber zu
> Jesus kamen und sahen, daß er schon gestorben war,
> zerschlugen sie ihm die Schenkel nicht; sondern einer

der Soldaten stieß mit dem Speer in seine Seite und
sogleich kamen Blut und Wasser heraus.»[9]
(Jh. 19.31–34)

In der Kreuzesstrafe manifestiert sich die ganze Unmenschlichkeit, deren der Mensch zu allen Zeiten fähig war. Wer diese Strafe «erfunden» hat, ist nicht genau bekannt. Vor den Römern wurde sie schon von den Persern, den Griechen und den Puniern praktiziert. Der römische Feldherr Titus hat, wie Josephus als Augenzeuge berichtet, während der Belagerung Jerusalems täglich mindestens fünfhundert jüdische Flüchtlinge kreuzigen lassen:

> «Wurden sie ergriffen, so wehrten sie sich aus Angst vor Strafe; nachdem sie aber einmal Widerstand geleistet hatten, schien es ihnen zu spät, um Gnade zu bitten. Sie wurden zunächst gegeißelt und allen möglichen Foltern unterworfen, schließlich angesichts der Mauer gekreuzigt und getötet... (Jüdischer Krieg, V. 11.1)

Keineswegs nur Herrscher, die als Tyrannen in die Geschichte eingegangen sind, haben diese qualvolle Hinrichtungsart – «die grausamste und fürchterlichste Todesstrafe», wie Cicero sie nennt – vollziehen lassen. Für Julius Cäsar beispielsweise war sie ebenso eine Selbstverständlichkeit wie einige Jahrhunderte zuvor für Alexander den Großen.[10] Im 4. Jahrhundert setzte Kaiser Konstantin an die Stelle der Kreuzigung die vergleichsweise humane Todesstrafe durch Erhängen am Galgen.[11]

Die «Vollstreckungs-Legende»

Es kann auch nicht eingewendet werden, die Römer seien gewissermaßen nur durch Zufall die Verkünder und Vollstrecker des Todesurteils gegen Jesus von Nazareth geworden, weil die sogenannte Blutgerichtsbarkeit ausschließlich bei ihnen lag.[12] Selbst wenn es formal und grundsätzlich zutreffen sollte, daß die Römer die Todesstrafenkompetenz an sich gezogen hätten, weiß man doch, daß die jüdische Obrigkeit in jener Zeit durchaus Todesurteile ausgesprochen und vollstreckt hat.[13] Als prominenteste Opfer sind Johannes der Täufer und Stephanus zu nennen.

Johannes der Täufer wurde aus politischen Gründen (Gefahr der Unruhestiftung) von seinem Landesherrn Herodes Antipas beseitigt, nachdem er zunächst einige Monate in der Festung Machärus inhaftiert gewesen war. Man nimmt überwiegend an, daß Antipas seinen Gefangen dort hat enthaupten lassen; möglicherweise ist er aber erdrosselt worden.

Was Stephanus anbelangt, geht aus der Schilderung der Apostelgeschichte hervor, daß er vom Synedrium zum Tode verurteilt und dann «ordnungsgemäß» hingerichtet wurde, wobei Saulus-Paulus sich bei der Exekution besonders hervorgetan habe (Apg. 7.58).[14]

Ein weiteres Beispiel für die jüdische Hinrichtungskompetenz wäre – die Historizität der Erzählung unterstellt – die im Ehebruch ertappte Jerusalemer Frau, die nach durchzuführenden Gerichtsverfahren gesteinigt worden wäre, wenn nicht Jesus sie mit seinem berühmten Machtwort vor dem sicheren Tod errettet hätte:

> «Wer von euch ohne Sünde ist, der werfe den ersten Stein auf sie.»[15] (Jh. 8.7)

Jesus selbst soll während der Zeit seines Wirkens von jüdischer Seite mit der Exekution bedroht worden sein:

> «Die Juden antworteten ihm und sprachen: Um des guten Werks willen steinigen wir dich nicht, sondern der Gotteslästerung willen...» (Jh. 10.33)

Auch Josephus Flavius hebt die Kompetenz des Synedriums, Todesurteile zu fällen und zu vollstrecken, hervor:

> «Denn das Gesetz verbietet ausdrücklich, einen wenn auch noch so verbrecherischen Menschen umbringen zu lassen, ehe er vom Synedrium zum Tode verurteilt ist.» (Jüdische Altertümer, XIV. 9.3)

Sogar über römische Bürger konnten die Juden in bestimmtem Umfang bis hin zur Todesstrafe Gerichtsbarkeit ausüben. Man hat einen Marmorblock[16] mit folgender griechischer Inschrift gefunden:

> «Fremden ist das Betreten des Heiligtums untersagt.
> Zuwiderhandlungen werden mit dem Tode bestraft.»

Dieses «Warnschild» war vor dem Tempel in Jerusalem angebracht. Josephus Flavius zitiert Worte des römischen Feldherrn Titus an die belagerten Juden:

> «Haben nicht wir euch gestattet, die Übertreter dieser
> Vorschrift, selbst wenn es ein Römer war, mit dem
> Tode zu bestrafen?» (Jüdischer Krieg, VI. 2.4)

Eindeutig historisch überliefert (im Talmud von Rabbi Eleazar ben Zadok als Augenzeugen) ist die Hinrichtung einer Priestertochter um das Jahr 40, die wegen begangener Unzucht vom Synedrium zum Tode verurteilt worden war. Und schließlich sei auch noch angeführt, daß Jesu Bruder Jakobus durch einen – wenn auch aus formalen Gründen (wegen nicht richtiger Besetzung des Gerichts) rechtswidrigen – Beschluß des Synedriums unter Vorsitz des Hohenpriesters Ananos im Jahre 62 n. Chr. zum Tode verurteilt und gesteinigt wurde.[17] Achtzehn Jahre zuvor war sein Namensvetter, der Sohn des Zebedäus, durch den jüdischen König Agrippa hingerichtet worden.[18]

Der Fülle von Belegstellen über die Kompetenz des Synedriums zur Verhängung und Vollstreckung von Todesurteilen wird theologischerseits überwiegend noch immer die Behauptung entgegengestellt, eine solche Kompetenz habe jedenfalls im Todesjahr Jesu nicht bestanden. Die Behauptung hat einen naheliegenden Grund: Nur so nämlich kann das Faktum der Kreuzigung durch die Römer in Einklang gebracht werden mit der These, die eigentliche Schuld am gewaltsamen Tode Jesu trügen die Juden. Das Synedrium habe ein Todesurteil gefällt, und nur zur Vollstreckung habe jüdischerseits die Kompetenz gefehlt.[19]

Als (pseudohistorische) Quelle für die Annahme, das Synedrium habe die Blutgerichtsbarkeit an die Römer abtreten müssen, dient das Johannes-Evangelium:

> «Da sagte Pilatus zu ihnen: Nehmt ihr ihn doch und
> richtet ihn nach eurem Gesetz. Die Juden antworte-
> ten ihm: Wir dürfen niemand töten.» (Jh. 18.31–32)

Folgt man Johannes, so bedeutet dies, daß kein geringerer als der römische Prokurator der Auffassung war, das Synedrium habe die Todesstrafenkompetenz inne. Sollte ausgerechnet er eine Belehrung seitens der Juden darüber nötig haben, wie im besetzten Judäa die Kompetenzen verteilt sind? Goguel:[20] «Die Vorstellung der Juden, Pilatus daran erinnern zu müssen, daß die römische Regierung ihnen das Recht entzogen hat, Kapitalverbrechen abzuurteilen, ist von schreiender Unwahrscheinlichkeit. Sie ist nur dazu da, um zu bestätigen, daß Pilatus sich gegen seinen Willen in die Rechtssache Jesu mischt.»

Wie tendenziös die Berichterstattung des Johannes-Evangeliums ist, geht auch daraus hervor, daß Pilatus den Juden dann sogar noch angetragen haben soll, an Jesus die römische Hinrichtungsart der Kreuzigung zu praktizieren:

> «Pilatus sagte zu ihnen: Nehmt ihr ihn hin, und kreu-
> zigt ihn!» (Jh. 19.6)

Einen bei weitem zuverlässigeren historischen Aufschluß gibt demgegenüber die Apostelgeschichte, wo die Todesstrafen- und Exekutionskompetenz des Synedriums zumindest indirekt zum Ausdruck kommt: Als der Apostel Paulus dreißig Jahre nach Jesu Tod Gefangener des Prokurators Festus war, wurde die Frage erörtert, ob er als Jude der Gerichtsbarkeit des Synedriums oder als römischer Bürger der Gerichtsbarkeit des Kaisers zu überstellen sei. Paulus bestand darauf, vor ein kaiserliches Gericht gestellt zu werden. Sein diesbezügliches Plädoyer impliziert die Feststellung, daß er vom Synedrium im Falle eines Schuldspruchs hätte zum Tode verurteilt und hingerichtet werden können:

> «Den Juden habe ich kein Unrecht getan, wie auch du
> sehr wohl weißt. Wenn ich wirklich ein Unrecht be-
> gangen und etwas getan habe, worauf die Todesstrafe
> steht, weigere ich mich nicht zu sterben. Wenn aber

ihre Anklage gegen mich unbegründet ist, kann mich
niemand ihnen ausliefern. Ich lege Berufung beim
Kaiser ein!» (Apg. 25.10–11)

Oft gebraucht und ebenso verkehrt ist auch die Behauptung, Pontius Pilatus habe ein vom Synedrium gefälltes Todesurteil nur «bestätigen» müssen. Diese von dem Jenaer Theologen und Juristen Johannes Stelter 1674 entwickelte Theorie[21] dürfte nur ein relativ später Ableger der These von der Kollektivschuld der Juden gewesen sein. Das soll nicht heißen, daß alle diejenigen Autoren, die später die Bestätigungstheorie vertreten haben[22], damit die Kollektivschuld der Juden zum Ausdruck bringen wollten. Generell kann nicht ausgeschlossen werden, daß es eine Bestimmung gab, wonach ein vom Synedrium gefälltes Todesurteil durch den Prokurator bestätigt werden mußte, ehe es vollstreckt werden durfte. Die Besatzungsmacht konnte es selbstverständlich nicht hinnehmen, daß das Synedrium etwa Leute hinrichtete, die für Rom nützlich sein könnten oder sich um Rom verdient gemacht hatten. Möglicherweise war das gegen Stephanus ausgesprochene und vollzogene Todesurteil vom Prokurator bestätigt. Bezogen auf den Fall Jesus aber ist die Bestätigungstheorie irrelevant. Denn wenn es um die Bestätigung eines jüdischen Urteils ging, das auf Gotteslästerung lautete, dann wäre Jesus den nach 3.Mos. 24.16 vorgeschriebenen jüdischen Steinigungstod gestorben und nicht den römischen Kreuzigungstod.

Zum römischen Grundsatz der Nichteinmischung in die internen Angelegenheiten der besetzten Gebiete gehörte auch die Nichteinmischung in die Zivil- und Strafgerichtsbarkeit. Der Amtssitz des römischen Statthalters war nicht die heilige Stadt Jerusalem, sondern Cäsarea Maritima; nur besuchsweise kam der Prokurator nach Jerusalem, um dort für einige Tage oder Wochen zu residieren. Im Vergleich zu den übrigen römischen Provinzen war Palästina mit ganz besonderen Privilegien ausgestattet. Die Juden waren, um zwei Beispiele zu nennen, vom Militärdienst befreit, und sie hatten Dispens vom Kaiserkult, wie Josephus Flavius berichtet. Im Rahmen dieser «privilegia judaica» nahmen die Römer auch geziemende Rücksicht in religiösen Angelegenheiten – so wie sie sich in religiösen Angelegenheiten insgesamt tolerant verhielten. Niemand wurde nach seinem Glaubensbekenntnis gefragt. Jeder konnte nach seiner religiösen Überzeugung leben. Nur bei unmittelbarer Gefährdung der Staatsreligion wurde gegen den ausländischen Aberglauben (superstitio externa) polizeilich eingeschritten.[23]

Andererseits unterliegt es freilich keinem Zweifel, daß der Statthalter berechtigt war, nach despotischer Manier jeden zu verfolgen, zu verurteilen und hinrichten zu lassen, den er wollte. Gibbon[24]: «Seine Macht war durch keine Gerichts- oder Prozeßform beschränkt, seinem Urteile folgte sogleich und ohne weitere Berufung die Vollstreckung.» Es ist aber weder eine Rechtsnorm noch ein Rechtsbrauch oder auch nur ein einziger praktizierter Fall in der Geschichte bekannt, wonach der römische Militärgouverneur in Judäa Todesurteile gegen Juden bestätigt und zur Vollstreckung gebracht hat, die zuvor von einem jüdischen Gericht gefällt worden waren. Im Gegenteil, es ist bekannt, daß die Römer sich nicht in die inneren Streitigkeiten der Juden einzumischen pflegten, schon gar nicht in deren religiöse Auseinandersetzungen.

Ein vermeintlicher Aufrührer

Die Römer haben gegenüber Rebellen die Strafe der Kreuzigung im besetzten Palästina hauptsächlich deswegen angewandt, weil sie sich von dieser Hinrichtungsart einen besonderen Abschreckungseffekt erhofften. Es war daher naheliegend, einen der hohen jüdischen Feiertage, an welchem sich große Pilgermassen in Jerusalem aufhielten, als Hinrichtungstag zu wählen.

Wollte man hingegen von der Annahme ausgehen, daß die *jüdischen* Stellen ein primäres Interesse an Jesu Beseitigung hatten, dann ist überhaupt kein Grund ersichtlich, warum alles in so überstürzter Eile abgewickelt wurde. Warum hat man, als die Zeit wegen des bevorstehenden Passahfestes knapp wurde, Jesus nicht einfach verhaftet und ihn bis nach dem Fest in Gewahrsam gehalten, um ihm dann in Ruhe und ohne Zeitdruck den Prozeß zu machen? Ein verhafteter Jesus hätte schließlich kein größeres Sicherheitsrisiko bedeutet als ein getöteter Jesus.

In den Evangelien wird ein geradezu abenteuerlicher Wettlauf mit der Zeit geschildert: Am späten Abend des Gründonnerstags wird Jesus verhaftet. Mitten in der Nacht wird er in das Haus des

Hohenpriesters gebracht. Der muß die weiteren 70[25] Mitglieder des Hohen Rates zusammenrufen, von denen, das nebenbei bemerkt, der größte Teil wegen des beim Seder-Mahl genossenen Weines sich in einem besonders tiefen Schlaf befindet.[26] Dann folgt die nächtliche Gerichtsverhandlung vor dem Rat. Anschließend Abschiebung an die Römer, umständliche Verhandlung vor Pontius Pilatus, schreiende Volksmassen, die man hat mobilisieren und erst einmal aus dem Schlaf holen müssen. Sodann Unterbrechung des Verfahrens durch Pontius Pilatus, Abführung des Angeklagten zu dem im nordwestlichen Teil der Oberstadt gelegenen alten Königspalast der Hasmonäer, dortiges Zwischenverfahren vor Herodes Antipas, Rückführung des Gefangenen zum Prätorium, Fortsetzung der Verhandlung vor Pilatus mit Vorführung des Barabbas. Anschließend erneute Unterbrechung des Verfahrens: Der Angeklagte wird in den Innenhof des Prätoriums abgeführt. Die Bewachungsmannschaft veranlaßt, daß alle in Jerusalem anwesenden römischen Soldaten, die ganze Kohorte, sich um Jesus versammelt: Die Soldateska veranstaltet eine grausame Verhöhnungsszene[27], in deren Verlauf Jesus gegeißelt wird. Danach wird er ins Prätorium zurückgeführt. Pilatus setzt die Verhandlung fort, unternimmt noch weitere Freilassungsversuche und kommt dann schließlich zur Urteilsverkündung. Und doch ist es erst etwa acht Uhr in der Frühe!

Nach erfolgter Verurteilung zum Kreuzestode muß man schon vor neun Uhr morgens mitsamt dem Kreuz vor den Toren der Stadt auf Golgatha eingetroffen sein. Die Kreuzigung erfolgt Markus zufolge um neun Uhr[28], Jesus stirbt um fünfzehn Uhr, bis achtzehn Uhr muß der Leichnam vom Kreuz abgenommen und beigesetzt sein, denn da beginnen die Passahfeierlichkeiten:

> «Und es war um die dritte Stunde, da sie ihn kreuzigten... Und nach der sechsten Stunde ward eine Finsternis über das ganze Land, bis über die neunte Stunde. Um die neunte Stunde rief Jesus laut und sprach: Eli, Eli lama asabthani? Das ist verdolmetscht: Mein Gott, mein Gott, warum hast du mich verlassen?... Aber Jesus schrie laut und verschied.»
> (Mk. 15.25, 33–34, 37)

Und wenn er um die neunte Stunde nicht verstorben wäre – was wäre dann geschehen? Natürlich hätte man ihm noch die Beine brechen können, so daß durch den dann vollends durchhängenden Körper der Todeseintritt beschleunigt worden wäre. Aber eine Garantie für die Rechtzeitigkeit wäre auch das nicht gewesen. Durch einen reinen Zufall also wäre Jesus, wollte man dem Bericht der Evangelien Glauben schenken, so rechtzeitig gestorben, daß er buchstäblich noch in allerletzter Minute vor Eintritt der heiligen Seder-Nacht vom Kreuz abgenommen und beigesetzt werden konnte.[29]

Bisweilen ist der Versuch unternommen worden, gegen die sogenannte Ein-Tag-Passion eine Drei-Tage-Passion zu setzen, um auf die Weise zu einem glaubwürdigeren Ergebnis zu kommen. Entwickelt und mit beachtlichen Argumenten belegt wurde diese These von der französischen Forscherin Jaubert.[30] Nach anfänglicher Zustimmung in Gelehrtenkreisen hat sich inzwischen wieder die Ein-Tag-Chronologie durchgesetzt.[31]

Weil es sich schlichtweg nicht so abgespielt haben kann, wie in den Evangelien berichtet wird, werden die Ereignisse nur bei folgender Überlegung plausibel: Die Römer waren auf Jesus aufmerksam geworden, nachdem dieser mit seinem Einzug in Jerusalem ein gewisses oder gar ein beträchtliches Aufsehen erregt hatte. Als Eiferer im Glauben, der er war, wurde er auch als potentieller Aufrührer angesehen. In dieser Eigenschaft wurde er von der Militärbehörde verhaftet und in einem Schnellverfahren abgeurteilt. Goguel: «Jesus wurde demnach nicht als Gotteslästerer gefangengenommen, sondern als Aufrührer oder als eine Person, die verdächtig war, der Vorwand oder die Gelegenheit für einen Aufruhr zu werden.»[32]

Eine solche Annahme läßt nicht nur der Johannes-Bericht zu, sondern sie wird – jedenfalls indirekt – auch in den synoptischen Berichten bestätigt. Jesus selbst nämlich soll sich gegen seine Festnahme mit dem Hinweis verwahrt haben, daß er schließlich kein «Aufrührer» sei:

«Ihr seid ausgegangen wie zu einem ‹Räuber›, mit
Schwertern und mit Stangen, um mich zu fangen.»
         (Mk. 14.48)[33]

Wie zu einem «Räuber», das ist die gängige Übersetzung. Die Evangelisten gebrauchen das griechische Wort «lestes». Dieses Wort wird – auch im profanen Schrifttum jener Zeit – nicht nur auf Straßenräuber angewandt, sondern auf Bandenführer, Freibeuter und Aufständische aller Art. Über zelotische Widerstandsgruppen, die im judäischen Gebirge ihre Stützpunkte hatten, schreibt (der in römischen Diensten stehende) Josephus Flavius:

> «So war Judäa eine wahre Räuberhöhle, und wo sich nur immer eine Schar von Aufrührern zusammentat, wählten sie gleich Könige, die dem Staate sehr verderblich wurden. Denn während sie den Römern nur unbedeutenden Schaden zufügten, wüteten sie gegen ihre eigenen Landsleute weit und breit mit Mord und Totschlag.» (Jüdische Altertümer, XVII. 10.8)

Auch Barabbas, jener Freischärler, der im Prozeßgeschehen vor Pontius Pilatus eine bestimmte Bedeutung erhält, wird als «lestes» bezeichnet (Jh. 18.40). Bei Markus heißt es:

> «Es war aber ein Mann mit Namen Barabbas im Gefängnis zusammen mit ‹anderen› Aufrührern.»
> (Mk. 15.7)

Und die beiden Männer, die zusammen mit Jesus gekreuzigt wurden, werden ebenfalls «lestes» genannt (Mk. 15.27; Mt. 27.38). Bei diesen beiden Mitgekreuzigten handelte es sich um zelotische Widerstandskämpfer.[34] Niemand vermag zu sagen, ob Jesus sie schon vorher gekannt hatte, ob sie eventuell mit Barabbas in Verbindung zu bringen sind oder ob es sich vielleicht sogar um Anhänger der jesuanischen Bewegung gehandelt hat. Jedenfalls war ihnen dasselbe vorgeworfen worden wie Jesus. Pilatus hat an jenem Freitag also mindestens drei Juden hinrichten lassen, weil er sie des Aufruhrs gegen die Besatzungsmacht und als Feinde Roms für schuldig befunden hatte.

Ich bin sogar der Meinung, daß diese Personen in ein und demselben militärischen Schnellverfahren abgeurteilt worden sind. Der Grundsatz der sogenannten Prozeßökonomie hat im Bereich des Militärstrafrechts von jeher eine besondere Rolle gespielt. Jedenfalls ist kein vernünftiger Grund ersichtlich, warum mehrere Parallelverfahren unabhängig voneinander durchgeführt wurden, zumal er sich aus der Sicht des Standgerichts um Straftäter gehandelt hat, die man in unserem heutigen juristischen Sprachgebrauch als «Mittäter» bezeichnen würde:

> «Es wurden aber auch hingeführt zwei andere, Übeltäter, daß sie mit ihm abgetan würden.» (Lk. 23.32).

Mit einem negativen Image – sie heißen, je nach Übersetzung, «Mörder», «Übeltäter», «Verbrecher», «Räuber» oder «Schächer» – werden die beiden mitgekreuzigten Schicksalsgefährten Jesu offenbar nur deswegen bedacht, weil man auf diese Weise eine Prophezeiung (Jes. 53.9 ff.) in Erfüllung gehen lassen wollte:

> «Da ward die Schrift erfüllet, die da sagt: Er ist unter die Übeltäter gerechnet.» (Mk. 15.28)

Lukas zufolge soll einer der beiden Mitgekreuzigten Jesus noch am Kreuze verhöhnt haben und von dem anderen deswegen zurechtgewiesen worden sein[35]:

> «Und du fürchtest dich auch nicht vor Gott, der du doch die gleiche Strafe erleidest? Uns trifft sie zwar mit Recht, denn wir empfangen, was unsere Taten wert sind; dieser aber hat nichts Unrechtes getan.» (Lk. 23.40–41)

Jener mitgekreuzigte Aufrührer hat sich demnach in sein Schicksal gefügt. Er erfährt das typische Los des Partisanen, der in die Hände des Feindes gefallen ist und nach dessen Standrecht gerichtet wird. Die Mit-Hinrichtung Jesu aber empfindet er als skandalöse Ungerechtigkeit. Er, der Zelot, weiß, daß Jesus weder an revolutionären Gewalttaten beteiligt war noch dazu aufgefordert hatte, sondern daß dieser Mann das Opfer eines eklatanten «Justizirrtums» geworden ist.[36]
Nach dem übereinstimmenden Zeugnis der vier Evangelien lautete die erste Frage, die Pilatus an Jesus richtete: «Bist du der König der Juden?» Von vornherein ermittelte der Römer also unter

dem Aspekt der politisch-militärischen Sicherheit.[37] Die Frage nach der Königswürde wäre auch durchaus folgerichtig, wenn Pilatus zu Ohren gekommen sein sollte, daß Jesus sich als Messias ausgegeben habe bzw. als solcher angesehen wurde. Denn das Messiasprädikat impliziert die Königswürde. Außerdem ist, wie Josephus Flavius berichtet, «König» die Bezeichnung für den Anführer einer Schar von Aufständischen; es gab also eine Vielzahl sogenanner «Judenkönige».[38]

Auf der Tafel, die Pilatus über dem Kreuz angebracht haben soll, steht als Grund für die Verurteilung: «König der Juden» – also ein rein politischer Grund. Wenn der Johannes-Evangelist (19.21–22) noch die Nuance bringt, die Hohenpriester hätten Pilatus aufgefordert, nicht «der Juden König» zu schreiben, sondern «er hat gesagt, er sei der Juden König», Pilatus dieses Ansinnen aber zurückgewiesen habe, so ist das ein weiterer Hinweis dafür, daß der Prokurator sich nicht um die Meinung der jüdischen Behörden gekümmert, sondern sich eine eigene Meinung gebildet hatte, die dann zur Grundlage von Verurteilung und Hinrichtung wurde.

Wäre Jesus wegen Gotteslästerung exekutiert worden, weil er sich als ein himmlisches Wesen («Sohn Gottes» im Sinne späterer christlicher Verkündigung) ausgegeben hatte, dann müßte auf der Tafel über dem Kreuz nicht «I.N.R.I.», sondern «I.N.F.D.» (Jesus Nazarenus Filius Dei = Jesus von Nazareth, Sohn Gottes) stehen. Die Römer haben sich aber nicht um den Gott der Juden gekümmert. Es war ihnen einerlei, ob dieser Gott gelästert wird oder nicht; ihnen ging es um die Durchsetzung der «lex Julia maiestatis»:[39]

> «Gallio[40] zu den Juden: Läge hier ein Vergehen oder Verbrechen vor, ihr Juden, so würde ich eure Klage ordnungsgemäß behandeln. Streitet ihr jedoch über Lehre und Namen und euer Gesetz, dann seht selber zu! Darüber will ich nicht Richter sein.»
> (Apg. 18.14–15)

Daß Jesus sich gegenüber Pontius Pilatus als «König der Juden» ausgegeben bzw. auf eine entsprechende Frage des Prokurators keine eindeutig verneinende Antwort gegeben haben soll, halte ich für mehr als unwahrscheinlich. Nirgendwo sonst in den Evangelien findet sich eine Stelle, wo Jesus sich – etwa im Gespräch mit den Jüngern – einen derartig anspruchsvollen Titel zugelegt hätte. Ebensowenig hat er sich als Messias (was nach jüdischem und römischem Verständnis so viel bedeuten würde wie «Gesalbter aus dem Königshaus David») bezeichnet. Warum also sollte er sich nun ausgerechnet Pilatus gegenüber gewissermaßen als Top-Aufrührer ausgeben, nämlich als Kampfmessias aus dem Hause David, der zum Endkampf gegen die römische Fremdherrschaft angetreten sei?

Wenn es über dem Kreuz also eine Tafel mit der Aufschrift «König der Juden» gegeben haben sollte[41], dann wäre es eine Aufschrift, durch welche schlicht die Aufrührerrolle des Veurteilten hätte herausgestellt werden sollen. Wahrscheinlicher aber ist, daß die Aufschrift «I.N.R.I.» eine Erfindung der Evangelisten ist. Es liegt ihr die Absicht zugrunde, Jesus als den Messias und König zu bezeugen, ihm damit eine Besonderheit beizulegen, die ihn von den Aufrührern und Rebellenführern deutlich unterscheidet: Er ist der Christus-König der nachösterlichen Gemeinde. Lukas und Johannes zufolge wird es in drei Sprachen: Hebräisch (Aramäisch), Griechisch und Lateinisch verkündet – «eine Belehrung urbi et orbi».[42]

Es war zwar üblich oder sogar Vorschrift, über dem Kopf[43] des Gekreuzigten eine Inschrift («titulus») anzubringen, aus welcher der Grund der Verurteilung hervorging. Was aber bei Jesus für ein Titulus verwendet wurde, ist nicht bekannt. Am nächsten liegt die Vermutung, daß schlicht das Wort «Aufrührer» angebracht war.

Einen aufsehenerregenden Prozeß jedenfalls hat es bei Jesus so wenig gegeben wie bei den Hunderten und Tausenden Leidensgefährten, die unter dem kreuzigungsfreudigen Pontius Pilatus hingerichtet wurden. Jesus wird genauso behandelt worden sein, wie man Aufrührer (bzw. solche, die dafür gehalten wurden) nun einmal zu behandeln pflegt: standrechtliches Verfahren und – «Ab ans Kreuz!»

Haftgrund und Haftbefehl?

Die Evangelien berichten von einem triumphalen Einzug Jesu in Jerusalem. Mehr oder weniger alle Einwohner und Pilgerscharen hätten ihm zugejubelt und einen messianischen Empfang bereitet. Jesus aber habe erst einmal – zur Genugtuung aller Leute (Mk. 11.18) und unter den Beifallsrufen der Jugend (Mt. 21.15) – für einen handfesten Tumult gesorgt. Dem Bericht zufolge hatte er Anstoß an dem Bild genommen, das sich ihm im Bereich des Tempelbezirks darbot: Auf dem Tempelplatz wurden die Opfertiere für das Passahfest gekauft, welche die Pilger auf ihrem langen Anreiseweg nicht hatten mitbringen können. Ferner wurden die römischen und griechischen Münzen in spezielles Tempelgeld, in die alte «tyrische» Währung umgetauscht, weil die Tempelsteuer nicht in heidnischer Währung erbracht werden durfte.[44]

Tempelbehörde und Tempelpolizei ignorierend,[45] habe Jesus nun auf dem Tempelplatz die Tische umgeworfen, mit einer Peitsche um sich geschlagen und Händler, Wechsler und Pilger, die dort – im sogenannten «Vorhof der Heiden» – ihren althergebrachten Geschäften nachgingen, aus dem Tempelbezirk vertrieben, um auf die Weise zugleich die Prophezeiung aus Jeremia 7.11 zu erfüllen:

> «Er belehrte sie und sagte: Heißt es nicht in der Schrift: Mein Haus soll ein Haus des Gebetes für alle Völker sein? Ihr aber habt daraus eine Räuberhöhle gemacht.» (Mk. 11.17)

Die Geschichte von der Tempelreinigung ist sicherlich nicht historisch. Bei Lukas übrigens erscheint sie stark eingeschränkt. Hier – Lk. 19.45–46 – wird gesagt, daß Jesus lediglich bemüht war, die Händler zum Verlassen des Tempelbezirks zu überreden. Der historische Hintergrund der Tempelreinigung kann allein schon deswegen nicht gegeben sein, weil – was Markus, Matthäus und Johannes nicht bedacht haben – «ein einzelner die Reinigung auf dem weiten, unübersichtlichen Platz nicht hat durchführen können» (Lohse); immerhin sei das Areal so groß – so der Schweizer Theologe Haenchen – «wie die Altstadt von Chur».[46] «Man vergißt bei alldem, daß der Evangelist (und schon seine Tradition) gar keine protokollarische Schilderung gibt, sondern nur das vorträgt, was ihn theologisch interessiert, unbekümmert um eventuelle Unmöglichkeiten.»[47]

Geradezu abenteuerlich aber mutet die Geschichte unter dem Aspekt der Aufrechterhaltung von öffentlicher Sicherheit und Ordnung an. Die Dinge werden so dargestellt, als habe Jesus sich auf dem Tempelplatz wie ein Berserker aufführen können, ohne daß die Tempelpolizei bzw. die unmittelbar neben dem Tempelplatz in der Burg Antiona kasernierte Besatzungstruppe eingeschritten wäre.[48] Am Abend nach einem so turbulenten Tag habe er sich dann wieder friedlich mit seinen Jüngern vor die Tore der Stadt zurückgezogen (Mk. 11.19). Wer immer ihm hätte folgen wollen, hätte das tun können. Doch das hat man behördlicherseits offenbar nicht für erforderlich gehalten; auf Sanktionen wurde insgesamt verzichtet. Auch läßt der Evangelist die Frage offen, ob die Wechsler und Händler ihre Tische anschließend wieder aufgestellt und ihre Geschäfte fortgeführt haben – wovon man allerdings allein schon aufgrund allgemeiner Lebenserfahrung würde ausgehen können.

Jedenfalls hatte man nichts dagegen einzuwenden, Jesus im Anschluß an sein tumultuarisches Auftreten drei Tage lang im Vorhof des Tempels vor einer großen Menschenmenge predigen zu lassen. Die Hohenpriester, Schriftgelehrten und Ältesten gesellten sich zu ihm; man diskutierte miteinander in der typischen Manier gelehrter Streitgespräche (Mk. 11.27–33, 12.1–40). Jesus erwies sich dabei als ein besonders scharfsinniger Disputant.[49]

Auffallenderweise ist keine Rede davon, daß Jesus selbst die Situation für irgendwie bedrohlich gehalten hätte. Er lobt die Schriftgelehrten, wenn sie sich seiner Meinung anschließen (Mk. 12.34) und attackiert sie heftig, wenn sie es nicht tun (Mk. 12.38–40). Den Sadduzäern soll er dabei sogar «das Maul gestopft» haben (Mt. 22.34). Irgendwelche Sicherheitsvorkehrungen zu treffen, hielten Jesus und sein Anhang offenbar nicht für erforderlich. Jesus überkommt zwar in der Nacht unmittelbar vor seiner Verhaftung Todesangst, die Jünger aber bleiben bis zuletzt absolut sorglos: sie schlafen.

Im weiteren Verlauf muß bei der Tempelbehörde dann ein Sinneswandel eingetreten sein, so jedenfalls wird es berichtet. Jetzt plötzlich soll Jesus verhaftet werden. Und nun geraten die Berichte immer wundersamer: Man hat Schwierigkeiten, den Delinquenten ausfindig zu machen. Statt abzuwarten, bis er am nächsten Tag wiederkommt, wo man ihn – auch ohne Aufsehen zu erregen, wenn man ihn nur entsprechend abgepaßt hätte – unter irgendeinem Vorwand sehr leicht hätte festnehmen können, erläßt die Tempelpolizei einen ganz und gar unsinnigen Fahndungsbeschluß:

«Wenn jemand weiß, wo er ist, so soll er's melden,
damit man ihn festnehmen kann.» (Jh. 11.57)

Dabei hätten doch fast alle Leute, jedenfalls eine Riesenmenschenmenge, vor allem aber die Behörde und ihre Polizei, wissen müssen, wo Jesus sich aufhält. In Bethanien[50], einem Dorf vor der Stadt, soll er gewesen sein, wie der Johannes-Evangelist im Anschluß an den Fahndungsaufruf berichtet. Dorthin, wo er zuvor Lazarus von den Toten auferweckt habe, sei er noch einmal zurückgekehrt und habe sich von Maria, der Schwester des Lazarus, mit kostbarem Nardenöl salben lassen. Eine «große Menge Juden» sei dorthin gekommen, um ihn und Lazarus zu sehen. Aber niemand hat den Aufruf befolgt und seine Gefangennahme veranlaßt. Auch als Jesus nach Jerusalem zurückkehrt, offenbar nicht ahnend, daß gegen ihn ein Haftbefehl vorliegen könnte, wird nichts gegen ihn unternommen, die behördlichen Stellen scheinen zu resignieren:

«Die Pharisäer aber sagten zueinander: Ihr seht, daß
ihr nichts ausrichtet; alle Welt läuft ihm nach.»
(Jh. 12.19)

Als Jesus dann am Gründonnerstag schließlich doch verhaftet und, Johannes zufolge, dem Ex-Großpriester Hannas vorgeführt wird, wird ihm ein Ausspruch in den Mund gelegt, der (vom Evangelisten unabsichtlich) das in sich widersprüchliche Verhalten der Behörde und damit die ganze Absurdität des johanneischen Berichts über den Geschehensablauf offenbart:

> «Ich habe frei öffentlich geredet vor der Welt; ich habe allezeit gelehrt in der Schule und in dem Tempel, da alle Juden zusammenkommen, und habe nicht im Verborgenen geredet.» (Jh. 18.20)

Verrat des Judas?

Die Figur des Judas hat im Bewußtsein der vom Christentum geprägten Menschen eine überproportional große Bedeutung erhalten. Als «Judasnatur» hingestellt zu werden, gilt als besonders schimpflich. «Wer nahezu nichts mehr glaubt, glaubt immer noch, daß Judas Jesus an dessen Feinde verraten habe, in der Befragung von 1967 bare 91 Prozent.»[51]

Die im Evangelienbericht erwähnte tiefe Reue, von der Judas ergriffen wird und die ihn in den Selbstmord treibt, als er sieht, daß sein Meister zum Tode verurteilt wird (eine Entwicklung, die er also offenbar nicht beabsichtigt hatte), hilft kein bißchen, um ihn in der allgemeinen Überzeugung in einem milderen Licht erscheinen zu lassen. Im Gegenteil: Der Selbstmord wird ihm als weitere Sünde angelastet.[52]

Auch ein noch bedeutsamerer Gesichtspunkt ist nicht geeignet, die Abscheu über die Tat zu mildern oder sie sogar, wie es allein folgerichtig wäre, zu akzeptieren: der Gesichtspunkt, daß schließlich auch Judas nur ein Werkzeug in Gottes Heilsplan gewesen ist. Limbeck: «In der Auslieferung durch Judas ereignete sich letztlich die Preisgabe Jesu durch Gott, die Jesus in seiner Selbsthingabe auch von sich aus mitvollzog.»[53]

So wie Gott diesen Jünger zum Verräter bestimmte, hätte, dem Bericht von Markus und Matthäus zufolge, die Wahl auch auf jeden anderen aus dem Kreis der Zwölf fallen können. Als Jesus den Verrat beim Abendmahl ankündigt, reagieren alle Jünger «betroffen». Eigentlich hätte ja nur Judas sich betroffen zu fühlen brauchen. Aber da es Gottes Fügung gewesen sein soll, daß einer von ihnen zum Verräter bestimmt werde, mußte ein jeder der zwölf damit rechnen, daß das Los auf ihn gefallen sein könnte. Alle fragen den Meister, einer nach dem andern:

> «Bin ich es etwa, Herr?... Da fragte Judas, der ihn verriet: Bin ich es etwa, Rabbi? Jesus sagte zu ihm. Du sagst es.» (Mt. 26.22, 25)

Die Ankündigung vom Verrat des Judas beim Abendmahl ist historisch nicht nachvollziehbar. Mit Sicherheit wäre nach einer solchen dramatischen Offenbarung ein wahrer Tumult unter den Jüngern ausgebrochen. Kolping: «Die Unhistorizität der Verratsanzeige zeigt sich auch daran, daß niemand aus dem Kreis um Jesus Anstoß an Judas nimmt.»[54] Undenkbar, daß die Jünger ruhig sitzen geblieben wären, um das Mahl nach rituellem Ablauf bis zum Ende zu genießen, sich anschließend – so als wäre nichts geschehen – auf einen Fußmarsch zu begeben und sich sodann in Gethsemane zur Ruhe zu legen und in tiefen, sorglosen Schlaf zu fallen.

Insgesamt erscheint es überhaupt fraglich, ob der Verrat als solcher eine historische Tatsache ist oder ob die frommen Chronisten nur den davidischen Klagepsalm in Erfüllung gehen lassen wollten:

> «Auch mein Freund, dem ich vertraute, der mein Brot aß, tritt mich mit Füßen.» (Ps. 41.10)

Paulus erwähnt den Verrat durch Judas übrigens nicht, vielmehr berichtet er, am Ostersonntag sei der auferstandene Christus «den Zwölfen» erschienen.[55]

Besonders verdächtig in dieser Richtung ist der Matthäus-Bericht (27.5), wonach Judas, von Reue ergriffen, sich erhängt habe. Dasselbe Schicksal wird nämlich von Achitophel, dem Schatzkanzler König Davids, berichtet, der seinen König hatte verraten wollen (2. Sam. 17.23). Matthäus zufolge wurde durch Judas' Tod «erfüllet, was gesagt ist durch den Propheten Jeremia». Matthäus läßt sich im übrigen auch nicht mit dem Bericht in der Apostelgeschichte in Einklang bringen. Apg. 1.18–20 zufolge hat Judas nicht bereut, sondern hat sich von dem Verräterlohn ein kleines Landgut gekauft und ist dann durch einen Unfall ums Leben gekommen.

Auffallend ist folgender Umstand: Im Prozeß vor dem jüdischen Hohen Rat, also in dem Prozeß, der unmittelbar nach Verrat und Verhaftung Jesu erfolgt sein soll, tritt Judas nirgendwo als Zeuge in Erscheinung. Dies überrascht um so mehr, als die Synoptiker von der Beweisnot berichten, in die das Gericht wegen diverser unzuverlässiger Zeugen gekommen war, andererseits aber Judas in geradezu klassischem Sinne als «Zeuge der Anklage» in Betracht gekommen wäre, wußte er doch über alle Interna, die seinen Rabbi und dessen Meinung betrafen, genauestens Bescheid.

Als legendär angesehen wird der Verrat des Judas von Simonis[56]: «In Jerusalem befand sich nach Ostern die Gruppe der Zwölf, zu denen u. a. Simon und Judas gehörten. Diese Zwölf, unter denen ohne Frage Simon der führende Mann war, bildeten innerhalb einer größeren Schar einen besonderen Kreis. Diesen Kreis hat Judas wieder verlassen. In der von Simon initiierten Zuwahl wurde ein Ersatzmann durch Losentscheid bestimmt. Der Weggang des Judas wurde als Abfall, ja als Verrat an der gemeinsamen Sache, um deretwillen die Zwölf und ihr Anhang sich in Jerusalem befanden, angesehen. Damit war Judas zu einer ‹Negativfigur›, einer ‹Unperson› geworden... Wer einmal als Verräter gebrandmarkt ist, dem ist alles zuzutrauen. Sobald man begann, die Geschichte des Endes Jesu zu erzählen, fand auch der ‹Verräter› Judas in ihr seinen Platz und ‹die ihm gebührende› Rolle.»

Demgegenüber meint selbst ein so kritischer Autor wie Ben-Chorin, daß an der Historizität der Gestalt des Judas und seines Verrats an Jesus nicht zu zweifeln sei, denn gerade er sei für die Urgemeinde eine so überaus peinliche Erscheinung gewesen, daß man sie nicht habe erfinden können.[57] Ben-Chorin gibt damit das wieder, was in der Wissenschaft nach wie vor die herrschende Meinung ist und schon vor fünfzig Jahren in ähnlicher Weise formuliert worden war: »Die Geschichte des Judas war für das frühe Christentum der Skandal der Skandale. Man konnte sie nur erzählen, weil sehr starke Gründe vorlagen, sie für wahr zu halten.«[58]

Andererseits: Den Evangelisten kam es möglicherweise sogar ganz zupaß, daß interner Verrat durch eine Prophezeiung abgedeckt war. Auf die Weise konnten sie einen Verräter mit dem Namen «Judas» einführen, so daß eine besonders schändliche Tat mit dem Namen des Volkes «Juden» assoziiert wird: Judas, der «Ewige Jude», der Prototyp des verräterischen Juden! Elf Apostel gehen in die Kirche, der eine geht in die Synagoge.[59]

Auch der katholische Theologe Trilling legt – freilich ohne die hier aufgezeigte Schlußfolgerung ausdrücklich zu ziehen – einen solchen Gedanken nahe: «Die Christen gehören ganz in das Licht des Glaubens, die Juden in die Finsternis des Unglaubens... Bezeichnenderweise wird Judas von Anfang an auf die Seite der ‹Finsternis› gestellt, so stark, daß die Aussage gewagt wird, der Satan sei in ihn gefahren.»[60]

Parallelen zwischen Judas und den Juden werden, jedenfalls in verdeckter Form, auch vom Johannes-Evangelisten gezogen. Ungeachtet der Tatsache, daß der johanneische Jesus seinen Jünger Judas sogar direkt auffordert, die Tat auszuführen:

> «Was du tun willst, tue bald!» (Jh. 13.27),

behauptet der Evangelist auf der anderen Seite, Judas sei vom Teufel ergriffen, Satan sei in ihn gefahren (Jh. 13.27), Judas selbst sei ein «Teufel» (Jh. 6.70). Dieser Verteufelungsgedanke, eine Spezialität des Johannes-Evangelisten, findet bei ihm auf die Juden in ihrer Gesamtheit Anwendung:

> «Ihr habt den Teufel zum Vater, und ihr wollt das tun, wonach es euren Vater verlangt. Er war ein Mörder von Anfang an.» (Jh. 8.44)

Für Johannes ist also nicht nur Judas ein Teufel, für ihn sind alle Juden Teufelskinder. Wann immer die Christen ihren Antisemitismus austobten und dabei Judas als negative Leitfigur ihres Hasses wählten, konnten sie sich dabei auch auf das Johannes-Evangelium beziehen. «Wenn in mittelalterlichen Zeiten, die immer noch keine vergangenen Zeiten sind, Ostern begann, wurden die Häuser der Juden geschlossen und verrammelt. Denn nicht nur Jesus, auch Judas war Jude... Plötzlich schlug – und schlägt – die Freude an Jesus in Zorn auf Judas um, dazu noch als Zorn auf die Juden und als buchstäblich mörderischer Zorn.»[61]

Ein Kontrast auch und ein Widerspruch tut sich da auf zur unerschütterlichen Liebe Jesu, die dieser seinem Jünger Judas bis zum bitteren Ende bewahrt hatte: Obwohl Jesus den evangelischen Berichten zufolge gewußt haben soll, daß er von Judas verraten würde, stellt er diesen im Apostelamt auf genau dieselbe Stufe wie die übrigen Jünger. In der Tischordnung des Abendmahls weist er ihm den Ehrenplatz an seiner Seite zu (Jh. 13.26). Die Schicksalhaftigkeit des Verrats durch Judas, den Hinweis, daß dieser Verrat ein Bestandteil des göttlichen Heilsplans sein soll, hebt der Lukas-Evangelist (Lk. 6.12) nochmals dadurch hervor, daß Jesus vor Erwählung der zwölf Jünger die ganze Nacht im Gebet zu Gott verharrt hatte, mit anderen Worten, daß die Erwählung des Judas ebenso auf göttlicher Inspiration beruhte wie die der übrigen.

Noch in Gethsemane kommt die herzliche Verbundenheit Jesu mit Judas zum Ausdruck:

> «Sogleich ging er auf Jesus zu und sagte: Sei gegrüßet, Rabbi! und er küßte ihn. Jesus erwiderte ihm: «Mein Freund, dazu bist du gekommen?» (Mt. 26.49–50)

Jesus begegnet dem abgefallenen Jünger mit der vergebenden Liebe des Lehrers. Ben-Chorin: «Jetzt nennt er den Feind ‹mein Freund›. Nicht mehr nur Jünger, nicht mehr nur das distanzierte Verhältnis von Meister und Schüler: mein Freund! Gerade in dieser Stunde.»[62] Aber bedurfte es denn überhaupt einer Vergebung, und wenn ja, wer hätte dann wem zu vergeben?

Dem Evangelienbericht zufolge kommen für die Auslegung des Judasverrats drei Möglichkeiten in Betracht:

Erstens: Dieser sogenannte Verrat war ein Bestandteil von Gottes Heilsplan. Judas war das Werkzeug Gottes, er hatte nicht die Freiheit und nicht das Recht, gegen Gottes Willen zu rebellieren. Folglich kann man ihm keinen Vorwurf machen.

Zweitens: Judas hat nicht Gottes Willen vollstreckt, sondern hat aus niederen Beweggründen gehandelt. Er hat Jesu Vertrauen mißbraucht, war der Wolf im Schafspelz, hat gemeinen Verrat begangen. Dennoch zürnt ihm Jesus nicht, sondern begegnet ihm mit vergebender Liebe. Auch diese Interpretation ist verbreitet. Aber zu welcher Konsequenz führt sie? Jesus hatte sich geirrt, er war ein irrendes Wesen. Ja mehr als das: Jesus hatte keine besonders gute Menschenkenntnis, er ließ sich täuschen, ein schlauer Mann wie Judas konnte ihn hereinlegen, der Teufel ihn düpieren.[63] Gott hat ihn davor nicht bewahrt, hat auch seine bei der Wahl der Jünger inständig vorgetragene Bitte um richtige Ratgebung nicht erhört.

Drittens: Jesus konnte man nicht täuschen; er hatte Judas von Anfang an durchschaut, hatte immer gewußt, daß er von diesem in schändlicher Weise verraten werden wird. Er wußte, daß Judas sich schuldig machen und der Satan ihn zu ewiger Verdammnis führen werde. Wer diese Auffassung vertritt – eine Auffassung, die an Verbreitung den beiden vorgenannten nicht nachsteht –, muß sich fragen lassen, warum Jesus es wohl nicht verhindert hat, daß Judas sich an ihm versündigt. Denn das Ende, das dieser Jünger wegen seiner Handlung erleidet, ist so schrecklich, daß Jesus ein Zyniker gewesen sein müßte, wenn er ihn bei der letzten Begegnung «mein Freund» genannt (und in Wirklichkeit doch «Judas verrecke!» gedacht) hätte. Mit Billigung Jesu wäre all das geschehen, was der Lukas-Evangelist in der Apostelgeschichte unter Bezugnahme auf die Prophezeiung im 109. Psalm über Judas schreibt:

> «Sein Leib barst auseinander, und alle Eingeweide fielen heraus...[64] Aus dem Gericht gehe er verurteilt hervor, selbst sein Gebet werde zur Sünde... Seine Kinder sollen zu Waisen werden und seine Frau zur Witwe. Unstet sollen seine Kinder umherziehen und betteln, aus den Trümmern ihres Hauses vertrieben. Sein Gläubiger reiße all seinen Besitz an sich, Fremde sollen plündern, was er erworben hat. Niemand sei da, der ihm die Gunst bewahrt, keiner, der sich der Waisen erbarmt.» (Apg. 1.18 i. V. m. Ps. 109.7–12)

Das alles hätte Jesus verhindern können. Er hat aber nicht einmal den Versuch unternommen, Judas von seinem Vorhaben abzubringen, sondern hat ihn geradewegs ins Verderben hineinrennen lassen, ja ihn zur Tatausführung sogar noch gedrängt. Wie, so möchte man fragen, verhält sich das mit dem Liebesgebot der Bergpredigt, wie verhält es sich mit dem Gebet, das Jesus seine Jünger lehrte: «...und führe uns nicht in Versuchung...»? Das, worum er Gott bittet, um Gottes willen nicht zu tun, vollzieht er, der Lehrer, an einem seiner Schüler. Nicht Jesus hätte Judas zu vergeben, sondern umgekehrt. Ein furchtbarer Gedanke! Und es würde nicht besser, wenn man die Interpretation ein wenig dahin abwandelt, daß Judas für seinen freien Willensentschluß immerhin selbst einzustehen habe. Noch immer bliebe Jesus, der in diesen Willensentschluß eingeweiht war, der zumindest die Ausführung hätte verhindern können, um sich nicht dem Vorwurf der Komplizenschaft[65] auszusetzen.

Erzählt wird von einem deutschen Franziskanerpater, mit Genehmigung seines Ordens – im Jahre 1960 über den lateinischen Patriarchen von Jerusalem ein förmliches, sich über Jahre hinziehendes Verfahren in Gang setzte, in dem er den Antrag stellte, Judas seligzusprechen, und zwar mit folgender Begründung: «Ich bitte den Heiligen Stuhl zu erklären, daß dieser Judas in die himmlische Glorie eingegangen ist und öffentliche Verehrung verdient. Denn ihm und keinem anderen sonst ist es zu danken, daß in Erfüllung ging, was im Gesetz und bei den Propheten über den Menschensohn steht... Ohne Judas kein Kreuz, ohne das Kreuz keine Erfüllung des Heilsplans. Keine Kirche ohne diesen Mann; keine Überlieferung ohne den Überlieferer.»[66]

Über die Motive des «Verrats» ist viel gerätselt und geschrieben worden. Manche meinen, Judas sei Zelot gewesen, der Jesus zu einer Entscheidung zwingen und so den Aufstand gegen die Römer auslösen wollte. Andere argumentieren, Judas habe nur einen Scheinverrat begangen, um Jesus dahin zu bringen, sich als «Herrn der Welt» auszuweisen.[67] Daß Judas aus schnöder Gewinnsucht gehandelt habe – dreißig Silberlinge: der durchschnittliche Kaufpreis für einen jüngeren männlichen Sklaven –, wird kaum noch angenommen. Als Kassenwart, der er war, wäre er da wohl eher mit der Kasse durchgegangen.

Im übrigen war der Verrat, wenn man der Schilderung der Synoptiker folgt, absolut überflüssig. Zum einen wäre er gedanklich überhaupt nur dann nachvollziehbar, wenn das Opfer des Verrats – Jesus – nicht offen, sondern aus dem Untergrund gewirkt hätte. Zum anderen wird durch die Form, in der die Synoptiker Judas ins Spiel bringen, ausgerechnet Jesus zu einem kleinen und unbedeutenden galiläischen Wanderprediger herabgestuft, zu einem Störenfried, der verhaftet werden soll und bei dem schon die Identifizierung Mühe macht.

Festnahme in Gethsemane

Die vielen Ungereimtheiten im Zusammenhang mit dem Erlaß eines Haftbefehls sowie in bezug auf die Rolle, die Judas gespielt haben soll, legen die Vermutung nahe, daß schon die Festnahme Jesu gar nicht durch die jüdischen Behörden erfolgte, sondern durch die römischen. Als das Verhaftungskommando in Gethsemane eintrifft, wo Jesus mit der kleinen Schar seiner Jünger weilt, sollen die mit der Verhaftung Beauftragten nicht einmal gewußt haben, wie der zu Verhaftende aussieht. Wäre nicht Judas gewesen, der ihnen das gesagt hätte, dann wäre womöglich ein anderer verhaftet worden.[68] Nur der Umstand, daß es sich um eine Militärabteilung der Besatzungsmacht gehandelt hat, kann erklärlich machen, warum man bei der Identifizierung Schwierigkeiten hatte. Von einem römischen Offizier konnte man nicht erwarten, daß er wußte, wie Jesus aussieht. Da wäre es einigermaßen plausibel, daß er sich den zu Verhaftenden von jemandem zeigen läßt, der ihn kennt.

Nach Markus und Matthäus waren außer den mit Schwertern bewaffneten römischen Soldaten nur niedere Beamte des Synedriums (abwechselnd als «Diener» und «Knechte» bezeichnet) anwesend.[69] Schwerter durften nur die römischen Legionäre tragen, die Amtsbüttel des Synedriums mußten sich mit Knüppeln und Stangen begnügen.

Die berühmte Geschichte, wonach Jesus durch Judas identifiziert wird, erscheint bei Johannes nicht. Im Johannes-Evangelium wird auch die Verhaftungsszene schon aus der Sicht des erhöhten Christus geschildert: Das Verhaftungskommando veranstaltet eine Prozession «mit Fackeln und Laternen» (Jh. 18.3), und es fällt zu Boden nieder, als es Jesus leibhaftig vor sich sieht (Jh. 18.6). Johannes mag den Makel der Unbekanntheit nicht auf Jesus sitzenlassen. Es würde nicht passen zu seinem Bild von Jesus, dem Sohn Gottes.

Andererseits findet die Annahme, Jesus sei durch römisches Militär festgenommen worden, gerade im Johannes-Evangelium ihre Bestätigung. In Jh. 18.3 und Jh. 18.12 ist von einer «Speira» und von einem «Chiliarchos» die Rede, was Luther mit «Schar» (gelegentlich auch «Schar der Kriegsknechte»), die unter Führung eines «Oberhauptmannes» stand, übersetzt. Eine Speira, lateinisch Kohorte (der zehnte Teil einer Legion), bestand aus 600 Mann, das wäre also (wie auch Markus, Matthäus und Lukas – Mk. 15.16; Mt. 27.27; Apg. 21.31 – es verstehen) die ganze römische Truppe, die in der Burg Antonia stationiert war. «Chiliarchos» ist die Bezeichnung des Kommandanten dieser Kohorte.[70]

Natürlich muß man fragen, ob der Johannes-Evangelist hinsichtlich des zahlenmäßigen Aufgebots nicht übertrieben hat.[71] War es nötig, die ganze Garnison einzusetzen, um eines einzigen Mannes habhaft zu werden, der von elf (zumeist unbewaffneten) Getreuen umgeben ist? Soweit ich sehe, ist es nur Stauffer, der eine solche Notwendigkeit bejaht und das Truppenaufgebot sogar auf «tausend Mann» erhöht – eine wahnwitzige Schilderung: «Es ist ein großes und buntgemischtes Aufgebot, das in dieser Nacht durch das Kidrontal marschiert, um den Ölberg zu besetzen und zu sichern, das Gelände abzusperren und mit Laternen und Fakkeln jeden Schlupfwinkel zu durchsuchen... Da ist zunächst der römische Platzkommandant von Jerusalem und seine Besatzungsmannschaft, eine Kohorte. Die Truppe ist in Gefechtsbereitschaft. Man sieht, die Römer rechnen mit bewaffnetem Widerstand und sind darauf gefaßt, daß es trotz aller Vorsicht zu einem Massentumult kommt... Das riesenhafte Mannschaftsaufgebot ist auffällig, doch keineswegs unerhört oder unbegreiflich... Die Jünger Jesu haben zwei Schwerter bei sich, nicht viel gegen ein Truppenaufgebot von tausend Mann, aber genug, um die Hilfe Gottes herbeizurufen zum messianischen Endkampf in dieser apokalyptischen Nacht, in der alle Engel und Teufel in Alarmbereitschaft stehen.»[72]

Die Phantasie Stauffers in Ehren: Entscheidend bleibt die Tatsache, daß das Verhaftungskommando eine Truppe der Besatzungsmacht war, die von einem römischen Offizier befehligt wurde. Goguel: unmöglich anzunehmen, daß die Kohorte und der Oberst von Johannes in den Bericht eingefügt wurden. Man muß deshalb annehmen, daß er hier einer Quelle folgt, die eine Zusammenarbeit zwischen Juden und Römern erwähnte, oder daß sie nur von den Römern sprach... Wie dem auch sei, wenn die Römer bei der Gefangennahme Jesu vorangegangen sind oder wenn sie auch nur daran mitgewirkt haben, so ist die Veranlassung oder die teilweise Veranlassung für die Verfolgungen ihnen zuzuschreiben.»[73]

Die Johannes-Stelle, derzufolge die Römer von Anfang an ihre Hand im Spiel hatten, paßt verständlicherweise nicht in das Bild derer, die das Drama von Golgatha den Juden anlasten wollen. So kommt z. B. Blinzler[74] zu dem Zirkelschluß: Weil die Juden Jesus den Prozeß gemacht haben und damit die eigentliche Schuld an seinem gewaltsamen Tod tragen, er somit schon am Anfang der Passion in jüdischer Gewalt gewesen sein muß, kann er nicht von römischen Soldaten verhaftet worden sein. Johannes wird kurzerhand umgedeutet: Der Evangelist habe sich nur ungenau ausgedrückt, sich gewissermaßen versprochen. Mit «Kohorte» habe er die jüdische Tempelpolizei und mit «Chiliarchos» den Tempeloberst gemeint[75] – eine Auffassung, die schon deswegen unhaltbar ist, weil der Evangelist ausdrücklich einerseits von der Kohorte mit ihrem Oberhauptmann und andererseits von den Dienern der Juden spricht. Im übrigen irrte Blinzler, als er darauf verwies, daß seine Umdeutungstheorie mehr und mehr an Boden gewönne. In neueren Bibelausgaben, u. a. auch in der ökumenischen Ausgabe von Herder, werden die im Johannes-Evangelium bei der Verhaftung handelnden Personen als «Soldaten» bzw. sogar ausdrücklich als «römische Soldaten» ausgegeben.

Wer an der These festhalten will, Jesus sei nicht von einem Verhaftungskommando der römischen Besatzungsmacht, sondern des jüdischen Synedriums festgenommen worden, muß sich redlicherweise von der Berichterstattung im Johannes-Evangelium distanzieren. Aber auch auf die Synoptiker kann er nicht ausweichen. Auch sie nämlich gehen zumindest von der Beteiligung römischen Militärs aus, und ihrer Berichterstattung – Lukas vielleicht ausgenommen – steht jedenfalls nicht entgegen, daß es ein römisches Verhaftungskommando gewesen ist. Durch die nicht ausdrückliche Erwähnung des römischen Hauptmanns als Befehlshaber wird bei den Synoptikern lediglich der Eindruck erweckt, Jesus sei auf Befehl des Synedriums von der Tempelpolizei festgenommen worden. Das aber ist noch längst kein Beweis gegen die konkrete Darstellung bei Johannes, zumal, wie erwähnt, allein durch die johanneische Darstellung der «Verrat» des Judas erklärbar wird.

Von untergeordneter Bedeutung ist in dem Zusammenhang der Hinweis bei Johannes, daß die römische Militärabteilung jüdische Gerichtsdiener hinzugezogen hatte (Jh. 18.3). Im Hinblick auf die sprachliche Verständigung mag es sich als durchaus notwendig erwiesen haben, daß die jüdischen Behörden eine gewisse Rechtshilfe leisteten. Es würde dann sogar einleuchten, daß Petrus ein Schwert hat ergreifen und dem Knecht des Hohenpriesters ein Ohr[76] abhauen können, ohne wegen Widerstands gegen die Staatsgewalt, schwerer Körperverletzung, eventuell sogar versuchten Totschlags, belangt zu werden. Es würde ferner einleuchten, wieso nicht gleich die ganze Gruppe sicherheitshalber festgenommen und abgeführt wurde, nachdem aus ihrer Mitte heraus bewaffneter Widerstand geleistet worden war: Die römischen Soldaten hatten den Auftrag, allein Jesus, den mutmaßlichen Partisanenführer, zu verhaften. Dabei scherten sie sich nicht weiter um das verletzte Ohr eines jüdischen Knechts. Das jedenfalls mag die Intention des Erzählers sein.[77]

Das «kleine» Verhör im Johannes-Evangelium

Dem Johannes-Evangelium zufolge sind es überhaupt nur die römischen Behörden, die sich sozusagen «amtlich» mit Jesus befassen:
– Von einem römischen Offizier wird er verhaftet.
– Ausschließlich von einem römischen Gericht wird er abgeurteilt.
– Von römischen Soldaten wird er gekreuzigt.

Andererseits ist der Johannes-Evangelist in ganz besonderem Maße bemüht, die Schuld am Tode Jesu nur «den Juden» anzulasten. Schon während der Zeit seines aktiven Wirkens sieht der johanneische Jesus sich ständigen Anfeindungen seitens «der Juden» ausgesetzt. Die Volksmenge soll es gewesen sein, die es sich aufs Panier geschrieben hatte, den Propheten aus Galiläa buchstäblich zu Tode zu hetzen. Das jüdische Volk in seiner Gesamtheit wird als Initiator des Prozesses vor dem römischen Tribunal, als Ankläger bei Pilatus, hingestellt.

Bei Johannes gibt es aber keinen Bericht, wonach Jesus von einem jüdischen Gericht schuldig gesprochen worden sei. Es fehlt die von den Synoptikern berichtete Prozeßgeschichte, die sich vor dem jüdischen Hohen Rat abgespielt haben soll. Dies ist um so bemerkenswerter, als es sich hier ja nicht etwa um eine mehr oder weniger nebensächliche Begebenheit handelt, sondern, den Berichten der synoptischen Evangelien und der späteren kirchlichen Darstellung zufolge, um ein Ereignis von zentraler Bedeutung. Immerhin soll Jesus im Synedralprozeß gefragt worden sein – und diese Frage bildet überhaupt den Höhepunkt des Prozesses –, ob er der Messias, der Sohn Gottes, sei, und Jesus soll diese Frage bejaht, zumindest nicht entschieden verneint haben. Haenchen[78]: «Da die Christen die eigentliche Schuld der Juden darin sehen, daß sie Jesus nicht als den Messias anerkannt hatten, mußten sie annehmen, daß die Messias-Frage der entscheidende Punkt im Prozeß gegen ihn war.»

Doktrinäre Theologen wie Stauffer oder Blinzler tun sich ausgesprochen schwer, wenn sie versuchen, die nicht in ihr Konzept passende johanneische Version des Geschehensablaufes zu relativieren, um sie auf die Weise möglichst doch noch für ihr eigenes Konzept zu retten. Sie meinen[79], Johannes habe auf die Geschichte vom Prozeß vor dem Synedrium deswegen verzichtet, weil er sie als bekannt voraussetzen konnte, und außerdem hätten heidenchristliche Leser für die jüdische Prozeßverhandlung «wenig Interesse» gehabt.

Johannes aber hat es nun einmal anders dargestellt: Ihm zufolge führt der römische Festungskommandant den verhafteten und gefesselten Nazarener zunächst in das Haus des Großpriesters Hannas. Dieser freilich hatte – was eine historisch gesicherte Tatsache ist, über die der Evangelist offenbar nicht so genau Bescheid wußte[80] – zu der Zeit keinerlei Amtsbefugnisse mehr; er war im Jahre 15, also eineinhalb Jahrzehnte zuvor, vom römischen Präfekten abgesetzt worden. Amtierender Hoherpriester war inzwischen Kaiphas, der Schwiegersohn des Hannas. Die Bezeichnung «Hoherpriester» wird sowohl für Hannas als auch für Kaiphas verwandt – übrigens zu Recht, denn auch der abgesetzte Hohepriester durfte seinen Titel beibehalten, auch hatte er weiterhin Sitz und Stimme im Synedrium.[81]

Nachdem Jesus dem Ex-Großpriester Hannas vorgeführt war, wird er anschließend an den amtierenden Großpriester Kaiphas weitergeleitet. Ohne daß einer von den beiden eine eigentliche Amtshandlung durchgeführt hätte, wird der Häftling sodann ins römische Prätorium überführt:

«Die Soldaten aber und ihr Anführer und die Leute, die von den Juden geschickt waren, nahmen Jesus gefangen, fesselten ihn und führten ihn zuerst zu Hannas; der war der Schwiegervater des Kaiphas, der in jenem Jahr Hoherpriester war... Aber der Hohepriester (gemeint ist hier Hannas) befragte Jesus über seine Jünger und über seine Lehre. Jesus antwortete ihm: Ich habe frei und offen vor aller Welt geredet. Ich habe immer in der Synagoge und im Tempel gelehrt, wo alle Juden zusammenkommen, und habe nichts im geheimen gesagt. Was fragst du mich? Frage die, die gehört haben, was ich zu ihnen gesagt habe... Und Hannas sandte ihn gefesselt zu dem Hohenpriester Kaiphas... Von Kaiphas führten sie Jesus in das Prätorium.» (Jh. 18.12–13, 19–21, 24,28)

Offenbar also will Johannes sagen, Jesus sei die ganze Zeit über der Gefangene der römischen Militärabteilung gewesen. Er sei vom Festungskommandanten «zuerst» dem Hohenpriester Hannas vorgeführt worden, und dieser habe, nachdem er Jesus einem kleinen Verhör mit recht belanglosen Fragen unterzogen hatte, darum gebeten, den Gefangenen vor der Einlieferung in das römische Gefängnis auch noch dem Schwiegersohn Kaiphas vorzuführen. Darin also erschöpft sich dem Johannes-Evangelium zufolge die Beteiligung der jüdischen Behörden am Geschehensablauf. Implizit jedenfalls verneint der Evangelist, daß es seitens einer jüdischen Amtsperson einen förmlichen Beitrag, eine Anklage oder gar einen Prozeß gegeben habe.

Es hat, wenn man Johannes folgt, offenbar auch kein an die jüdischen Stellen gerichtetes römisches Rechtshilfeersuchen vorgelegen. Insoweit würde sich der Fall Jesus vom Fall Paulus unterscheiden. In der Apostelgeschichte (22.30) wird berichtet, daß der von den Römern verhaftete Paulus dem Synedrium überstellt worden war, das dann im Auftrage Roms eine Voruntersuchung durchführte.

Wenn nun aber im Fall Jesus nicht einmal ein Rechtshilfeersuchen vorgelegen hat, dann muß man sich fragen, ob nicht sogar die paar Belanglosigkeiten, die der Johannes-Evangelist über die Aktivitäten der jüdischen Machthaber berichtet, nicht mehr als ein –

gerade für diesen Evangelisten typisches – erzählerisches Beiwerk sind. Man muß fragen, warum ein römischer Offizier mit einem wegen Verdachts des Aufruhrs festgenommenen Juden wohl so kurios hätte verfahren[82] sollen. Die römische Besatzungsmacht ließ sich gewiß nicht zum Popanz des Synedriums machen, schon gar nicht im Falle eines Wanderpredigers aus der Provinz. Wenn die römischen Stellen eingriffen, dann pflegten sie es aus eigenem Rechts- bzw. Machtanspruch zu tun.[83]

Die johanneische Schilderung von der kurzen Überstellung Jesu an Hannas und dessen paar Erkundigungen nach Nebensächlichkeiten ist – bezogen auf den gesamten Geschehensablauf – ohnehin so bedeutungslos, daß sie für eine Beteiligung der Juden an der Verurteilung Jesu überhaupt nichts aussagt. Im Kernbereich der johanneischen Schilderung bleiben Verhaftung und Verurteilung eine ausschließlich römische Angelegenheit.

Mitwirkung des jüdischen Establishments?

Eine ganz andere Frage freilich ist die, ob nicht die jüdischen Behörden die Möglichkeit gehabt hätten, eine so einfach zu vollziehende Verhaftung, wie sie in dem Gethsemane-Bericht zum Ausdruck kommt, zu verhindern und Jesus darüber hinaus insgesamt davor zu bewahren, daß er als verdächtigter Aufrührer in die Hände der Römer fällt. Wäre dieser Prophet aus Galiläa in den Augen der Tempelbehörde ein Mann gewesen, dem man die Befreiung Israels zugetraut hätte, dann hätten sich wahrscheinlich auch die herrschenden jüdischen Kreise von der allgemeinen Begeisterung mitreißen und ihm eine ähnliche Verehrung zuteil werden lassen wie beispielsweise hundert Jahre später dem Freiheitskämpfer Bar Kochba. Jesus war in den Augen der jüdischen Obrigkeit aber leider nicht der Mann, den es im Interesse einer nationalen Sache zu schützen galt.

Der Lukas-Evangelist gibt Gedanken der Jünger (der sogenannten Emmaus-Jünger) wieder, wie diese die Katastrophe von Golgatha beurteilten – freilich in der für Lukas typischen, auf Schonung der Römer bedachten Weise:

> «Er war ein Prophet, mächtig in Wort und Tat vor Gott und dem ganzen Volk. Doch unsere Hohenpriester und Führer haben ihn zum Tod verurteilen und ans Kreuz schlagen lassen. Wir aber hatten gehofft, daß er der sei, der Israel erlösen werde.»
> (Lk. 24.19–21)

Die Jünger waren enttäuscht von ihrem Rabbi, der, ohne die Verheißungen zu erfüllen, ein so jähes und unrühmliches Ende gefunden hatte. Sie waren aber auch enttäuscht und gleichzeitig empört, daß die jüdische Obrigkeit Jesu Bedeutung für Israel nicht erkannt und zugelassen hatte, daß dieser «Prophet» von den Römern verurteilt und gekreuzigt wurde. Noch ein weiterer Gedanke spricht aus dieser Perikope: Hier wird nicht wie sonst in den Evangelien und der Apostelgeschichte der pauschale Vorwurf gegen «die Juden» erhoben, sondern er richtet sich gegen die «Hohenpriester und Führer». Nur sie, nicht das einfache Volk, hätten die Möglichkeit gehabt, bei den Römern zu intervenieren und die Kreuzigung zu verhindern.

In erster Linie war es die Partei der Sadduzäer, die in dem ihr von den Römern zugewiesenen Rahmen Hoheitsgewalt in Jerusalem ausübte. Die jüdische Führungsschicht war dabei stets bedacht, mit der Okkupationsmacht in einem guten Einvernehmen zu bleiben. Die Sadduzäer waren Realpolitiker. Man ging sogar so weit, daß man für den römischen Cäsar im Tempel betete. Dies war gewissermaßen die Gegenleistung für eine Reihe von Privilegien, die der römische Staat den Juden eingeräumt hatte, wie z. B. Befreiung vom Heeresdienst, Heiligung des Sabbat, insgesamt das Leben nach jüdischem Gesetz und Ritus.

Es ist nicht auszuschließen, daß es den Sadduzäern, namentlich der Clique um Kaiphas, durchaus recht gewesen sein mag, den ketzerischen Propheten aus Galiläa, der sich anschickte, mit seiner Botschaft Verwirrung im Volk zu stiften, diesen «demagogischen Tischler», der er in ihren Augen war, auf einfache Weise loszuwerden – sei es, daß sie ihn selbst festnahmen und den Römern überstellten, sei es, daß sie ihn bei den Römern anschwärzten und dadurch deren Eingreifen auslösten, oder sei es, daß sie sich gegenüber einer von den Römern selbst initiierten Festnahme passiv verhielten und den Dingen ihren Lauf ließen.

Immerhin sollen diese Leute, «die vom hohenpriesterlichen Geschlecht waren» (Apg. 4.6), auch Mitglieder der christlichen Urgemeinde verfolgt haben. Dabei mußten sie mit größter Vorsicht zu Werke gehen, um nicht die Volksstimmung gegen sich aufzubringen (Apg. 5.26). Pharisäer waren es, allen voran der angesehene Rabbi Gamaliel, welche die Christen vor solchen Verfolgungen in Schutz nahmen und im Synedrium ihre Freilassung mit der Folge uneingeschränkter Predigtfreiheit durchsetzten (Apg. 5.34–42).

Dies ist ein weiterer Beweis dafür, daß nicht die Pharisäer die Feinde Jesu waren und daß das Volk sogar bereit war, sich gegen die Obrigkeit zu erheben, sofern diese gegen die nach Volksmeinung harmlosen und wehrlosen Christen einschritt.

Die herrschenden Kreise Israels waren – wie alle herrschenden Kreise – konservativ und mißtrauisch gegenüber evolutionären oder gar revolutionären Strömungen jeder Art. Sozial privilegiert, moderner hellenistischer Lebensform durchaus zugetan, waren sie bemüht, an ihrer Loyalität gegenüber Rom keinen Zweifel aufkommen zu lassen. «Moderne Geschichtswissenschaft hat gezeigt, daß die Hauptverantwortung für die Kreuzigung (Jesu) bei den Römern lag, daß die jüdischen ‹Führer›, die da hinein verwickelt waren, in Wahrheit nicht Repräsentanten ihres Volkes, sondern römische Puppen waren, die eher römische als jüdische Politik betrieben.» [84]

Ben-Chorin sieht die Problematik noch unter einem anderen, im Ergebnis aber auf dasselbe hinauslaufenden Aspekt: «Wenn wir uns die Situation vor Augen führen, in der das unterdrückte jüdische Volk in seinem besetzten Vaterlande seufzte, wird uns verständlich, daß die verantwortlichen Kreise alles daransetzten, einen Unruhestifter wie Jesus von Nazareth, dem das Volk zulief, darunter auch politische Aktivisten vom Schlag des Judas Ischarioth, unschädlich zu machen.» [85]

Auch ein Gedankengang, wie ihn Stauffer anstellt, klingt plausibel: «Seit dem Sturze Sejans im Oktober 31 war auch Kaiphas bedroht, und die Razzien der Reichsregierung nach Verschwörern dauerten noch an. Wenn in diesem Augenblick irgendeine Kunde von messianischen Bewegungen in Palästina bis nach Rom drang, war das Kirchenregiment des Kaiphas erledigt. Darum mußte Jesus beseitigt werden, ehe es zu spät war.» [86]

Ein Vorbehalt muß gegen diese Theorie allerdings angemeldet werden: Stauffer datiert, wenn er den Sturz Sejans im Oktober 31 ins Spiel bringt, den Todestag Jesu auf Passah des Jahres 32. Dieser Zeitpunkt trifft aber weder nach der synoptischen Datierung (11.4.27 oder 23.4.34) noch nach der johanneischen (7.4.30) zu. Und im übrigen hätte Stauffer seine Theorie durch einen Hinweis vervollständigen sollen, der nun einmal notwendig ist, wenn man auf Sejan abhebt: Dieser notorische Judenhasser – in den Jahren 23–31 war er es, der sozusagen als Premierminister praktisch alle Regierungsgeschäfte bestimmte, während Tiberius sich nach Capri zurückgezogen hatte – war der große Gönner und persönliche Freund von Pontius Pilatus. Ihm verdankte Pilatus seine Stellung als Militärgouverneur in Palästina.[87] Nachdem Sejan gestürzt war, galt das, was Stauffer für Kaiphas reklamiert – Gefährdung der eigenen Machtposition –, natürlich erst recht für Pilatus.

Wie man im Synedrium das «Problem Jesus» sah, wird im Johannes-Evangelium in einer Weise beschrieben, die (auch ohne historische Echtheit beanspruchen zu können) geeignet ist, ein besonders treffendes Bild von der Situation zu geben:

«Da versammelten die Hohenpriester und die Pharisäer einen Rat und sprachen: Was tun wir? Dieser Mensch tut viele Zeichen. Lassen wir ihn also, so werden sie alle an ihn glauben; so kommen dann die Römer und nehmen uns Land und Leute. Einer aber unter ihnen, Kaiphas, der desselben Jahres Hoherpriester war, sprach zu ihnen: Ihr wisset nichts, bedenket auch nichts; es ist uns besser, ein Mensch sterbe für das Volk, denn daß das ganze Volk verderbe.»[88]
(Jh. 11.47–50)

Natürlich kann man sich kaum vorstellen, daß der Inhalt einer Diskussion des Hohen Rats einem Anhänger Jesu weitergegeben worden wäre; immerhin aber wäre es möglich, daß es in dem Gremium auch Jesus-Sympathisanten gegeben hat (Jh. 12.42–43) – vielleicht Nikodemus und Joseph von Arimathia.

Wichtiger als die Frage, ob «nachgewiesenermaßen» im Synedrium so diskutiert wurde, wie es der Johannes-Evangelist berichtet, ist die Feststellung, daß der Bericht in sich stimmig ist. Man kann ihm zum einen entnehmen, daß es sich nicht um eine Gerichtssitzung des Synedriums gehandelt hat, sondern um eine Versammlung der Ratsmitglieder. Zum anderen geht aus dem Bericht deutlich hervor, daß die Versammlung kein primäres Interesse am Tode Jesu hatte: Die Ratsherren waren unschlüssig, was sie mit dem Rabbi aus Galiläa machen sollten. Kaiphas hatte die Idee, ihn aus staatsnotwendiger Einsicht für das Volk zu opfern, um Unheil, das von den Römern her drohte, vom Gesamtvolk abzuwenden. Bei der jüdischen Behörde in Jerusalem könnte ein ähnlicher Gedanke wie bei Herodes Antipas in Galiläa gegenüber dem Täufer Johannes mitgespielt haben, nämlich die Furcht, daß, wenn nicht rechtzeitig eingeschritten würde und erst die Römer tätig werden müßten, man von diesen wegen Unfähigkeit zur Rechenschaft gezogen würde. Jedenfalls oblag dem Hohen Rat die Verantwortung für die Einhaltung des Friedens zwischen der jüdischen Bevölkerung und der Besatzungsarmee. Lapide[89]: «Wir dürfen annehmen, daß es Kaiphas um die Wahrung der Freiheit bei in Kauf genommener politischer Unterordnung unter Rom ging, als er zur Preisgabe Jesu riet. Daß er dabei anzunehmen bereit war, daß Jesus selbst unschuldig war, bezeugt die Tatsache, daß er von ihm als ‹einem einzelnen Menschen› spricht (Jh. 11.50), ohne ihn als ‹Räuber›, als ‹Rebell› oder als ‹Lügenprophet› zu verunglimpfen.» Kaiphas hat sich somit als ein Mann erwiesen, den wir in heutiger Terminologie einen «Realpolitiker» nennen würden.

Allerdings scheinen derartige Überlegungen, wie sie in Jh. 11.47–50 zum Ausdruck kommen, zumal mit der staatspolitischen Begründung von Vers 48, von den Christen schon immer als faktisches Todesurteil des Hohen Rates über Jesus verstanden worden zu sein. Dies, obwohl selbst die judenfeindlichsten und römerfreundlichsten Darstellungen des Prozesses gegen Jesus in den Evangelien nicht an der Tatsache vorbeikommen, daß ohne den Befehl des Pilatus und die Ausführung durch römische Soldaten Jesus niemals hätte gekreuzigt werden können, selbst wenn es das ganze Volk Israel geschlossen gewünscht hätte.[90]

Man mag andererseits im Hohen Rat ganz froh gewesen sein, einen Mann in Gewahrsam nehmen zu können, dem man nachsagen konnte, er habe sich als Messias aufgespielt, und den man dann an die Römer abschieben konnte, damit diese die Kooperationsbereitschaft des Synedriums erkennen. Immerhin bestand die Sorge, daß es an den Festtagen zu Zusammenstößen mit der

Besatzungsmacht kommen könnte. Die Empfindlichkeit und Rücksichtslosigkeit gerade des Prokurators Pilatus waren bekannt. Jetzt galt es für die jüdischen Behörden, so umsichtig wie möglich zu sein, um ein Blutbad unter der Bevölkerung, wie es zuvor schon viele gegeben hatte, nach Möglichkeit zu verhindern. Es konnte sich nur besänftigend auf das Gemüt des Gouverneurs auswirken, wenn man ihm gleich beim Eintreffen einen Gefangenen übergab, dem man nachsagte, er habe eine aufwieglerische Haltung an den Tag gelegt und entsprechende Reden geführt. Der Hohe Rat hätte dann seinen guten Willen gezeigt, und die Römer mochten sehen, was sie mit dem Gefangenen machten. Bultmann: «Jesus wurde durch den römischen Prokurator Pontius Pilatus gekreuzigt. Welche Rolle dabei die jüdische Behörde gespielt hat, der die christliche Überlieferung die Hauptschuld zuschiebt, ist nicht mehr klar zu erkennen. Es ist wahrscheinlich, daß sie, wie sonst, im Interesse der politischen Ruhe mit den Römern Hand in Hand arbeitete. Es kann aber kaum zweifelhaft sein, daß Jesus wie andere Aufrührer als messianischer Prophet am Kreuze starb.»[91]

Ungeachtet der wohl größeren Wahrscheinlichkeit, daß, wie oben dargelegt, das gesamte Geschehen, von der Verhaftung bis zur Hinrichtung, allein eine Angelegenheit der Römer war (wobei bei der Verhaftung vermutlich einige jüdische Büttel mitwirkten), ist es auch durchaus denkbar, daß es einen kleinen offiziellen jüdischen Beitrag zum Prozeßgeschehen gegeben hat. Aber: umgebracht wurde Jesus nicht von den Juden, sondern von den Römern.[92]

Das unbekannte Grab eines Patrioten

Sogar der hingerichtete Jesus steht noch unter römischer Verfügungsgewalt, wie die Evangelien übereinstimmend berichten: Joseph von Arimathia, der angesehene Ratsherr des Synedriums, sei am späten Nachmittag des Hinrichtungstages bei Pilatus vorstellig geworden und habe sich von diesem die Freigabe des Leichnams erbeten, damit er ihn gemäß den jüdischen rituellen Vorschriften bestatten könne.

Zur Abnahme vom Kreuz und zur Beisetzung benötigte man die Erlaubnis der römischen Militärbehörde.[93]

> «Da es Rüsttag war, der Tag vor dem Sabbat, und es
> schon Abend wurde, ging Joseph von Arimathia, ein
> vornehmer Ratsherr, der auch auf das Reich Gottes
> wartete, zu Pilatus und wagte es, um den Leichnam
> Jesu zu bitten. Pilatus war überrascht, als er hörte, daß
> Jesus schon tot sei. Er ließ den Hauptmann kommen
> und fragte ihn, ob Jesus bereits gestorben sei. Als der
> Hauptmann ihm das bestätigte, überließ er Joseph den
> Leichnam.» (Mk. 15.42–45)

Aus der Sicht der Römer hätte der Delinquent ruhig ein paar Tage lang hängen bleiben können, das hätte den beabsichtigten Abschreckungseffekt nur vergrößert. Die jüdischen Stellen aber – so der Evangelien-Bericht – legen Wert auf ein würdiges Begräbnis. Das setzte voraus, daß Jesus vor Sonnenuntergang – genau gesagt: vor Sichtbarwerden des ersten Sterns am Abendhimmel, denn da beginnt der Sabbat[94] – abgenommen und beigesetzt sein mußte, wie es 5. Mos. 21.22–23 verlangt.

Besonders anschaulich berichtet der Johannes-Evangelist, daß Jesus ein für damalige Verhältnisse vornehmes Grab erhalten habe:

> «Es kam aber auch Nikodemus, der vormals bei der
> Nacht zu Jesus gekommen, und brachte Myrrhe und
> Aloe untereinander bei hundert Pfunden. Da nahmen
> sie den Leichnam Jesu und banden ihn in leinene Tücher mit den Spezereien, wie die Juden pflegen zu begraben.» (Jh. 19.39–40)

Hier also hätten zwei hohe jüdische Beamte einen Juden bestattet, der als Patriot und Märtyrer am römischen Kreuz gestorben war. Wäre es der jüdische Hohe Rat gewesen, der Jesus (wegen Gotteslästerung) verurteilt hätte, dann hätten wohl nicht ausgerechnet zwei Ratsmitglieder – Nikodemus soll sogar am Todesbeschluß mitgewirkt haben! – dafür Sorge getragen, daß der Gehenkte durch ein besonders ehrenvolles Begräbnis auf der Stelle rehabilitiert wird. Außerdem hätten diese beiden Beamten eine schwere Dienstverfehlung, wenn nicht gar eine strafbare Handlung begangen. Jospehus Flavius erwähnt folgende Vorschrift aus der Mischna:

«Wer Gott gelästert hat, soll gesteinigt, tagsüber aufgehängt und ehrlos und unauffällig begraben werden.» (Jüd. Altertümer IV. 8.6)

Mit der Schilderung eines rituellen Begräbnisses wird, gewissermaßen beiläufig und wie aus Versehen, etwas eingeräumt, was die Evangelien ihrer Gesamttendenz nach gerade nicht einzuräumen bereit sind: daß einflußreiche Juden eine große Zuneigung zu Jesus bekundeten, sogar solche, die in einem Gremium saßen, das ihn – angeblich – zum Tode verurteilt hat. Lukas, der in seinem Evangelium ebenso wie Markus und Matthäus darauf abhebt, daß Joseph von Arimathia es war, der die Kreuzesabnahme besorgt hat, gibt in seiner Apostelgeschichte (13.27ff.) eine andere Darstellung: Nicht nur ein einzelner vornehmer Ratsherr tritt bei der Grablegung in Aktion, sondern die ganze Jerusalemer Bevölkerung mitsamt dem Magistrat.

Eine ganz andere Frage freilich ist, ob der Evangelienbericht in der Bestattungsfrage historische Glaubwürdigkeit beanspruchen kann und ihm nicht etwa die Erfüllungslegende von Jes. 53.9 zugrunde liegt, wonach der Gottesknecht bei einem «Reichen» sein Grab finden wird, so daß es wohl kein Zufall ist, daß Matthäus (27.57) Joseph als «reichen Mann von Arimathia» ins Geschehen einführt.

Nach römischem Gewohnheitsrecht war es auch nur Verwandten und Freunden möglich, den Leichnam eines Gekreuzigten freizubitten. Joseph von Arimathia aber gehörte nicht zu diesem Personenkreis. Weit näherliegend ist – leider – der Gedanke, daß, wenn der Leichnam Jesu überhaupt vom Kreuz abgenommen wurde, die römischen Söldner ihn so verscharrt haben, wie man Gekreuzigte nun einmal zu verscharren pflegte. Man würde annehmen müssen, daß Jesus zusammen mit den beiden anderen Hingerichteten in eine – später nicht mehr bestimmbare – Grube geworfen wurde.[95]

Wäre es nicht so, sondern hätte Jesus das in den Evangelien beschriebene Einzelgrab erhalten, dann bliebe unbegreiflich, daß es in der Jerusalemer Christengemeinde nie zu einer kultischen Verehrung des Grabes Jesu gekommen ist, zumal im jüdischen Kultdenken zu allen Zeiten ein sehr ausgeprägtes Interesse an den Gräbern naher Angehöriger oder verehrungswürdiger Personen, wie

z. B. Märtyrer und Propheten, bestand. Und für ein durch Gottes Ratschluß «leeres Grab» hätte das in noch stärkerem Maße gegolten.

Im Lukas-Evangelium sagt der Engel zu den Frauen:

«Was sucht ihr den Lebendigen bei den Toten?»
(Lk. 24.5)

Diese Rede gibt die Überzeugung der christlichen Urgemeinde und der frühen Kirche wieder, derzufolge die Unbekanntheit des Grabes Jesu belanglos sein soll angesichts der Glaubenswahrheit, daß Jesus nicht ein Toter ist, an den man eine Erinnerung bewahrt, sondern der lebendige und inmitten der Seinigen gegenwärtige Herr.[96]

Erst nachdem Christentum und römische Staatsgewalt ihren Frieden miteinander geschlossen hatten, ging man eilends daran, Versäumtes nachzuholen. Eusebius[97] berichtet, daß Kaiser Konstantin es unternahm, die glückselige Stätte, wo die Auferstehung des Heilandes in Jerusalem geschah, der Besichtigung und der Verehrung zugänglich zu machen. Dazu mußte die Stätte aber erst einmal ausfindig gemacht werden. Bischof Makarius, der vom Kaiser mit der Sucharbeit beauftragt worden war, soll sich in größter Verlegenheit befunden haben. Er lud sein Gefolge ein, mit ihm zu beten, und erhielt eine Offenbarung, die ihn dazu bestimmte, an der Stätte des Tempels der Aphrodite graben zu lassen. Goguel: «Die heiligste Stätte Jerusalems mußte durch das Verabscheuungswürdigste verdeckt sein, was es in der Stadt gab; daher stammt der Gedanke, die Stelle des Kreuzes und des Heiligen Grabes unter dem Tempel der Venus zu suchen.»[98]

Auf den Ruinen eines ehemals so «sündhaften» Gebäudes ließ Konstantin eine Basilika errichten, nachdem seine Mutter Helena die Stätte besichtigt und mitgeteilt hatte, dort das Kreuz Jesu gefunden zu haben – nach dreihundert Jahren! Seither glaubt die Christenheit, daß an jener Stelle Hinrichtung und Grablegung Jesu stattgefunden habe, mit anderen Worten: daß dort, wo heute die «Grabeskirche» steht, Golgatha zu lokalisieren sei. Das Heilige Grab ist seit Konstantin die verehrungswürdigste Stätte der Christen. Die Kreuzfahrer brachen aus Europa auf, um es aus der Hand der Ungläubigen zu befreien. Unter dem Schlachtruf «Gott will es!» floß um dieser Stätte willen das Blut Hunderttausender. Das von der Kaisermutter Helena gefundene vermeintliche Kreuz Jesu war längst in Splitter aufgeteilt, die man als Reliquien in alle Welt versandt hatte. Geblieben war «Das Kreuz», das die fromme Streitmacht zum Totschläger umfunktioniert hatte.

Die Publizisten unter politischem Druck

Nach den Ergebnissen einer «enttheologisierten» Interpretation ist es nicht ausgeschlossen, daß die Evangelisten den Beitrag der jüdischen Behörden an Jesu gewaltsamem Tod ingesamt erfunden haben – jedenfalls den Beitrag einer nationalen Institution wie des jüdischen Hohen Rats, des Synedriums, in welchem auch die einflußreiche patriotische Gruppe der Pharisäer vertreten war. Hier gilt zu berücksichtigen, daß die Evangelien zu einer Zeit verfaßt wurden, als die christliche Sekte, die in ihrer ersten Generation eine reine Judensekte war, sich vom Judentum losgelöst hatte und dadurch zur Mutterreligion eine aktuelle Konfliktsituation entstanden war.

Sehr früh schon schien es geboten, Jesus so weit weg wie nur irgend möglich von jüdischen Aufstandsbewegungen zu rücken. Nur so konnte Paulus, der sich mit seiner Mission nicht an die Juden im Lande, sondern an die außerhalb Palästinas im römischen Imperium lebenden Juden und Heiden wandte, von seiner Missionstätigkeit einen Erfolg erhoffen. Dem Zusammenbruch des jüdischen Aufstandes gegen die Römer im Jahre 70 kommt in dem Zusammenhang eine zusätzliche Bedeutung zu. Man wird aber, wie das theologischerseits jetzt häufig geschieht – beispielhaft sei hier der evangelische Theologe Schmithals angeführt –, nicht so weit gehen können, allein in der Zerschlagung des Staates Israel den Grund zu sehen, warum in den Evangelien die Schuld am Tode Jesu den Juden zugewiesen wird. Schmithals sieht als Grund für diese Schuldzuweisung weder einen Antijudaismus noch eine Römerfreundlichkeit, sondern allein die Tatsache, daß die Christen nach der jüdischen Katastrophe des Jahres 70 aus der sich reorganisierenden Synagoge gedrängt wurden und damit den Schutz verloren, den die Angehörigen der Synagoge als einer «erlaubten Religion» im römischen Reich genossen. Nicht von der

Kirche, sondern von der Synagoge, so wird behauptet, sei die
Feindschaft ausgegangen, und deswegen sei die Schuldzuweisung
in den Evangelien als Abwehr gegenüber den von der Synagoge
erhobenen Verleumdungen gegen die Christen «verständlich».[99]

Abgesehen davon, daß die Römer nicht zwischen «erlaubter»
und «unerlaubter» Religion unterschieden [100] (die Römer verhielten sich allen Religionen gegenüber tolerant und haben die Christen auch niemals wegen ihrer Religion verfolgt [101]), kann diese
Argumentation schon deswegen nicht richtig sein, weil die
Schuldzuweisung an die Juden nicht erst nach dem Jahre 70, der
Entstehungszeit der Evangelien, sondern schon zu einem weitaus
früheren Zeitpunkt zu verzeichnen ist. Die verhängnisvolle
These von der Schuld der Juden am Tode Jesu geht eindeutig auf
Paulus zurück, sie entstand schon ein Vierteljahrhundert vor Ausbruch des jüdisch-römischen Krieges. Paulinischer Lehre zufolge
waren es die Juden (gemeint sind die Juden als Religionsgemeinschaft), die den Herrn ebenso getötet haben, wie sie zuvor ihre
Propheten umgebracht haben:

> «Die haben auch den Herrn Jesus getötet und ihre eigenen Propheten und haben uns verfolgt und gefallen
> Gott nicht und sind allen Menschen zuwider.»
> (1. Thess. 2.15)

Die paulinische These, daß die religiöse Autorität des «abtrünnigen Israel» die Propheten «immer» getötet und schließlich
durch die Tötung des großen messianischen Propheten den Richtspruch über sich selbst herbeigeführt hat, beherrscht auch die Erzählung in den Evangelien. In großartiger Weise wird das in dem
bei allen Synoptikern angeführten Gleichnis von den Bösen Winzern wiederholt.[102] Hier überläßt der Besitzer eines Weinbergs
(Gott) seinen Weinberg (Israel) den Händen von Pächtern (den Juden). Der Weinbergbesitzer schickt dann von Zeit zu Zeit seine
Diener (die Propheten), damit diese die Pacht einziehen. Doch die
ungetreuen Pächter töten nacheinander alle ausgesandten Diener.
Zuallerletzt sendet der Herr seinen einzigen Sohn zu den Pächtern, in der Annahme, daß diese sich an dem Sohn nicht vergreifen
werden. Doch die Pächter töten auch den Sohn, weil sie meinen,
auf die Weise falle der Weinberg in ihr Eigentum. Was aber wird

nun der Herr des Weinbergs tun? Er wird kommen und die Weingärtner umbringen. Den Weinberg wird er anderen Pächtern geben.

Die Evangelien (nicht nur Matthäus und Johannes), ja überhaupt alle Schriften des Neuen Testaments, lassen eine ausgeprägt judenfeindliche Gesamthaltung erkennen. Jesus wird zum «wahren Israel». Nur Christusgläubige sind die Kinder Abrahams, Isaaks und Jakobs, sie sind das «Israel Gottes». Ihnen gehört jetzt die hebräische Bibel, um sie als Waffe gegen die Juden des Alten Bundes zu gebrauchen: Vom Glauben abgefallen sind nicht die Christen, sondern die Juden. Die jüdischen Lehrer sind Diebe, die durch die falsche Tür (falsche Exegese) in den Schafstall kommen. Das Volk des Sinai-Bundes ist durch Gottes Zorn zur Vernichtung bestimmt. Ein kleiner Rest des Volkes allerdings, nämlich diejenigen Juden, die zum Christusglauben gekommen sind, kann gerettet werden. Deshalb (und nur insofern) hat Gott sein Volk nicht verworfen im Sinne von Römer 11.2.[103]

Der neuerdings oft gemachte Hinweis, es handele sich hier um eine innerjüdische Auseinandersetzung, und schon deswegen könne von Antijudaismus keine Rede sein, überzeugt mich nicht. Es ist ein apologetisches Argument, was jetzt gern vorgebracht wird, nachdem es sich nicht mehr ziemt, eine antijudaistische Haltung zum Ausdruck zu bringen. Die Kirchenväter, Kirchenlehrer und Päpste, Theologen aller Schattierungen, dachten da ganz anders. Ihnen war es eine Genugtuung, wenn sie sich in ihrem Antijudaismus auf die Schriften des Neuen Testaments berufen konnten. Und außerdem: Wenn beispielsweise Lukas schreibt, die praktizierenden Juden seien «ein Greuel vor Gott» (Lk. 16.15), und wenn Paulus lehrt, die Juden des alten Bundes «gefallen Gott nicht, der Zorn ist schon über sie gekommen zum Ende hin» (1. Thess. 2.16), dann müssen sich die Urheber solcher Aussprüche wohl an dem objektiven Erklärungswert ihrer Worte messen lassen, wie es den allgemein anerkannten Regeln des rechtlichen und gesellschaftlichen Umgangs entspricht.

Als die Evangelien entstanden, hatte sich unter den Jesus-Anhängern die hellenistische (paulinische) Richtung gegenüber der hebräischen endgültig durchgesetzt.[104] Durch den tragischen Ausgang des jüdischen Krieges hatten die Nazaräer, die Gründer der Jerusalemer Urgemeinde, ihren Einfluß im wesentlichen verloren. Die in der Diaspora lebenden Christen, egal ob Juden oder

Nichtjuden, hatten Partei für die siegreichen Römer ergriffen. «Eine wichtige Aufgabe der Evangelien war deshalb, den Heidenchristen in der Situation nach siebzig eine Richtung zu weisen, ihnen zu ermöglichen zu sagen: ‹Wir sind keine Juden. Jesus selbst war eigentlich kein Jude, er ist nur zufällig als solcher geboren. Jesus stand loyal zu Rom, und das tun auch wir.›»[105] Heilsgeschichtlich wird die Zerstörung des Tempels als Zeichen der Verwerfung des sich nicht zu Christus bekennenden Judentums gedeutet (Mt. 24.15 ff.; Lk. 21.22).

Die bedeutendste christliche Gemeinde außerhalb Palästinas war die Gemeinde von Rom. Die römischen Gemeindemitglieder waren naturgemäß besonders stark vom Sog des römischen Sieges über Israel erfaßt. Überdies hatte Paulus die Gemeinde auch angewiesen, sich absolut kaisertreu zu verhalten:

> «Jedermann sei untertan der Obrigkeit, die Gewalt über ihn hat. Denn es ist keine Obrigkeit ohne von Gott; wo aber Obrigkeit ist, die ist von Gott verordnet.» (Röm. 13.1)

Konkret: Es ist der Staat Neros, in dem Paulus seinen Mahnbrief schreibt, «der Staat eines Politclowns, Bruder- und Muttermörders... Während römische Intellektuelle das römische Unrechtssystem scharf angreifen, drücken Paulus und seine Schüler die Augen vor dem Unrecht zu.»[106]

Reibungspunkte und Auseinandersetzungen entstanden für die junge Kirche vor allem mit den Pharisäern (Mt. 23.29-35). Zeloten und Essener waren im Kriege ausgelöscht worden, der saddyzäische Adel war seines Besitzes und damit seines Einflusses beraubt, die Herodianer hatten sich selbst aufgelöst bzw. sich den Römern assimiliert. Die einzige geistige Richtung des Judentums, welche die Katastrophe des Jahres 70 überlebt hatte, war die der Pharisäer.[107] Diese gesetzestreuen und damit zwangsläufig antirömisch eingestellten Männer waren es, die mit einer ihnen häufig eigenen Pedanterie der christlichen Missionstätigkeit den größten intellektuellen Widerstand entgegensetzten.[108] Nur so wird verständlich, daß diese Gruppe in den Evangelien besonders abfällig bewertet und in eine permanente Gegnerschaft zu Jesus gestellt wird. Die Verfasser und Bearbeiter der Evangelien taten dies ungeachtet sowohl der einen Tatsache, daß ihr Mentor Paulus sich nachhaltig dazu bekannt hatte, selbst ein Pharisäer zu sein (Phil. 3.5; Apg. 23.6), als auch der anderen Tatsache, daß der hochangesehene Pharisäerführer im Synedrium, Rabbi Gamaliel, es war, dem Petrus seine Freilassung zu verdanken hatte, nachdem er ein paar Jahre nach Jesu Tod auf Anordnung des Hohenpriesters verhaftet worden war (Apg. 5.34 ff.). Die Pharisäer waren insgesamt diejenigen, die gegenüber der neu etablierten jüdischen Sekte der Christen zunächst eine betont wohlwollende Haltung eingenommen hatten; das beweist nicht zuletzt ihr massiver Protest gegen die Verurteilung des Jerusalemer Bischofs Jakobus, Jesu Bruder. Jakobus übrigens war selbst praktizierender Pharisäer (im Gegensatz zu Paulus, der sich auf sein Pharisäertum nur dann berief, wenn er sich davon Vorteile erhoffte).

Nach dem Jahre 70, als die Kirche sich weitgehend vom pharisäischen Judentum gelöst hatte und eine romfreundliche Haltung einnahm, war die Situation verändert. Zwischen Christen (auch Judenchristen) und Pharisäern kam es zur Konfrontation. Kein Zweifel: Die Evangelisten, allen voran Matthäus, übertrugen ihre eigenen Kontroversen und Aversionen gegenüber den Pharisäern in ihre Berichte. Dabei hatten sie keine Bedenken, Nutzen aus der innerjüdischen Kritik zu ziehen, wie sie vor allem in der rabbinischen Tradition in Form einer Selbstkritik zum Ausdruck kommt. «Vorsicht vor dem Sauerteig der Pharisäer!» lautete die Warnung der jungen Kirche. Ruth Kastning-Oldesdahl:[109] «Mit den Pharisäern glaubte man das ganze Judentum erfaßt zu haben, Kritik an den Pharisäern soll eine Kritik am Judentum insgesamt sein.»

Die historischen Tatsachen erscheinen dadurch in einem grob verzerrten Licht. Denn im Grunde hat sich das Christentum nun doch wieder keiner anderen geistigen Richtung des Judentums so sehr angelehnt wie der religiösen Partei der Pharisäer. Kolping schreibt über sie folgendes: «Persönliche Unsterblichkeit und das Gericht nach dem Tode, Auferstehung (zumindest der Gerechten), Existenz der Engel, Freiheit des Menschen und Wirken der Vorsehung sind Glaubensthesen dieser religiösen Partei. Ihre Nächstenethik schloß auch die Nichtisraeliten ein. Moralische Schuld war nur in bezug auf den göttlichen Willen denkbar, eigene Frömmigkeit hob nicht die Notwendigkeit der göttlichen Gnade auf. Im Gegensatz zu den konservativen Sadduzäern bildeten die Pharisäer theologisch die fortschrittliche Richtung. Politisch gewannen sie durch ihre Schriftgelehrten im Synedrion trotz ihrer verhältnismäßig geringen Zahl großen Einfluß. Ihr Gesetzesverständnis klebte nicht so am Buchstaben wie das der Sadduzäer... Ab 70 n. Chr. stand das neugebildete Synedrion ganz unter pharisäischer Leitung. Wir dürfen die Pharisäer nicht bloß nach dem Modell des heuchlerischen Pharisäers im Evangelium oder überhaupt nach der negativen Schilderung des Neuen Testaments betrachten.»[110]

In einem weiteren Sinne dürfte Jesus selbst – was für manchen schockierend klingen mag – der Gruppe der Pharisäer zuzurechnen sein.

Wie ein besonders gebildeter Pharisäer (das sind die sogenannten «Schriftgelehrten»)[111], läßt Jesus sich mit dem Ehrentitel «Rabbi»[112] anreden. Rabbi ist ein ausschließlich pharisäischer Würdename, und Jesus lehrte vorwiegend in Gleichnissen, der typischen Lehrform der Rabbinen.

In der die Menschen am meisten bewegenden Glaubensfrage, nämlich der Frage, was nach dem Tode sei, glaubte Jesus ebenso wie die Pharisäer an die endzeitliche Auferstehung der Toten. Apodiktisch erklärten die Rabbinen: «Wer die Auferstehung der Toten leugnet, hat keinen Anteil an der kommenden Welt.»[113]

Rabbi Hillel formuliert die Goldene Regel der Pharisäer:

«Was dir verhaßt ist, tue auch deinem Nächsten nicht an!»

Der Matthäus-Evangelist läßt Jesus sagen:

«Alles, was ihr von anderen erwartet, das tut auch ihnen!»

Auch die israelitisch-patriotische Gesinnung, die in Jesu Worten und Taten zum Ausdruck kommt, entspricht der Gesinnung der Pharisäer – im Gegensatz zu der der sadduzäischen Priesterkaste oder der Landesfürsten und deren Anhang (Partei der Herodianer), die eine große Bereitschaft zeigten, mit der römischen Besatzungsmacht zu kollaborieren.

Die Pharisäer waren die eigentlichen Gesprächspartner Jesu, an denen er sein eigenes Handeln ausrichtete. Ihre Gesellschaft hat er in erster Linie gesucht. Küng: «Man darf nicht vergessen: Der von Jesus als Exempel herangezogene Pharisäer heuchelte nicht. Er war ein ehrlicher, frommer Mann und sprach die reine Wahrheit. Er hat alles getan, was er sagte. Die Pharisäer waren von vorbildlicher Moral und genossen entsprechendes Ansehen bei denen, die es damit nicht so weit brachten.»[114]

Auch zum Essen kehrte Jesus gern bei den Pharisäern ein (Lk. 7.36), und Pharisäer waren es, die Jesus rechtzeitig warnten (Lk. 13.31), als Herodes Antipas ihm nachstellte – ebenso wie sie ihn vor den Ohren der römischen Besatzungsmacht warnten, als die Jünger beim Einzug in Jerusalem in allzu laute Jubelrufe verfielen (Lk. 19.39).

Zur Zeit Jesu gab es etwa sechstausend Pharisäer. Sie selbst nennen ihre Partei «Genossenschaft» und reden sich untereinander mit «Genosse» an.[115] Weil Jesus den Pharisäern am nächsten stand, ist es natürlich, daß er mit diesen auch am meisten diskutiert hat. Es dürfte auch oft zu heftigen Streitgesprächen gekommen sein, zumal mit solchen Pharisäern, die nach Jesu Auffassung sich allzusehr am Buchstaben des Gesetzes orientierten und nicht nach dem tieferen Sinn einer Bestimmung fragten. Wahrscheinlich hat Jesus auch persönliche Feinde unter ihnen gehabt, die ihn lieber tot als lebendig gesehen hätten. Manche seiner Auffassungen – z. B. über die Sabbatobservanz und über die Reinheitsvorschriften – mochten für einen orthodoxen Pharisäer eine echte Herausforderung sein. Undenkbar aber ist es, daß Jesus die Pharisäer pauschal mit Ausdrücken wie «Heuchler», welche die «Verdammnis empfangen» (Mt. 23.14), oder «Otterngezücht» (Mt. 12.34) beschimpft hat.

Streitgespräche sind im übrigen für die innerjüdische Auseinandersetzung durchaus typisch und haben bei weitem nicht den Grad einer persönlichen Feindschaft, wie er in den Berichten der Evangelien zum Ausdruck gebracht wird. «Für das Verständnis Jesu und des Neuen Testaments ist es sehr entscheidend, die Streitgespräche Jesu mit Pharisäern nicht als prinzipiellen Antipharisäismus zu deuten, sondern als seit alttestamentlicher Zeit gängige und gewohnte innerjüdische Auseinandersetzungen, deren Schärfe angesichts der wichtigen Materie der anbrechenden Herrschaft Gottes nur zu verständlich war.»[116]

Allzu vordergründig politisch motiviert ist das Anliegen der Evangelisten, einen Antagonismus zwischen den Pharisäern und Jesus zu konstruieren. Denn ab dem Jahre 70 bedeutet das, Jesus so weit und nachhaltig wie möglich aus dem Judentum zu verdrängen und ihn in der Welt des romfreundlichen Heidenchristentums anzusiedeln. So gesehen ist das im ganzen Neuen Testament deutlich zutage tretende Bestreben, die Schuld der Römer am gewaltsamen Tode Jesu abzuschwächen, auch eine wichtige Voraussetzung für eine möglichst erfolgreiche Verkündigung des Evangeliums im römischen Kaiserreich gewesen.

Im – apokryphen – Petrus-Evangelium wird der römische Prokurator so sehr entlastet, daß nicht er es ist, der Jesus zum Kreuzigungstod verurteilt, sondern der jüdische Tetrarch Herodes Antipas. Die Exekution besorgt das jüdische Volk, wohingegen Pilatus die Gottessohnschaft Jesus bekennt:

> «Sie (das Volk der Juden) aber nahmen den Herrn und stießen ihn eilends und sprachen: Lasset uns den Sohn Gottes schleifen, da wir Gewalt über ihn bekommen haben. Und sie legten ihm ein Purpurgewand um und setzten ihn auf den Richterstuhl und sprachen: Richte gerecht, oh König Israels! Und einer von ihnen brachte einen Dornenkranz und setzte ihn auf das Haupt des Herrn. Und andere, die dabei standen, spien ihm ins Angesicht, und andere schlugen ihm auf die Wangen, andere stießen ihn mit einem Rohr, und etliche geißelten ihn und sprachen: Mit solcher Ehre wollen wir den Sohn Gottes ehren... Und sie wurden zornig über ihn und befahlen, daß ihm die Schenkel nicht gebrochen würden, damit er unter Qualen sterbe... Pilatus... sprach: Ich bin rein am Blute des Sohnes Gottes, ihr habt solches beschlossen.» (Fragmentverse 6–9, 14.46)

Das Petrus-Evangelium entspricht nicht nur dem Zeitgeist der sich etablierenden Kirche, sondern auch der dann folgenden kirchlichen Lehre. Origenes: «Die Juden haben Jesus ans Kreuz genagelt...» Thomas von Aquin: «Die Juden sündigten als Kreuziger nicht nur des Menschen Jesus, sondern auch des Gottes Christus.»[117]

In den kanonischen Evangelien ist die politisch-apologetische Tendenz am ausgeprägtesten bei Lukas. Dieser stellt die Dinge so hin, als habe nicht Pilatus ein Todesurteil gefällt, sondern Jesus «dem Willen der Juden übergeben», die ihn dann ihrerseits ans Kreuz brachten:

> «... aber Jesum übergab er IHREM Willen. Und als sie ihn hinführten...» (Lk. 23.25–26)

Lukas (bzw. sein redaktioneller Bearbeiter) legt sogar Petrus Worte in den Mund, die diesem schier den Atem hätten verschlagen müssen, wenn er sie zu lesen bekommen hätte. Kurz nach dem Geschehen von Golgatha soll er gesagt haben:

> «Mit Gewißheit erkenne also das ganze Haus Israel: Gott hat ihn zum Herrn und Messias gemacht, diesen Jesus, den IHR gekreuzigt habt... (Apg. 2.36)[118]

Johannes zufolge haben die Juden explizit darauf bestanden, daß Jesus nicht als politischer Dissident, sondern als Gotteslästerer gekreuzigt wird (Joh. 19.7), wobei die Exekution durch «die Juden» erfolgt:

> «Da lieferte er ihnen Jesus aus, damit er gekreuzigt würde. Sie übernahmen Jesus (Jh. 19.16).

Die römische Besatzungsmacht tritt in der Berichterstattung der Evangelien ganz in den Hintergrund. Sie wird nur an wenigen Stellen – und auch da immer nur indirekt – erwähnt. Dies, obwohl die Römer von der Bevölkerung als eine drückende Last und permanente Provokation empfunden wurden.[119] Negativ werden nur die römischen Legionäre geschildert. Sie sind es, die nach Soldateska-Manier Jesus verspottet und ein böses und grausames Spiel mit ihm getrieben haben. Vom Hauptmann aufwärts hingegen kommen die Besatzer durchweg gut davon.

Zwar gehen die synoptischen Evangelisten nicht ganz so weit wie der apokryphe Petrus-Evangelist, der sogar Pilatus das Bekenntnis der Gottessohnschaft Jesu ablegen läßt; sie legen es aber einem römischen Hauptmann (Lk. 23.47, Mk. 15.39) in den Mund, als sei er gewissermaßen das älteste Mitglied der sich nach Jesu Tod formierenden christlichen Gemeinde. Sicherlich ist diese Textstelle Widerspiegelung eines gebräuchlichen literarischen Motivs: die Bekehrung des Henkers. Ein politisches Anliegen aber kommt hinzu. Haenchen: «Es ist die christliche Gemeinde, die den Centurio so sprechen läßt, die ihm ihr eigenes Bekenntnis in den Mund legt... Da niemand von den Seinen anwesend war, um in Jesu Todesstunde sich glaubend zu ihm zu bekennen, hat die Gemeinde dies Bekenntnis durch den römischen Hauptmann aussprechen lassen: Rom selbst hat in diesem die Gottessohnschaft des Hingerichteten anerkannt.»[120]

Es war besser, Jesus nicht eindeutig als einen Mann erscheinen zu lassen, der den typischen Rebellentod gestorben war. Sogar ein Autor wie Blinzler, der sonst nicht müde wird, alle Verantwortung den Juden zuzuschreiben, ist hier bereit zu konzedieren, daß es nicht geraten erschien, «den Stifter des Christentums allzu deutlich als einen durch ein römisches Tribunal rechtskräftig Verurteilten und Hingerichteten darzustellen».[121]

Somit werden nicht die Römer, sondern die Juden als die eigentlichen Gegner Jesu dargestellt. Peter Fiedler:[122] «Machen wir uns dazu einmal die Belastung klar, die für die urchristlichen Missionare im Römerreich bestand! Der als Herr und Heiland verkündete Stifter der neuen Religionsgemeinschaft war vom offiziellen Vertreter der Staatsallmacht wegen Aufruhr mit der dafür üblichen Schandstrafe hingerichtet worden. Nichts konnte eine solche Belastung eher mindern als die Behauptung, die zuständige Amtsperson habe Jesu Unschuld erkannt und festgestellt und sei bei der Verurteilung vor jüdischem Druck zurückgewichen.» Die Hinwendung zum christlichen Glauben durfte nicht als die Parteinahme für einen Aufrührer angesehen werden. Daher stellte man das Geschehen so dar, als sei Jesus in erster Linie von den Juden selbst aus religiösem Anlaß für schuldig befunden und zum Tode verurteilt worden. Lutz: «Israel, das nach den zelotischen Aufständen ohnehin verachtete, ausgestoßene, wurde zum Sündenbock, der herhalten mußte, damit die sich abzeichnenden Konflikte der Christen mit der römischen Staatsgewalt gemildert werden konnten.»[123]

Man war bemüht, die Autoritäten des römischen Reiches davon zu überzeugen, daß das Reich von dem Urheber der sich nun neu etablierenden Religion niemals etwas zu befürchten hatte. Dieser Auffassung sei auch schon Pilatus gewesen; daher habe er das Todesurteil erst nach langem Zögern und nur unter dem Druck der Juden gefällt. Nur durch eine solche Umkehrung der Schuldfrage, die man in die Prozeßberichterstattung hineindichtete, konnte man sich eine gewisse Toleranz seitens der römischen Behörden erhoffen. Die aber war wichtig für das Überleben der jungen Kirche. Lapide: «Es war eine Lebensfrage für die Evangelisten, mit allen Mitteln der Stilistik und Redaktionskunst die Verantwortung der Römer für den Tod ihres Heilands auf ein Minimum zu reduzieren, nur um die Schuld der ohnehin schon als Rebellen verpönten Juden so schwer wie möglich erscheinen zu lassen.»[124]

Interessant, daß demgegenüber die römische Berichterstattung nicht das geringste Interesse hat, die eigene Verantwortung in Abrede zu stellen – man ist sich einer «Verantwortung» in des Wortes eigentlichem Sinne sowieso nicht bewußt; dazu war der Fall aus römischer Sicht zu unbedeutend. Für die römische Gesellschaft des 1. Jahrhunderts war das Christentum nur ein verachtungswürdiger orientalischer Aberglaube.[125] Tacitus (Annales XV. 44) hatte nur kurz von dem Christus, von dem die «Christiani» ihren Namen ableiten, berichtet. Für ihn war der Gründer dieser Sekte schlicht ein hingerichteter Krimineller – wie auch immer der Hingerichtete (den Namen Jesus von Nazareth kennt Tacitus nicht) geheißen haben mag.

Während Tacitus angibt, jener Mann sei «per» (durch) Pontius Pilatus hingerichtet worden, heißt es dann im apostolischen Glaubensbekenntnis, Jesus sei «sub» (unter) Pontius Pilatus hingerichtet worden. Es war inzwischen als anstößig empfunden worden, die Römer für die Kreuzigung verantwortlich zu machen.

Bedenkt man alle diese Umstände und zieht man des weiteren in Betracht, daß das Johannes-Evangelium die Beteiligung der Römer schon bei der Verhaftung hervorhebt, dann liegt es so gut wie auf der Hand, daß es ausschließlich die Römer gewesen sind, die den «Fall Jesus von Nazareth» von der Verhaftung bis zur Vollstreckung des Todesurteils in eigener Regie geführt haben.

Eine von besonders feinsinniger Ironie getragene Reaktion auf die tendenziöse Berichterstattung in den Evangelien erfolgte im Juli 1972, als beim Obersten Gerichtshof Israels ein von christlichen Theologen gestellter – zweiter – Antrag auf Annullierung des Urteils gegen Jesus von Nazareth einging.[126] Mit höflicher Begründung bedauerte der Gerichtspräsident, dem Antrage allein schon wegen fehlender Zuständigkeit nicht stattgeben zu können. Er verwies die Antragsteller an ein italienisches Gericht.[127]

9. Kapitel:
Angeblicher Prozeß vor dem Synedrium

Der geschilderte Prozeß vor dem Synedrium bildet das Kerngeschehen der Passionsgeschichte in den synoptischen Evangelien. Dieser Prozeß ist es, der dem späteren Bruch zwischen Christen und Juden zugrunde liegt und der eine tragische Entwicklung eingeleitet hat, die den christlich-jüdischen Dialog bis auf den heutigen Tag belastet.[1]

Engagierte Theologen beider Konfessionen wie Küng, Kolping, Bornkamm oder Holtz haben die Historizität eines Prozesses vor dem Synedrium in Zweifel gezogen. Kolping[2]: «Es dürften jene Forscher im Recht sein, die eine gerichtsmäßige Synedralverhandlung überhaupt für ungeschichtlich halten.» Dibelius hält den Prozeß schlicht für eine «Legende».[3]

Dieser kritischen Haltung einer Minderheit katholischer und evangelischer Theologen steht freilich, was nicht verwundert, immer noch die vorherrschende theologische Auffassung gegenüber, derzufolge Jesus in einer Gerichtsverhandlung vor dem Synedrium wegen Gotteslästerung für schuldig befunden und zum Tode verurteilt wurde. Zweifel an dieser These sind nach wie vor weitgehend unerwünscht.[4]

Gericht und Vorsitzender Richter

Das Synedrium bestand aus dem Hohenpriester als Vorsitzendem und 70 Ratsherren.[5] Beschlußfähig – auch zur Fällung eines Todesurteils – war das Synedrium aber schon dann, wenn auf die Einladung des Hohenpriesters hin wenigstens 23 Richter anwesend waren.[6] Wie viele Richter am Todesbeschluß gegen Jesus mitgewirkt haben sollen, wird in den Evangelien nicht erwähnt. Ungesetzlich allerdings würde der Hohepriester handeln, wenn er nur solche Richter zusammenriefe, von denen er annimmt, daß sie in seinem Sinne entscheiden. Als 62 n. Chr. der Hohepriester

Ananos so verfuhr (zum Tode verurteilt und hingerichtet wurde damals Jesu Bruder Jakobus), kam es zum regelrechten Justizskandal, in dessen Verfolg auf den massiven Protest der Pharisäer hin der Hohepriester sein Amt verlor und an seiner Stelle ein Mann namens Jesus, des Damnäus Sohn, zum Hohenpriester ernannt wurde. Josephus Flavius berichtet darüber.[7]

Im Synedrium vertreten waren die Angehörigen der Jerusalemer Oberschicht (Priester und nichtpriesterliche Mitglieder einflußreicher Familien, die sogenannten Ältesten), welche die Partei der Sadduzäer[8] bildeten. Außerdem gehörten dem Synedrium Pharisäer an; zur Zeit Jesu bildeten diese angeblich sogar die stärkste Fraktion.[9] Ernannt wurden die Mitglieder des Synedriums vom Hohenpriester, dem seinerseits sein Amt (seine Amtsbezeichnung lautete – verwirrenderweise – «Messias») vom römischen Prokurator verliehen wurde, ein Umstand, der ihn naturgemäß zur Loyalität gegenüber Rom verpflichtete.

In früheren Zeiten war der Hohepriester identisch mit dem Oberhaupt der jüdischen Königsdynastie (1. Mak. 16.23–24). Der jüdische Vasallenkönig Herodes der Große ernannte und entließ den Hohenpriester nach Belieben. Zur Zeit Jesu wurde das Amt ausschließlich von den Römern verliehen. Es war eigentlich als ein Amt auf Lebenszeit gedacht. Die Römer haben «ihren» Hohenpriester aber häufig aus dem Amt entfernt und durch einen anderen ersetzt.

Historisch belegt ist, daß in der hier zur Erörterung stehenden Zeit ein gewisser Joseph, der den Beinamen Kaiphas[10] hatte, Hoherpriester und damit Gerichtsvorsitzender des Synedriums war. Kaiphas, Schwiegersohn des im Jahre 15 abgesetzten Hohenpriesters Hannas[11], «war im Jahre 16 oder 18 vom Prokurator Valerius Gratus eingesetzt worden; im Jahre 36 wurde er von Vitellius, dem Gouverneur von Syrien, seines Amtes enthoben – im selben Jahr, in dem Vitellius auch den Prokurator Pilatus absetzte.

Es gab jeweils nur einen einzigen amtierenden Hohenpriester (Großpriester). Wenn in den Evangelien häufig von «den Hohenpriestern» die Rede ist, so ist dies mißverständlich: Gemeint sind Kaiphas und sein priesterlicher Clan. Die ungewöhnlich lange Amtsdauer von Kaiphas – die meisten Hohenpriester (außer Hannas) waren nur ein Jahr, maximal sechs Jahre im Amt – spricht dafür, daß er ein geschickter Politiker war, der es in erster Linie verstand, zur römischen Besatzungsmacht ein erträgliches Verhältnis zu finden. Einen Justizskandal – etwa vergleichbar dem, den drei Jahrzehnte später sein Schwager Ananos ausgelöst hat – hat es unter Kaiphas jedenfalls nicht gegeben. Dieser Hohepriester ist kein unredlicher Richter gewesen, wenngleich die jüdische Chronik sich über ihn insgesamt nicht besonders freundlich äußert – was auf seine römerfreundliche Politik zurückzuführen sein dürfte.

Das Synedrium war nicht nur Oberster Gerichtshof der Juden, sondern zugleich geistliche und weltliche Spitzenbehörde. Die Strafverfahren waren reine Inquisitionsverfahren, jedoch dergestalt, daß das Gericht jedes nur irgend denkbare Argument zugunsten des Angeklagten ausfindig machen mußte.[12] Einen Instanzenzug gab es nicht. Das Urteil wurde im Namen Gottes verkündet:

> «Und sprach zu den Richtern: Sehet zu, was ihr tut; denn nicht im Auftrag von Menschen haltet ihr Gericht, sondern im Auftrag des Herrn; und er ist mit euch im Gericht. Laßt euch also von der Furcht vor dem Herrn leiten und handelt gewissenhaft; denn beim Herrn, unserem Gott, gibt es keine Ungerechtigkeit, kein Ansehen der Person, keine Bestechlichkeit.» (2. Chron. 19.6–7)

Das Berufsethos, mit dem die Richter des Synedriums ausgestattet waren, steht somit dem eines Richters von heute und hierzulande sicherlich in nichts nach.

Ungereimtes im Prozeßablauf

Der Bericht in den Evangelien über einen Prozeß vor dem Synedrium ist nichts anderes als ein Glaubenszeugnis der Gemeinde.[13] Es ist methodisch absolut verfehlt, diesen Bericht wie ein Gerichtsprotokoll zu lesen und auszuwerten.

Einwände gegen die Historizität ergeben sich bei Markus 14.55–65 (entsprechend Matthäus 26.59–68) schon aus dem redaktionellen Aufbau der Schilderung: Der Bericht über den Prozeßverlauf ist anscheinend ein späterer Einschub in die Verleugnungsgeschichte des Petrus. Die Verleugnungsgeschichte beginnt mit Mk. 14.54, wird schon einen Vers später unterbrochen vom Bericht über den Prozeßverlauf, um sodann mit Mk. 14.66 in glattem Anschluß weitergeführt zu werden.

Ferner: Auffallend ist, daß die Pharisäer, die (speziell von den Synoptikern) als Hauptgegner Jesu geschildert werden, im Prozeßbericht plötzlich nicht mehr auftauchen. Neben den «Hohenpriestern» und «Ältesten» werden die «Schriftgelehrten» eingeführt.[14] Während die Schriftgelehrten sonst immer in eine enge Verbindung zu den Pharisäern gebracht werden[15], werden sie in der Passionsgeschichte an die Seite der Sadduzäer gestellt.[16] Nur im Johannes-Evangelium werden die Pharisäer gelegentlich noch innerhalb des Passionsgeschehens erwähnt, aber auch da nicht mehr pointiert als Gegner Jesu und Befürworter seines Todesurteils, sondern entweder als Statisten (Jh. 18.3) oder als Leute, die unschlüssig sind, wie sie «das Problem Jesus» handhaben sollen (Jh. 11.47). Es wäre unbegreiflich, daß die Pharisäer, die Sitz, Stimme und Macht im Synedrium hatten, ausgerechnet bei dem – das Geschehen entscheidenden – gerichtlichen Todesurteil unerwähnt geblieben wären, wenn es ein solches Todesurteil durch ein jüdisches Gericht gegeben hätte.

Ferner: Nirgendwo außerhalb der Evangelien wird von einem Prozeß gegen Jesus von Nazareth berichtet, einem Prozeß, der allein schon wegen seines Charakters als Doppelprozeß vor dem jüdischen Synedrium und dem römischen Statthaltergericht beträchtliches Aufsehen hätte erregen müssen. Ein solcher Prozeß wäre als absoluter Ausnahmefall in die Geschichtschronik eingegangen. Es kommt der bedeutsame Umstand hinzu, daß ein vom jüdischen Hohen Rat ausgesprochenes Todesurteil ohnehin eine Besonderheit war: das Synedrium war nämlich für seine große Milde bekannt. Dies ist durch zahlreiche Sprüche der Rabbinen belegt.[17] Josephus Flavius, der so gut wie über jede nennenswerte Begebenheit berichtet, die sich im 1. Jahrhundert unserer Zeitrechnung bis zum Ausbruch des Jüdischen Krieges in Jerusalem ereignet hat, hätte mit Sicherheit jenen sensationellen Doppelprozeß um das Jahr 30 erwähnt, sofern es einen solchen gegeben hätte. Obendrein hätte ihn dieser Prozeß auch persönlich interessiert: Josephus Flavius entstammt einer angesehenen Jerusalemer Familie. Er selbst war zunächst Pharisäer geworden, und sein Vater war in den Jahren, in die die Verurteilung Jesu fallen müßte, amtierender Priester, was vermuten läßt, daß er sogar Mitglied des Synedriums war und somit am Todesbeschluß gegen Jesus mitgewirkt hätte.

Ferner: Die Evangelisten selbst berichten in einer Weise, die Zweifel aufkommen läßt. Die älteste Überlieferung (Markus) bringt nur den Namen Pilatus, nicht aber den Namen Kaiphas mit der Leidensgeschichte in Zusammenhang. Von einem Prozeß vor Kaiphas hat Markus also offenbar nichts gewußt. Ähnlich verhält es sich bei Lukas: Der Name Kaiphas wird zwar erwähnt, aber außerhalb der eigentlichen Passionsgeschichte. Der Apostelgeschichte zufolge (4.6) ist nicht Kaiphas, sondern Hannas amtierender Hoherpriester, und zwar sogar noch bei dem zeitlich einige Jahre nach Jesu Tod stattfindenden Verhör gegen Petrus. Und der vierte Evangelist, Johannes, schließt einen Prozeß vor dem Synedrium sogar völlig aus.

Ferner: Jesus wurde von Pontius Pilatus verurteilt und von römischen Soldaten gekreuzigt. Um die Römer zu entlasten und die Juden als die im eigentlichen Sinne Verantwortlichen am gewaltsamen Tode Jesu hinzustellen, hat sich später die Konstruktion eines Prozesses vor dem jüdischen Hohen Rat mit Schuldspruch und Todesurteil ganz einfach als notwendig erwiesen.

Schließlich: In unmittelbarem Zusammenhang und notwendigerweise damit verknüpft steht die, freilich widerlegbare, These, das Synedrium habe zwar Kapitalprozesse durchführen, Todesurteile aber nicht vollstrecken dürfen, weil die sogenannte Blutgerichtsbarkeit ausschließlich bei den Römern lag. Es scheint nun aber lebensfremd (im Grunde wäre es sogar juristischer Nonsens), wenn das Synedrium einen umständlichen Prozeß durchführt, der mit einem Todesurteil endet, obwohl von vornherein zum einen feststeht, daß aus diesem Prozeß keine Konsequenzen gezogen werden können, insbesondere das Urteil nicht vollstreckt werden kann, und zum anderen davon ausgegangen werden muß, daß das römische Tribunal nicht etwa auf Tatsachen zurückgreifen kann, die im Synedralverfahren festgestellt worden waren, sondern – unter ganz anderen Aspekten – völlig neu verhandeln muß. In einem solchen Fall läge es doch wohl nahe, sich auf polizeiliche

Maßnahmen zu beschränken, indem man den Delinquenten festnimmt und ihn der mit Vollstreckungskompetenz ausgestatteten römischen Gerichtsbarkeit übergibt.

Massive Verstöße gegen geltendes Recht

Betrachtet man nun den Prozeß gegen Jesus vor dem Synedrium, wie er in den Evangelien, insbesondere bei Markus und Matthäus, beschrieben wird, so fällt eine ganze Serie schwerwiegender Rechtsverstöße[18] auf, und zwar in einer so unkaschierten Weise, wie sie nicht einmal beispielsweise die Gerichtsbarkeit Roland Freislers aufzuweisen hat, wo man immerhin noch bemüht war, wenigstens eine scheinbare Legalität herauszustellen.

- Verboten waren Gerichtsverhandlungen am Sabbat, an einem Festtag und an den dazugehörigen Rüsttagen (Sanh. IV 1 a). Gegen Jesus aber soll gar in der heiligen Sedernacht verhandelt worden sein.
- Nach jüdischer Prozeßordnung durfte nur tagsüber verhandelt werden (Sanh. IV 1 a). Der Prozeß gegen Jesus soll jedoch nachts stattgefunden haben.
- Die Gerichtsverhandlungen mußten in öffentlicher Sitzung durchgeführt werden, und zwar ausschließlich in der als Gerichtshof eingerichteten und zum Tempelbezirk gehörenden Quaderhalle, dem «Beth Din» (Sanh. XI 2 b). Gegen Jesus aber soll im Privathaus des Hohenpriesters verhandelt worden sein.[19]
- Nur ein freisprechendes Urteil durfte im Anschluß an die Verhandlung verkündet werden, wohingegen eine Verurteilung auf den folgenden Tag verschoben werden mußte.[20] Auch gegen diese Bestimmung wäre massiv verstoßen worden.
- Dem Tatbestand, der zur Verurteilung führt, mußte entweder der Strafantrag des Verletzten (5. Mos. 21.18–21) oder die Anzeige von mindestens zwei Denunzianten (5. Mos. 19.15) zugrunde liegen. Im Fall Jesus soll der zur Verurteilung führende Tatbestand aber vom Gerichtspräsidenten während der Sitzung eingeführt worden sein.
- Bei Kapitalverbrechen konnte eine Verurteilung nur erfolgen, wenn die Tat durch mindestens zwei Zeugen einwandfrei be-

kundet war (5. Mos. 17.6). Das Geständnis des Angeklagten reichte – im Gegensatz zum römischen Strafprozeß – niemals aus. Berichtet wird, daß Jesus aufgrund eines Geständnisses, nicht aber aufgrund der Überführung durch mindestens zwei Zeugen verurteilt wurde.

- Man kann argumentieren, im Grunde habe Jesus die Tat, wegen der er verurteilt worden sei – die angebliche Gotteslästerung –, überhaupt erstmals im Gerichtssaal begangen, und Kaiphas habe sich dann auf seine Ratsmitglieder als Zeugen berufen. Die Frage eines Geständnisses würde sich somit überhaupt nicht stellen.
- Obwohl es verboten war, daß Zeugen an der Urteilsfällung mitwirken (Sanh. V 4b), sollen im Falle Jesus alle Ratsmitglieder, somit sämtliche Zeugen, an der Urteilsfällung mitgewirkt haben.
- Es versteht sich von selbst, daß die Prozeßbeteiligten, insbesondere ihr Gerichtsvorsitzender und seine Richterkollegen, nüchtern und bei klarem Verstand sein mußten. Gegen Jesus aber sollen sie verhandelt haben, nachdem sie nicht nur aus dem Schlaf gerissen waren, sondern ein jeder von ihnen wenige Stunden zuvor beim Seder-Mahl größere Mengen Wein – vier Becher waren als Minimum vorgeschrieben und viele von ihnen werden erfahrungsgemäß mehr getrunken haben – zu sich genommen hatten. Auf keinen Fall konnte jemand, der vier Becher Wein oder mehr getrunken hatte, nach pharisäischer Tradition noch zu Gericht sitzen.[21]

Der in den Evangelien geschilderte Prozeß vor dem Synedrium ist also mit so schwerwiegenden Mängeln behaftet, daß seine Illegalität von jedem Kritiker hätte geltend gemacht werden können. Schon dieser Umstand drückt ihm das Siegel der Unhistorizität auf.[22]

Ist es schon gewagt, überhaupt von einem Prozeß vor dem Synedrium auszugehen, so ist das, was über den Ablauf des Prozesses berichtet wird, gänzlich unglaubwürdig. Kein einziger Jünger war anwesend, der hätte berichten können, und die Schilderung in den Evangelien ist so widersprüchlich, daß sie für eine historische Interpretation nur als schlichtweg untauglich bezeichnet werden kann.

Einigermaßen ausführlich über den Prozeß berichten nur Markus (dreizehn Verse) und Matthäus (zwölf Verse). Folgt man diesen Berichten, dann hat es zwei voneinander getrennte Verfahren gegeben, das eine vor dem jüdischen Gericht, welches nachts im Privathaus des Kaiphas stattgefunden hätte, das andere vor dem römischen Gericht am folgenden Morgen:

> «Die aber Jesum ergriffen hatten, führten ihn zu dem Hohenpriester Kaiphas, dahin die Schriftgelehrten und Ältesten sich versammelt hatten... Des Morgens aber hielten alle Hohenpriester und die Ältesten des Volkes einen Rat über Jesum, daß sie ihn töteten. Und banden ihn, führten ihn hin und überantworteten ihn dem Landpfleger Pontius Pilatus.» (Mt. 26.57 u. 27.1–2)

Während bei Markus und Matthäus zunächst und überwiegend ganz andere Anklagepunkte zum Gegenstand der Verhandlung gemacht wurden und der Vorwurf der Gotteslästerung erst am Ende der Sitzung auftaucht, ist bei Lukas (acht Verse), der als Grieche für ein griechisches Publikum schreibt, der vom Synedrium erhobene Vorwurf von vornherein beschränkt auf einen einzigen Punkt, nämlich die (vermeintliche) Anmaßung Jesu, er sei Gottes Sohn.[23] Auch gibt es bei Lukas nicht das nächtliche Verfahren. Nach der Verhaftung wird Jesus in das Haus des Hohenpriesters geführt. Während der Nacht ist er den Schikanen und dem Spott der Männer des Verhaftungskommandos (Lk. 22.63–65) ausgesetzt. Der Prozeß beginnt am folgenden Morgen im Verhandlungssaal des Synedriums:

> «Und als es Tag ward, sammelten sich die Ältesten des Volks, die Hohenpriester und Schriftgelehrten und führten ihn hinauf vor ihren Rat.» (Lk. 22.66)

Lukas geht nicht von zwei getrennten Verfahren aus, sondern von lediglich einem Verfahren, welches in zwei Teile gegliedert ist: einem Verhör vor dem Hohen Rat (ohne Zeugeneinvernahme) und einer Verhandlung vor Pilatus. Davon, daß Jesus vom Hohenpriester vernommen worden sei, ist nicht die Rede. Vielmehr habe das Synedrium in toto ihn gefragt, ob er der Messias und ob er Gottes Sohn sei. Nach Bejahung (bzw. nicht eindeutiger Verneinung) der Frage habe das Synedrium den Fall für abschlußreif im Sinne einer Überstellung in die Gerichtsbarkeit der Besatzungsmacht gehalten:

> «Was bedürfen wir weiteres Zeugnis? Wir haben's selbst gehört aus seinem Munde.» (Lk. 22.71)

Sodann sei «der ganze Haufe» aufgestanden und habe den Delinquenten vor Pilatus geführt. Lukas hält es nicht für erwähnenswert, von einer angeblichen Gotteslästerung Jesu vor dem Synedrium und einem darauf basierenden Todesurteil[24] zu sprechen.

In der lukanischen Berichterstattung gibt es eine interessante Besonderheit. Dieser Evangelist erzählt, daß die Beschlußfassung gegen Jesus nicht einstimmig erfolgte:

> «Damals gehörte zu den Mitgliedern des Hohen Rates ein Mann namens Joseph, der aus der jüdischen Stadt Arimathia stammte. Er wartete auf das Reich Gottes und hatte dem, was die anderen beschlossen und taten, nicht zugestimmt, weil er gut und gerecht war.» (Lk. 23.51)

Während Markus (14.64) und Matthäus (27.1) berichten, daß die Verurteilung Jesu ohne Gegenstimme erfolgte, bringt Lukas diese eine Gegenstimme ins Spiel. Das hat offenbar einen tieferen Sinn: Nach dem damals geltenden jüdischen Recht mußte ein Angeklagter nämlich freigesprochen werden, wenn alle Richter ihn für schuldig erkannten. Man ging davon aus, daß in einem solchen Fall das Gericht voreingenommen sein müsse.[25] Lukas also, der in seiner Schilderung ohnehin bestrebt ist, die Verfahrensverstöße weniger kraß zutage treten zu lassen, indem er nicht von einer nächtlichen Gerichtsverhandlung im Hause des Hohenpriesters schreibt, beweist auch mit der ins Spiel gebrachten einen Gegenstimme besondere Umsicht.

Vor Pilatus, so fährt Lukas in seiner Schilderung fort, haben die Ratsherren dann Anklage wegen Aufwiegelung, Steuerhinterziehung und Amtsanmaßung bzw. Majestätsbeleidigung, also ausschließlich wegen politischer Vergehen, erhoben. Nur Lukas führt die Anschuldigungen im Wortlaut an:

> «Da brachten sie ihre Anklage gegen ihn vor; sie sagten: Wir haben festgestellt, daß dieser Mensch unser Volk verführt, es davon abhält, dem Kaiser Steuern zu zahlen, und behauptet, er sei der Messias und König.»
> (Lk. 23.2)

Wieder anders ist die Schilderung im vierten Evangelium: Bei Johannes (18.12–40; 19.1–16) finden eine nächtliche Befragung im Hause des Ex-Großpriesters Hannas und ein Gerichtsverfahren vor Pilatus am folgenden Tage statt. Zwar erfolgt die Befragung vor Hannas in rüder Manier: wegen seiner unerschrockenen Antwort bekommt Jesus eine Ohrfeige (wogegen er protestiert); aber seitens der jüdischen Obrigkeit wird keinerlei Beschuldigung gegen ihn erhoben. Man hat ihn nur nach seinen Jüngern und seiner Lehre befragt, dann aber nicht weiter insistiert, als darauf eine ausweichende Antwort erfolgte. Vielmehr wird der Gefangene Pilatus überstellt.[26] Erst dort wird der Prozeß unter massivem jüdischem Druck betrieben, mit der Begründung:

> «Wir haben ein Gesetz, und nach dem Gesetz soll er sterben; denn er hat sich selbst zu Gottes Sohn gemacht.» (Jh. 19.7)

Unwahr ist also die von vielen Theologen aufgestellte Behauptung – an erster Stelle ist auch hier wieder Blinzler zu nennen –, die Juden hätten in raffinierter Weise dem römischen Statthalter gegenüber ihre ursprünglichen Anklagepunkte – Verstöße gegen Religionsgesetze – fallengelassen und an deren Stelle eine politische Anklage gesetzt, weil sie sich nur dadurch Gehör bei Pilatus erhoffen konnten. Für eine solche Behauptung könnte man sich nur auf das Lukas-Evangelium stützen. Markus und Matthäus sagen über die Anklagepunkte im Statthalterprozeß direkt überhaupt nichts aus, und im Johannes-Evangelium dominiert sogar die religiöse Anklage – wobei der Johannes-Evangelist sich offenbar nicht klargemacht hat, daß eine solche Anklage für den römischen Prokurator irrelevant bleiben mußte.

Beinahe ein Freispruch

Vergleicht man das, was man Jesus im Synedrium möglicherweise hätte vorwerfen können, mit dem, was man ihm Markus und Matthäus zufolge tatsächlich vorgeworfen hat, so ist die «Anklage» auffallend mager ausgefallen. Nicht einmal die Sabbatverletzungen tauchen auf, also der Vorwurf, der vielleicht am leichtesten hätte erhoben und zu einer Überführung des Beschuldigten hätte benutzt werden können. Auch ein tumultuarisches Auftreten im Tempelbezirk wird ihm nicht vorgeworfen.[27] Den beiden Evangelienberichten zufolge soll es zwar eine ganze Reihe von Anklagepunkten gegeben haben. Die aber müssen so dürftig gewesen sein udn auf so tönernen Füßen gestanden haben, daß die Evangelisten nicht einmal erwähnen, um was für Vorwürfe es sich im einzelnen gehandelt habe:

> «Aber die Hohenpriester und der ganze Rat suchten Zeugnis wider Jesum, auf daß sie ihn zu Tode brächten, und fanden nichts. Viele gaben falsch Zeugnis wider ihn; aber ihr Zeugnis stimmte nicht überein.»
> (Mk. 14.55–56)

Zu denken wäre hier an den Vorwurf der «falschen Prophetie», ein Straftatbestand, der in 5. Mos. 18.20 aufgeführt ist. In der Tat könnten die Vollmachten, die Jesus für sich in Anspruch genommen hatte, aus jüdischem Rechtsverständnis heraus bedenklich stimmen. Das aber, was er im Kern verkündet hat, nämlich die Frohe Botschaft vom Herannahen des Gottesreiches, verbunden mit der Aufforderung, Buße zu tun, konnte juristisch nicht beanstandet werden. Dasselbe hatte zuvor ja auch Johannes der Täufer verkündet, und niemand war auf die Idee gekommen, ihn der falschen Prophetie zu zeihen.

Nicht selten wird auch die Auffassung vertreten, Jesus sei wegen des in 5. Mos. 13.2–12 aufgeführten Tatbestandes «Verführung» belangt worden.[28] Das aber kann nicht richtig sein. Niemals hat Jesus zu etwas aufgefordert, was auch nur ansatzweise als «Götzendienst» hätte verstanden werden können. Nur das aber – Verleitung zur Aufgabe des Glaubens an den einzigen Gott – wäre Verführung im Sinne der Strafvorschrift. Der Vorwurf, ein Verführer Israels gewesen zu sein, wurde erst sehr viel später gegen ihn erhoben, mehr als sechzig Jahre nach seinem Tod, nachdem unter paulinischer Lehrmeinung bei den Christen ja tatsächlich eine gewisse Verwässerung des jüdischen Monotheismus eingetreten war.

Hält man sich streng an den Evangelientext, so bleibt überhaupt nur ein einziger Anklagepunkt, nämlich Jesu Forderung, der Tempel müsse niedergerissen und an seiner Stelle ein würdigerer aufgebaut werden; das könne er, Jesus, in drei Tagen bewerkstelligen.

Für diesen Anklagepunkt werden bei Markus «etliche falsche Zeugen» aufgeboten, deren Aussagen «nicht übereinstimmen».[29]

> «Und etliche standen auf und gaben falsch Zeugnis wider ihn und sprachen: Wir haben gehört, daß er sagte: Ich will den Tempel, der mit Händen gemacht ist, abbrechen und in drei Tagen einen anderen bauen, der nicht mit Händen gemacht sei. Aber ihr Zeugnis stimmte noch nicht überein. Und der Hohepriester stand auf, trat mitten unter sie und fragte Jesus und sprach: Antwortest du nichts zu dem, was diese wider dich zeugen? Er aber schwieg still und antwortete nicht.» (Mk. 14.57–61)

Schon bei Matthäus (Mt. 26.61) erscheint diese Perikope in stark abgeschwächter Form: Diesem Evangelium zufolge stand die Frage des Tempelabrisses also nicht zur Debatte. Und nach Markus und Matthäus hielt es Jesus offenbar nicht für nötig, gegen derartig absurde Unterstellungen zu seiner Verteidigung etwas vorzutragen. Warum wohl sollte ein gesetzestreuer Jude wie er den Tempel, den er als Heiligtum betrachtete (‹meines Vaters Bethaus›) abreißen wollen? Die Leute, die derartiges von ihm behaupteten, hatten ihn gründlich mißverstanden. Die Perikope von der Tempelzerstörung lautet bei Markus:

> «Als Jesus den Tempel verließ, sagte einer von seinen Jüngern zu ihm: Meister, sieh was für Steine und was für Bauten! Jesus sagte zu ihm: Siehst du diese großen Bauten?[31] Kein Stein wird auf dem andern bleiben, alles wird niedergerissen.» (Mk. 13.1–2)

Die Zerstörung des Tempels[32] wird in der passivischen Form angekündigt und gleichgesetzt mit der drohenden Katastrophe der bevorstehenden Endzeit. Eine solche Prophezeiung aber wäre nicht strafbar gewesen. Dafür gab es in der jüdischen Prozeßgeschichte sogar den Präzedenzfall des Propheten Jeremia (Jer. 26.1–19).[33] Zwar hatte die Prophezeiung Jeremias von der Zerstörung Jerusalems zunächst großen Anstoß erregt und ihm eine Anklage wegen eines todeswürdigen Verbrechens eingebracht; Jeremia wurde aber freigesprochen und voll rehabilitiert, nachdem er darauf hatte verweisen können, daß er seine Prophezeiung in der Sorge um Israel gemacht habe.[34]

Zwar soll Jesus einmal ganz direkt gesagt haben:

> «Brechet diesen Tempel ab, in drei Tagen werde ich ihn wieder aufrichten!» (Jh. 2.19)

Doch das war natürlich nicht wörtlich, sondern allegorisch gemeint. Hier hatte Jesus offenbar nicht das Gebäude gemeint, sondern den Tempelkult, und den zu kritisieren, war nicht nur nicht strafbar, sondern eine ganz typische Erscheinung des innerjüdischen Streitgesprächs.[35]

Weil berichtet wird, daß hinsichtlich des Tempelbabbruchs widersprechende Zeugenaussagen vorlagen, muß man von der Annahme ausgehen, daß es auch eine Anzahl von Entlastungszeugen gegeben haben wird, die das diesbezügliche Gerede in Abrede stellten. Dem kommt insofern besondere Bedeutung zu, als es gerade der Zeugenbeweis ist, der im jüdischen Strafprozeß eine zentrale Rolle spielt. Die dem Richter exakt vorgeschriebene Belehrung der Zeugen gibt darüber Aufschluß:

> «Vielleicht weißt du nicht, daß wir deine Aussage in einem Kreuzverhör gründlichst prüfen werden. Du mußt verstehen, daß es einen prinzipiellen Unterschied gibt zwischen allen Verbrechen, wo ein Todesurteil gefällt werden kann, und allen anderen Fällen. In solchen Fällen kann die Angelegenheit durch eine Geldstrafe erledigt werden, aber in den zuerst genannten Fällen ist der Zeuge verantwortlich für das Blut eines zu Unrecht verurteilten Mannes und für das Blut seiner Nachkommen (die jetzt nicht gezeugt wer-

den) bis an das Ende der Welt. Adam wurde geschaffen, um zu lehren, daß wenn ein Mann den Untergang einer einzigen Seele verursacht, wird das Gesetz ihn behandeln, als ob er eine ganze Welt vernichtet habe, und wenn ein Mann bloß das Leben einer einzigen Seele rettet, wird das Gesetz ihn behandeln, als ob er das Leben einer ganzen Welt gerettet habe...»[36]

Mit dem Anklagepunkt des geforderten Tempelabrisses tut der Gerichtsvorsitzende sich erkennbar schwer. Markus und Matthäus berichten, er habe den Angeklagten aufgrund der Zeugenaussagen nicht für überführt gehalten. Damit wäre die Anklage zusammengebrochen. Dennoch soll der Hohepriester – was rechtlich nicht zulässig ist, im übrigen auch nicht beweiserheblich gewesen wäre – an Jesus noch die Frage gerichtet haben, ob er auf die gegen ihn gerichteten Aussagen nichts zu erwidern habe. Er erhält keine Antwort, ein Freispruch war damit in greifbare Nähe gerückt.[37]

Phantasie und Fabulierkunst eines Theologen wie Stauffer lassen den von den Evangelisten bis dahin geschilderten Prozeßablauf freilich ganz anders erscheinen: «Der Präsident trat dicht vor den Angeklagten hin, in die Mitte des Saales. Nach der prozeßrechtlichen Vorschrift soll der Untersuchungsrichter den Angeklagten ‹einschüchtern›. Das ist hier offenbar die Absicht des routinierten Großinquisitors. Er will Jesus aus der Fassung bringen... Aber Jesus läßt sich nicht überrumpeln oder Angst machen. Er weiß, daß... der versuchte Zeugenbeweis bereits endgültig zusammengebrochen ist. Nach jüdischem Recht müßte das Synedrium nunmehr den Angeklagten freisprechen und die falschen Zeugen verurteilen. Kaiphas will diese prozeßrechtliche Situation durch seinen effektvollen Einschüchterungsversuch vernebeln und Jesus in eine Falle locken. Jesus durchschaut das und bewahrt dieselbe Haltung wie bisher, er schweigt. Der Schauprozeß hat den toten Punkt erreicht.»[38]

Im Vergleich zu dem Theologen Stauffer nimmt sich das, was der Theologe v. Schlotheim[39] an der Kaiphasschen Prozeßführung zu beanstanden hat, eher harmlos aus: «Der Vorsitzende... hatte seinen Sitz verlassen und war... vor den Tisch der zu Gericht sitzenden Mitglieder getreten (Mk. 14.60). Wer aber zu Gericht ‹sitzt›, hat eben zu sitzen und dadurch seine Hoheit gegenüber dem vor Gericht Gerufenen darzutun; nur so kann er ordentlich Recht sprechen.»

Läßt man solche Beiträge beiseite und liest man nicht mehr in den Prozeßbericht hinein als drinsteht, so könnte Kaiphas in bezug auf die Abhandlung der Anklagepunkte, namentlich des Anklagepunktes der angeblich beabsichtigten Tempelzerstörung, durchaus bescheinigt werden, daß er sich an die dem Richter auferlegte prozessuale Grundregel gehalten hat:

«Du sollst fleißig suchen, forschen, fragen.»
(5. Mos. 13.15)

Man kann ansonsten über Kaiphas denken, wie man will: Er ist als Opportunist und als ein nicht objektiv urteilender Richter auch in die jüdische Geschichte eingegangen.[40] Im Vergleich zu Pilatus schneidet er in der Beurteilung der Chronisten allerdings bei weitem besser ab. Insbesondere werden Kaiphas – im Gegensatz zu Pilatus – keine begangenen Grausamkeiten nachgesagt.

Sieht man einmal von den grotesken Verfahrensverstößen ab, die dem Prozeß anhaften würden, wenn es ihn tatsächlich gegeben hätte, so lassen andererseits, was speziell die Person des Kaiphas anbelangt, die Evangelienberichte erkennen, daß dieser antike jüdische Richter durchaus schon Ansätze eines rechtsstaatlichen Verfahrens hatte anklingen lassen; wesentliche Elemente eines «fair trial» sind erkennbar (was aufzuzeigen natürlich nicht Absicht der Evangelisten war): Kaiphas gibt nicht dem Druck von irgendeiner Seite nach. Die Zeugenaussagen wägt er gegeneinander ab. Wo Widersprüche auftauchen, entscheidet er nach der Maxime «in dubio pro reo». Das Schweigen des Angeklagten läßt er diesem nicht zum Nachteil gereichen – ein Postulat, das fast zwei Jahrtausende brauchte, um in unsere Prozeßordnung Eingang zu finden. Von einem Schauprozeß, wie ihn der Matthäus-Evangelist suggerieren will (Mt. 27.1), kann also keine Rede sein.

Bist du Christus, der Sohn Gottes?

Nachdem die ursprünglich erhobenen Anklagepunkte vom Tisch sind, taucht den Berichten zufolge urplötzlich eine völlig neue Anklage auf: Jesu angeblich angemaßte Messianität. Conzelmann:[41] «Auf dem Höhepunkt... wird – dem christlichen Leser! – in eindrucksvoller Formulierung gezeigt, wie sich Jesus vor der Hohen Behörde seines Volkes zum ersten Mal ausdrücklich als Messias bekennt – und damit seinen Tod herbeiführt. Zugleich ist damit der Unglaube Israels enthüllt.»

Die Frage nach der Messianität ist vielschichtig und äußerst problematisch. Es ist der wohl problematischste Punkt des gesamten Verfahrens in der von den Synoptikern geschilderten Form.

Von seinen Anhängern wurde Jesus überwiegend nicht für den Messias, sondern für einen Propheten gehalten:

> «Unterwegs fragte er die Jünger: Für wen halten mich
> die Menschen? Sie sagten zu ihm: Einige für Johannes
> den Täufer, andere für Elija, wieder andere für sonst
> einen von den Propheten.» (Mk. 8.27–28)

Jesus selbst soll die Auffassung, daß er ein Prophet sein könne, einmal indirekt bestätigt haben:

> «Doch heute und morgen und am folgenden Tag muß
> ich weiterwandern; denn ein Prophet darf nirgendwo
> anders als in Jerusalem umkommen.» (Lk. 13.33)

In der neueren Theologie – auf katholischer wie auf evangelischer Seite – überwiegt ganz eindeutig die Auffassung, daß Jesus niemals einen messianischen Anspruch erhoben habe. Um einige Namen zu nennen: Blank, Zahrnt, Conzelmann, Bultmann, Braun oder Kolping, der feststellt: «Vom historischen Jesus wissen wir nicht, daß er sich als Messias bekannt habe.»[42] Ebenso Bornkamm: «Es gibt tatsächlich keinen einzigen sicheren Beweis, daß Jesus einen der messianischen Titel, die ihm die Tradition anbot, für sich in Anspruch nahm.»[43]

Selbst im engsten Kreis seiner Jünger hat Jesus sich nicht als Messias ausgegeben. Auch umgekehrt ist – jedenfalls zu Jesu Lebzeiten – von den Jüngern nur ein einziger bereit, ihn ein einziges Mal als Messias zu bezeichnen.[44] Der Jünger ist Simon Petrus; die Szene spielt in Caesarea Philippi. Es ist dies die berühmte Evangelienstelle (Mt. 16.13–20; Lk. 9.18–22), an der sich der Begriff vom sogenannten «Messiasgeheimnis» orientiert, und zwar wegen der sich an das petrinische Messiasbekenntnis anschließenden strengen Weisung Jesu, mit niemandem darüber zu sprechen:

> «Simon Petrus antwortete ihm: Du bist der Messias! Doch er verbot ihnen, mit jemand über ihn zu sprechen.» (Mk. 8.29–30)

Die Historizität dieser Szene wird mit unterschiedlicher Begründung bezweifelt.[45] Es wird hervorgehoben, daß Jesus seinen Jünger Simon Petrus in dem Gespräch von Caesarea Philippi besonders scharf zurechtgewiesen habe. Diese Zurechtweisung: «Weg mit dir, Satan, geh mir aus den Augen!» (Mk. 8.33), sei auf den Satz: «Du bist der Messias» gefolgt; das bedeute, daß Jesus den Titel entschieden abgelehnt habe. Bultmann meint, das Messiasbekenntnis des Petrus sei eine von Markus in das Leben Jesu hineingelegte Ostergeschichte.

Der Matthäus-Evangelist läßt auch Jesus selbst einmal einen Bezug zwischen sich und dem Messias herstellen:

> «Viele werden unter meinem Namen auftreten und sagen: Ich bin der Messias, und sie werden viele irreführen.» (Mt. 24.5)

Doch sagt auch diese – in den Evangelien ganz isoliert dastehende – Perikope sicherlich nichts darüber aus, daß Jesus auf seine Messianität hingewiesen habe; er warnt vielmehr die Jünger vor zukünftigen Lügenmessiassen, die sich dabei auf ihn, Jesus, berufen.[46]

Eine weitere – ebenfalls isoliert dastehende – Perikope gibt es schließlich noch bei Lukas: Als Jesus mit seiner kleinen Schar in Jerusalem einzieht, ist es nicht – wie bei Markus und Matthäus – die Bevölkerung, die Jesus (teilweise) als Messias begrüßt, sondern die Jünger sind es, die rufen:

> «Gesegnet sei der König, der da kommt im Namen des Herrn.» (Lk. 19.38)

Aus der Menge der Zuschauer wenden sich daraufhin Pharisäer an Jesus mit der Aufforderung, den Jüngern Schweigen zu gebieten. Jesus weist dieses Ansinnen zurück und erhebt somit indirekt einen messianischen Anspruch:

> «Da riefen ihm einige Pharisäer aus der Menge zu: Meister, bring deine Jünger zum Schweigen! Er erwiderte: Ich sage euch: Wenn sie schweigen, werden die Steine schreien.» (Lk. 19.39–40)

Die Erwiderung Jesu ist, wie allgemein[47] angenommen wird, nachösterliches Gedankengut («vaticinium ex eventu»). Das «Schreien der Steine» ist durch den Propheten Habakuk (2.11) inspiriert: Die Steine der bald zerstörten Stadt werden für Jesu Königtum Zeuge sein, wenn die Jünger (bei der Passion) schweigen.[48]

Der einzige Titel – sofern es überhaupt ein Titel ist –, den Jesus sich den Berichten zufolge zugelegt hat, ist der Titel «Menschensohn». Mehr als siebzigmal erscheint diese Bezeichnung in den Evangelien – auffallenderweise kein einziges Mal bei Paulus. Immer nur in Jesu eigenen Worten taucht der Begriff auf, was ein Indiz für seine Authentizität ist. Obwohl letzten Endes nicht auszuschließen ist, daß die gesamte Rede vom Menschensohn Gemeindetheologie ist, so nimmt die Forschung doch überwiegend an, daß Jesus diesen (in der spätjüdischen Sprachwelt seltenen) Titel zur Bezeichnung seines Wesens aufgenommen und umgeprägt habe.[49]

Soweit der Begriff Menschensohn eine Hoheitsbezeichnung ist, was in Anlehnung an den «Propheten» Daniel (7.13 ff.) immerhin in Betracht kommt, wird er von Jesus niemals auf seine eigene Person angewandt. Ganz deutlich wird das bei Mt. 10.23 (auch bei Mk. 8.38 und Lk. 12.8), wo er das Erscheinen des Messias mit den Worten prophezeit: «... bis des Menschen Sohn kommt» und damit eben keineswegs sich selbst meint.

Andererseits gibt es zahlreiche Textstellen, wo Jesus den Begriff «Menschensohn» zwar auf sich bezieht, ihn aber eindeutig nicht im Sinne eines Hoheitstitels verstanden hat:

> «Jesus sagte zu ihm: Die Füchse haben Gruben, und
> die Vögel unter dem Himmel haben Nester; aber des
> Menschen Sohn hat nicht, da er sein Haupt hin lege.»
> (Mt. 8.20)

Ben-Chorin[50] weist darauf hin, daß das Wort «Menschensohn» im allgemeinen Sprachgebrauch mit «Barnasch» zu identifizieren sei, was «jedermann» oder «irgendwer» bedeutet. Diese Deutung überzeugt, wenn man sich zum Beispiel die folgende Stelle vergegenwärtigt:

> «Des Menschen Sohn ist auch ein Herr über den Sabbat» (Mk. 2.28),

was ausdrücken will, daß der Sabbat jedermann zur Freude geschaffen ist.

Schon die jungen christlichen Gemeinden, soweit sie griechisch sprachen, konnten mit diesem schwer verständlichen Ausdruck «Menschensohn» offenbar nichts Rechtes mehr anfangen. In der kirchlichen Liturgie jedenfalls ist er niemals mehr aufgetaucht. Ernst Bloch: «Wie einfach wäre dies Wort, wenn gar nichts dahinter wäre als eine überflüssig gewordene Beschreibung dessen, was gar nichts in petto hat, sondern lediglich, aramäisch, auf zwei Beinen geht.»[51]

Die Evangelien lassen erkennen – sogar Johannes räumt das ein (6.15) –, daß Jesus in bezug auf Titel, die den religiösen Bereich berühren könnten, sehr zurückhaltend war. Eine religiöse Verehrung seiner eigenen Person war für ihn undenkbar. Auch hat er niemals von sich gesagt, er sei ein Abkömmling aus dem Hause David. Er hat sich mit «Meister» («Rabbi») anreden lassen. Es soll ihm schon zu weit gegangen sein, wenn er nur «guter» Meister genannt wurde. Als ihn jemand so anredet, weist er ihn sogleich zurecht:

> «Wie heißest du mich gut? Niemand ist gut, denn der
> einzige Gott.» (Mk. 10.17–18)

Bei so viel Bescheidenheit muß es von vornherein mehr als unwahrscheinlich erscheinen, daß Jesus nun plötzlich vor dem Synedrium behauptet habe, er sei der Messias.

Zur prozeßentscheidenden Frage und Antwort

Eine angemaßte Messianität war in dem (im übrigen nur bei Markus und Matthäus aufgestellten) Katalog der Beschuldigungen vor dem Synedralgericht überhaupt nicht enthalten. Inwiefern sollte nun plötzlich der Hohepriester davon ausgehen, daß Jesus behauptet habe, der Messias zu sein? Die einzige Erklärung wäre, daß Jesus im Verlaufe des Verhörs sich in diese Richtung verdächtig gemacht hätte. Davon ist keine Rede.[52] Denn unmittelbar nachdem die Zeugen die Anklagepunkte vorgebracht haben sollen (die dann im Ergebnis für eine Verurteilung nicht ausreichen), soll Kaiphas ganz unvermittelt nach einer gleichsam im luftleeren Raum schwebenden Messianität gefragt haben, ohne jeden Bezug zu dem vorausgegangenen Verhör – also nicht etwa im Wege einer Anschlußfrage:

> «Und der Hohepriester stand auf und sprach zu ihm: Antwortest du nichts zu dem, was diese wider dich zeugen? Aber Jesus schwieg still. Und der Hohepriester antwortete und sprach zu ihm: Ich beschwöre dich bei dem lebendigen Gott, daß du uns sagest, ob du seist Christus, der Sohn Gottes.» (Mt. 26.62–63)

Wie ein Phantom wird hier die Messianität in das Prozeßgeschehen eingeführt.

Noch weniger nachvollziehbar als die Frage des Hohenpriesters ist die Antwort, die darauf gegeben worden sein soll:

> «Jesus sprach zu ihm: Du sagst es. Doch sage ich euch: Von nun an wird's geschehen, daß ihr sehen werdet des Menschen Sohn sitzen zur Rechten der Allmacht und kommen in den Wolken des Himmels.»
> (Mt. 26.64)

Als gläubiger Jude konnte Jesus sich natürlich nicht vorstellen, daß der jüdische Messias von Gott in den Himmel gehoben wird, um dort «an dessen Seite sitzend» mit ihm gemeinsam zu regieren. Und was den Wiederkunftsspruch «kommen auf den Wolken des Himmels» anbetrifft, so handelt es sich dabei um eine Ergänzung zu «sitzen zur Rechten der Allmacht».[53] Insgesamt ist der Ausspruch ein – kombiniertes – Zitat aus dem Alten Testament (Daniel 7.13 i. V. m. Psalm 110.1), womit Markus und Matthäus beweisen wollen, daß in bezug auf die Person Jesu wiederum eine Prophezeiung sich erfüllt habe.

Matthäus fährt dann fort:

> «Da zerriß der Hohepriester seine Kleider und sprach: Er hat Gott gelästert! Was bedürfen wir weiteres Zeugnis? Siehe, jetzt habt ihr seine Gotteslästerung gehört.» (Mt. 26.65)

Für einen Richter soll es Vorschrift gewesen sein, sich das Gewand zu zerreißen, wenn er eine Gotteslästerung hört[54]. Kaiphas hat aber aus dem Munde Jesu keine Gotteslästerung gehört. Die beschriebene Zornesgeste hat ganz offensichtlich legendären Charakter. Ben Chorin: «Erzähltechnisch soll das Zerreißen der Gewänder des Hohenpriesters dem Zerreißen des Vorhanges vor dem Altarheiligtum in der Stunde der Kreuzigung vorangehen (Mt. 27.51).»[55]

Eine einleuchtende Erklärung dafür, warum Jesus sich hier – erstmals! – als Messias ausgegeben haben soll, wird nirgendwo gegeben. Kolping: «Hat er nun... das Visier gelüftet, das bislang sein wahres Wesen verdeckt hat? Viele, die in der markinischen Verhandlung vor dem Synedrion... eine den historischen Verhältnissen entsprechende Darstellung sehen, bejahen diese Frage. Aber sie übersehen, daß diese Darstellung in Wirklichkeit ein künstliches Gebilde ist und insbesondere in der Antwort Jesu sehr verschiedene christologische Elemente miteinander verbunden sind, ein Zeichen dafür, daß der Text so nicht unmittelbar auf Jesus zurückgehen kann.»[56]

Schleierhaft bleibt, warum Jesus ausgerechnet vor Gericht gegen seine Überzeugung geredet, also praktisch gelogen und hochstaplerisch aufgeschnitten haben soll. Obendrein wäre es ein äußerst törichtes Verhalten gewesen. Wenn er sich selbst nicht für den Messias hält, warum sollte er dann durch anmaßendes Reden den Unwillen des Hohenpriesters heraufbeschwören? Jesus hatte doch etwas ganz anderes postuliert und als Maxime für sein eigenes Leben aufgestellt:

> «Seid klug wie die Schlangen und ohne Falsch wie die Tauben.» (Mt. 10.16)

Törichtem Verhalten also hat er ebenso eine Absage erteilt wie der Lüge.

Kolping: «Die Antwort Jesu Mk. 14.62 beschreibt also nicht einen wirklichen Vorgang in der Verhandlung vor dem Synedrion und ist damit auch keine historische Aussage, die Jesu Selbstverständnis ausdrückt, sondern sie gibt die Glaubensüberzeugung der späteren Gemeinde wieder; sie spricht aus, wie die Konfrontation Jesu mit dem Synedrion nach der Ansicht dieser Gemeinde gewesen sein müßte.»[57]

Im übrigen wird auch nur von Markus berichtet, daß Jesus auf die Frage des Hohenpriesters, ob er Christus, der Sohn des Hochgelobten sei, mit einem eindeutigen «Ich bin's» geantwortet habe. Matthäus hingegen legt Jesus eine ausweichende Antwort in den Mund. Dort antwortet er (so wie dann später auch gegenüber Pilatus) auf die inkriminierende Frage mit den Worten: «Du sagst es!», was also auch die Auslegung zuläßt: «Das sagst du, nicht ich.» Dieselbe Auslegung läßt die nach Lukas gegebene Antwort zu: «Ihr sagt's, ich bin's.»

Vielfach wird vermutet, daß das bei Markus zu lesende «Ich bin's» auf einem redaktionellen Versehen beruht: Der Markusvorlage zufolge sei Jesus auch dort (wie bei Matthäus und Lukas) der Frage ausgewichen und habe mit den Worten: «Du sagst es, nicht ich!» doppeldeutig geantwortet.[58] Man wird also annehmen können, daß alle drei Synoptiker nicht so weit haben gehen wollen, Jesus eine eindeutig bejahende Antwort in den Mund zu legen. Vielmehr haben sie die berühmte rabbinische Formel (gleichzeitig ein feinsinniges Wortspiel) «atha amartha», «du sagst es», ins Spiel gebracht, die immer dann angewandt wurde, wenn man einem Gesprächspartner ausweichen wollte.[59]

Während Jesus also bis hin zum Schluß kein eindeutiges Bekenntnis seiner Messianität abgegeben hat (zumindest also das sogenannte Messiasgeheimnis konsequent gewahrt hätte, wenn man einmal unterstellen wollte, daß er sich für den Messias gehalten hat), sollen ihn Kaiphas und sein Richterkollegium gleichwohl schuldig gesprochen und verurteilt haben – offenbar deswegen, weil die Frage nach der Messianität vom Angeklagten nicht eindeutig verneint wurde.

Was wohl wäre geschehen, wenn Jesus in aller Nüchternheit, getragen von dem Willen einer sinnvollen Verteidigung (oder auch nur aus prozeßtaktischen Gründen), es sich hätte einfallen lassen, die Frage des Hohenpriesters mit einem «Nein» zu beantworten oder sie schweigend zu übergehen? Würde man dann noch an einem endgültigen Freispruch zweifeln können? Schließlich hatte Kaiphas auch das Schweigen auf den ursprünglichen Anklagepunkt – beabsichtigter Tempelabriß – nicht als ausreichend für eine Verurteilung angesehen. Um wieviel weniger hätte er Jesus dann verurteilt, wenn dieser die inkriminierte Frage, ob er sich für den Messias halte, wahrheitsgemäß verneint hätte![60]

Dem synoptischen Evangelienbericht zufolge hätte es Jesus ohne weiteres in der Hand gehabt, den Ausgang des Prozesses vor dem Synedrium zu bestimmen. Was aber bleibt dann von der landläufigen, auf Mt. 26.59 gestützten These übrig, das Synedrium hätte Jesus auf jeden Fall, so oder so, zum Tode verurteilen wollen, es habe sich um einen Schauprozeß gehandelt, die Verurteilung habe von vornherein festgestanden? Die Verneinung der Frage nach der Messianität, ja sogar das Schweigen darauf hätten der Passionsgeschichte eine ganz andere prozessuale Grundlage gegeben. Matthäus, Markus und auch Lukas hätten ihre Berichte anders schreiben müssen – beispielsweise so oder ähnlich wie Johannes. Kaiphas jedenfalls würde nicht länger als der Schurke dastehen.

Messianität und Gottessohnschaft

Beim Lesen der Evangelienstelle, die sich auf die bedeutsamste Frage des ganzen Prozesses bezieht, geht man meistens irrtümlich von der Annahme aus, die Frage des Hohenpriesters sei eine Doppelfrage gewesen, nämlich zum einen die Frage nach der Messianität und zum anderen nach der Gottessohnschaft, etwa in dem Sinne, ob Jesus der von der Masse der Bevölkerung herbeigesehnte Messias aus dem Hause David sei oder ob Jesus sich darüber hinaus nicht nur für einen Menschen, sondern für ein himmlisches Wesen halte.[61]

Eine nach jüdischer Vorstellung ungeheure Gotteslästerung wäre es natürlich gewesen, wenn jemand von sich behauptet, er sei – Gott vergleichbar – ein himmlisches Wesen. Es wäre schon Frevel und ein Verstoß gegen das erste Gebot des Dekalogs, auch nur für denkbar zu halten, daß es einen anderen Gott als den einzigen wahren Gott geben könnte. Auch Kaiphas hätte sich dann mit seiner Frage einer Gotteslästerung schuldig gemacht. Unter den Ratsmitgliedern hätte sie einen Tumult ausgelöst.

So, wie die inkriminierte Frage gemeinhin vom «christlichen Leser» interpretiert wird (und die Kirche unterstützt bekanntlich diese Interpretation), wäre sie nur interpretierbar, wenn Kaiphas und Jesus nicht Juden, sondern Christen im Sinne nachösterlicher Zeitgenossen gewesen wären. Im Dialog zwischen dem Juden Kaiphas und dem Juden Jesus hingegen wäre undenkbar, daß die Frage sich auf einen persönlichen Sohn Gottes bezogen haben könnte. Eine solche Fragestellung wäre dem Vorstellungsvermögen des fragenden Gerichtspräsidenten ebensowenig zugänglich wie dem des befragten Angeklagten.

Der Jude Paulus und die Synoptiker konnten da nicht anders gedacht haben. Die Gottessohnschaft, wie Paulus sie predigt, bezieht sich nicht auf den irdischen Jesus. Relevant wird sie erst im Zusammenhang mit der Auferweckung:

> «...eingesetzt als Sohn Gottes in Macht seit der Auferstehung von den Toten.» (Röm. 1.4)[62]

Mit anderen Worten: Die Frage des Kaiphas konnte unmöglich die nach einer überirdischen Persönlichkeit sein, eine bejahende Antwort Jesu konnte nicht als Gotteslästerung angesehen werden.

Vor diesem Hintergrund wird deutlich, daß die so bedeutungsvolle und angeblich prozeßentscheidende Frage des Kaiphas überhaupt nur die Frage nach der Messianität hätte sein können und daß die Frage nach dem «Sohn Gottes» nur als eine Apposition zur

Messiasfrage verstanden werden kann – ganz abgesehen davon, daß alle Stellen in den Evangelien, in denen der Sohn-Gottes-Begriff gebraucht wird, ohnehin dem Verdacht unterliegen, Formulierung der nachösterlichen Gemeinde zu sein.[63]

Messias ist das hebräische Wort für das griechische «Christos», latinisiert «Christus». Kirchlicher Tradition entsprechend, wie sie auch im sogenannten apostolischen Glaubensbekenntnis ihren Niederschlag findet, ist mit der Bezeichnung «Christus» der auferstandene Erlöser, der geglaubte und verkündete Sohn Gottes gemeint. Mit «Jesus» dahingegen verbindet man eher den geschichtlichen Mann aus Galiläa. So gesehen, kommt in der Bezeichnung «Jesus Christus» auch das Dogma von der Doppelnatur Jesu als «wahrer Mensch und wahrer Gott» zum Ausdruck. Der von Kaiphas hinterfragte Christus hat nichts zu tun mit dem Christus der Christen.[64]

Der Begriff «Messias» oder «Christus» ist im Laufe von fast zwei Jahrtausenden so sehr in das christliche Denkschema integriert worden, daß sich kaum noch jemand der ursprünglichen Bedeutung bewußt ist.[65] Beispielsweise in Händels großartigem Werk «Der Messias» soll man sich nicht dem Messias der Juden, sondern dem Christus Jesus von Nazareth verbunden fühlen. Und wenn dann die Arie nach Jesaja 40.9 ertönt: «O du, die Wonne verkündet in Zion, steh auf, strahle, denn dein Licht ist nah, und die Herrlichkeit des Herrn geht auf über dir», dann soll der Hörer nicht über die Prophezeiung Jesajas nachdenken, sondern er soll empfinden, daß hier der Heiland der Christen angekündigt wird. Der Christus (Messias) in der Kaiphasschen Fragestellung hingegen ist ausschließlich eine nationale Figur des Judentums.

Von keiner Figur – Gott ausgenommen – ist im Alten Testament so viel die Rede wie von jenem Messias, der Israel von der Fremdherrschaft befreien und den Anbruch des Gottesreiches herbeiführen wird. Bei diesem prophezeiten Messias handelt es sich nicht um ein mit göttlichen Kräften ausgestattetes Wesen oder gar um einen leiblichen Verwandten Gottes, sondern ganz ausschließlich um einen Menschen, genau gesagt: um ein Mitglied der königlichen Familie aus dem Hause David, um einen Prinzen, wie man überspitzt formulieren könnte.

Gerade im Zeitalter Jesu gab es, mehr noch als in den vorausgegangenen Zeiten, im Volke Israel eine ausgeprägte Strömung, derzufolge der in den Geschichtsbüchern, Lehrbüchern und prophetischen Büchern immer und immer wieder angekündigte Messias nun endlich erscheinen werde. Seit der babylonischen Gefangenschaft, die rund fünfhundert Jahre zurücklag, waren die Juden (von einer relativ kurzen Periode nach dem Makkabäer-Aufstand im Jahre 160 v. Chr. abgesehen) als Volk nicht mehr frei gewesen. Jetzt standen sie unter römischer Herrschaft. Die Rufe nach Umkehr und Buße erschollen überall im Lande. Der wohl prominenteste Bußredner war Johannes der Täufer. Für viele schien die Zeit erfüllt, sie lebten in dem Bewußtsein des unmittelbar bevorstehenden Anbruchs der Gottesherrschaft. Bultmann: «Bei der Verbindung von Gehorsam und Hoffnung ist es verständlich, daß ein Stück jener Hoffnungen vor allem viele Gemüter erfüllte: die Hoffnung, daß Gott die Heidenherrschaft zertrümmern werde, daß er sein Land wieder ganz zu einem heiligen machen werde, in dem nur noch das Gesetz der Väter gilt. Wohl begrüßte die offizielle Schicht des jüdischen Volkes die Römerherrschaft, die dem Lande Frieden gab und die gerade dadurch, daß sie dem Volke die Funktionen seiner staatlichen Existenz abnahm, dem Frommen ein gesetzestreues Leben in Ruhe beim friedlichen Handwerk erlaubte. Auch im Tempel zu Jerusalem wurden für den Cäsar regelmäßig Opfer und Gebete dargebracht, und man begnügte sich damit, daß die Römer gewisse Rücksichten auf die Heiligkeit Jerusalems nahmen. Aber im Volke selbst, und gerade auch in der gesetzesstrengen Richtung der Pharisäer, wuchs aus der messianischen Hoffnung vielfach ein glühender Aktivismus, der selbst Hand anlegte, der Herrschaft der Heiden ein Ende zu machen.»[66]

Auch für Jesus hatte es, als er seine Botschaft verkündete, keinen Zweifel gegeben, daß die Zeitenwende unmittelbar bevorstand:

> «Wahrlich, ich sage euch, unter denen, die hier stehen, sind einige, die den Tod nicht schmecken werden, bis sie gesehen haben, daß das Reich Gottes mit Macht gekommen ist.» (Mk. 9.1)

Nur der verheißene Messias wäre in der Lage, das Volk Israel von der Fremdherrschaft der Römer zu befreien und es mit seinem erzürnten Gott zu versöhnen. Lapide: «Politisch war ja die Rolle der Messiaskönige; politisch gefärbt waren alle messianischen Prophezeiungen der Endzeit; politisch war vor allem die Notlage Israels, aus der er das Gottesvolk erretten sollte. Ein unpolitischer Messias wäre zu Römerzeiten ein Selbstwiderspruch gewesen.»[67] Das Bewußtsein, von Gott als Volk auserwählt worden zu sein, war überlagert von einem immensen religiösen Schuldkomplex: Israel muß wieder lernen, die Worte des Gesetzes zu beachten. Israel muß nur den Willen Gottes tun wollen, und dann wird ihm das Himmelreich erscheinen.[68]

Das aber bedeutete fürs erste einmal, daß Israel von seinen Feinden befreit wird, daß die Römer aus dem Lande vertrieben werden. Das war die Erwartung, die man – gepaart mit der eigenen Bußfertigkeit – an den Messias aus dem Hause David knüpfte. David galt als das Ideal eines Königs schlechthin.[69] Der Messias mußte der unbekannte Nachkomme aus dem Hause David sein, der mit Gottes wunderbarer Hilfe die alte Dynastie restaurieren werde, mit nunmehr einem «Himmlischen Jerusalem» als Hauptstadt seines göttlichen Reiches, wo (nach der Vision Jesajas) Schwerter zu Pflugscharen geschmiedet werden, der Wolf beim Lamm wohnt, das Kind vor dem Schlupfloch der Natter spielen kann:[70]

> «Ich habe geschworen bei meiner Heiligkeit und will David nicht belügen: Sein Geschlecht soll ewig bestehen und sein Thron vor mir wie die Sonne, wie der Mond, der ewiglich bleibt, und wie der treue Zeuge in den Wolken.» (Psalm 89.36–39)

Dieselbe Aussage, geradezu mit militärischem Akzent den Nationalhelden und schließlichen Friedensstifter ankündigend, findet sich nochmals beim Propheten Jesaja:

> «Das Volk, das im Finstern wandelt, sieht ein großes Licht, und über denen, die da wohnen im finstern Lande, scheint es hell. Du weckst lauten Jubel, du machst groß die Freude… Jeder Stiefel, der mit Gedröhn dahergeht, und jeder Mantel, durch Blut geschleift, wird verbrannt und vom Feuer verzehrt. Denn uns ist ein Kind geboren, ein Sohn ist uns gege-

ben, und die Herrschaft ist auf seiner Schulter; und er heißt Wunderbar, Rat, Kraft, Held, Ewig-Vater, Friedefürst; auf daß seine Herrschaft groß werde und des Friedens kein Ende auf dem Thron Davids und in seinem Königreich, daß er's stärke und stütze durch Recht und Gerechtigkeit von nun an bis in Ewigkeit. Solches wird tun der Eifer des Herrn Zebaoth.»
(Jesaja 9.1–6)

Als dieser verheißene Messias aus dem Hause David wird Jesus – ungeachtet der überwiegenden Meinung seiner eigenen Anhänger im Volk und unter den Jüngern, wonach er «nur» ein Prophet war – in den synoptischen Evangelien bekanntgemacht. Insgesamt sind die Evangelisten freilich bemüht, Jesus als einen «unpolitischen» Messias hinzustellen. Sie nehmen den darin liegenden Widerspruch in Kauf, um einen Konflikt mit Rom nach Möglichkeit zu vermeiden[71].

Trotz dieses Bemühens schimmert, vor allem bei Lukas, das kämpferische Element des Messias bisweilen durch. Bei der Verkündigung an Maria ist vom «Herrscher Israels» die Rede (Lk. 1.32–34). Maria selbst freut sich in ihrem Lobgesang nicht darüber, daß sie ein Kind erwartet, sondern daß es der «Retter Israels» ist, den sie gebären wird (Lk. 1.46–52). Die beiden Emmaus-Jünger machen kein Hehl aus ihrer Enttäuschung über die ausgebliebene Befreiung Israels (Lk. 24.21).

Die davidische Abstammung Jesu wird auch von Paulus erwähnt (Röm. 1.3), und es gibt sogar eine Briefstelle des Apostels, wo er sich nicht scheut, seinen geglaubten und wiedererwarteten Christus als «Rächer Israels» anzukündigen:

«Danach kommt das Ende, wenn er jede Macht, Gewalt und Kraft vernichtet hat und seine Herrschaft Gott, dem Vater, übergibt. Denn er muß herrschen, bis Gott ihm alle Feinde unter die Füße gelegt hat.»
(1. Kor. 15.24–25)

Andererseits war es Paulus, der es als erster unternahm, Jesu ausschließliches Menschsein in Frage zu stellen und ihn mit einem Hauch von Göttlichkeit zu umgeben. Indem nach paulinischer Lehre Jesus in seiner personalen Identität zu neuem Leben auferweckt wurde, war der Tod gleichsam ungeschehen gemacht worden:

> «Der Tod ist verschlungen in den Sieg. Tod, wo ist dein Stachel? Hölle, wo ist dein Sieg?» (1. Kor. 15.55)

Es sind naheliegende Gründe, die Paulus bewogen haben dürften: Er missionierte im hellenistisch-römischen Raum. Gegenüber der heidnischen Religion mit ihrem Götterkult hätte er wohl kaum eine Chance gehabt, wenn er auf nichts anderes als auf einen in Jerusalem umgebrachten Märtyrer hätte verweisen können.

Was Paulus über die Göttlichkeit Jesu aussagt (natürlich kann es bei ihm noch keine Trinitätslehre geben), ist allerdings noch so zurückhaltend und verschwommen, daß man nicht sicher ist, was er in dieser Hinsicht letzten Endes geglaubt hat. Er spricht von Jesus Christus als «des einen Menschen» (Röm. 5.15), betont die «irdische Herkunft» Jesu (Röm. 1.3). In Röm. 8.14 schreibt er, «alle», die sich vom Geist Gottes leiten lassen, «sind Söhne Gottes». Es dürfte also schwer sein, sich auf die Briefstellen des Paulus zu berufen, um damit den Glauben des Apostels an eine Gottessohnschaft im christlichen Sinne zu belegen. Was man als Quintessenz paulinischer Auffassung mit Sicherheit wird sagen können, ist, daß Gott allemal über Jesus steht und ferner, daß Jesus nicht etwa vor der Geburt bei Gott war, sondern «eingesetzt ist als Sohn Gottes... aufgrund der Auferstehung von den Toten» (Röm. 1.4). Die kirchliche Lehre, wonach Jesu göttlicher Status von Anbeginn der Welt vorhanden war, hat sich also weit über Paulus hinausentwickelt.

Die Evangelisten, die bemüht sind, ihre Botschaft im paulinischen Sinne zu verkünden[72], und Jesus übernatürliche Kräfte zuschreiben, die ihn zur Vollbringung von Wundern befähigen[73], haben eine ähnlich ambivalente Haltung wie ihr Mentor Paulus. Während bei den Synoptikern die irdische Bezogenheit im Vordergrund steht,[74] gibt es bei Johannes, dessen Evangelium vom hellenistischen Geist durchdrungen ist, von einem irdischen Jesus fast überhaupt keine Spur mehr. Eindeutig dominiert der göttliche Status: «Daß ihr glaubet, Jesus sei Christus, der Sohn

Gottes.» Dennoch tut sich Johannes, wie die vielen gewundenen Begriffe zeigen, schwer, Jesu «Anderssein» seinem Leserpublikum klarzumachen. Einigermaßen griffige Formeln, wie sie ein paar Jahrhunderte später auf den verschiedenen Konzilien geprägt wurden, standen Johannes noch nicht zur Verfügung. Im ersten Kapitel seines Evangeliums stellt er Jesus als das «Wort» oder die «Stimme» Gottes vor und will damit Jesu göttlichen Willen und göttliche Macht zum Ausdruck bringen. Durchaus gibt es auch Stellen, wo Gott in der Rangordnung deutlich über Jesus steht (z. B. Jh. 10.34–36; 14.21). Im Dialog mit Pilatus kommt sogar eher die Haltung eines Menschen als die eines göttlichen Wesens um Ausdruck, indem Jesus sagt, der Prokurator hätte keine acht über ihn, wenn diese ihm nicht von oben herab wäre Jh. 19.11).

Manche Kirchenväter, zum Beispiel Tertullian, lehrten, Jesus sei bei der Erschaffung der Welt gezeugt worden, in dem Augenblick, in dem Gott das «fiat lux» der Genesis ausgesprochen habe. Andere, z. B. Origenes oder Theodotus v. Byzanz und seine Schüler, vertraten die Auffassung, daß die Abkunft Jesu von Gott rein symbolisch verstanden werden müsse, daß Jesus ausschließlich Mensch gewesen und von Gott durch die Taufe an Sohnes Statt angenommen worden sei (Adoptionslehre). Der Bedeutendste unter den Kirchenlehrern war zweifellos der Presbyter Arius. Auch Arius hatte Jesus in die Nähe Gottes gerückt; der arianische Jesus aber war nicht Gott selbst, sondern «nur» ein Geschöpf Gottes: «Wir bekennen einen Gott, der allein ungezeugt ist, allein ewig, allein ohne Anfang, allein unsterblich, allein weise, allein gut, allein Herr, allein Richter aller.» Die arianische Auffassung dürfte der paulinischen Auffassung im eigentlichen Sinne nahekommen, wenn der Apostel in 1. Tim. 2.5 schreibt, es sei da «ein Mittler zwischen Gott und den Menschen, nämlich der Mensch Christus Jesus».[75] Lehmann[76]: «Er (Arius) kommt auf die Menschlichkeit Christi, weil ihm aufgegangen ist, daß für den Menschen nur ein Mensch Vorbild sein kann, nicht aber ein abstrakter Gott; nicht Gott führt zu Gott, sondern der gottbegnadete Mensch, der die eine Welt ahnt und die andere durchlebt.»

Um den Streit zwischen Arius und seinen Gegnern zu beenden, rief Kaiser Konstantin im Jahre 325 (damals selbst noch nicht getauft, sondern dem heidnischen Glauben anhängend[77]) das Konzil von Nicäa ein. Auf diesem Konzil wurde die Lehre des Arius verworfen, es setzte sich die aus der Gnostik stammende Lehre des Athanasius, des Bischofs v. Alexandrien, durch, derzufolge Gott und Jesus «wesenseins» («homousios») – im Gegensatz zum arianischen «wesensähnlich» («homo-i-ousios») – seien. Durch einen Streit um den kleinen Buchstaben «i» haben sich vor 1662 Jahren, etwa 300 Jahre nach Jesu Tod, die Geister geschieden. Es entstand das nicäische Glaubensbekenntnis, welches die Grundlage des jetzt noch gültigen sogenannten «apostolischen» Glaubensbekenntnisses ist: «Jesus Christus, der Sohn Gottes, Licht aus Licht, wirklicher Gott aus wirklichem Gott, gezeugt, nicht geschaffen, wesenseins (homousios) mit dem Vater.» Im Grunde wurde die nicäische Lehre durch ein Dekret des Kaisers, also eines Laien und Heiden, zur offiziellen Lehre erhoben. Die theologische Begründung wurde nachgeliefert: Nicht ein Mensch ist Gott, sondern Gott ist Mensch geworden – eine Formel, die sich bis in unsere Zeit erhalten hat. Trotz des in Nicäa verkündeten Dogmas, wonach Jesus und Gott «wesenseins» seien, wirkten die Lehren des Arius in der Kirchengemeinde weiter, und sie wirken fort – wenn ich Hans Küng (S. 123), der sich dabei auf Karl Rahner ebenso berufen kann wie auf Karl Barth und Dietrich Bonhoeffer, richtig verstehe – bis auf den heutigen Tag, und zwar ungeachtet der Tatsache, daß die Bezeichnung «Arianer» schlichtweg zum Schimpfnamen in der Kirchensprache geworden war.

Paulus war es, der (wohl kaum mit Billigung der Jerusalemer Urgemeinde)[78] eine Entwicklung christlicher Theologie einleitete, aus der schließlich im Jahre 451 auf dem Konzil von Chalcedon das Dogma von Jesu Doppelnatur als wahren Menschen und wahren Gottes hervorging. Dieses Dogma steht am Ende einer ganzen Kette von Diskussionen und Polemiken unter den Kirchenvätern. Am überreichen Spektrum der verschiedenen Auffassungen kann man ermessen, wie heftig die Auseinandersetzungen waren. Auf manchen Konzilien gab es regelrechte Schlägereien mit Toten und Verletzten. Das Konzil von Ephesus im Jahre 449 hat dadurch den Beinamen «Räuberkonzil» erhalten.

Die Messiasfrage in zeitgenössischer Interpretation

Kehrt man zurück in die vorpaulinische Zeit, also in die Zeit, in der Jesus vor Kaiphas gestanden haben soll, der ihn fragte, ob er Christus, der Sohn des Hochgelobten sei, dann konnte diese Frage einzig und allein bedeuten, ob er, Jesus, sich anmaße, der angekündigte Messias aus dem Hause David zu sein. Der Ausdruck «Sohn des Hochgelobten» oder «Sohn des Höchsten» ist Widerspiegelung eines Königspsalms, in dem Gott zum König[79] anläßlich der Krönung spricht:

> «Du bist mein Sohn, heute habe ich dich gezeugt.»
> (Psalm 2.7)

Wenn Jesus, wie die Evangelien berichten, sich während des Prozesses als Messias aus dem Hause David und damit als «König der Juden» dargestellt hat, so wäre es logisch, daß er sich auch als «Sohn Gottes» bezeichnete.[80] Dieser «Sohn Gottes» im jüdischen Sinne ist aber immer nur ein Mensch, «Ben-Adam», ein «Menschensohn». Er hat nichts zu tun mit dem späteren christlichen Dogma vom «eingeborenen Sohn».[81]

Die jüdische Interpretation der Gottessohnschaft galt selbstverständlich auch noch für die Glaubensvorstellung unmittelbar nach Jesu Tod. Nachdem die Jünger ihren Meister zunächst seinem Schicksal überlassen hatten, versammelten sie sich nach einiger Zeit wieder in Jerusalem. Wie lange die Zeitspanne zwischen Flucht und Wiederzusammenkunft war, vermag niemand zu sagen. Es können ein paar Wochen gewesen sein[82], aber auch einige Monate, vielleicht sogar ein ganzes Jahr oder noch mehr. Wahrscheinlich waren die meisten von ihnen zunächst in die Heimat nach Galiläa zurückgekehrt. So wäre also Galiläa als Keimzelle des nachösterlichen Glaubens anzusehen.

Zwischen den letzten Versen der Evangelien und dem ersten Kapitel der Apostelgeschichte klafft eine Lücke – gewissermaßen eine «Grauzone des Glaubens». Fest steht aber, daß, nachdem die Jünger in Jerusalem wieder beisammen waren, ihr Glaubensinhalt da anknüpfte, wo er bei der Verhaftung und Hinrichtung ihres Meisters zunächst abgebrochen war: Sie «warteten auf die Verheißung des Vaters», wie es in der Apostelgeschichte (1.4) heißt, also auf den von Jesus vorausgesagten Anbruch des Gottesreiches. Die Mitglieder der Urgemeinde (namentlich genannt werden nur Petrus, die Zwillingsbrüder Jakobus und Johannes und Jesu Bruder Jakobus) waren nunmehr nicht nur von der prophetischen Würde Jesu, sondern von dessen Messianität zutiefst überzeugt. Aus dieser Überzeugung wuchs die Vorstellung, daß ihr hingerichteter Rabbi bald wieder erscheinen werde (Apg. 3.20), in einer anderen Gestalt vielleicht, aber in messianischer Größe, analog der Vorstellung Jesu (Mt. 17.12), wonach Johannes der Täufer die Wiederverkörperung des Propheten Elia war.[83] Der Messias würde kommen, um – in welcher Gestalt auch immer – seinen Auftrag zu vollenden, nämlich Israel von der Fremdherrschaft zu erlösen und den Anbruch des Gottesreiches, wie versprochen, mit den Jüngern gemeinsam zu feiern.[84]

Was ihnen noch fehlte, war der Schriftbeweis, die Prophezeiung in der Heiligen Schrift. Aber auch da wurden sie fündig. Berichtete nicht der Prophet Jesaja (42, 52, 53) von einem verworfenen Gottesknecht, dessen Leiden und Tod für Israel zur Sühne wurde? Und berichteten nicht auch die Psalmen (18, 22, 69) von Gottes Gesalbtem, der von seinen Feinden überwältigt schien und den Gott im letzten Augenblick aus vielen dunklen Wassern emporzog, um ihn am Tag der Erlösung zum König über die ganze Erde einzusetzen? In Psalm 110 fanden sie die Gewißheit, daß dieser messianische König sitzen werde «zur rechten Hand Gottes», und im Buch Daniel (7.13) lasen sie vom Menschensohn, der mit den Wolken des Himmels zu Gott gelangte, dem Herrschaft, Würde und Königtum gegeben wurde, dessen Herrschaft ewig sein wird. Sie stellten sich vor, daß alle diese Stellen sich nur auf ihren hingerichteten Rabbi Jesus beziehen konnten.

Die Jesusanhänger («Nazaräer») der Jerusalemer Gemeinde waren indes strenggläubige Juden innerhalb der pharisäischen Richtung. Ihr Versammlungsort war die Synagoge. Unmöglich wäre die Annahme, sie hätten in ihrem hingerichteten Rabbi ein himmlisches Wesen gesehen. Für sie war er einzig und allein Lehrer und Vorbild gewesen, dessen Weisungen man befolgt, dessen Lehren man Glauben schenkt. «Sie wußten doch, wer Jesus gewesen war. Sie kannten ihn durch mehrjährigen beständigen Umgang mit dem Meister. Und wie hoch sie auch immer von dem Auferstandenen dachten, wie innig sich in ihrem Bewußtsein die

Erinnerung an den Menschen Jesus mit den herrschenden Vorstellungen des Messias verknüpfen mochte: zu einer derartig maßlosen Vergötterung ihres Herrn und Meisters, wie Paulus sie schon verhältnismäßig so bald nach Jesu Tod vornahm, sollen doch auch sie nach der herrschenden theologischen Ansicht sich keineswegs verstiegen haben.»[85]

Auch einem noch so frommen Christen wäre ja wohl die Vorstellung suspekt, Jesus könnte seine Jünger jemals aufgefordert haben, ihn anzubeten oder sich Gedanken darüber zu machen, ob er Gott ähnlich oder Gott wesensgleich sei. Schon Porphyrios – Wilken[86] bezeichnet ihn als den gebildetsten und scharfsinnigsten Kritiker des Christentums – sowie Kaiser Julian (von dem Bischof Kyrillos zugegeben haben soll, daß «keiner unserer Lehrer seine Werke zu widerlegen vermag»[87]) hatten auf der Grundlage des Neuen Testaments aufgezeigt, «daß Jesus sich selbst nicht Gott nannte, daß er nicht über sich selbst, sondern über den einen Gott aller Menschen predigte. Seine Anhänger waren es, die seine Lehre aufgaben und eine neue (ihre eigene) Lehrweise einführten, bei der Jesus Gegenstand der Gottesverehrung und der Anbetung wurde.»[88] Zwischen dem frühchristlichen Streit und der modernen Erörterung besteht kaum ein Unterschied.

Der berühmte evangelische Theologe von Harnack prägte den Satz: «Nicht der Sohn, sondern allein der Vater gehört in das Evangelium, wie es Jesus verkündet hat, hinein.»[89] Und Küng fragt: «Wäre es den neutestamentlichen Zeugnissen und dem mehr geschichtlichen Denken des heutigen Menschen nicht vielleicht angemessener, wie die ersten Jünger vom wirklichen Menschen Jesus, seiner geschichtlichen Botschaft und Erscheinung, seinem Leben und Geschick, seiner geschichtlichen Wirklichkeit und geschichtlichen Wirkung auszugehen, um nach dieses Menschen Jesus Verhältnis zu Gott, seiner Einheit mit dem Vater zu fragen?»[90]

Der Johannes-Evangelist (Jh. 20.11–16) erzählt, daß der auferstandene Jesus Maria Magdalena begegnet, die ihn zunächst für einen Gärtner hält. Dann aber gibt der Auferstandene sich ihr zu erkennen. In ihrer Freude stößt sie daraufhin nur ein einziges Wort aus, ein Wort, das in der hebräischen oder aramäischen Sprache nicht ausgemacht werden kann: «Rabbuni!» Möglicherweise war das (Ben-Chorin hat sich einmal in einem Vortrag so geäußert) der

Kosename, mit dem Maria Magdalena Jesus anzureden pflegte – in freier Übersetzung etwa «Mein Räbbele».[91] Jedenfalls: Maria erstarrt nicht etwa in Ehrfurcht vor einem göttlichen Wesen, für sie steht nur fest, daß ihr guter, vertrauter Rabbi wieder da ist.

Die Familienangehörigen und die Jünger konnten nur glauben, daß es sich bei Jesus um einen zur Vollbringung von Wundertaten befähigten, von Gott auserwählten und mit besonderen – messianischen – Gaben ausgestatteten Menschen gehandelt haben muß. Den kann Gott nicht einfach sterben lassen und dann vergessen. Natürlich wäre es absurd, wenn man annähme, Jakobus etwa hätte seinen Bruder für einen leiblichen Sohn Gottes gehalten, der schon vor der Geburt beim Allmächtigen im Himmel existent gewesen sei.[92]

Wer im Tempel von Jerusalem oder in einer Synagoge, wo die Jesus-Anhänger sich versammelten, verkündet hätte, der kürzlich in Golgatha hingerichtete Jesus von Nazareth sei in Wirklichkeit kein Mensch, sondern ein Gott gewesen, der wäre entweder gesteinigt oder schlicht ausgelacht worden. Daß Gott nicht der alleinige Herrscher sei, sondern in einer Dreieinigkeit existiere und es sich einfallen lassen könnte, jemanden zu sich in den Himmel zu holen, um diesem bestimmte Funktionen göttlicher Herrschaft zu übertragen, das mußte einem jeden Juden vor zweitausend Jahren so unfaßbar sein, wie es bis auf den heutigen Tag unfaßbar geblieben ist.

Wenn die Jünger und sonstigen Anhänger Jesu gelegentlich den Ausdruck «Sohn Gottes» gebraucht haben sollten, dann natürlich nur im jüdisch-orientalischen Sinne.[93] Nach jüdischem Verständnis ist ein Sohn Gottes nichts weiter als ein Mensch, der besonders fromm und gottesfürchtig lebt, der ein gottgefälliges Leben führt. Bestimmt hat auch Kaiphas für sich in Anspruch genommen, ein «Sohn Gottes» zu sein.

Hier kommt die typisch bildhafte Sprache zum Ausdruck, für die Jesus selbst zitiert werden kann. In der Bergpredigt läßt ihn der Matthäus-Evangelist sagen:

> «Selig, die Frieden stiften; denn sie werden Söhne Gottes genannt werden.» (Mt. 5.9)[94]

Die Bezeichnung «Sohn Gottes» war eine gesteigerte Form der Bezeichnung «Kinder Gottes», und als Kinder Gottes mußten die Juden sich schon deswegen empfinden, weil es zum festen Bestandteil ihrer Religion gehört, daß sie das von Gott auserwählte Volk seien.[95] Gott regiert diese Kinder seines Volkes, aber Gott zeugt keine Kinder! Ganz in diesem jüdischen Sinne predigt Jesus:

> «Ich aber sage euch: Liebet eure Feinde und betet für
> die, die euch verfolgen, damit ihr Söhne eures Vaters
> im Himmel werdet.» (Mt. 5.44–45)

Insgesamt mußte die Vorstellung, daß Gott einen Sohn in biologischem Sinne haben könnte, aus jüdischem Religionsverständnis heraus eine Geschmacklosigkeit sondergleichen sein. Deswegen kann auch die Frage des Hohenpriesters «Bist du der Sohn des Hochgelobten?» nicht die Frage nach einer leiblichen Verwandtschaft gewesen sein, sondern sie zielte einzig und allein darauf ab, ob Jesus die Messianität für sich beanspruche.

Unterstellt nun, es wäre wahr, daß Jesus darauf geantwortet hätte: «Ich bin's; und ihr werdet sehen des Menschen Sohn...», dann wäre diese Antwort auch wieder im jüdischen Sinne ausgefallen. Der Dialog wird ohnehin nur verständlich, wenn man ihn aus der jüdischen Sprach- und Begriffswelt heraus interpretiert. Tut man es nicht, sondern legt man unser – christlich geprägtes – Sprachbewußtsein zugrunde, dann hätte Jesus ja eine in sich widersprüchliche und damit ganz und gar unsinnige Antwort gegeben. Dann hätte er sich auf der einen Seite als Gottes leiblichen Sohn ausgegeben und gewissermaßen als Beweis dafür angeboten, daß er in dieser Eigenschaft als schlichtes Menschenkind seinen Platz an der Seite Gottes haben werde. Bei richtiger gedanklicher und sprachlicher Interpretation aber haben der Hohepriester und Jesus – wenn sie überhaupt miteinander gesprochen haben – auf durchaus ein und derselben Ebene miteinander gesprochen, sie haben nicht aneinander vorbeigeredet. Insbesondere haben hier nicht Christen miteinander geredet oder ein Christ und ein Jude, sondern beide Gesprächspartner waren Juden – was sogar der Evangelist dadurch deutlich macht, daß der Gottesname mit «der Hochgelobte» umschrieben wird.

Rechtsirrtümliche Anwendung des «Gotteslästerungsparagraphen»?

Keineswegs hätte sich Jesus, wenn er die Frage des Hohenpriesters nach der Messianität und Gottessohnschaft mit «Ja» beantwortet hätte, einer Gotteslästerung (Blasphemie) schuldig gemacht. Mit dem Begriff «Gotteslästerung» gehen die Evangelisten (namentlich Markus) eher lax und schlagwortartig um: Als Jesus einem Gichtbrüchigen angeblich Sünden vergibt – also ein völlig anderer Sachverhalt, als der vor dem Synedrium abgehandelte –, sollen die Schriftgelehrten «in ihrem Herzen» auch gleich an Gotteslästerung gedacht haben:

> «Wie kann dieser Mensch so reden? Er lästert Gott.
> Wer kann Sünden vergeben außer dem einen Gott?»
> (Mk. 2.7)

Kolping[96] hält es für möglich, daß der gebrauchte Begriff «Gotteslästerung» unhistorisch ist; er sei vielleicht von der nachösterlichen Gemeinde geprägt worden.

Was als Gotteslästerung galt, dafür gab es einen genau umrissenen Tatbestand: Nach 3. Mos. 24.11 ff. begeht Gotteslästerung, wer den Namen Jahwes verwünscht oder schmäht. Interessant ist auch der Vorfall, der dieser Bestimmung zugrunde liegt: In einem Streit hatte ein junger Mann, dessen Mutter eine Jüdin und dessen Vater ein Ägypter war, den israelitischen Gott verflucht.

Wieso aber sollte nun Jesus mit seiner – messiasbezogenen – Antwort Gotteslästerung begangen haben? Der Name Gottes war nicht im mindesten angetastet worden, von einer Schmähung ganz zu schweigen.[97] «Weder der Anspruch auf den Messiastitel noch die Selbstbezeichnung als Sohn Gottes, ja nicht einmal die Kombination von beidem, erfüllten nach jüdischem Recht den Tatbestand der Blasphemie. Fazit: Die Evangelien geben uns keine exakte Beschreibung von Anklagepunkten im Prozesse Jesu, welche die jüdischen Autoritäten für erwiesen und todeswürdig hätten halten müssen.»[98]

Wenn der Markus- und der Matthäus-Evangelist Kaiphas dennoch den Ausspruch in den Mund legen:

> «Was bedürfen wir weiterer Zeugen, ihr habt gehört
> die Gotteslästerung» (Mk. 14.63–64),

so kann dem kein historischer Wahrheitsgehalt beigemessen werden. Es besteht kein Anlaß anzunehmen, daß Kaiphas das Einfachste nicht gewußt hätte, nämlich den festgestellten Sachverhalt unter die einschlägige Strafnorm zu subsumieren. Außerdem war Kaiphas ja nicht allein, sondern er war Vorsitzender eines Kollegialgerichts, dem die besten und angesehensten Juristen des Landes angehörten. Solchen Männern wird man nicht mit Fug nachsagen wollen, sie seien nicht in der Lage gewesen, einen im Grund einfachen gesetzlichen Tatbestand richtig zu interpretieren.

Indem man Kaiphas und dem ganzen Hohen Rat ausgerechnet in diesem entscheidenden Punkt eine absolut falsche Gesetzesauslegung (innerhalb eines ungesetzlich anberaumten und unzulässig durchgeführten Verfahrens) nachsagt, machen die Evangelisten einmal mehr deutlich, daß sie vom gewünschten Ergebnis her argumentieren und bestrebt sind, von der alleinigen Verantwortung der Römer abzulenken. Dabei trafen sie auf ein Leserpublikum, das sich im jüdischen Recht offenbar nicht auskannte und demzufolge bereit war, die Falschdarstellung kritiklos hinzunehmen.

Auf das «Ideal» antiker Geschichtsschreibung ist es zurückzuführen, wenn in dem Zusammenhang von den Evangelisten Dinge geschildert werden, die aus objektiv historischer Sicht geradezu aberwitzig anmuten müssen: Um den Zorn des Lesers auf Kaiphas und sein Ratskollegium zu lenken, wird behauptet, nicht nur die Gerichtsdiener in Gegenwart der Richter, sondern die Richter selbst hätten Jesus – nach Manier der römischen Soldateska – ins Gesicht gespien, ihn mit Fäusten geschlagen und üblen Schabernack mit ihm getrieben (Mt. 26.67–68).[99] Hier soll eine Kontrastsituation geschaffen werden zum angeblich vornehmen Auftreten des römischen Richters Pilatus, der zu Beginn der Sitzung mit dem Angeklagten tiefsinnig über die Frage nach der Wahrheit diskutiert und am Ende der Sitzung nicht etwa spuckt, sondern sich die Hände wäscht.

Wenn sich Jesus vor Kaiphas als Messias aus dem Königshaus David ausgegeben hätte, so könnte das in den Augen des Hohenpriesters allenfalls eine Amtsanmaßung sein, vielleicht sogar – mit Blickrichtung auf den rigoros durchgreifenden römischen Prokurator – eine für das jüdische Volk gefährliche Amtsanmaßung eines einzelnen Volkszugehörigen. Ein Straftatbestand wäre nach jüdischem Recht damit aber nicht erfüllt worden.[100] Der evangelische Neutestamentler Günther Bornkamm: «Gerade diese den Höhepunkt der synoptischen Berichte bildende Frage ist nicht zuletzt darum historisch anfechtbar, weil der Hoheitstitel Gottessohn eindeutig dem christlichen Bekenntnis entstammt, aber kein jüdisches Messiasprädikat war, und zum anderen der Anspruch, der Messias zu sein, als solcher im Judentum durchaus nicht als todeswürdige Gotteslästerung galt.»[101] Der katholische Neutestamentler Peter Fiedler: «Selbst wenn sich Jesus nach der synoptischen Version als Messias bekannt hätte, wäre das für keinen Juden ein Grund zu einem Todesurteil wegen Gotteslästerung, geht es doch um die Heilshoffnung Israels!»

In der Jerusalemer Urgemeinde wäre niemand auf den Gedanken gekommen, der messianische Anspruch könne eine Gotteslästerung sein. Der Herrenbruder Jakobus hat das Messiastum Jesu viele Jahre hindurch verkündet, ohne daß ihm deswegen ein Haar gekrümmt worden wäre. Und was Paulus in Konflikt mit dem Judentum stürzte, war nicht sein Bekenntnis zum Messias Jesus und dessen Gottessohnschaft, sondern seine Stellung zum Gesetz. Haenchen: «Erst als sich die Christen nicht mehr durch das Gesetz gebunden fühlen, beginnt das Judentum, das Christentum als eine fremde Religion zu empfinden. Erst jetzt wird das Bekenntnis zum Messias Jesus, der als Gottessohn verstanden wird, eine fremde Religion, die nun mit Verfolgung zu rechnen hat... Nun erst wird dies Bekenntnis: ‹Jesus ist der Messias!› eine Lästerung.»[102]

Wenn zu Jesu Zeiten jemand von sich meinte, er sei der Messias, dann war das seine Privatsache, solange er sich an das Gesetz hielt. In der jüdischen Geschichte sind oft Messiasprätendenten – Pseudomessiasse – aufgetreten. Bultmann: «Hier und dort in Jerusalem und auf dem Lande kommt es zu Aufständen. Hier und dort treten messianische Propheten und sogar Könige auf..., die nach dem Bericht des Josephus ‹unter dem Gebaren, von Gott ergriffen zu sein, auf Umwälzung und Aufruhr hinarbeiten und das Volk durch ihre Reden verrückt machten und in die Wüste verlockten, als ob Gott ihnen dort Wunder ihrer Befreiung kundtun würde›.

Alle diese messianischen Bewegungen haben die Römer blutig unterdrückt und ihre Anstifter, wenn sie ihrer habhaft wurden, gekreuzigt oder sonst getötet.»[103] Zwar hatten die Sadduzäer ein Interesse an der Aufrechterhaltung von Sicherheit und Ordnung, aber von jüdischen Behörden sind die Pseudomessiasse niemals verfolgt worden. Sie entsprachen der landläufigen Vorstellung von einem Widerstandskämpfer. Die Anerkennung als Messias blieb ihnen letzten Endes nur deswegen versagt, weil es keinem von ihnen gelungen war, Israel von der römischen Fremdherrschaft zu befreien.

Bar-Kochba war der letzte unter ihnen. Ihm voran gingen, um nur die «prominentesten» zu nennen, Simon Bar Giora, Menachem und Eleazar ben Dinseus.[104] Bar Giora war, angetan mit dem königlichen Messiasgewand, von den Römern nach der Belagerung Jerusalems gefangengenommen, nach Rom gebracht und dort, auf dem Höhepunkt der Siegesfeier, öffentlich erdrosselt worden. Menachem war der Führer des zelotischen Aufstandes; er ließ sich in Jerusalem als Messias verehren, fiel in die Hände der Römer und wurde gekreuzigt. Eleazar ben Dinseus (nicht zu verwechseln mit Eleazar, dem Verteidiger von Masada, der mit allen seinen Leuten Selbstmord beging, um nicht in die Hände der Römer zu fallen) war im Jahre 53 vom römischen Prokurator Antonius Felix als Pseudomessias gefangengenommen und zur öffentlichen Hinrichtung nach Rom gebracht worden.

Bezeichnend in dem Zusammenhang ist, daß der hochangesehene Rabbi Akiba Simon Bar-Kochba als den Messias proklamierte, nachdem dieser bei seinem Aufstand (der dann im Jahre 135 von den Römern zerschlagen wurde) zunächst beachtliche Erfolge hatte erzielen können und man eine kurze Zeitlang an einen endgültigen militärischen Sieg glaubte. Allein der militärische Sieg über die Römer war entscheidend für die Verleihung des Messiastitels, so daß sogar die Abstammung aus dem Königshaus David dahinter zurückstehen konnte. Von Bar-Kochba hatte niemand behauptet, er sei ein Nachkomme des Königs David.

Fazit: Wenn der Hohepriester und der Hohe Rat meinten, der Rabbi aus Galiläa sei des Todes schuldig, weil er sich als Messias bezeichnet habe, dann konnte damit nur gemeint sein: schuldig im Sinne des römischen Besatzungsstatuts – bestimmt kein Grund, sich deswegen empört das Gewand zu zerreißen!

10. Kapitel:
Rechtsbrüche Jesu außerhalb der Anklage?

David Flusser[1] hebt hervor, daß es keine Stelle in den synoptischen Evangelien gebe, wonach Jesus in seinem religiösen Leben irgendeine Vorschrift der Gesetzeslehre mißachtet hätte. Im Gegenteil, die Texte würden darauf hinweisen, daß er die Halacha, wie sie die Pharisäer vertraten, akzeptierte und dafür eintrat. Oft wird in den Evangelien über Jesu strenge Thora-Treue berichtet.[2] Das wohl bekannteste Beispiel stammt aus der Bergpredigt:

> «Ihr sollt nicht wähnen, daß ich gekommen bin, das Gesetz oder die Propheten aufzulösen; ich bin nicht gekommen aufzulösen, sondern zu erfüllen. Denn ich sage euch wahrlich: Bis daß Himmel und Erde zergehe, wird nicht zergehen der kleinste Buchstabe und ein Tüttel vom Gesetz, bis daß alles geschehe. Wer nur eines von diesen kleinsten Geboten auflöst und lehrt die Leute also, der wird der kleinste heißen im Himmelreich; wer es aber tut und lehrt, der wird groß heißen im Himmelreich.» (Mt. 5.17–19)

Allerdings hätte man Jesus wahrscheinlich einige konkrete Rechtsbrüche nachsagen können, so daß, wenn er deswegen verurteilt worden wäre, wohl niemand hätte behaupten können, das Gericht habe etwa Rechtsbeugung begangen. Die späteren christlichen Inquisitionsgerichte jedenfalls sind durchweg mit weniger Schuldfeststellung ausgekommen, um – in Jesu Namen – den Scheiterhaufen zu verordnen!

Im theologischen Schrifttum wird sogar ausdrücklich die Legalität hervorgehoben, mit der Kaiphas und das Synedrium wegen der von Jesus begangenen Vergehen ein Todesurteil gegen ihn hätten fällen können. Strobel: «Die Rolle und Stellungnahme des Kaiphas leiten sich aus seiner bedingungslosen Bindung und

Treue zum Gesetz ab. Er mußte daher in tragischer Weise auch das Gesetz an Jesus vollstrecken. Kaiphas war keineswegs das niedere Subjekt menschlichen Neides, menschlicher Rachgier oder menschlicher Mordlust, wie es ein christliches Mißverständnis besagt. An dieser Stelle muß ebenfalls Blinzler widersprochen werden. Ohne jedes Verständnis für die Zwänge, unter denen der Hohepriester stand, zieht er die Ehrlichkeit der Gesinnung des Kaiphas in Frage.»[3] Küng kommt zu folgendem Schluß: «Jesus, der aufgrund seines Redens und Handelns sein Leben vielfach verwirkt hatte, mußte mit einem gewaltsamen Ende rechnen... Vom Standpunkt der traditionellen Gesetzes- und Tempelreligion her mußte die jüdische Hierarchie gegen den Irrlehrer, Lügenpropheten, Gotteslästerer und religiösen Volksverführer tätig werden, außer eben sie hätte eine radikale Umkehr vollzogen und der Botschaft mit allen Konsequenzen Glauben geschenkt.»[4] Stauffer meint, zur «Ehrenrettung» von Kaiphas folgendes sagen zu müssen:[5] «Das Todesurteil des Großen Synedriums war kein Justizmord, sondern juristisch vollkommen in Ordnung. Die Sabbatverletzungen Jesu waren so massiv und demonstrativ, seine sonstigen Verstöße gegen die Thora so produktiv wie nur möglich. Unter diesen Umständen mußten seine ‹Machttaten, Wunder und Zeichen› als pseudoprophetische Verführungskünste gebrandmarkt werden.»

Einer so rigorosen Beurteilung kann ich mich nicht anschließen. Hatte Jesus sein Leben aufgrund seines Redens und Handelns vielfach verwirkt? Waren die Sabbatverletzungen so massiv und demonstrativ wie nur möglich? Zumindest der Kern seines Redens und Handelns ist doch immer nur gewesen, die Frohe Botschaft vom Herannahen des Gottesreiches zu verkünden, verbunden mit der Aufforderung, Buße zu tun. Das war kein Straftatbestand. Und wo sind sonst Tatbestände ersichtlich, die ihn als «Gotteslästerer» oder «Volksverführer» kennzeichnen? Nonkonformistische Wanderprediger hat es in großer Anzahl gegeben, Wundertäter ebenso. Auch Johannes der Täufer ist nicht als Irrlehrer, Lügenprophet und dergleichen bezeichnet worden, sondern wurde das Opfer politischer Ränke.

Dennoch: Verstöße gegen bestimmte Religionsgesetze in der einen oder anderen Richtung lagen vielleicht vor. Historisch einigermaßen gesichert sind in erster Linie die Sabbatverletzungen und Verstöße gegen die Reinheitsvorschriften. In einem Religionsprozeß – eine Unterscheidung zwischen strafrechtlichen Vergehen im heutigen Sinne und Übertretungen der religiösen Gesetze war in der Antike unbekannt, und speziell im damaligen Judentum hatten überdies alle profanen Bereiche auch einen religiösen Bezug – hätte Jesus freigesprochen und – möglicherweise auch – verurteilt werden können, je nachdem, ob ein liberales und wohlwollendes oder ein orthodoxes und mißgünstiges Gericht über ihn geurteilt hätte.

Sabbatverletzungen?

Daß Jesus Sabbatverletzungen zum Vorwurf gemacht wurden, wird in allen Evangelien[6] deutlich hervorgehoben. Man darf annehmen, daß die Evangelisten dies nicht frei erfunden haben. Nach dem Gesetz Mose stand auf Sabbatverletzung die Todesstrafe. Nach 4. Mos. 15.32–36 wurde ein Mann gesteinigt, weil er am Sabbat beim Holzlesen ertappt worden war. Der Sabbat ist Gottesdienst par excellence, nicht nur für den Menschen, sondern auch für Gott geschaffen. Gerade in dieser Auffassung liegt das Unterscheidungsmerkmal Israels gegenüber der heidnischen Welt. Gott selbst feiert den Sabbat, um ihn so dem von ihm erwählten Volk Israel als religiöse Observanz aufzuerlegen.[7]

Die rigorose Beachtung der Sabbatvorschriften wird sogar im militärischen Bereich deutlich. Wegen der Sabbatobservanz soll einmal ein jüdischer Aufstand gegen den Syrerkönig Antiochus IV. mißglückt sein.[8] Und als im Jahre 64 v. Chr. Pompeius Jerusalem belagerte, sollen sich die Juden am Sabbat geweigert haben, zu den Waffen zu greifen, wodurch der Sieg der Römer entscheidend erleichtert worden sei.[9]

Hier muß allerdings einschränkend erwähnt werden, daß das Rechtsinstitut des Notstandes dem jüdischen Recht nicht fremd war. Lebensgefahr bricht Sabbatobservanz. Die Israeliten sollten die Satzungen halten, um zu leben, nicht um dadurch zu sterben. Es war daher zu allen Zeiten gerechtfertigt, sich im Falle eines Angriffs mit Waffen zu verteidigen. Bis in die Gegenwart läßt sich das nachweisen: Als Israel am Jom-Kippur-Tag 1973 von Ägypten angegriffen wurde, hat es auch auf orthodoxer Seite keine Diskussion über die Frage der sofortigen Verteidigung gegeben.

Während Flusser[10] meint, Jesus habe niemals gegen die Gesetzespraxis der Juden verstoßen, es sei ihm auch keine Übertretung des Sabbatgesetzes nachzuweisen (mit der einzigen Ausnahme, daß an einem Sabbat, als man durch ein Kornfeld wanderte, er den Jüngern gestattet habe, ein paar Ähren auszuraufen, weil sie hungrig waren und die Körner essen wollten), wird diese Meinung von den meisten anderen Autoren nicht geteilt. Beispielsweise waren Heilbehandlungen am Sabbat nur bei akuter Gefahr für Leib und Leben des Betroffenen zulässig. Es wird aber keine einzige Heilbehandlung Jesu beschrieben, die nicht genausogut an einem anderen Tag hätte erfolgen können. Dagegen allerdings wird nun wieder eingewendet, daß Heilbehandlungen auch an einem Sabbat erlaubt waren, sofern dabei keine Arzneien gebraucht wurden, und Jesus habe niemals Arzneien verwendet.[11]

Eine ganz andere Frage ist die, ob das Gebot der Sabbatobservanz zu Jesu Zeiten nicht doch schon insoweit eine gewisse Milderung erfahren hatte (namentlich unter dem Einfluß der relativ liberalen Schule des großen Rabbi Hillel), daß bei geringfügiger Verletzung der Vorschriften nicht gleich die Todesstrafe verwirkt war. Bei den Sabbatverletzungen, die Jesus nachgesagt werden, handelt es sich doch wohl eher um minder schwere Fälle.[12]

Lehmann[13], der davon ausgeht, daß Jesus Essener war, macht auf folgenden interessanten Umstand aufmerksam: Für die Essener war nicht Sonnabend der Tag des Sabbat, sondern Mittwoch. Jesus hätte also, wenn er wegen seiner Aktivitäten am üblichen Sabbat von den Pharisäern getadelt worden wäre, entgegenhalten können, für ihn als Essener sei heute Werktag. Einen solchen Hinweis Jesu auf Mittwoch findet man allerdings nirgendwo.

Indes liegt der Schwerpunkt im Zusammenhang mit Sabbatverletzungen insgesamt nicht in der Frage, ob es sich um geringfügige Verstöße gehandelt hat oder ob vielleicht eine kalendarische Essenerregel dem konkret erhobenen Vorwurf entgegenstehen könnte. Vielmehr geht es darum, daß Jesus einer rigorosen Sabbatobservanz ausdrücklich widerspricht.

> «Er antwortet: Wer von euch wird, wenn ihm am Sabbat sein Schaf in eine Grube fällt, es nicht sofort wieder herausziehen?» (Mt. 12.11)

Im Kern bleibt also bestehen, daß Jesus hier offenbar einen Standpunkt bezogen und praktiziert hat, der zumindest als eine Herausforderung konservativer Denkart empfunden werden könnte. Dem einzigen positiven Wort im Hinblick auf die Sabbatobservanz, nämlich der Sorge, die Jünger könnten ausgerechnet an einem Sabbat zur Flucht genötigt werden (Mt. 24.20), stehen auffallend viele Diskussionen gegenüber, in denen Jesus sein Verhalten am Sabbat verteidigen muß:

> «Und er sprach zu ihnen: Der Sabbat ist um des Menschen willen gemacht und nicht der Mensch um des Sabbat willen. So ist des Menschen Sohn ein Herr auch des Sabbat.» (Mk. 2.27–28)

Jesus ist also anscheinend nicht bereit, über die Voraussetzungen zu diskutieren, die gegeben sein müssen, um ausnahmsweise auch an einem Sabbat beispielsweise bestimmte Nothilfe zu leisten, sondern er behauptet, ein vernünftiger Mensch werde allemal auch an einem Sabbat Nothilfe leisten – womit er den rabbinischen Grundsatz: «Euch ist der Sabbat übergeben, nicht aber ihr dem Sabbat» überträfe. Daraus leitet er dann eine Art Gewohnheitsrecht her: Das Verrichten einer wirklich guten Tat muß auch am Sabbat erlaubt sein. Küng[14]: «Bei Jesus ist der Sabbat nicht mehr religiöser Selbstzweck, sondern der Mensch ist Zweck des Sabbats. Am Sabbat soll nicht nichts, sondern das Rechte getan werden: Wenn schon Tiere gerettet werden dürfen, dann erst recht Menschen. Damit ist es aber grundsätzlich dem Menschen anheimgestellt, wann er den Sabbat hält und wann nicht.» Von einem orthodoxen Juden kann kaum erwartet werden, daß er so etwas toleriert – aber: zu einer gerichtlichen Klage und entsprechenden Verurteilung kam es hierwegen nicht. Es fehlt jeglicher Kausalzusammenhang zum beschriebenen Prozeß.

Ablehnung der Reinheitsvorschriften?

Ein weiterer «hervorstechender» Straftatbestand ist, daß Jesus die alttestamentlichen Reinheitsvorschriften negiert zu haben scheint:

> «Hört mir alle zu und begreift, was ich sage: Nichts,
> was von außen in den Menschen hineinkommt, kann
> ihn unrein machen, sondern was aus dem Menschen
> herauskommt, das macht ihn unrein.» (Mk. 7.14–15)

Viele seiner Zuhörer mögen nicht verstanden haben, was er damit meinte. Auch die Jünger sind begriffsstutzig. Jesus ist darüber ungehalten und wird nun deutlich:

> «Und er sprach zu ihnen: Seid ihr denn auch so unverständig? Vernehmet ihr noch nicht, daß alles, was außen ist und in den Menschen geht, das kann ihn nicht unrein machen? Denn es geht nicht in sein Herz, sondern in den Bauch, und geht aus durch den natürlichen Gang, der alle Speisen ausfegt. Und er sprach: Was aus dem Menschen geht, das macht den Menschen unrein.» (Mk. 7.18–20)

Hier geht es also nicht etwa um das übliche Händewaschen vor dem Essen, das Jesus vernachlässigt haben mag (Mk. 7.5), sondern um einen Verzicht auf Unterscheidung zwischen reinen und unreinen Tieren und Speisen schlechthin. Trilling: «Wer mit den Zöllnern, Sündern oder Heiden zusammen ißt, der ist in den Augen der Thorajuden ein Apostat von der unsympathischsten Sorte. Jesus aber ist mehr als ein Apostat, er ist ein Abfallprediger, auch hier. Denn er begnügt sich nicht damit, die mosaischen Speisegesetze privat und gelegentlich zu ignorieren, er setzt sie ganz prinzipiell außer Kraft (Mk. 7.15, 19) und verführt seine Jünger auch in diesem entscheidenden Punkte zur Apostasie.»[15]

Die Verstöße gegen die Reinheitsvorschriften nehmen im Bericht der Evangelien zwar bei weitem keinen so großen Raum ein wie die gegen die Sabbatobservanz; doch halten viele die Negierung der Reinheitsvorschriften für noch schwerer wiegend. Denn die sich darin dokumentierende Haltung Jesu erschöpfe sich nicht wie bei der Verletzung der Sabbatobservanz in einer bloßen Relativierung der Vorschrift. Hier werde vielmehr eine ganze Gesetzgebung über den Haufen geworfen: Es werde neu und revolutionär formuliert (Mk. 7.14ff.), was als rein und als unrein zu gelten habe.[16] Mussner[17]: «Dann stellt aber die Großperikope

Mk. 7.1–23 geradezu die ‹Wasserscheide› des Markus-Evangeliums dar: die ‹Wasser› der Kirche fließen, was das Thema ‹rein› und ‹unrein› angeht, in eine andere Richtung als die ‹Wasser› des Judentums.»

Andererseits: Inwieweit der Evangelist historisch zuverlässig berichtet, bleibt auch in diesem Punkt eine offene Frage. Warum sollte ein thoratreuer Jude wie Jesus sein jüdisches Credo ausgerechnet in einem so gewichtigen Punkt aufgegeben haben? Auch wäre es mit seiner patriotischen Grundeinstellung nicht vereinbar, daß er Umgang mit Zöllnern und Heiden pflegte, die ihn zum Genuß verbotener Speisen verführt haben könnten. Wahrscheinlicher dürfte sein, daß aus der Absicht des Evangelisten heraus Jesus hier einer Gesellschaft nahegebracht werden soll, die ihrerseits keinen Unterschied zwischen reinen und unreinen Speisen kannte. Paulus hat es vorbereitet:

> «Alles, was auf dem Fleischmarkt verkauft wird, das eßt, ohne aus Gewissenhaftigkeit nachzuforschen. Denn dem Herrn gehört die Erde und was sie erfüllt.»
> (1. Kor. 10.25–26)

Wie dem auch sei: Mit Jesu Verurteilung kann die Frage einer etwaigen Übertretung der Reinheitsvorschriften nicht in Zusammenhang gebracht werden. Selbst wenn Jesus, wie Trilling schreibt, «in den Augen der Thorajuden ein Apostat von der unsympathischsten Sorte» gewesen wäre, steht doch fest, daß ihn diese Thorajuden deswegen nicht bei Gericht angeklagt haben.

Es ist auch sonst kein Fall aus der jüdischen Rechtsgeschichte und Rechtspraxis bekannt, daß jemand wegen eines Verstoßes gegen die Speisegesetze angeklagt und zum Tode verurteilt worden wäre. Chaim Cohn, der als jüdischer Jurist wohl die profundesten Untersuchungen zum Prozeß gegen Jesus von Nazareth angestellt hat,[18] schrieb mir, daß eine Verletzung der Diätvorschriften strafrechtlich nicht verfolgt wurde. Die Strafe für den Genuß verbotener Speisen stand ganz im Ermessen Gottes («Karet»), der, wenn und wann er will, die Seele des Sünders «ausrotten», aber seine Strafe auch in die zukünftige Welt verschieben kann. An die hundert Jahre nach Jesu Tod mußte man an die Stelle des Karet die

Prügelstrafe setzen, wohl um die Sünder im Zaun zu halten; und die Frage, wie man für ein- und dieselbe Sünde zwei Strafen zu gewärtigen habe, eine göttliche und eine menschliche, wurde dahin beantwortet, daß man sich auf Gottes Gerechtigkeit verlassen müsse, die ihn möglicherweise dazu bringen würde, sich mit der menschlichen Strafe zufriedenzugeben.

Gotteslästerliche Anmaßung?

Die Sabbatverletzungen und die Verstöße gegen die Reinheitsvorschriften wären allerdings noch Bagatelldelikte, wenn man sie mit solchen Straftatbeständen vergleicht, die Jesus im Johannes-Evangelium nachgesagt werden.

Gemeint sind Aussprüche wie diese:
- Niemand kommt zum Vater denn durch mich.
- Denn der Vater richtet niemand; sondern alles Gericht hat er dem Sohn gegeben.
- Ich bin die Auferstehung und das Leben.
- Wer mein Fleisch isset und trinket mein Blut, der hat das ewige Leben, und ich werde ihn am jüngsten Tag auferwecken.
- Ihr seid von unten her, ich bin von oben her, ihr seid von dieser Welt, ich bin nicht von dieser Welt.
- Ehe denn Abraham ward, bin ich.

Hier werden Jesus Worte in den Mund gelegt, die, hätte er sie tatsächlich ausgesprochen, so gotteslästerlich waren, daß sie das Fassungsvermögen eines jüdischen Priesters und Richters schier übertroffen hätten. Und in Tateinheit mit Gotteslästerung wären der Tatbestand der Anstiftung zum Abfall vom rechten Glauben in Verbindung mit Traumseherei (5. Mos. 13.2–8)[19] sowie der Tatbestand der falschen Prophetie (5. Mos. 18.20) in einer an Schwere nicht zu überbietenden Form erfüllt.

Oder hätten solche Sprüche, wäre es zu einem offiziellen Einschreiten der jüdischen Behörde gegen ihn gekommen, vielleicht gerade Jesu Rettung bedeutet? Dann aber nur deswegen, weil man – ähnlich wie im bekannten Falle seines Namensvetters Jesus, des Ananos Sohn[20], – nicht länger von der Zurechnungsfähigkeit des Rabbi aus Galiläa ausgegangen wäre.

Die Frage indes stellt sich deswegen nicht, weil es mittlerweile unbestrittene Auffassung ist, daß es sich bei diesen im Johannes-Evangelium enthaltenen Aussprüchen nicht um authentische Worte Jesu handelt, sondern um nachösterliche Glaubensverkündigung.[21]

11. Kapitel
Gelitten unter Pontius Pilatus

Die Situation des Gefangenen

Es kann für die weitere Betrachtung dahingestellt bleiben, ob die Römer Jesus unmittelbar in ihre Gewalt genommen hatten oder ob er ihnen von der jüdischen Obrigkeit «ausgeliefert»[1] worden war. Jedenfalls ist Jesus – aus welchen Gründen auch immer – vom jüdischen Gericht nicht zum Tode verurteilt, von jüdischen Henkern nicht exekutiert worden.

Jesus hatte, als er sich unter der Gerichtshoheit der Römer befand, durchaus noch eine Chance, mit dem Leben davonzukommen. Freilich war diese Chance nicht entfernt so groß, wie sie – paradoxerweise – in den Evangelien geschildert wird, wonach Pontius Pilatus am liebsten die Freilassung verfügt hätte. Aber eine Chance hatte er dennoch: Die Römer hätte er nämlich nur davon überzeugen müssen, daß er – trotz seiner scharfen Kritik an den sozialen Mißständen, trotz seines engagierten Eintretens für die Unterdrückten, Verfolgten und Elenden seines Volkes (Lk. 12.49; 22.36; Mt. 10.34–36) – ein im Grunde friedlicher Mann sei, mit den zelotischen Aufrührern nichts zu tun habe.

Während die Zeloten den gewaltsamen Sturz der römischen Besatzungsmacht und die Errichtung Israels in den Grenzen des Reiches Davids anstrebten, hatte Jesus ganz im Gegensatz dazu eher zur Gewaltlosigkeit aufgefordert:[2]

> «Dem, der dich auf die eine Wange schlägt, halt auch die andere hin, und dem, der dir den Mantel wegnimmt, laß auch das Hemd.» (Lk. 6.29)

> «Euch, die ihr mir zuhört, sage ich: Liebet eure Feinde; tut denen Gutes, die euch hassen.» (Lk. 6.27)

«Stecke dein Schwert in die Scheide; denn alle, die zum Schwert greifen, werden durch das Schwert umkommen.» (Mt. 26.52)

Auch hier wird man auf die Parallelen zu seinem Lehrer, dem Täufer Johannes, hinzuweisen haben. Josephus Flavius[3] berichtet über Johannes, daß dieser «ein edler Mann war, der die Juden anhielt, nach Vollkommenheit zu streben, indem er sie ermahnte, Gerechtigkeit gegeneinander und Frömmigkeit gegen Gott zu üben». Trotz des friedlichen Charakters seiner Reden, nur weil «in Folge der wunderbaren Anziehungskraft solcher Reden eine gewaltige Menschenmenge zu Johannes strömte», wurde dieser von Roms getreuem Alliierten, dem Tetrarchen Herodes Antipas, als politischer Störenfried, der «das Volk zum Aufruhr treiben könnte», eingestuft und «auf diesen Verdacht hin» nach der Festung Machärus gebracht und dort hingerichtet.

Man hat Spekulationen darüber angestellt, was wohl geschehen wäre, wenn Pilatus sich von der Friedfertigkeit Jesu hätte überzeugen lassen, Jesus auf freien Fuß gekommen wäre, er seine Lehrtätigkeit fortgesetzt und diese Lehre vom Gewaltverzicht sich in den 40er und 50er Jahren gegenüber den Zeloten durchgesetzt hätte. Sicherlich hätte es dann kein Christentum gegeben. Aber auch der bewaffnete und selbstmörderische Aufstand der Juden gegen die Römer, der im Jahre 70 mit der Zerstörung des Tempels, der Zerschlagung Israels und der Vertreibung und Versklavung der jüdischen Bevölkerung endete, hätte dann nicht stattgefunden.

An dem denkwürdigen Tage freilich, als Jesus von der Besatzungsmacht des Aufruhrs verdächtigt wurde, stellte sich die Situation bei weitem banaler dar. Die Chance, mit dem Leben davonzukommen, war von vornherein schon dadurch herabgesetzt, daß in jenen Jahren die römischen Besatzer unter dem Prokurator[4] Pontius Pilatus besonders rigoros durchgriffen, weil sie permanent mit Aufständen der jüdischen Bevölkerung rechneten. Kein Volk hat der römischen Besatzungsmacht so viel Widerstand geleistet wie das jüdische. Alarmbereitschaft der römischen Garnison in Jerusalem und eine damit einhergehende Nervosität waren in den Tagen vor einem Passahfest besonders ausgeprägt. Denn infolge der aus der ganzen Welt zusammenströmenden, unübersehbaren Pilgermassen (unter ihnen dürften sich auch zahlreiche galiläische Zeloten befunden haben) waren die Römer den Juden zahlenmäßig bei weitem unterlegen. Die Pilger kamen nicht nur aus den großen jüdischen Diaspora-Gemeinden in Babylon und Alexandria, sie kamen aus Britannien, dem Rhein- und Donaugebiet, aus allen Mittelmeerländern. Nur eines kleinen Funkens hätte es unter Umständen bedurft, um einen Aufstand losbrechen zu lassen. Josephus Flavius[5] berichtet von einem Tumult während eines Laubhüttenfestes einige Jahre später, bei welchem unter dem Prokurator Cumanus dreißigtausend Juden ihr Leben gelassen haben sollen. Ausgelöst war dieser Tumult allein dadurch, daß ein römischer Wachsoldat sich in den Tempelbezirk gestellt und durch eine obszöne Geste den Juden seine Verachtung zum Ausdruck gebracht hatte.

Um gegebenenfalls gewappnet zu sein – ein kleiner Aufstand scheint tatsächlich auch stattgefunden zu haben, wie wir von den Synoptikern beiläufig erfahren; dabei wurden die beiden Aufrührer ergriffen und zusammen mit Jesus hingerichtet –, war Pilatus von seiner Residenzstadt Cäsarea am Mittelmeer nach Jerusalem heraufgekommen, wahrscheinlich mit einer entsprechenden Reiterschar, die er zur Verstärkung der Jerusalemer Garnison mitgebracht hatte.

Wo sich seine Residenz (das «Prätorium», wie es im Johannes-Evangelium heißt) in Jerusalem befand, ist umstritten. Der Ausdruck «Prätorium» ist an sich nur ein militärtechnischer Begriff für den Amtssitz des Prokurators. Es konnte sich ebenso um eine Villa handeln wie um eine Baracke oder ein Zelt. Josephus Flavius[6] berichtet, daß der Prokurator Gessius Florus, der im Jahre 64 von Kaiser Nero als Präfekt von Judäa eingesetzt wurde, im ehemaligen Palast des Herodes zu wohnen pflegte, genau gesagt, in einem der drei Türme, von denen der sogenannte «Turm Davids» im Jaffa-Tor noch heute steht. Viele Autoren sind der Auffassung, daß Pontius Pilatus es genauso gehalten habe. Andere meinen, Pilatus habe sich in der Burg Antonia aufgehalten, einem ebenfalls prachtvollen Bauwerk nördlich des Tempels, das Herodes zu Ehren seines Gönners Mark Anton hatte errichten lassen. Die Antonia war eine Mischung aus Palast, Festung, Kaserne und Gefängnis.[7]

Die christliche Tradition nimmt seit dem 13. Jahrhundert als Ort für die Verurteilung Jesu durch Pontius Pilatus die Burg Antonia an. Seither schreiten von dort aus die Pilger auf der «Via Dolorosa» im Gedenken an das Martyrium Jesu zur «Grabeskirche», die über dem vermeintlichen Hügel Golgatha errichtet ist – freilich ohne daß es einen historischen Hinweis darauf gibt, wo die Hinrichtungsstätte sich befunden haben könnte.

Ausgrabungen in den Jahren 1927–1932 haben im Innenhof der Burg Antonia einen mit auffallenden Steinplatten gepflasterten Platz ans Tageslicht gebracht, der auf das im Johannes-Evangelium erwähnte «Steinpflaster» als Richtstätte hindeuten könnte:

«Und er setzte sich auf den Richtstuhl an den Platz,
der Lithostrotos, auf hebräisch Gabbata heißt.»
(Jh. 19.13)

Genausogut aber könnte man von der Annahme ausgehen, daß mit Gabbata der obere Stadtteil (Gabbata = Buckel) gemeint sei. Josephus Flavius spricht vom «oberen Markt» und von der «Oberstadt», wo der Herodes-Palast stand. Weil der Platz dort mit Steinplatten belegt war, wurde er im Griechischen als Lithostrotos bezeichnet.[8] Dies freilich würde bedeuten, daß die Via Dolorosa nicht erst an ihrem Zielort, sondern schon in ihrem Ausgangspunkt unhistorisch wäre.

Pilatus operierte, wie alle Gewaltmenschen, mit den Mitteln der Abschreckung. Immerhin war Jesus unter der Beschuldigung, er sei ein Aufrührer, in seine Hände gelangt. Wenn Jesus den Römern vom Synedrium überstellt worden wäre, nachdem Kaiphas ihn dort verhört und Jesus auf die entsprechende Frage geantwortet hätte, er sei Gottes Sohn, dann hätte ein Geständnis des Häftlings in bezug auf seine Aufrührerrolle vorgelegen, ein Geständnis, das nach römischem Strafprozeßrecht (im Gegensatz zum jüdischen) prozeßerhebliche Bedeutung hatte. «Gottes Sohn» hätte bedeutet, der Betreffende beanspruche die Stellung des gesalbten Königs aus dem Hause David, er sei, mit anderen Worten, der verheißene Messias.[9] Das mußte für die Römer, wenn sie denjenigen ernst nahmen, der sich so bezeichnete, eine Herausforderung ersten Ranges bedeuten. Der Messias sollte als ein Kampfmessias auftreten, der, bevor er sein Volk mit Gott versöhnt, erst einmal die Besatzungsmacht aus dem Lande vertreibt.[10] Davon geht sogar Paulus noch aus:

> «Danach kommt das Ende, wenn er jede Macht, Gewalt und Kraft vernichtet hat und seine Herrschaft Gott, dem Vater, übergibt. Denn er muß herrschen, bis Gott ihm alle Feinde unter die Füße gelegt hat.»
> (1. Kor. 15.24–25)

Möglicherweise hat Jesus bei Teilen der Bevölkerung auch wirklich messianische Hoffnungen aufkommen lassen. In Anbetracht der allgemeinen Messiaserwartung konnte so etwas leicht geschehen. Bultmann: «Dabei muß betont werden, daß... die messianisch erregten Scharen vielfach keine Gewalt anwandten, sondern das Ende der Römerherrschaft und das Hereinbrechen der Gottesherrschaft allein von einem Wunder Gottes erwarteten. Die Römer unterschieden nicht und konnten es wohl auch kaum: für sie waren alle diese Bewegungen als Empörungen verdächtig.»[11]

Die Begeisterung der Jesus begleitenden Anhängerschar könnte die Stimmung noch angeheizt haben. Wenn dann noch hinzukommt, daß der Nazarener – zumal anläßlich eines bevorstehenden hohen jüdischen Festes – gemäß Sacharja 9.9 auf einem messianischen Tier, nämlich auf einem Esel, in Jerusalem eingeritten war, dann hätte er sich in den Augen der Besatzungsmacht immerhin hinreichend als Revolutionär verdächtig gemacht. Goguel: «Der Einzug in Jerusalem ist bei den Synoptikern die Krönung derjenigen Teile des früheren Berichts, welche das Kommen Jesu nach Judäa wie den Triumphzug eines Anwärters auf das Messiasamt darstellen.»[12]

Ein weiterer Nachteil persönlicher Art kam für Jesus hinzu: Er war ein galiläischer Rabbi. Diese Herkunft machte ihn in den Augen des römischen Prokurators von vornherein verdächtig. Lukas (23.6) berichtet, Pilatus sei erst im Verlauf der Vernehmung ganz zufällig darauf gestoßen, daß Jesus Galiläer ist. Das wäre auch die ganz typische Situation, wie sie sich in einem standrechtlichen Verfahren darstellt. Während in einem regulären Prozeßverfahren – damals wie heute – die Personalien des Angeklagten als erstes festgestellt werden, wird in einem militärischen Schnellverfahren auf derlei Formalitäten weitgehend verzichtet. Umstände, die sich als entlastend oder auch – wie im Falle Jesus – als zusätzlich belastend herausstellen, werden oft nur aufgrund eines reinen Zufalls im Verlaufe der summarischen Tatbestandsaufnahme bekannt.

Die Galiläer jedenfalls galten als besonders patriotisch gesinnte Leute und waren als Unruhestifter bekannt. Strobel: «Pilatus wußte natürlich, daß Galiläa die Heimat und der Herd fanatischer, vor allem auch romfeindlicher Gruppen war.»[13] Als in den Jahren 6 bis 7 n. Chr. die kaiserliche Kopfsteuer (Großer Zensus) von dem in der Weihnachtsgeschichte des Lukas-Evangeliums erwähnten Cyrenius (Quirinius) erhoben wurde, kam es in Galiläa unter der Führung des Judas von Gamala («Judas, der Galiläer», wie er in der Apostelgeschichte 5.37 genannt wird) zu einem Aufstand, der von den Römern blutig niedergeschlagen und obendrein durch eine Strafexpedition gegen verschiedene galiläische Ortschaften gerächt wurde – ein Ereignis, das Jesus als Kind tief beeindruckt haben dürfte.

Die Zeloten hatten mit den Pharisäern viel gemeinsam. Auch die Pharisäer waren ausgeprägte Patrioten. Zwar verzichteten sie ihren Grundsätzen gemäß auf eine gewaltsame Veränderung der Verhältnisse; sie vertrauten darauf, daß Gott die Wende herbeiführen werde. Aber viele Pharisäer sympathisierten mit den Zeloten.[14] Diese waren möglicherweise der militante Flügel der Pharisäerpartei. Judas von Gamala soll ursprünglich ein pharisäischer Rabbi gewesen sein. Zeloten und Pharisäer betrachteten das Land Palästina als ein persönliches Geschenk Gottes an die Kinder Israels; die Anwesenheit römischer Besatzungstruppen war in ihren Augen religiöser Frevel. In Konsequenz dazu legten sie das erste Gebot des Dekalogs dahingehend aus, daß es verboten sei, außer Gott auch den Kaiser anzuerkennen und ihm Steuern zu zahlen.

Um dieses Grundsatzes willen erhoben sich die Zeloten zu Beginn des ersten Jahrhunderts gegen die von Augustus angeordnete Steuererhebung, und dasselbe Motiv gilt für den Aufstand im Jahre 66, der mit der Tragödie von Jerusalem und Masada endete.

Während man sich in Jerusalem, wo die Partei der Sadduzäer führend war, bemühte, mit der römischen Besatzungsmacht zu einem einigermaßen erträglichen Verhältnis zu kommen[15], neigte man in Galiläa eher zu Gewaltaktionen. Die Zeloten (oder «Sicarii», Dolchmänner, wie die Römer sie nannten), diese antiken Guerilleros, bezeichnete man häufig schlicht als Galiläer.[16]

Ebenso wie die Essener werden auch die Zeloten in den Evangelien nicht erwähnt. Über die Gründe sind viele Spekulationen angestellt worden, Spekulationen zumeist in die Richtung, die Evangelisten hätten bewußt verheimlichen wollen, daß Jesus Essener gewesen bzw. daß er mit seinen Getreuen einen zelotischen Aufstand habe entfesseln wollen, von dem er sich dann eine Beteiligung breiter Volksmassen erhofft habe.[17] Tatsächlich dürften sich unter den Gefolgsleuten Jesu, ja sogar im engeren Jüngerkreis, auch etliche Zeloten befunden haben. Im Schrifttum am häufigsten als Zelot genannt wird Judas Iskariot: Der Beiname Iskariot bedeute, so wird gemutmaßt (z. B. von Lapide), nicht «Mann aus Kariot», sondern sei die aramäische Schreibweise (eine Verballhornung) von «sicarius», so daß also Judas direkt den Beinamen «Dolchmann» gehabt habe.[18] Zwei andere Jünger, Jakobus und Johannes (Söhne des Zebedäus), haben lt. Mk. 3.17 den Beinamen «Donnerskinder», was darauf hindeutet, daß sie ebenfalls Zeloten waren. Möglicherweise war auch Simon Petrus Zelot. Immerhin soll er bei der Verhaftung Jesu ein Schwert gehabt und damit dem jüdischen Knecht Malchus ein Ohr abgeschlagen haben; und auch sein Beiname «Barjona» (Mt. 16.17) könnte auf eine Zelotenschaft hinweisen.[19] Kolping: «Die Bezeichnung Barjona für Simon Petrus soll so viel wie Angehöriger einer Terroristengruppe bedeuten.»[20] Im Apostelkatalog bei Lukas (6.15) wird schließlich noch ein weiterer Jünger mit dem Namen Simon aufgeführt: «Simon, genannt Zelotes». Geht man davon aus, daß der Jünger Andreas, der Bruder des Simon Petrus, ebenfalls Zelot war, so kommt man doch auf einen recht beachtlichen Anteil an Zeloten in der engeren Jüngerschaft.[21] Das Mißtrauen der Römer ist also nicht von vornherein als unbegründet von der Hand zu weisen.[22]

Daß Jesus selbst der Partei der Zeloten angehörte, ist sehr unwahrscheinlich. Manche der ihm in den Mund gelegten Worte – beispielsweise, er sei nicht gekommen, um Frieden, sondern um Feuer und Schwert zu bringen (Lk. 12.49; Mt. 10.34), oder auch die direkte Aufforderung an die Jünger, sich mit Schwertern zu bewaffnen (Lk. 22.36) – könnten vielleicht auf eine Zelotenschaft hindeuten. Dazu aber paßt ganz und gar nicht, daß er auf den Hinweis der Jünger, sie besäßen insgesamt zwei Schwerter, antwortete (Lk. 22.38): «Es ist genug.» Mit zwei Schwertern hätte man wohl kaum einen zelotischen Angriff vorbereiten können. Gerade der Lukas-Evangelist – allenfalls diesem Evangelium ist eine gewisse Militanz zu entnehmen – unterstreicht den Abscheu Jesu vor jeder Gewaltanwendung: Als Petrus dem «Knecht des Hohenpriesters» das Ohr abgehauen hatte, habe Jesus sofort Einhalt geboten, den Verwundeten berührt und ihn – letzte Wundertat – auf der Stelle geheilt: Um seinetwillen und in seiner Gegenwart sollten keine Gewalttaten verübt werden.

Wenn Autoren wie Carmichael oder Lehmann den Versuch unternehmen, Jesus als den Anführer eines Zeloten-Fähnleins hinzustellen, dann erscheint dies als eine wenig überzeugende Spekulation. Zwar könnte ein Vertreter der Zelotentheorie einwenden, daß die zahlreichen Hinweise in den Evangelien auf Jesu Friedfertigkeit allein noch kein ausreichender Grund für die Annahme seien, daß er wirklich friedfertig war. Denn, wie schon dargelegt, es ist ja das ganz offenkundige (politische) Anliegen der Evangelien, Jesus nicht in einem Zusammenhang mit einer Protestbewegung gegen Rom erscheinen zu lassen. Andererseits aber ist Jesu Absage gegen jegliche Gewaltanwendung, ist seine bedingungslose Versöhnungsbereitschaft ein sich wie ein roter Faden durch alle Evangelien ziehendes Element – und zwar ein Element, das nicht etwa im Hinblick auf die römische Besatzungsmacht hervorgehoben wird (was verdächtig wäre), sondern was sich ausschließlich auf das Verhältnis Jesu zu seinen jüdischen Mitbürgern bezieht. Auch gibt es nicht den geringsten Anhaltspunkt dafür, warum Jesus von der Haltung seines Lehrers Johannes abgewichen sein sollte. Die von den Evangelisten ganz unverdächtig gezogenen Parallelen zwischen Johannes und Jesus[23] deuten vielmehr auf das Gegenteil hin.

Ein weiterer Umstand kommt hinzu: Wäre Jesus wirklich ein zelotischer Anführer gewesen, dann hätte gerade dieser Umstand ihn einer breiteren Öffentlichkeit bekannt gemacht und dann wäre er im zeitgenössischen Schrifttum auch als Zelot erwähnt worden, wie ja auch sonst die Namen der Führer von Aufstandsbewegungen von Josephus Flavius genannt werden.

Offenbar gehörte Jesus der gemäßigten Strömung im damaligen gläubigen Judentum an, die ihr Vertrauen auf den Herrn Zebaoth allein setzte und die Römerherrschaft ertrug, bis es ihm gefallen werde, das Himmelreich auf Erden zu verwirklichen. Gerade darin unterschied er sich von den Zeloten, «welche dieses Himmelreich mit eigener Hand zu begründen entschlossen waren und des Beistandes des Herrn der Heerscharen bei dem frommen Werke sich versichert fühlten»[24]. Küng[25]: «Alle politisch mißdeutbaren Titel wie Messias und Davidsohn vermeidet er... Nirgendwo spricht er von der Wiederherstellung des Davidreiches in Macht und Herrlichkeit. Nirgendwo zeigt er ein Handeln mit dem politischen Ziel, die weltliche Herrschaft zu ergreifen... Sondern im Gegenteil – Machtverzicht, Schonung, Gnade, Frieden: die Befreiung aus dem Teufelskreis von Gewalt und Gegengewalt, Schuld und Vergeltung.» Das Gleichnis von der selbstwachsenden Saat (Mk. 4.26–29) könnte dafür ein Beispiel sein.

Zwar ist es bemerkenswert, daß Jesus gerade auch auf radikale und militante Gestalten der Geschichte einen bestimmenden Einfluß ausgübt hat, auf Thomas Müntzer oder Che Guevara, der mit seinem «Jesus-Look» zur Symbolfigur einer weltweiten revolutionären Jugendbewegung wurde. Insgesamt aber wird uns Jesus als «Friedensfürst» vorgestellt, als jemand, der eine Veränderung der Verhältnisse immer nur von innen heraus herbeiführen wollte, wenn auch in der festen Zuversicht, daß der Retter Israels, der Messias, in allernächster Zukunft erscheinen und den Feind erledigen werde. Eher als Thomas Müntzer und Che Guevara könnten sich also Gandhi und Martin Luther King auf ihn berufen.[26] Vierzig Jahre nach Jesu Tod dachten und handelten die Judenchristen wie ihr Rabbi von Nazareth: Sie beteiligten sich nicht am zelotischen Aufstand gegen Rom, sondern zogen nach Pella, ins Ostjordanland, um dort eine eigene Gemeinde zu gründen.

Abwegig ist die Vorstellung, Pilatus hätte die Frage der Zugehörigkeit oder Nichtzugehörigkeit zur Zelotenpartei in einer eingehenden Beweisaufnahme geklärt, hätte sich wegen eines in seiner Gewalt befindlichen (vermeintlichen) Aufrührers die Mühe eines regulären Prozesses gemacht und wäre obendrein noch geneigt gewesen, den Verdächtigen laufenzulassen. Ein von den Römern als Aufrührer festgenommener Mann, und zwar im brodelnden Jerusalem ein paar Tage vor dem Passahfest um das Jahr 30, hätte mehr Glück als Verstand haben müssen, wenn er mit dem Leben davongekommen wäre.

Dennoch: Als naheliegend drängt sich auf, daß Jesus doch wenigstens den Versuch hätte unternehmen können, die Römer davon zu überzeugen, daß er nicht politisch, sondern ausschließlich religiös wirke, die Liebe unter den Menschen verkünde und

– in weit milderer Form als Johannes der Täufer, der selbst bußfertige Leute mit Schimpfworten wie «Otterngezücht» begrüßt hatte – zur Buße und inneren Einkehr auffordere und daß er gedenke, nur dieses begonnene Werk fortzusetzen. Noch vor einigen Monaten soll er in solcher Weise in Galiläa gesprochen haben:

> «Kommet her zu mir alle, die ihr mühselig und beladen seid: Ich will euch erquicken. Nehmt auf euch mein Joch und lernet von mir; denn ich bin sanftmütig und von Herzen demütig. So werdet ihr Ruhe finden für eure Seelen. Denn mein Joch ist sanft und meine Last ist leicht.» (Mt. 19.28–30)

In seiner «Regierungserklärung», wie Bischof Scharf die Bergpredigt einmal bezeichnet hat, soll Jesus die Friedfertigen (richtig übersetzt, «diejenigen, die Frieden stiften») mit besonderem Lob bedacht haben, indem er sie nicht nur selig gepriesen, sondern als «Söhne Gottes» bezeichnet hatte (Mt. 5.9). Er habe seine Zuhörer ermahnt, sich mit einem Gegner «sofort zu vertragen» (Mt. 5.25) und demjenigen, der einem etwas Böses antut, keinen aktiven Widerstand zu leisten, sondern «die andere Wange hinzuhalten» (Mt. 5.39). Frondienste, die ein römischer Besatzungssoldat einem Juden abverlangte[27], sollte dieser nicht nur erfüllen, sondern sogar übererfüllen:

> «Und wenn dich einer zwingen will, eine Meile mit ihm zu gehen, dann geh zwei mit ihm.» (Mt. 5.41)

Zwar war Jesus ein stolzer Israelit[28]; es konnte ihm also nicht einerlei sein, daß das Heilige Land von fremden Truppen besetzt war, er sehnte «das Reich Gottes» herbei, und das setzte notwendig das Ende der Besatzungszeit voraus; aber andererseits hat er nicht dazu aufgefordert, sich gegen Rom zu erheben. Offenbar hielt er es in der gegebenen politischen und militärischen Situation für richtig, «dem Kaiser zu geben, was des Kaisers ist» (Mk. 12.17).[29] Das Gebot der Nächstenliebe verstand er so, daß er – freilich ohne mit ihnen freundschaftlich zu verkehren – die Kollaborateure der Besatzungsmacht, die Zöllner, nicht unbedingt verachtete, sondern ihnen Besserungsfähigkeit zutraute. Nirgendwo wird berichtet, daß er gegen die Besatzungsmacht polemisiert habe, im Gegenteil, da, wo bittere Klagen über sie geführt wurden, soll er sie noch in Schutz genommen haben:

> «Zu dieser Zeit kamen einige Leute zu Jesus und berichteten ihm von den Galiläern, die Pilatus beim Opfern umbringen ließ, so daß sich ihr Blut mit dem ihrer Opfertiere vermischte. Da sagte er zu ihnen: Meint ihr, daß nur diese Galiläer Sünder waren, weil das mit ihnen geschehen ist, alle anderen Galiläer aber nicht? Nein, im Gegenteil: Ihr alle werdet genauso umkommen, wenn ihr euch nicht bekehrt.» (Lk. 13.1–3)

Zwar ist einer solchen romfreundlichen Gesinnung, welche die Evangelisten dem Leser suggerieren wollen, mit Skepsis zu begegnen. Warum aber sollte Jesus vor Pilatus nicht wenigstens darauf hingewiesen haben, daß er gegen Rom keinerlei Aktivitäten entfaltet habe? Warum wohl sollte er sich statt dessen als «König der Juden» ausgeben, als Kampfmessias, angetreten zur Beseitigung der römischen Fremdherrschaft?

Der Johannes-Evangelist ist es, welcher erzählt, daß Jesus fünftausend seiner Landsleute, die ihn spontan hatten zum König machen wollen, entschieden zurückgewiesen hatte:

> «Als Jesus nun merkte, daß sie kommen würden, um ihn mit Gewalt zum König zu machen, zog er sich wieder auf den Berg zurück, er allein. (Jh. 6.15)

Hier handelt es sich zwar nicht um eine historische Begebenheit, doch läßt die Legende die wahre Einstellung zum Fragenkomplex durchscheinen. Die Frage nach der Königswürde dürfte eine insgesamt allegorische Reflexion frühester (vorpaulinischer) Wiedergabe der historischen Tatsache sein, derzufolge die römische Besatzungsmacht in Jesus einen zelotischen Aufrührer gesehen und ihn als solchen hingerichtet hat.

Todesbereitschaft oder Lebenswille?

Bei realistischer Betrachtung der Dinge ist gewiß kein Grund ersichtlich, warum Jesus nicht wenigstens den Versuch unternommen haben sollte, sein Leben zu retten. Angesichts des Kreuzes ergreift man doch wohl jeden Strohhalm und redet sich – zumal wenn man ganz zu Unrecht verdächtigt wird – nicht auch noch um Kopf und Kragen. Jesus wird im Evangelienbericht so hingestellt, als würde er schlichtweg zu jeder Beschuldigung, die man gegen ihn erhebt, «ja und amen» sagen, und sei sie auch noch so weit hergeholt. Dabei ist bei dem wenigen, das wir von Jesus wissen, eines doch ziemlich gesichert: Ein notorischer Ja-Sager war er nicht. Und es ist auch nichts darüber bekannt, daß er in der Haft einer Art Gehirnwäsche unterzogen worden wäre, vergleichbar den Angeklagten in einem Schauprozeß stalinistischer Prägung.

So fatalistisch, wie die Evangelien Jesus schildern, kann er in Wirklichkeit nicht gewesen sein. Eine solche Unterstellung liefe darauf hinaus, daß er den Kreuzigungstod geradezu herbeigesehnt hätte – ein masochistischer Zug, welcher sicher nicht zu einem Menschen paßt, der die Frohe Botschaft vom Herannahen des Gottesreiches verkünden will und mit seinem Gott auf so vertrautem Fuße steht, daß er ihn nicht nur mit «Vater», sondern liebevoll mit «Papa» anredet. Absurd erscheint mir die Behauptung, Jesus habe den Kreuzigungstod «willig auf sich genommen» – abgesehen davon, daß der Begriff der Todessehnsucht dem jüdischen Denken ohnehin fremd ist.[30]

Eine besonders schöne, für Jesus und das Judentum typische Maxime lautet:

«Du sollst deinen Nächsten lieben wie dich selbst.»
(Mt. 22.39)

Den Nächsten lieben – wie sich selbst auch! Und warum hätte er denn sterben wollen, dieser noch junge und sinnenfrohe Mann, der dem guten Essen, dem Wein und den Frauen zugetan war? Und ausgerechnet jetzt, wo er mit seinem Werk gerade erst begonnen hatte und sich die ersten Ansätze eines Erfolges[31] abzeichneten? Natürlich hing er an seinem Leben. Es gibt keinen vernünftigen Grund für die gegenteilige Annahme.[32]

Noch auf dem Weg nach Gethsemane, nach dem Passahmahl, hatte er den Jüngern eine sensationelle Mitteilung gemacht: Er gedenke nicht, am nächsten Tag in die Stadt zurückzukehren und an den Feierlichkeiten teilzunehmen, sondern ziehe es vor, sich nach Galiläa abzusetzen – nachdem ihm Jerusalem ein zu gefährliches Pflaster geworden war, wie man wohl ergänzen darf. Er wollte allein fliehen, die Jünger sollten ihm später folgen:

> «Und Jesus sprach zu ihnen: Ihr werdet euch in dieser
> Nacht alle an mir ärgern. Denn es steht geschrieben:
> Ihr werdet den Hirten schlagen, und die Schafe wer-
> den sich zerstreuen. Sobald ich erwache, will ich vor
> euch hingehen nach Galiläa.» (Mk. 14.27–28)

Die Worte «sobald ich erwache» («meta to egerthenai me») sind später – zur Erbauung der Gläubigen – mit «wenn ich aber auferstehe» übersetzt worden. Jesus selbst kann natürlich in jener Nacht nicht seine eigene Auferstehung von den Toten gemeint haben. Auch die Jünger hatten das nicht so verstanden. Die Erzählung des Evangelisten, am Passah-Sonntag hätten die Frauen aus Jesu engster Umgebung wohlriechende Öle gekauft, um den Leichnam zu salben (Mk. 16.1) wäre unerklärlich; es wäre auch kein Grund ersichtlich, warum sich angesichts des leeren Grabes «Zittern und Entsetzen» (Mk. 16.8) eingestellt hätte. Flusser[33] macht darauf aufmerksam, daß es nach einer gesetzlichen Bestimmung der Halacha geboten war, sich im Anschluß an das Passahopfer innerhalb der Mauern Jerusalems aufzuhalten. Daß Jesus dieser Bestimmung zuwiderhandelte, könne nur damit erklärt werden, daß er Fluchtgedanken hegte.

Jesus hatte Angst vor Leid und Verfolgung, wahrscheinlich sogar echte Angst um sein Leben; aber diese Angst hatte er ja gerade deswegen, weil er weiterleben wollte. Inständig betete er zu Gott, daß dieser ihn beschützen und sein Leben erhalten möge. Und natürlich erhoffte sich ein gläubiger Mensch wie Jesus Hilfe durch sein Gebet:

> «Abba,[34] mein Vater, ist's möglich, so laß diesen
> Kelch[35] an mir vorübergehen, doch nicht wie ich will,
> sondern wie du willst.» (Mt. 26.39)

Diese Bitte, weiterleben zu dürfen, ist ohne jede Einschränkung an Gott gerichtet.[36] Nach Klausners[37] Ansicht sind die Worte «... doch nicht wie ich will, sondern wie du willst», später von den Evangelisten hinzugefügt worden, die sich nicht vorstellen konnten, daß ein Gebet des Messias nicht erhört worden wäre, der vor Gott bat, wie ein Sohn vor seinem Vater flehentlich bittet. Es gibt aber auch eine andere Interpretation: Küng[38] vertritt die Auffassung, daß zu der Wendung «... doch nicht wie ich will, sondern wie du willst» Parallelen im jüdischen Achtzehn-Bitten-Gebet zu finden seien. Es sei die typische Formel eines Bittenden, wie sie auch im Vaterunser erscheint. Gerade in der Voraussetzung, daß stets nur Gottes, nicht aber des bittenden Menschen Wille geschehe, liege das Geheimnis der angestrebten Gebetserhörung.

Der Lukas-Evangelist schmückt diese Situation menschlicher Angst und Hoffnung noch besonders aus:

«Es erschien ihm aber ein Engel vom Himmel und
stärkte ihn. Und es kam, daß er mit dem Tode rang
und betete heftiger. Es ward aber sein Schweiß wie
Blutstropfen, die fielen auf die Erde.» (Lk. 22.43–44)

Gerade diese Lukasstelle fügt sich ganz und gar nicht in das Jesusbild, das die Kirche vermittelt: Jesus, der über den Tod Erhabene, der sich allzeit in Gottes leitender Hand geborgen fühlt, wissend, daß sein Tod nur von ganz kurzer Dauer sein und er dann zu einem ewigen Leben zur Rechten Gottes im Paradies emporgehoben werde. In der synoptischen Gethsemane-Szene hingegen, namentlich in der Schilderung bei Lukas, erleben wir einen sozusagen «in die Knie gezwungenen» Menschen, angsterfüllt, der Verzweiflung nahe.[39] Die einzige Hoffnung, die geblieben ist, ist das Gebet. Craveri: «Zu allen Zeiten ist diese Evangelienstelle getadelt worden, weil sie eine menschliche Schwäche Jesu enthülle, die nicht nur eines Gottessohnes, sondern auch eines Philosophen unwürdig sei, der nach Todesverachtung strebe. In vielen Codices, darunter auch im Codex Vaticanus, ist diese Perikope ausgelassen. Mit Recht ist jedoch geltend gemacht worden, daß gerade diese ungeschminkte Darstellung ein Beweis für die Echtheit der Evangelien sei.»[40]

Andererseits begegnet das, was von der im Gebet zum Ausdruck kommenden Angst Jesu in Gethsemane berichtet wird, naturgemäß historischen Bedenken. Welche Zeugen wohl sollten hier in Betracht zu ziehen sein? Jesus war allein, er hatte sich von den Jüngern abgewendet. Außerdem schliefen die Jünger. Dennoch: Der von Gethsemane geschilderte Vorgang ist nicht ohne historischen Wert. Die Erregung und die Angst Jesu stehen mit der Ruhe, die ihm von der Gefangennahme an in den Evangelienberichten zugeschrieben wird, in einem krassen Gegensatz. Goguel[41] schließt daraus, daß sich die Überlieferung nur zu einer Zeit bilden konnte, als man noch wußte, daß Jesus in diesem Augenblick eine wirkliche Todesangst durchgemacht hat.

So gesehen, ist der Vorgang von Gethsemane in höherem Sinne wahr. Er drückt allegorisch das aus, was in der Seele Jesu vor sich ging. Ben-Chorin: «Hier steht kein Held, kein Halbgott, kein Mythos! Hier zittert ein Mensch um sein Leben. Und in dieser Stunde der Angst ist uns Jesus besonders nahe. Hier steht nur noch, ergriffen von Todesfurcht, der wahre Mensch vor uns, der mit der Furcht vor dem Tode geboren wird, dessen Leben immer Leben zum Tode hin ist und dessen Sinn und Trachten immer die Flucht vor dem Tode bleibt.»[42]

Jesus wollte nicht sterben. Und wenn schon sterben, warum dann einen «römischen» Tod, und den in seiner grausamsten und schimpflichsten Ausprägung? Die Römer haben in seiner Botschaft und in seinem Handeln doch nicht die geringste Rolle gespielt. Jesus hätte sich also, wie jeder andere Mensch in solcher Lage, verteidigt und die Dinge richtiggestellt, sofern ihm überhaupt eine Gelegenheit dazu gegeben worden wäre. Aber leider muß man davon ausgehen, daß er eine solche Gelegenheit nicht gehabt hat – von der Gelegenheit, mit Pilatus obendrein zu disputieren und über den Sinn des Daseins und um die Frage nach der Wahrheit zu philosophieren, (Jh. 18.34–38) ganz zu schweigen. Goguel: «Das Schicksal Jesu ist nicht in der Burg entschieden worden, sondern in dem Augenblick, als... der Prokurator den Entschluß faßte, ihn gefangennehmen zu lassen.»[43] Nur auf wenige Worte habe sich Pilatus beschränkt: «Tu es le roi des Juifs? Eh bien, tu serais crucifié!»[44]

Wie dem auch sei: Pilatus hatte Jesus in seiner Gewalt, dahingestellt, ob er ihn von sich aus oder aufgrund jüdischer Anzeige hat festnehmen lassen oder ob Jesus ihm von den jüdischen Behörden übergeben wurde, und ebenso dahingestellt, ob Jesus tatsächlich nach einem so anspruchsvollen Titel wie «König der Juden» befragt wurde. Fest steht, daß er des politischen Aufruhrs verdächtigt wurde. Politische Aufrührer aber wurden ohne viel Federlesens, jedenfalls ohne förmliches Verhör und Dolmetscher, gekreuzigt. Mit Jesus wurde da nicht anders verfahren als mit anderen Aufrührern bzw. vermeintlichen Aufrührern. Die «lex Julia maiestatis» bot eine ausreichende Rechtsgrundlage. Auf einen Juden mehr oder weniger, der am Kreuze starb, kam es einem Judenhasser wie Pilatus nicht an.

12. Kapitel
Der Prokurator und die Juden

Die behauptete Kollektivschuld

Natürlich kann es nicht wahr sein, daß die Bevölkerung dem einziehenden Jesus erst einen begeisterten Empfang bereitet und sich mit seiner Botschaft solidarisiert hat, um dann nach einem urplötzlich hereingebrochenen Stimmungsumschwung, für den es keinerlei Erklärung gibt, Partei für Jesu Widersacher, also für die Machthaber im Synedrium, zu ergreifen und in Sprechchören die Kreuzigung jenes Mannes zu fordern, der als jüdischer Patriot vor Pontius Pilatus angeklagt ist, weil er sich angeblich als «König der Juden» bezeichnet habe. Ein solcher Stimmungsumschwung läßt sich auch nicht mit der allgemein bekannten Tatsache erklären, daß Volksmassen nun einmal wankelmütig sind und eine anfängliche Begeisterung schnell abnehmen kann. Selbst dann, wenn es so gewesen wäre, daß Jesus binnen weniger Tage seine Popularität beim Volk vollständig verloren hätte – auch das bliebe unwahrscheinlich genug, denn dafür läge kein plausibler Grund vor, da ja Jesus auch in Jerusalem genau der Maxime treu geblieben war, die ihm die Popularität eingetragen hatte –, so führt der Verlust an Volkstümlichkeit doch stets nur dazu, daß der Betroffene eben nicht mehr als Held gefeiert, sondern mit Gleichgültigkeit oder Geringschätzung betrachtet wird, um dann schließlich ganz in Vergessenheit zu geraten. Warum aber sollte ein solchermaßen verblaßter Prophet von einem Tag auf den anderen mit blutrünstiger Gehässigkeit verfolgt, bei der Besatzungsmacht denunziert und seine Hinrichtung verlangt werden? Und überhaupt: warum sollten die von den Römern unterdrückten Juden, die unter dem römischen Joch litten und seufzten und nichts sehnlicher wünschten, als die Besatzungsmacht loszuwerden, sich plötzlich in loyale Untertanen des Kaisers von Rom verwandelt haben?

«Wir haben festgestellt, daß dieser Mensch unser Volk verführt, es davon abhält, dem Kaiser Steuern zu zahlen, und behauptet, er sei der Messias und König.»
(Lk. 23.2)

«Daraufhin wollte Pilatus ihn freilassen, aber die Juden schrien: Wenn du ihn freiläßt, bist du kein Freund des Kaisers; jeder, der sich als König ausgibt, lehnt sich gegen den Kaiser auf.» (Jh. 19.12)

Was für ein eklatanter Widerspruch besteht auch hier zu der von allen Synoptikern berichteten Furcht der Hohenpriester, daß, wenn sie Jesus in der Öffentlichkeit verhafteten, die Gefahr eines Volksaufstandes zugunsten Jesu bestünde!

«Und die Hohenpriester und die Schriftgelehrten suchten nach einer Möglichkeit, Jesus unauffällig zu beseitigen; denn sie fürchteten sich vor dem Volk.»
(Lk. 22.2)

«Das ganze Volk hing an ihm und hörte ihn gern.»
(Lk. 19.48)

Sogar der Evangelist Johannes, der besonders bemüht ist, das Volk als ganzes zu belasten, kommt nicht umhin, die Verbundenheit des Volkes mit Jesus einzuräumen:

«Wenn wir ihn gewähren lassen, werden alle an ihn glauben.» (Jh. 11.48)

Der Markus-Evangelist hebt pointiert den bestehenden Gegensatz zwischen dem Volk und seinen Führern hervor und stellt Jesus dabei ganz eindeutig auf die Seite des Volkes: Als Jesus mit den Sadduzäern diskutierte und sie durch gleichnishafte Reden bloßstellte, wollten diese ihn verhaften lassen, doch getrauten sie sich nicht, weil sie sich vor den Reaktionen des Volkes fürchteten.

«Und sie trachteten danach, wie sie ihn griffen, und fürchteten sich doch vor dem Volk.» (Mk. 12.12)

Diese Furcht vor einem Volksaufstand wird einige Tage später noch einmal bekundet:

> «Die Hohenpriester und die Schriftgelehrten suchten nach einer Möglichkeit, Jesus mit List in ihre Gewalt zu bringen, um ihn zu töten. Sie sagten aber: Ja nicht am Fest, damit es im Volk keinen Aufruhr gibt.»
> (Mk. 14.1–2)[1]

Arglistig («en dolo») gegenüber den eigenen Untertanen sollen den synoptischen Berichten zufolge Kaiphas und sein engerer Anhang gehandelt haben, um Jesus «unauffällig» zu beseitigen. Für den Fall einer Verhaftung «innerhalb der Festmenge» hätte man nicht nur mit Sympathiekundgebungen der Bevölkerung für den Verhafteten rechnen müssen, sondern mit einer regelrechten Volkserhebung. Wie reimt sich so etwas mit den Berichten von den Volksmassen, die voller Haß Jesu Tod gefordert haben sollen?

Und von alledem einmal abgesehen: Selbst wenn die Sorge um gewalttätige Protestkundgebungen zugunsten Jesu unbegründet gewesen wäre, bliebe noch immer festzustellen, daß allein die Clique um Kaiphas es war, die – in Übereinstimmung mit der römischen Militärbehörde – ein Interesse an der Beseitigung Jesu gehabt hätte. Welchen Anteil hätten da «die Juden»?[2] Nicht das geringste Mitspracherecht hatte das Volk bei den Entscheidungen und politischen Winkelzügen seiner Obrigkeit. Klausner[3] zitiert ein Volkslied jener Zeit («eine Art Gassenhauer»), in welchem die kleinen Leute ihre Obrigkeit anprangern. Auch der in den Evangelien genannte Hohepriester Hannas kommt in dem Liedchen vor:

> «Weh ist's mir vor dem Haus des Boethus: Weh ist's mir vor ihren Keulen! Weh ist's mir vor dem Haus des Annas: Weh ist's mir vor ihren Denunziationen!... Denn sie sind Hohepriester, und ihre Söhne Schatzmeister, und ihre Schwiegersöhne Verwalter, und ihre Diener schlagen das Volk mit Stöcken.»

Was also haben die einfachen Bürger Jerusalems und die Pilger mit dem Todesurteil gegen Jesus von Nazareth zu tun, diese Leute, deren Denken und Fühlen so ganz und ausschließlich auf das bevorstehende Passahfest eingestimmt war? Welchen Anteil haben beispielsweise die Bürger von Jericho, Hebron und Bethlehem, die ganze Landbevölkerung, die Hirten und Bauern auf den Feldern, die Fischer vom See Genezareth?[4]

Pontius Pilatus ist als ein besonders grausamer Mann in die Geschichte eingegangen. In einer Schrift des jüdischen Philosophen Philon von Alexandrien ist ein Brief von König Agrippa I. an Kaiser Caligula enthalten. Dort werden die Missetaten des Pilatus mit folgenden Worten gebrandmarkt: «Bestechung, Gewalttat, Räuberei, Mißhandlung, Beleidigung, fortwährende Hinrichtungen ohne Urteilsspruch und seine endlosen und unerträglichen Grausamkeiten.»[5] Lapide:[6] «Das rabbinische Schrifttum nennt ihn nicht von ungefähr ‹Haman›, jenen heidnischen Machthaber, der einst die Vernichtung der Juden geplant hatte (Ester 3).»

Im Jahre 26 war Pilatus von Kaiser Tiberius bzw. dessen höchstem Regierungsbeamten Sejan zum Prokurator (richtiger: Praefectus) von Judäa ernannt worden. Über die Herkunft seines Namens gibt es nur Spekulationen. Eine davon ist die, daß er als Sohn eines mit dem Ehrenspieß (Pilum) ausgezeichneten Offiziers geboren wurde, ja, daß er sogar der Sohn jenes Marcus Pontius gewesen sei, der unter Augustus während des Kriegszugs gegen die Kantabrer (26–19 v. Chr.) die Heeresleitung innehatte.[7] Jedenfalls gehörte Pilatus, wie alle Prokuratoren in Judäa, dem Ritterstand an, also einer aristokratischen Schicht, die unter dem Senatorenstand rangierte. Der Vergleich mit der Laufbahn anderer Ritter läßt vermuten, daß Pilatus schon im militärischen Bereich tätig war, bevor er nach Judäa kam. Er hatte in seiner Provinz alle Vollmachten, über Leben und Tod seiner Untertanen zu verfügen. Im Gegensatz zu seinen Vorgängern war Pilatus ein Mann, der sich um die religiösen Gefühle der Juden wenig scherte. Josephus Flavius berichtet davon.[8] Historisch gesichert ist, daß Pilatus im Jahre 36 auf Betreiben seines Vorgesetzten Vitellius, des Gouverneurs von Syrien, durch Kaiser Tiberius abgesetzt wurde. Mehr weiß man über sein Schicksal nicht. Als er in Rom eintraf, war Tiberius kurz zuvor gestorben. Es gilt als wahrscheinlich, daß Pontius Pilatus in das gallische Vienne verbannt wurde.[9] Anlaß für die Abberufung war die besondere Brutalität, mit der Pilatus eine Protestkundgebung der Samaritaner hatte niederschlagen lassen. Sein notorischer Judenhaß, sein mangelndes Einfühlungsvermögen und seine Rücksichtslosigkeit gegenüber der Bevölkerung in seiner Besatzungszone waren für Rom zu einer unerträglichen Belastung geworden.

Es ist widersinnig zu glauben, daß ein solcher für seinen Starrsinn bekannter Mann, der obendrein nach Kolonialherrenart voller Verachtung auf die Juden herabblickte, sich ausgerechnet von einem Pöbelhaufen vor seiner Residenz in seinen Entscheidungen beeinflussen, sich gar zu einem Todesurteil drängen ließ, welches er gar nicht verhängen wollte!

Archäologische Ausgrabungen haben ergeben, daß höchstens dreitausend Menschen im Innenhof der Burg Antonia – der nach christlicher Tradition vermuteten Verhandlungsstätte – Platz gefunden haben könnten. Dieser von den Hohenpriestern aufgehetzte Mob – unterstellt, es hätte einen solchen wirklich gegeben und er wäre nicht nur eine politisch motivierte Erfindung der Evangelisten oder eine schlichte Erfüllungslegende von Psalm 31.14 –, dieser Mob also entsprach höchstens zwei Prozent aller zu jenem Zeitpunkt in Jerusalem weilenden Einwohner und Pilger, also einem Tausendstel aller damals lebenden Juden.[10] Verantwortlich gemacht aber wird das Volk Israel in seiner Gesamtheit.[11] Der Johannes-Evangelist läßt Pilatus sagen:

> «Bin ich denn ein Jude? Dein Volk und die Hohenpriester haben dich mir übergeben.» (Jh. 18.35)

Und Johannes stellt im weiteren Verlauf seines Berichtes die Dinge so hin, als habe Pilatus sich nachhaltig für die Freilassung Jesu eingesetzt, am Ende aber dem Verlangen der Juden nachgegeben, die Jesus um jeden Preis in eigener Verantwortung kreuzigen wollten (Jh. 19.16). Dazu Lapide:[12] «Nur wer sich die Tausende von römischen Kreuzen vergegenwärtigen kann, an die Pilatus, seine Vorgänger und seine Nachfolger, unzählige Juden, nach kurzem oder gar keinem Prozeß schlagen ließ, versteht die blutige Ironie dieser Zeilen, die die humane Rechtspraxis Israels, der Kreuzigungen unbekannt sind, öffentlich verhöhnen will.»

Matthäus läßt das jüdische Volk in einem Anfall von Selbstzerfleischung unisono von Gott erflehen, er möge Jesus an den Juden rächen:

> «Da antwortete das ganze Volk und sprach: Sein Blut
> komme über uns und unsere Kinder!» (Mt. 27.25)

Das ganz jüdische Volk will Matthäus mit der Kollektivschuld an dem gewaltsamen Tod Jesu belegen.[13] Eine ausgemachte Infamie des Evangelisten, wie man vermuten könnte – oder, genauer gesagt: des späteren Redaktors dieser Perikope.[14] In einer Eindeutigkeit, die nichts zu wünschen übrigläßt, steht dem die Thora entgegen, der klare Text im Deuteronomium, der das Verbot der Sippenhaft enthält:

> «Väter sollen nicht für ihre Söhne und Söhne nicht für
> ihre Väter mit dem Tod bestraft werden. Jeder soll nur
> für sein eigenes Verbrechen mit dem Tod bestraft werden.» (5. Mos. 24.16)

Und der Prophet Ezechiel mahnt ebenfalls an, was seit nunmehr rund dreitausend Jahren zu den Grundsätzen jüdischer Jurisprudenz zählt:

> «Nur wer sündigt, soll sterben. Ein Sohn soll nicht die
> Schuld seines Vaters tragen und ein Vater nicht die
> Schuld seines Sohnes. Die Gerechtigkeit kommt nur
> dem Gerechten zugute, und die Schuld lastet nur auf
> dem Schuldigen.» (Ezechiel 18.20)

Die mit den Grundsätzen jüdischen Rechtsdenkens absolut unvereinbare, auf das Matthäus-Evangelium zurückgehende These von der sogenannten «Selbstverfluchung der Juden» und eine darauf basierende Kollektivschuld des jüdischen Volkes, eine «Sippenhaftung bis ins tausendste Glied», ist von der christlichen Lehre leider aufgegriffen, und die schrecklichen Konsequenzen daraus sind unter dem Schutz der Kirche praktiziert worden.
Origenes, der bedeutendste Theologe des 3. Jahrhunderts, schreibt in seinem Matthäus-Kommentar: «Die Juden haben Jesus ans Kreuz genagelt... daher fällt das Blut Christi nicht nur auf die Juden seiner Zeit zurück, sondern auf alle Generationen der Juden bis an das Ende der Welt.»[15]
Augustinus, Thomas von Aquin und Martin Luther dachten darüber nicht anders: «Und so wird es geschehen, daß das Blut

Christi bis heute gefordert wird. Und gut traf es auf sie zu, was in Gen. 4.10 gesagt ist: Das Blut deines Bruders Abel schreit von der Erde zu mir. Aber das Blut Christi ist wirksamer als Abels Blut. Der Apostel an die Hebräer 12.24: Wir haben Blut, das besser schreit als Abels Blut.»[16]

Julius Streicher, der Herausgeber des nationalsozialistischen Hetzblattes «Der Stürmer» konnte sich im Nürnberger Prozeß darauf berufen, daß Luther, wenn er noch lebte, ebenso wie er, Streicher, vor das Nürnberger Tribunal gestellt werden müßte. Im «Stürmer» habe nur das gestanden, was man auch bei Luther habe lesen können.[17] Luther: «Es ist hie zu Wittenberg an unser Pfarrkirchen ein Sau in Stein gehauen; da liegen junge Ferkel und Jüden unter, die saugen; hinter der Sau steht ein Rabbin, der hebt der Sau das rechte Bein empor und mit seiner linken Hand zeucht er den Pirzel über sich, bückt und kuckt mit großem Fleiß der Sau unter dem Pirzel in den Talmud hinein, als wollt er etwas Scharfs und Sonderlichs lesen und ersehen... Denn also redet man bei den Deutschen von einem, der große Klugheit ohne Grund furgiebt: Wo hat ers gelesen? Der Sau im, grob heraus, Hintern.»[18]

Im «Amtsblatt für die Erzdiözese Freiburg» erschien am 27. März 1941 ein aus der Feder des damaligen Erzbischofs stammendes Hirtenschreiben unter der Überschrift «Mann der Schmerzen». Darin wird die Osterbotschaft in eine Exegese besonderer Art vermittelt: «Ihre Augen waren verblendet von ihrer jüdischen Weltherrschaftsbegier... Von den Pharisäern verführt, erhebt sich gegen ihn nun auch das Volk... Der Pharisäische Geheimdienst hatte durch Lüge und Verleumdung das Tier in ihnen geweckt, und sie lechzten nach schauerlichem Nervenkitzel und Blut... ‹Volksaufwiegler› zischen und schreien die einen, ‹falscher Messias, Betrüger› bekräftigen vom Straßenrand her die anderen, wobei aufgehetzte Weiber die Männer noch überkreischen... Der Heiland aber schaut sie mit seinen blutunterlaufenen Augen an. Ein Blick, den sie in Ewigkeit nicht vergessen. Ein Blick der beschämenden Wehmut über Menschen, tief unter dem Tier... Die Bestie hat Menschenblut gerochen und will ihren wildbrennenden Durst daran löschen. Erst dann ist es ihr genug, wenn er angenagelt am Kreuzesbalken verendet... Über Jerusalem gellt indessen der wahnsinnige, aber wahrsagende Selbstfluch der Juden: ‹Sein Blut komme über uns und unsere Kinder!› Der Fluch hat sich furchtbar erfüllt, bis auf den heute laufenden Tag.» Bis auf den heute laufenden Tag: Am 27.3.1941 gingen ebenso wie an jedem anderen Tag jener Zeit die jüdischen Nachfahren Jesu zu Tausenden ihrer Ermordung entgegen. Dem Erzbischof ist das kein Hinderungsgrund, an den «leidenden Heiland» eine Grußadresse zu richten: «Wir grüßen dich, wir Christen einer neuen, deutschen Zeit!» Deutsche Exegese vor knapp 50 Jahren. In einem evangelischen Amtsblatt hätte es ebenso stehen können.

Ungeachtet des den Juden zugefügten Völkermordes wird bis in die Gegenwart die verhängnisvolle Selbstverfluchungsthese von Theologen beider Konfessionen vertreten. Der Protestant Stauffer: «Und im Sprechchor spricht das versammelte Volk die furchtbare Formel bedingter Selbstverfluchung... Die Judenschaft hat diese Entscheidung nach wenigen Jahrzehnten mit der Zerstörung Jerusalems bezahlen müssen.»[19] Der Katholik Blinzler: «Während Pilatus auf das nachdrücklichste die Verantwortung für Jesu Tod von sich wies, hat das jüdische Volk diese Verantwortung in frevlerischem Übermut ausdrücklich auf sich genommen... Dem für Judenchristen schreibenden Matthäus geht es deutlich darum, seinen Lesern die ungeheure Schuld ihres Volkes klarzumachen.»[20] Blinzler wird gegenüber denjenigen, die es wagen, den römischen Anteil am Tode Jesu herauszustellen, «nicht immer den Eindruck los, daß sie die Schuld ‹der Juden› an der Tötung Jesu nach Möglichkeit verkleinern wollen». Für ihn bleiben es «die Juden, die rein aus Haß und Bosheit den Tod des Gottgesandten betreiben».[21]

Solche Theologen argumentieren damit nicht anders als ein – gottlob namenlos gebliebener – Durchschnittsbesucher der Oberammergauer Passionsspiele 1970: «Genauso, wie wir nicht wegleugnen, daß Hitler Millionen von Juden vernichtet hat, genausowenig können die Juden wegleugnen, daß sie Christus ans Kreuz geschlagen haben.»[22] Der Unterschied zu dem Besucher von Oberammergau liegt nur darin, daß z. B. Blinzler von einer mittelbaren Täterschaft der Juden ausgeht, der Oberammergauer von einer unmittelbaren.[23]

Auf den Kopf gestellt wurden die Fakten von Anfang an, und Theologen wie Blinzler und Stauffer waren bis in die Gegenwart hinein bemüht, diesen Aberwitz nicht verstummen zu lassen und allen Abmilderungen tunlichst entgegenzuwirken. In solcher Einstellung und solcher Lehre liegen die Wurzeln des Antijudaismus. Sie dienten fast zwei Jahrtausende hindurch als Rechtfertigung dafür, daß die Juden als Personen minderen Rechts eingestuft, diskriminiert, vertrieben und ermordet wurden.[24]

Jesu Tod war also keineswegs allen Menschen Gnade und Heil. Für die Juden war er von Titus bis Hitler nur Unheil und Qual. Jesu verzeihende Worte[25]

> «Vater vergib ihnen, denn sie wissen nicht, was sie tun» (Lk. 23.34)

umschließen sicher alle Menschen, die das Gebot der Nächstenliebe verletzt haben, egal ob Juden, Römer oder (die Jesus noch unbekannten) Christen. Diejenigen aber, welche als «Christen» die Nächstenliebe zwar predigen, in Wirklichkeit aber in Jesu Christi Namen vorsätzlich unsagbares Leid verursacht haben, hätten gut daran getan, sich durch den Heiland nicht nur doppelt betroffen, sondern auch zutiefst beschämt zu fühlen!

Die ganz überwiegende Zahl christlicher Theologen spricht das heute aus. Ich zitiere stellvertretend vier von ihnen:

Karl Rahner[26]: «Christen haben immer wieder den Juden schwerstes, entsetzliches Unrecht angetan. Wir müssen uns dieser Anklage stellen, wir müssen den Kläger ausreden lassen, der uns sagt, was die Christen den Juden angetan haben.»

Hans Küng[27]: «Der nazistische Massenmord war das Werk gottloser Verbrecher, aber: Ohne die fast 2000jährige Vorgeschichte des ‹christlichen› Antijudaismus... wäre er unmöglich gewesen... Um das klare Eingeständnis ihrer Schuld kommt die Christenheit nicht herum.»

Karl Barth[28]: «Die Kirche als Ganzes ist den Juden, denen sie alles schuldig ist, bis auf diesen Tag alles schuldig geblieben.»

Kardinal Bea[29]: «Das gesamte jüdische Volk jener Zeit zu verdammen, von dem die meisten Glieder nicht einmal von Jesus gehört hatten, wäre genauso ungerecht, als wenn man sechzig Millionen Deutsche – mich eingeschlossen – für Hitlers Verbrechen bestrafen würde.»

Der Gerichtsherr als Biedermann

In dem Bestreben der Evangelisten, alle Schuld am gewaltsamen Tode Jesu der jüdischen Seite zuzuschreiben, wird Pontius Pilatus als ein eher liebenswürdiger Mann vorgestellt, als eine Persönlichkeit, die aus einer tragischen Verstrickung heraus nicht anders hat handeln können:

> «... den ihr verraten und vor Pilatus verleugnet habt,
> obwohl dieser entschieden hatte, ihn freizulassen.»
> (Apg. 3.13)

Stauffer[30] kommentiert entsprechend: «Pilatus ist aber nicht nur blutscheu, er scheut sich auch vor einem ernsthaften Konflikt mit den jüdischen Anklägern. Die drei Rettungsversuche, die Pilatus für Jesus unternimmt, sind alle drei so angelegt, daß sie die Juden nicht verletzen können... Dieser Mann kämpft mit allen Mitteln für rechtes Gericht und den Schutz der Unschuldigen.»

Liest man die Berichte unter diesem Aspekt, so kann man mühelos feststellen, daß von Evangelium zu Evangelium Pilatus mehr entlastet wird.

Schon bei Markus (15.12–13) wird das Tribunal zur Volksbefragung, das jüdische Volk fordert die Kreuzigung. Der Träger des Geschehens ist von Anfang bis Ende vor allem das Volk.[31]

> «Was soll ich denn mit dem tun, den ihr den König der
> Juden nennt? Da schrien sie: Kreuzige ihn!»
> (Mk. 15.12–13)

Im Matthäus-Evangelium schiebt Pilatus alle Schuld auf die Umstehenden:

> «Mich trifft keine Schuld am Blut dieses Menschen.
> Das ist eure Sache.» (Mt. 27.24)

Nach Lukas erklärt Pilatus direkt, daß Jesus unschuldig ist:

> «Ihr seht also: Er hat nichts getan, wofür er den Tod
> verdient.» (Lk. 23.15)

Johannes zufolge unternimmt Pilatus sogar drei verzweifelte Versuche, Jesus nicht verurteilen zu müssen:

> «Nehmt ihr ihn hin und richtet ihn nach eurem Gesetz... Ich finde keinen Grund, ihn schuldig zu sprechen... Seht, ich bringe ihn euch heraus. Ihr sollt wissen, daß ich keinen Grund finde, ihn schuldig zu sprechen.» (Jh. 18.31, 38; 19.4)

Im Gegensatz zu Markus, wo es heißt, daß Jesus bereits um neun Uhr morgens gekreuzigt wurde, es somit ausgeschlossen wäre, daß man zuvor lange prozessiert hatte, wird er dem vierten Evangelium zufolge erst um zwölf Uhr mittags von Pilatus zum Tode verurteilt, also frühestens um dreizehn Uhr gekreuzigt.[32] Johannes wollte damit zeigen, daß der Römer dem Druck der Juden lange Zeit Widerstand entgegengesetzt habe.[33] Die kirchliche Lehre gibt, ähnlich wie bei der Bestimmung des Todestages, auch hier der johanneischen Zeitangabe den Vorzug.
Dem angeblich ahnungslosen Prokurator gegenüber schlagen die jüdischen Ankläger von vornherein einen unwirschen, herausfordernden Ton an, als dieser sich höflich nach dem Gegenstand der Anklage erkundigt[34]:

> «Pilatus kam zu ihnen heraus und fragte: Welche Anklage erhebt ihr gegen diesen Menschen? Sie antworteten ihm: Wenn er kein Übeltäter wäre, hätten wir ihn dir nicht ausgeliefert.» (Jh. 18.29–30)

Obwohl also Pilatus keine Antwort auf seine Frage bekommt und die Juden daher auffordert, ihn mit dem Fall gefälligst in Ruhe zu lassen, weiß er andererseits doch gleich sehr genau Bescheid, worum es sich handelt. Er holt Jesus zu sich ins Prätorium und fragt ihn geradeheraus:

> «Bist du der König der Juden?» (Jh. 18.33)

Nach einer ausweichenden Gegenfrage Jesu

> «Sagst du das von dir aus, oder haben es dir andere
> über mich gesagt?» (Jh. 18.34)

entspinnt sich ein Gespräch zwischen den beiden, in dessen Verlauf Pilatus immer mehr davon überzeugt wird, daß Jesus unschuldig ist:

> «Mein Reich ist nicht von dieser Welt... Ich bin ein König. Ich bin dazu geboren und in die Welt gekommen, daß ich für die Wahrheit Zeugnis ablege. Jeder, der aus der Wahrheit ist, hört auf meine Stimme. Pilatus sagte zu ihm: Was ist Wahrheit?» (Jh. 18.36–38)

Sobald der Gerichtsherr dann aber aus dem Prätorium heraustritt, um das Ergebnis seiner Befragung und seinen aktuellen Erkenntnisstand in bezug auf den Angeklagten dem Volk mitzuteilen, wird er von der Volksmasse verunsichert. Nachdem er so ein paarmal herein- und herausgelaufen ist – «von Pontius zu Pilatus», wie die Redewendung lautet –, schlägt das Pendel schließlich zugunsten des Pöbels aus: Pilatus gibt dessen Verlangen auf Kreuzigung nach.

Die Unhistorizität des johanneischen Berichts ist aus mehreren Gründen evident. Formal wäre schon einmal anzumerken, daß Pilatus einen schwerwiegenden Verstoß gegen die Prozeßordnung begangen hätte. Das römische Strafprozeßrecht schrieb vor, daß der Gerichtsherr die Parteien einander gegenüberstellt und nicht etwa getrennt mit ihnen verhandelt (Apg. 25.16). Zweitens muß man sich fragen, wer wohl das angebliche Zwiegespräch zwischen Pilatus und Jesus im Inneren des Prätoriums mitgehört und der christlichen Gemeinde berichtet haben könnte. Insbesondere aber ist es der geschilderte Inhalt des Gesprächs zwischen Pilatus und Jesus, der unmöglich auf historischer Tatsache beruhen kann. Es bedarf keines weiteren Hinweises, daß der Prokurator sich mit einem Juden, der unter dem Verdacht des Aufruhrs gegen Rom von ihm vernommen wurde, nicht auf einen Dialog nach Art griechischer Philosophen eingelassen hat. Ein Ausspruch wie der «Mein Reich ist nicht von dieser Welt» ist aus dem Munde eines Juden sowieso utopisch; so kann nur ein Christ sprechen. Hier begegnen wir der für Johannes typischen gnostisch gefärbten Theologie.

Daher steht dieser johanneische Dialog auch in einem unüberbrückbaren Gegensatz zu den Schilderungen bei Markus und Matthäus. Dort wird als auffallendes Merkmal innerhalb der Vernehmung gerade das hartnäckige Schweigen Jesu hervorgehoben, worüber Pilatus sehr verwundert gewesen sein soll:

> «Er aber antwortete ihm auf keine einzige Frage, so daß der Statthalter sehr verwundert war.» (Mt. 27.14)

Von Matthäus wird die Ehefrau des Römers – sie soll Claudia oder Procula geheißen haben und eine Enkelin des Kaisers Augustus gewesen sein – in das Prozeßgeschehen eingeführt:

> «Während Pilatus auf dem Richtstuhl saß, ließ ihm seine Frau sagen: Habe du nichts zu schaffen mit diesem Gerechten; ich habe heute viel gelitten im Traum um seinetwegen.» (Mt. 27.19)

Wenn schon der Prokurator ein Fehlurteil gefällt hat, so ist Frau Procula doch von großer Weitsicht. Von der orthodoxen Kirche wird sie als Heilige verehrt. Blinzler[35]: «Sogar eine Heidin hat Jesu Unschuld erkannt und den Versuch gemacht, ihn vor dem Schicksal zu bewahren, das sein Volk ihm zugedacht hatte.»

Alle Bemühungen des Gerichtsherrn, Jesus laufenzulassen, scheitern an jüdischer Blutrünstigkeit. Als einsamer Streiter fürs Recht führt Pilatus einen aussichtslosen Kampf gegen die «vox populi». Erst versucht er es – so jedenfalls schildert es Lukas – ganz sachlich. Über die Denunziationspunkte des Synedriums, Jesus sei ein Aufwiegler, Steuerhinterzieher und Majestätsbeleidiger (Lk. 23.2), geht er kommentarlos hinweg. Als er dann die Beschuldigung abhandelt, Jesus habe sich als König der Juden bezeichnet, findet er überhaupt nichts dabei:

> «Pilatus aber fragte ihn und sprach: Bist du der Juden König? Er antwortete ihm und sprach: Du sagst es. Pilatus sprach zu den Hohenpriestern und zum Volk: Ich finde keine Schuld an diesem Menschen.»
> (Lk. 23.3–4)

Als die jüdischen Amtsinhaber und das gemeine Volk weiterhin auf Verurteilung drängen und Pilatus in Zugzwang gerät, wendet er eine List an: Obwohl es sich hier um einen Fall angeblicher Rebellion gegen den römischen Kaiser handelt, verneint er kurzerhand seine sachliche Zuständigkeit und gibt das Verfahren an Jesu jüdischen Landesherrn ab, den Tetrarchen Herodes Antipas[36], der, zusammen mit seinem Hofstaat, an diesem denkwürdigen Passahfest – für den Evangelisten Lukas und seine Erzählweise als (willkommener) Zufall eingeschoben – als Pilger in Jerusalem weilt. Aber die Rechnung geht nicht auf. Auch Antipas findet kein todeswürdiges Verbrechen an Jesus, er will mit dem Fall nichts zu tun haben. Dies, obwohl gerade er Grund gehabt haben könnte, sich zu rächen. Immerhin soll der Nazarener ihn einige Monate zuvor öffentlich einen «Fuchs» genannt haben (Lk. 13.32). Doch Antipas[37] beschränkt sich darauf, seine Verachtung für Jesus zum Ausdruck zu bringen:

> «Herodes und seine Soldaten zeigten ihm offen ihre Verachtung. Er trieb seinen Spott mit Jesus, ließ ihm ein Prunkgewand[38] umhängen und schickte ihn so zu Pilatus zurück.» (Lk. 23.11)

Als Pilatus den Fall dann wieder übernehmen muß, hat er immerhin ein zusätzliches Argument, das er für die beabsichtigte Freilassung Jesu ins Feld führt: Schließlich stünde er als ein von der Unschuld des Angeklagten überzeugter Richter nicht allein; auch ein ganz prominenter Jude, kein Geringerer als der Landesfürst von Galiläa, habe sich von der Schuldlosigkeit überzeugt:

> «Pilatus rief die Hohenpriester und die anderen Männer und das Volk zusammen und sagte zu ihnen: Ihr habt mir diesen Menschen hergebracht und behauptet, er wiegle das Volk auf. Ich selbst habe ihn in eurer Gegenwart verhört und habe keine der Anklagen, die ihr gegen diesen Menschen vorgebracht habt, bestätigt gefunden, auch Herodes nicht, denn er hat ihn zu uns zurückgeschickt. Ihr seht also: Er hat nichts getan, worauf die Todesstrafe steht.» (Lk. 23.13–15)

Das sture Volk aber läßt kein Argument gelten, es will den Tod des Angeklagten:

> «Da schrien sie alle miteinander: Weg mit ihm!»
> (Lk. 23.18)

Die Episode vom Zusammentreffen Jesus–Pilatus–Herodes wird nur von Lukas (23.7–15) berichtet. Sie ist typisch nachösterliches Erzählgut. Bisher verfeindet, werden Pilatus und Herodes hier als die ersten Personen vorgestellt, die durch Jesu Opfertod miteinander versöhnt werden. Lukas ist auch hier wieder bemüht, die Staatsungefährlichkeit des Christentums zu betonen: Jesus ist politisch harmlos, und zwar vom Standpunkt sowohl des jüdischen Herrschers als auch des römischen Prokurators.

Wer war Barabbas?

Pilatus läßt es sich etwas kosten, Jesu Leben nach Möglichkeit zu retten. Einen Räuber namens Barabbas, der sich in seiner Gewalt befindet und hingerichtet werden soll, läßt er dem Volke vorführen, in der Hoffnung, daß, wenn er Jesus und Barabbas zur Wahl stellt, die Leute sich doch wohl für den Rabbi und nicht für den Räuber entscheiden würden:

> «Pilatus fragte nun die Menge, die zusammengekommen war: Was wollt ihr? Wen soll ich freilassen, Barabbas oder Jesus, den man den Messias nennt?»
> (Mt. 27.17)[39]

Aber die Hoffnung trügt; die Leute ziehen den Räuber vor:

> «Da schrien sie alle: Ans Kreuz mit ihm!» (Mt. 27.23)

> «Da schrie der ganze Haufen und sprach: Hinweg mit ihm und gib uns Barabbas los!» (Lk. 23.18)

> «Wollt ihr also, daß ich euch den König der Juden freilasse? Da schrien sie wieder: Nicht diesen, sondern Barabbas! Barabbas aber war ein Räuber.»
> (Jh. 18.39–40)

Der Name Barabbas wirft Probleme auf, er heißt nämlich nichts anderes als «Sohn des Vaters», also ein Name, der in Wirklichkeit gar kein Eigenname ist. Es gibt Textzeugen, nach denen dieser Mann nicht nur Barabbas, sondern – ausgerechnet – ebenfalls Jesus heißt, was freilich in den meisten Ausgaben des Neuen Testaments (überraschenderweise auch in der ökumenischen Bibelausgabe von Herder) unterdrückt wird. In der im griechischen Urtext vorliegenden gängigen Ausgabe des Neuen Testaments[40], ferner in der 1982 bei der Deutschen Bibelgesellschaft erschienenen Bibelausgabe («Die gute Nachricht im heutigen Deutsch») und ebenso in der Übersetzung der Neuen Englischen Bibel[41] wird er als «Jesus Barabbas» vorgestellt, wobei «Barabbas» nicht zum eigentlichen Namen gehört, sondern nur eine Kennzeichnung eben dieses Jesus sein soll:

> «Damals gab es einen berüchtigten Gefangenen, der Jesus Barabbas hieß. Als sie nun alle versammelt waren, fragte Pilatus: Wen soll ich euch freigeben: Jesus Barabbas oder Jesus, der auch Christus genannt wird?» (Mt. 27.16–17)

Die Namensgleichheit kann Zufall sein, denn der Name Jesus war sehr geläufig. Origenes allerdings meinte, der Evangelist müsse sich im Namen geirrt haben. Vielleicht aber hat man jenen gefangenen Partisanenführer[42] mit Namen Jesus in Barabbas umbenannt, um nicht einen solchen Mann mit dem heiligen Namen Jesus erscheinen zu lassen.

Es gibt aber noch eine ganz andere Auslegungsvariante: Aus Jesus Bar-Abbas und unserem Jesus sind erst einige Jahrzehnte später zwei Personen gemacht worden. In Wirklichkeit sind die beiden identisch. Da Bar-Abbas, «Sohn des Vaters», gar kein eigentlicher Name ist, würde er auch auf Jesus passen: Sohn Gottes ist gleich Sohn Abbas. Es war ja gerade Jesus, der Gott mit «Abba» angeredet hat. Matthäus habe, so lautet eine spezielle theologische Meinung, allegorisch ausdrücken wollen, die Juden hätten sich für den schlechten und gegen den guten Jesus entschieden.[43]

Wer so argumentiert, müßte fairerweise auch eine ganz andere Schlußfolgerung in den Bereich des Möglichen ziehen: Wenn Identität vorliegt, dann haben die Juden, indem sie die Freilassung dieses Jesus Bar-Abbas forderten, nicht Jesu Hinrichtung, sondern Jesu Freilassung verlangt – ein ja auch durchaus naheliegendes Verlangen in bezug auf einen Propheten, der wenige Tage zuvor bei seinem Einzug helle Begeisterung beim Volk ausgelöst hatte, und ebenso in bezug auf einen jüdischen Landsmann, der sich als vermeintlicher Aufrührer gegen Rom in römischer Haft befindet und hingerichtet werden soll. Es fügt sich dann auch nahtlos ein, daß, nachdem das Verlangen auf Freilassung keinen Erfolg gehabt hatte und Jesus zur Hinrichtungsstätte geführt wurde, ihm «eine große Menge des Volkes folgte, die ihn betrauerte und beklagte» (Lk. 23.27). Nicht nachvollziehbar jedenfalls wäre, warum das Volk die Verurteilung als Unglück angesehen hat, wenn es die Verurteilung selbst verlangt hätte.

Die Barabbas-Szene[44] und der lukanische Bericht über die trauernde Volksmenge könnten ein und derselben Quelle einer ursprünglichen Überlieferung der Passionsgeschichte entstammen. In der späteren Redaktion ist dann Jesus «Bar-Abbas» alias Jesus «Gottes-Sohn» in zwei Personen aufgespalten worden, und die trauernde Volksmenge wurde in eine haßerfüllte Judenmasse umgewandelt. Der Grund für die redaktionelle Umgestaltung wäre auch hier wieder, daß es den Evangelisten darauf ankam, ihre Schriften in einer der römischen Staatsmacht gefälligen Weise zu verbreiten und zu verschleiern, daß derjenige, den sie als ihren «Herrn» ansehen, in Wirklichkeit ein von den Römern als Aufrührer hingerichteter Galiläer war.

Folgt man der These von der Identität zwischen Jesus-Barabbas und Jesus-Gottessohn nicht, dann dürfte jedoch von Barabbas – unterstellt, es hat ihn überhaupt gegeben – feststehen, daß es sich bei ihm um einen Widerstandskämpfer gehandelt hat, der die Sympathie des Volkes genoß und der vielleicht auch dem Patrioten Jesus und dessen Jüngern nahestand. Matthäus (27.16) nennt Barabbas einen «wohlbekannten»[45] Gefangenen. Diesen Volkshelden nach Möglichkeit freizubekommen, wäre aus jüdischer Sicht ein verständliches Anliegen.

Die Evangelien hingegen verfolgen mit der Barabbas-Szene ein ganz anderes Anliegen. Die Szene soll die ungeheuerliche Schuld der Juden aufzeigen: ein Räuber und Mörder wird Jesu vorgezogen:

> «Ihr aber habt den Heiligen und Gerechten verleugnet
> und die Freilassung eines Mörders gefordert.»
> (Apg. 3.14)

Martin Luther[46] kommentiert: «Matthäus will sagen / Daß Pilatus den ärgsten Mörder habe wöllen vurschlagen / Da mit die Jüden nicht fur ihn bitten künnten. Aber sie hätten ehe den Teufel selbs los gebeten / ehe sie Gottes Sohn hätten los lassen sein. Sic et hodie agitur et semper.»

Pesch bringt in seinem Markus-Kommentar[47] eine Version, derzufolge die Barabbas-Episode überhaupt das entscheidende Merkmal für den Ausgang des Verfahrens vor Pilatus darstellt. Jesu Kreuzigungsschicksal sei «eher ungewollt» im Rahmen der Amnestie-Diskussion entschieden worden: Pilatus, der die Schuld Jesu nicht für erwiesen ansah, habe, indem er Jesus in die Amnestie-Diskussion einbezog und sich somit der Möglichkeit eines Freispruches begab, einen entscheidenden prozeßtaktischen Fehler begangen. Bei der «Menge», die in den Evangelien genannt wird, habe es sich um eine ganz spezielle Gruppe «der an der Freilassung von Barabbas Interessierten» gehandelt, die möglicherweise von Jesus zuvor noch nie etwas gehört hatten. Diese Leute seien plötzlich vor Pilatus aufgetaucht und hätten die Freilassung ihres Favoriten Barabbas gefordert. Von den Hohenpriestern seien sie dabei ermuntert worden, an ihrem Verlangen auf jeden Fall festzuhalten. Man habe ihnen eingeredet, daß es sich bei jenem (den Leuten unbekannten) Jesus um einen Mann handele, der von der Behörde zu Recht wegen krimineller Verfehlungen für schuldig befunden worden sei und den Tod verdient habe. Pilatus, an das Amnestieversprechen gebunden, habe Barabbas freigelassen und «konsequenterweise» Jesus der Kreuzigung überantworten müssen. Zu einem Urteil habe es somit überhaupt nicht mehr kommen können.

So wie viele Theologen ist auch Pesch von der Auffassung beherrscht, bei den Angaben zur Passionsgeschichte handele es sich um historisch absolut zuverlässige Informationen.[48] In der «Schuldfrage», der im Grunde wichtigsten Frage, stimme ich Pesch zwar vollauf zu. Das andere aber ist reine Spekulation, eine «Story», für die es nirgendwo einen seriösen Anhaltspunkt gibt.

Abgesehen davon, daß niemand Genaues sagen kann und niemand sich dazu versteigen sollte, detaillierte Aussagen über den Ablauf eines Prozesses gegen Jesus von Nazareth zu machen, halte ich die ganze Geschichte der angeblich traditionellen Amnestie eines Gefangenen anläßlich des Passahfestes für eine Legende. Es hat weder ein derartiges Gesetz noch einen derartigen Brauch gegeben. Über ein solches «privilegium paschale» wäre, wenn es bestanden hätte, mit Sicherheit in den historischen Quellen berichtet worden. Das Recht, alljährlich einen Aufrührer freizubekommen, genossen die Juden ebensowenig wie die anderen von Rom beherrschten Völker. Die Rechtsinstitution der Amnestie zwar hat es auch im römischen Recht gegeben: Es gab die verbreitete Sitte, an hohen Festen des Jahres oder bei besonders erfreulichen Ereignissen Strafverfahren auszusetzen oder niederzuschlagen (sog. abolitio publica).[49] Es hat auch eine spezielle Osteramnestie gegeben. Bezeichnenderweise beginnen die Osteramnestien aber erst mit den späteren christlichen Kaisern[50], und in ihnen sind Hoch- und Landesverräter und Mörder stets ausgenommen. Niemals aber haben die Römer den Festtag eines von ihnen unterdrückten Volkes zum Anlaß einer Amnestie genommen.[51]

Pilatus am Ende

Trotz aller Fehlschläge in seinem Bemühen um die Freilassung Jesu gibt Pilatus noch immer nicht auf. Jetzt versucht er, sein Ziel dadurch zu erreichen, daß er an das Mitleid appelliert. Er läßt Jesus von seinen Soldaten auspeitschen (Jh. 19.1)[52] und hofft, die schreiende Volksmenge würde dadurch besänftigt werden. Abermals geht die Rechnung nicht auf. Der Anblick des blutenden und mit einer Dornenkrone[53] versehenen Jesus – «Sehet, welch ein Mensch!» soll Pilatus mitleidsvoll gesagt haben (Jh. 19.5) – macht die Leute nur noch rasender:

> «Als ihn die Hohenpriester und ihre Diener sahen,
> schrien sie: kreuzige! kreuzige!» (Jh. 19.6)

Darauf nun soll Pilatus den Juden angeraten haben, daß, wenn sie Jesus partout umbringen wollen, sie das auf römische Art erledigen müssen, indem sie ihn ihrerseits kreuzigen:

> Pilatus sagte zu ihnen: «Nehmt ihr ihn und kreuzigt
> ihn!» (Jh. 19.6)

Von nun an bringen die Juden in ihrer Verbissenheit und Verbohrtheit buchstäblich alles durcheinander. Von dem ursprünglich erhobenen politischen Anklagepunkt gehen sie wieder ab, kehren zurück zu ihrer religiösen Anklage, um dann kurz darauf erneut politisch zu argumentieren:

> «Die Juden antworteten ihm: Wir haben ein Gesetz,
> und nach dem Gesetz soll er sterben; denn er hat sich
> selbst zu Gottes Sohn gemacht... Die Juden aber
> schrien und sprachen: Jeder, der sich als König aus-
> gibt, lehnt sich gegen den Kaiser auf.» (Jh. 19.7, 12)

Kein Argument ist der Volksmasse zu perfide, als daß sie es nicht ins Feld geführt hätte. In grandioser Umkehrung aller nationalen und ethischen Werte sagen sich die Leute[54] von ihrem eigenen Credo los, sie verleugnen ihr heiligstes Anliegen, daß Gott allein der König ihres Volkes sei[55] und bekennen sich zu Kaiser Tiberius als zu ihrem einzigen Herrscher. Sie spielen – laut Blinzler[56] – «ihren letzten und gewichtigsten Trumpf aus».

> «Wir haben keinen König außer dem Kaiser!»
> (Jh. 19.15)

Pilatus seinerseits steht an gedanklicher Verwirrung den Juden nicht nach, auch ihm stellt sich sein Weltbild auf den Kopf. Als er plötzlich die religiöse Anklage vernimmt, Jesus habe sich als «Sohn Gottes» ausgegeben, soll er «noch ängstlicher» geworden sein (Jh. 19.8). Der Johannes-Evangelist will hier ganz offenbar nicht den Gottessohnbegriff im Sinne des messianischen Anspruchs der Königswürde ansprechen, denn das wäre für Pilatus ja kein neuer Gesichtspunkt gewesen. «Gottes Sohn» soll hier in dem Sinne verstanden werden, daß Jesus sich für ein überirdisches Wesen ausgegeben habe, was – das Durcheinander wird komplett! – die Juden aus ihrem Religionsverständnis heraus unmöglich gemeint haben können. Blinzler: «Auf Pilatus macht die Kunde, daß Jesus sich als Gottes Sohn ausgegeben habe, einen tiefen Eindruck. Sollte dieser Angeklagte wirklich ein höheres Wesen sein?»[57]

Zuvor hatte man gar noch versucht, Pilatus unter persönlichen Druck zu setzen, indem man ihm drohte, ihn in Rom wegen zu großer Nachgiebigkeit gegenüber einem jüdischen Rebellen wie diesem Jesus von Nazareth anzuschwärzen:

> «Die Juden aber schrien und sprachen: Läßt du diesen
> los, so bist du des Kaisers Freund nicht.» (Jh. 19.12)

Ausgerechnet jener Mann also soll wegen zu großer Duldsamkeit denunziert werden, der für seine Grausamkeit und Unnachgiebigkeit den Juden gegenüber in Rom bekannt war und der gerade deswegen auf jüdischen Protest hin einige Jahre später aus seinem Amt entfernt wird.[58]

Die Evangelisten aber schildern es so: Der anhaltenden Bedrängung, dem entnervenden Gekreische ist Pilatus nicht gewachsen. Am Ende gibt er der Forderung der Juden – widerwillig – nach.[59] Doch ehe er nun Jesus seinen Soldaten zur Hinrichtung übergibt, bedenkt und praktiziert dieser Repräsentant des römischen Kaiserreiches wundersamerweise den 26. Psalm des Königs David aus der Bibel der Juden: Er wäscht seine Hände in Unschuld:[60]

> «Als aber Pilatus sah, daß er nichts erreichte, sondern
> daß das Getümmel immer größer wurde, nahm er
> Wasser und wusch sich die Hände vor dem Volk und
> sagte: Ich bin unschuldig an seinem Tod. Das ist eure
> Sache.» (Mt. 27.24)

Bei so viel Barmherzigkeit und Güte, die dem Prokurator Pontius Pilatus angedichtet werden, verwundert es nicht, daß dieser Römer in späterer christlicher Darstellung bisweilen einen Ehrenplatz erhält.[61] Von der koptischen Kirche wird er – so wie seine Frau Procula von der orthodoxen Kirche[62] – als heilig verehrt. Alljährlich am 25. Juni begehen die koptischen Christen feierlich den Sankt-Pilatus-Tag. Schon der Kirchenvater Tertullian hatte behauptet, der Prokurator sei ein «heimlicher Christ» gewesen.[63]

Sympathie für Pilatus läßt sich vielerorts ausmachen. Auch Theologen unserer Zeit attestierten ihm «rechtes Gericht und

Schutz der Unschuldigen». Zahlreiche Romanschriftsteller[64] haben sich seiner in gefälliger Weise angenommen. Und wenn der Fremde vom zweitausend Meter hohen «Pilatus» über die Stadt Luzern und den Vierwaldstädter See in eine grandiose Landschaft schaut, dann mag in seinem Gemüt ein Hauch der Erhabenheit auch auf den Prokurator fallen.

Epilog

Die einzigen uns zur Verfügung stehenden Quellen – die Evangelien – geben für den historischen Ablauf des Geschehens wenig her. Einerseits wollen sie Jesus in der Passion ganz als Werkzeug der Erlösungstat Gottes erscheinen lassen; andererseits beabsichtigen sie, die Schuld am Tode Jesu den Juden anzulasten, um nicht von vornherein unüberbrückbare Konflikte mit der Weltmacht Rom zu schaffen.

Die Juden erscheinen als die Feinde Jesu. Gleichwohl sollen – durch Jesu Vermittlung – die Nichtjuden teilhaben an dem Gott der Juden, dem einzigen wahren Gott, der sich als Gott Abrahams, Isaaks und Jakobs offenbart hat. Alle Menschen sollen durch Jesus aufgerufen sein, Mitglied einer Gemeinde zu sein, der Glaubensgemeinde Jesu. Diese Gemeinde aber ist das Volk Israel.

> «Erinnert euch also, daß ihr einst Heiden wart und von denen, die äußerlich beschnitten sind, Unbeschnittene genannt wurdet. Damals wart ihr von Christus getrennt, der Gemeinde Israels fremd und von dem Bund der Verheißung ausgeschlossen; ihr hattet keine Hoffnung und lebtet ohne Gott in der Welt. Jetzt aber seid ihr, die ihr einst in der Ferne wart, durch Christus Jesus, nämlich durch sein Blut, in die Nähe gekommen.» (Epheserbrief 2.11–13)

Das jüdische Volk, so beschreibt es der Apostel, ist der «gute Ölbaum», aus dessen Wurzeln die christliche Gemeinde ihre Nahrung zieht. Von Pius XI. stammt der inhaltsvolle Hinweis, alle Christen seien «geistliche Semiten». Dessenungeachtet lautete weltweit und noch viele Jahre nach Auschwitz in der Karfreitagsliturgie die kollektive Bitte der im Gottesdienst versammelten Katholiken: «Laßt uns auch beten für die treulosen Juden!» Papst Gregor der Große hatte diese Bitte im Jahr 600 eingeführt. Pius XII. hatte dann 1948 erkannt, daß sie «verbesserungsbedürftig» sei; erst Johannes XXIII. setzte sich Ostern 1959 für die Abschaffung ein.[1]

Bis auf den heutigen Tag aber wird «den Juden» von unverbesserlichen «Christen» noch immer vorgeworfen, sie seien «die Mörder unseres Heilands». Erst auf dem Zweiten Vatikanischen Konzil ist man offiziell von dem Begriff des «Gottesmordes» abgerückt. Man hat ihn als «unziemlich» und «theologisch bedenklich» bezeichnet – eine Wortwahl, die in ihrer Zurückhaltung leider viel zu wünschen übrigläßt. Lapide: «Wer die zahlreichen Papstbullen und Kirchendokumente vor Augen hat, in denen von ‹der Horde der gottesmörderischen Juden› und von der ‹verpesteten Sekte der Gottesmörder› und von ‹Kain, dem Erztyp der blutrünstigen Juden› die Rede ist, wird es schwer finden, die plötzliche Zimperlichkeit der Konzilsväter zu verstehen, von denen nichts anderes erwartet wird als die unzweideutige Verurteilung der ältesten und unfairsten Waffe im Arsenal der religiösen Judenfeindschaft.»[2] In der «Judenerklärung» beklagt das Konzil alle Verfolgungen der Juden, es wendet sich entschieden gegen jede Form des Antijudaismus; zu einem Eingeständnis christlicher Schuld und Mitverantwortung hat es sich jedoch nicht durchringen können. Papst Johannes XIII. hat dieses Bekenntnis stellvertretend für die Kirche in einem Bußgebet kurz vor seinem Tode abgelegt:[3]

> «Wir erkennen nun, daß viele, viele Jahrhunderte der Blindheit unsere Augen bedeckt haben, so daß wir die Schönheit Deines auserwählten Volkes nicht mehr sehen und in seinem Gesicht nicht mehr die Züge unseres erstgeborenen Bruders wiedererkennen. Wir erkennen, daß das Kainszeichen auf unserer Stirne steht. Jahrhundertelang hat Abel darniedergelegen in Blut und Tränen, weil wir Deine Liebe vergaßen. Vergib uns die Verfluchung, die wir zu Unrecht aussprachen über den Namen der Juden. Vergib uns, daß wir Dich in ihrem Fluche zum zweiten Male kreuzigten. Denn wir wußten nicht, was wir taten...»

Wenn Jesu Tod eine in Gottes Rat beschlossene Sache war, dann gibt es überhaupt niemanden, gegen den sich eine Anklage richten könnte. Im Römerbrief (8.32) schreibt Paulus, es war «Gott, der seinen eigenen Sohn nicht geschont, sondern ihn für uns alle hingegeben hat». Ohne diesen Tod gäbe es nach christlichem Verständnis keine Vergebung der Sünden und keine Auferstehung von den Toten. Finsternis würde die Menschen weiterhin umgeben. Jesu Tod ist also im Grunde nichts anderes als ein Akt göttlicher Vorsehung, eine Liebestat Gottes an die Menschen:

> «Jesus Christus, der sich für unsere Sünden hingegeben hat, um uns aus der gegenwärtigen bösen Welt zu befreien, nach dem Willen unseres Gottes und Vaters.
> Ihm sei Ehre in alle Ewigkeit. Amen.» (Gal. 1.3–5)

Was immer Jesus gesagt hat, sind Worte eines Juden, nicht eines Christen. Wer der Meinung ist, der christliche Glaube gebiete eine Feindschaft zum Judentum, wendet sich ausgerechnet von dem ab, der die Frohe Botschaft des Neuen Testaments als erster verkündet hat.

Auch wer an Jesu Göttlichkeit glaubt, wer in ihm die zweite Person in der dreifaltigen Gottheit sieht, wer die Erlösungstat so versteht, daß Gottes «eingeborener» Sohn das Schicksal der Menschen, nämlich Geburt, Leben und Tod, auf sich genommen hat, braucht noch lange nicht von einem gewaltsamen Tod auszugehen, den Jesus durch die Juden erlitten hätte. Kernstück des christlichen Glaubens kann immer nur sein: Weil durch einen Menschen der Tod in die Welt gekommen ist, darum mußte auch der menschgewordene Gottessohn sterben. Die Überwindung des Todes aber, die Auferstehung, ist die Vollendung der Erlösungstat.

> «Ist aber Christus nicht auferstanden, so ist euer Glaube nichtig; dann seid ihr noch in Sünden, und auch die in Christus Entschlafenen sind verloren. Wenn wir nur in diesem Leben unsere Hoffnung auf Christus setzen, dann sind wir die beklagenswertesten unter den Menschen. Nun aber ist Christus von den Toten auferstanden. Er ist der Erstling der Entschlafenen. Durch einen Menschen ist der Tod gekommen. Durch einen Menschen kommt die Auferstehung der Toten. Denn wie in Adam alle dem Tode verfallen sind, so werden in Christus alle das Leben haben.» (1. Kor. 15.17–22)

Es hat sich gezeigt, daß der gegen die Juden erhobene Vorwurf des Gottesmordes historisch falsch, theologisch überflüssig und unter moralischem Gesichtspunkt verderblich ist. Wenn mein Buch dazu beiträgt, daß dieser unsinnige und bösartige Vorwurf nicht mehr erhoben wird, wenn es, mit anderen Worten, ein Mosaikstein im christlich-jüdischen Dialog sein kann, dann habe ich mein Ziel erreicht.

Anmerkungen

Die Bibelzitate sind überwiegend einer jetzt ca. 50 Jahre alten Textausgabe entnommen. Die Ausdrucksweise und Sprachfülle Luthers ist darin noch etwas zu spüren. Dort allerdings, wo es mir im Interesse eines rascheren und klaren Verständnisses sinnvoll erschien, habe ich aus der 1980 bei Herder erschienenen «Einheitsübersetzung» zitiert.

Der Talmudtraktat «Sanhedrin» wird nach der Übersetzung von Lazarus Goldschmidt zitiert (Berlin 1929–36). Nachdruck: Wiss. Buchgesellschaft Darmstadt 1964–67.

Das Militärstrafrecht ist immer nur gegenüber Militärpersonen anwendbar. Indem ich den dem Militärstrafrecht entlehnten Begriff «standrechtlich» gewählt habe, nehme ich mir eine Freiheit, die unter begrifflichen Gesichtspunkten Bedenken begegnen dürfte. Mit «standrechtlich» soll die Kürze des Prozesses umschrieben werden, die charakteristisch war für die von den Römern gegenüber Provinzialen angewandte Verfahrensart.

Pontius Pilatus erwähne ich mit dem Amtstitel Prokurator, weil Pilatus unter dieser Bezeichnung allgemein bekannt ist. In Wirklichkeit hatte er den Titel «Praefectus Judaeae», wie aus einer im Jahre 1961 in Caesarea gefundenen Steinplatte hervorgeht (s. Abb. Buchumschlag). Der Titel «Procurator Augusti» kam wahrscheinlich erst unter Kaiser Claudius auf.

Zur redaktionellen Gestaltung bleibt noch anzumerken, daß ich mich in der *indikativen* Form auf die Aussagen in den Evangelien dort berufe, wo sie historische Wahrscheinlichkeit beanspruchen können. Hingegen habe ich bei solchen Aussagen, die ich nicht für die Wiedergabe einer historischen Tatsache halte, der *konjunktiven* Form den Vorzug gegeben.

1. Kapitel

1 Andere Religionen befinden sich allerdings in noch größeren Schwierigkeiten als das Christentum. Die Lehren Buddhas wurden erst ein halbes Jahrtausend nach seinem Tode niedergeschrieben, die des Konfuzius siebenhundert Jahre nach dem Tod des Urhebers.
2 Erwähnt wird Jesus nur ein einziges Mal, und zwar bei Josephus Flavius in einem halben Nebensatz, und selbst diese Erwähnung ist historisch nicht zweifelsfrei. Eine ausführliche und vollständige Zusammenstellung der außerchristlichen Quellen gibt Klausner, S. 67ff. Vgl. auch unten, S. 60ff.
3 Dautzenberg, S. 63. Die Behauptung von der Augenzeugenschaft stammt von Augustinus. Ihm zufolge waren Matthäus und Johannes Augenzeugen, Markus und Lukas erhielten ihre Kenntnisse durch die «glaubwürdigen» Berichte jener (Wilken, S. 156). Nur ganz vereinzelt gibt es auch im neueren Schrifttum, allen wissenschaftlichen Erkenntnissen zum Trotz,

Sprüche vom Geld

«Wo viel Geld ist...

...da wohnt der Teufel, wo aber keins ist, da sind zween», lautet eine westfälische Redensart.
Es bringt nichts, sich um das Seelenheil der Reichen Gedanken zu machen, sinnvoller ist es, selber zu Geld zu kommen.

Pfandbrief und Kommunalobligation

Meistgekaufte deutsche Wertpapiere - hoher Zinsertrag - bei allen Banken und Sparkassen

Verbriefte  Sicherheit

noch Behauptungen, die sogar über Augustinus hinausgehen. So bei F. May: «Die Wahrheit über Jesus Christus», Moers 1982, dem es als Jesusgläubigem ausschließlich auf eine «erbauliche Auslegung» der Schriften ankommt und der die historischen Fakten abtut als etwas, das «in den Köpfen vieler neuzeitlicher Theologen ... herumgeistert». May zitiert zwar gelegentlich diese «modernen Theologen», aber nur, um ihnen «überraschende und überzeugende Antworten» zu geben.

4 Die beiden Petrus-Briefe stammen von einem Verfasser, der das Evangelium ganz im paulinischen Sinne verkündet. Das aber hat der Jünger Petrus gerade nicht getan. In der endgültigen Fassung sind die Briefe vermutlich erst zu Beginn des 4. Jahrhunderts entstanden. Für eine frühere Fassung des 1. Petrus-Briefes spricht zwar die – typisch jesuanische – Naherwartung vom Kommen des Reiches Gottes (4.7); die in 3.19–20 enthaltene Fabel vom Abstieg Jesu in die Hölle ist aber erst seit dem Konzil von Nicäa im Jahre 325 bekannt. Auch berichtet der Verfasser im 1. Petrus-Brief (5.9), die Christen würden «in der ganzen Welt» verfolgt. Das wurden sie aber noch nicht unter Kaiser Nero (von dem nur einzelne, historisch umstrittene Polizeiaktionen gegen Christen überliefert sind), sondern erst viel später unter Marc Aurel und vor allem unter Diokletian. Erst in dieser späteren Zeit fühlten sich andererseits die Christen stark genug, solche Verfolgungen auch öffentlich anzuprangern.

5 Zur Konstituierung dieses Kreises siehe Mk. 3.14–19. Der Sprachgebrauch ist unterschiedlich. Markus und Lukas gebrauchen das Wort «Jünger» nur für diejenigen, die zum engeren Kreis Jesu gehören oder ihn auf seinen Wanderungen begleitet haben. Bei Matthäus und Johannes werden mitunter auch alle diejenigen als Jünger bezeichnet, die an die Botschaft Jesu glaubten, die ihn verehrten (Mt. 27.57; 28.19; Jh. 7.3; 8.31; 9.28; 13.35; 15.8).
Ob es sich schon zu Jesu Lebzeiten um eine geschlossene Jüngergruppe gehandelt hat oder ob diese Gruppe erst später in Jerusalem durch ihre Übereinstimmung im Glauben an die Auferstehung entstand, wo ihnen der Titel «Apostel» übertragen wurde (1. Kor. 15.5), ist eine historisch offene Frage. S. a. Conzelmann, Religionen, S. 629; Simonis, S. 55 ff. Simonis legt mit überzeugenden Argumenten seine Auffassung dar, daß der Zwölferkreis nicht in das Leben Jesu projiziert werden kann, sondern eine ausschließlich nachösterliche Institution ist.
Die Zwölfzahl wird man nicht wörtlich nehmen dürfen, sie hat Symbolcharakter und steht für die zwölf Stämme des Bundesvolkes: «Ihr sollt in meinem Reich mit mir an meinem Tisch essen und trinken, und ihr sollt auf Thronen sitzen und die zwölf Stämme Israels richten» (Lk. 22.30). Zur Zeit Jesu existierte allerdings nur noch der Stamm Juda und eine mythische Erinnerung an die übrigen Stämme.

6 S. 263.
7 So die Datierung von Wilckens.
8 Mayer, S. 158, 175.
9 Mayer, S. 158, unter Berufung auf Lachmann.
10 Pagels, S. 44.

11 Zu Marcion siehe näher unten, S. 57f.
12 Eindrucksvoll und beziehungsreich ist der Jesaja-Text (61.1–2), auf den sich Jesus bei seiner Predigt in der Synagoge seiner Heimatstadt bezieht (Lk. 4.18–19).
13 Siehe dazu näher unten, S. 60f.
14 Zitiert nach Augstein, S. 130.
15 S. 146.
16 Siehe u. a. Schillebeeckx, S. 38.
17 In der Theologie ist häufig von den «Sieben Worten Jesus am Kreuz» die Rede. Gemeint sind damit: Drei «Worte» bei Johannes (Jh. 19.26f., 28. u. 30); drei «Worte» bei Lukas (Lk. 23.34, 42f., 46); ein «Wort» bei Markus und Matthäus (Mk. 15.34, Mt. 27.46).
18 Insgesamt gilt für die antike griechisch-römische Geschichtsschreibung, daß es ihr nicht so sehr auf Information ankommt, sondern darauf, den Leser zu einer bestimmten ethischen oder religiösen Sicht der Wirklichkeit zu bringen. Auf die Weise werden Helden idealisiert, Feiglingen werden fiktive schlechte Taten zugeschrieben. Der römische Historiker Titus Livius hat diese Auffassung als geltendes Ideal der Geschichtsschreibung ausdrücklich formuliert (s. Schillebeeckx, S. 67).
19 S. 407.
20 Ben-Chorin, Bruder Jesus (S. 109), schildert die Zeugenaussage von Probst Grüber aus Berlin im Eichmann-Prozeß. Eichmann hatte Grüber einmal gefragt, warum er als Christ sich so für die Juden einsetze, ohne Dank dafür ernten zu können. Grüber, welcher glaubte, daß Eichmann durch seine frühere Verbindung zum Templer-Orden gerade die im Gleichnis vom Barmherzigen Samariter erwähnte Straße kennen würde, erwiderte: «Auf der Straße zwischen Jerusalem und Jericho lag einmal ein Jude, der unter die Räuber gefallen war. Da kam einer vorbei, der kein Jude war, und hat geholfen. Das, Herr Sturmbannführer, ist meine Antwort.»
21 Dibelius, zitiert bei Deschner, S. 34.
22 Vgl. Schillebeeckx, S. 45.
23 Vgl. dazu näher unten, S. 228f. i. V. m. Fn. 64a.
24 Die Historizität der Bergpredigt, zumindest im Sinne einer in sich geschlossenen Ansprache, ist zweifelhaft. Zunächst einmal fällt auf, daß die Bergpredigt in ihrer bekanntesten und meistgenannten Form nur bei Matthäus angeführt ist. Bei Lukas (dort Feldrede genannt) erscheint sie stark gekürzt, bei Markus und Johannes kommt sie überhaupt nicht vor. Markus und Johannes schweigen sich aber nicht nur über eine vermeintliche Bergpredigt mit dem darin u. a. aufgestellten Gebot der Feindesliebe aus – also über etwas, was als höchste und edelste Forderung der Lehre Jesu und damit als Quintessenz des Christentums überhaupt angesehen wird –, sondern Markus hebt pointiert nur auf die Nächstenliebe ab, ohne mit einer Silbe die Feindesliebe zu erwähnen. In einer Diskussion bekennen sich der markinische Jesus und ein Schriftgelehrter übereinstimmend zur Nächstenliebe, nicht aber zur Feindesliebe (Mk. 12.31). Möglicherweise sind die Worte der Bergpredigt reines Redaktionsgut des Matthäus-Evangelisten.
25 Kolping, S. 653, Fn. 124, 667. Deutlich wird die Situation in der Encyclo-

paedia Judaica, Bd. 10, dargelegt: «Both of the chief sources of the Synoptic Gospels, the old account, and the collection of Jesus' sayings, were produced in the primitive Christian congregation in Jerusalem, and were translated into Greek from Aramaic or Hebrew. They contained the picture of Jesus as seen by the disciples who knew him. The present Gospels are redactions of these two sources, which were often changed as a result of ecclesiastical tendentiousness. This becomes especially clear in the description of Jesus' trial and crucifixion in which all Gospel writers to some degree exaggerate Jewish ‹guilt› and minimize Pilate's involvement. As the tension between the Church and the Synagogue grew, Christians were not interested in stressing the fact that the founder of their faith was executed by a Roman magistrate. But even in the case of Jesus' trial, as in other instances, advance toward historical reality can be made by comparing the sources according to principles of literary criticism and in conjunction with the study of the Judaism of the time.»

26 An anderer Stelle des lukanischen Berichts, insbesondere in der Apostelgeschichte, werden die Dinge dann allerdings mit genau entgegengesetzter Tendenz dargestellt: im Sinne einer persönlichen Schuldzuweisung an das jüdische Volk. Sowohl für die Hinrichtung Jesu als auch für den Judasverrat werden die Juden insgesamt verantwortlich gemacht (Apg. 2.23; 4.10; 5.30).

27 Die letzten Tage Jesu in Jerusalem, S. 172.

28 Eine andere Auffassung vertritt der jüdische Autor Maccoby (S. 202 mit Fußnote 11 auf S. 260): «Die Nazarener nahmen als loyale Juden an der Verteidigung der Stadt teil, und bei dem folgenden Massaker starben die meisten von ihnen. Einige wenige überlebten und existierten geschwächt weiter, aber sie waren nicht mehr in der Lage, die missionarische Tätigkeit wiederaufzunehmen oder außerhalb Palästinas Einfluß auszuüben... Die Geschichte, daß die Judenchristen mitten in der Belagerung von Jerusalem nach Pella aufbrachen, ist von S. G. F. Brandon (Jesus and the Zealots, S. 208 ff.) überzeugend widerlegt worden.» Maccoby und auch Brandon dürften sich m. E. im Irrtum befinden. Sie übersehen die Tatsache, daß während des Jüdischen Krieges sowohl der Führer des zelotischen Aufstandes, Menachem, als auch der jüdische Stadtkommandant von Jerusalem, Bar Giora, als Messiasse verehrt wurden – ein Umstand, der den Jesus-Anhängern doch wohl so zuwider gewesen sein mußte, daß man sich ihre Teilnahme am Krieg und damit verbunden ihren militärischen Gehorsam gegenüber diesen beiden «Messiassen» kaum vorstellen kann.

29 Ein Teil der Judenchristen war nach Beendigung des Krieges nach Jerusalem zurückgekehrt. Aber auch Bar Kochba erhielt bei seinem Aufstand gegen die Römer (i. J. 132–135) keinerlei judenchristliche Unterstützung – freilich nicht nur aus pazifistischen Gründen, sondern insbesondere auch deshalb nicht, weil die Jesus-Gläubigen in ihm eine unerträgliche Konkurrenz erblicken mußten (Schoeps, S. 33).

30 Schoeps, S. 17. Jakobus persönlich allerdings, den «Herrenbruder», hat man nicht in die Verunglimpfung einbezogen.

31 Apg. 13.45–48. Vgl. dazu auch Schoeps, S. 10.

32 Ruether, S. 90.
33 Andererseits wird bei den Synoptikern nirgendwo bekundet, daß Jesus getauft habe. Im Johannes-Evangelium sind die Nachrichten darüber widersprüchlich. Während in Jh. 3.22 von einer Tauftätigkeit Jesu die Rede ist, betont der Evangelist in Jh. 4.2, daß nur Jesu Jünger, nicht aber er selbst getauft habe.
34 In der theologischen Umschreibung werden diese Jesus in den Mund gelegten Aussprüche als «Worte des erhöhten Herrn» bezeichnet.
35 1. Kön. 8.41–43; Jes. 49.6.
36 Bruder Jesus, S. 58.
37 Encyclopaedia Judaica: «The liberal Pharisaic school of Hillel was not unhappy to see gentiles become Jews. In contrast, the school of Shammai made conversion as difficult as possible because it had grave reservations about proselytism, most of which Jesus shared (Matt. 23.15). As a rule he even did not heal non-Jews. It should be noted that none of the rabbinical documents says that one should not heal a non-Jew.»

2. Kapitel

1 In Mk. 7.3 erhält der Leser eine Belehrung über jüdische Bräuche.
2 Überwiegend allerdings wird die Auffassung vertreten, daß der Markus-Nachtrag nur aus den Versen 9–20 des 16. Kapitels besteht.
3 Diese Schilderung ist auch in das (ebenfalls später entstandene) Schlußkapitel des Matthäus-Evangeliums hineingeschrieben worden. Bei Lukas und Johannes hingegen wird für die Erscheinung des Auferstandenen nur die nähere Umgebung von Jerusalem, beispielsweise Emmaus, genannt.
4 S. 39.
5 Noch ein anderer Matthäus ist dann kurz darauf als Nachfolger von Judas Iskariot in den Kreis der Apostel gewählt worden (Apg. 1.26).
6 Die römisch-katholische Kirche legt Wert darauf, daß «ekklesia» hier mit «Kirche» übersetzt wird. Luther dahingegen übersetzt mit «Gemeinde».
7 Schalom Ben Chorin (Bruder Jesus, S. 138) schildert, daß dem katholischen Theologen Joseph Schnitzer die Lehrbefugnis an der Universität München entzogen, er seines Amtes enthoben und exkommuniziert wurde, weil er sich als unbestechlicher Wissenschaftler außerstande sah, dem evangelischen Theologen Adolf von Harnack entgegenzutreten und die Echtheit der Evangelienstelle von der Schlüsselgewalt Petri zu bezeugen.
8 S. 192.
9 Lk. 13.33–35; 19.39–44; 21.22–24; 23.26–31. Vgl. auch Kolping, S. 297.
10 S. 121 ff.; 135; 149.
11 Allerdings hat es klassische Vorbilder im Alten Testament: Ps. 147.6; Hiob 5.11; 12.19; 1. Sam. 2.7.
Möglicherweise läßt diese Perikope auch noch eine andere Deutung zu, nämlich die, daß mit den «Gewaltigen» und den «Reichen» die hochmütigen Römer gemeint sind, die Gott durch den Messias aus dem Lande Israel vertreiben wird, um so sein erniedrigtes Volk zu erheben.
12 Dabei ist im Lukas-Evangelium selbst nur von der Krippe, von Maria und

Joseph und dem Jesuskind die Rede, nicht aber von Ochs und Esel. Letztere verdanken ihren Platz dem Propheten Jesaja 1.3: «Der Ochs kennt seinen Herrn und der Esel die Krippe seines Herrn; Israel aber hat keine Erkenntnis, mein Volk hat keine Einsicht.» Lapide, Flüchtlingskind (S. 18): «Diese Rüge des Propheten wurde aus ihrem Kontext herausgerissen und von den Kirchenvätern in eine zoologische Huldigung des neugeborenen Jesus umfunktioniert, nur um Israels angebliche Verstocktheit mittels der beiden Vierfüßler anschaulich anzuprangern.» Franz von Assisi war einer der ersten, der die Krippe szenisch darstellte und als Tierfreund Ochs und Esel dazugab – eine bis heute lebendige Tradition.

13 Beispielsweise Mk. 3.31–35; Mt. 13.55; Jh. 2.4. Auch die vom Johannes-Evangelisten (19.26) geschilderte Anwesenheit Marias beim Kreuz ist das negative Zeugnis einer erschreckenden Distanziertheit im Verhältnis zwischen Sohn und Mutter.

14 Wohl mißverständlich Kolping: «Daß Jesus Frauen in seiner Begleitung hatte, ist aus Dienstleistungskriterien... zu erklären» (Theologische Revue, S. 270.

15 Apg. 12.2. Dort ist zwar nur von der Enthauptung des Zebedeiden Jakobus die Rede. Man schließt aber auf dasselbe Schicksal des Johannes, nachdem von diesem fortan in der Apostelgeschichte nicht mehr die Rede ist.

16 Durch einen Erlaß des Reichsinnenministers aus dem Jahre 1938 wurden die Schulbehörden angewiesen, für eine Streichung dieser Perikope bei den im Religionsunterricht verwendeten Bibelausgaben Sorge zu tragen.

17 Vgl. Jh. 2.43; 6.5; 6.24; 7,41; 11.47f.; 12.19.

18 Der Jude Jesus, S. 73. In derselben Publikation ergänzt der evangelische Theologe Lutz (S. 135): «Aus den wirklichen Juden wurde im Johannes-Evangelium ein theologisches Symbol. Und das theologische Symbol wurde dann später wiederum zum Prügelknaben für die wirklichen Juden.»

19 Jh. 5.19–47; 7.28; 15.21; 16.3.

20 Jh. 12.37–40.

21 Grundriß S. 27. In der vierten Auflage (S. 13), bearbeitet von Andreas Lindemann, erscheint dieser Satz in etwas abgeschwächter Form.

22 Kolping, S. 301.

23 Zitiert nach Augstein, S. 449.

24 Ben-Chorin, Paulus, S. 91.

25 Bornkamm, Paulus, S. 18.

26 Die Heiden, enttäuscht von der inzwischen eingetretenen Leere ihres Glaubens, der ihnen keinen Trost aus der diesseitigen Auswegslosigkeit versprach, strömten in großer Zahl zum Christentum, zumal Paulus ihnen den Proselytenstatus ersparte. Sie waren angezogen von den monotheistischen Prinzipien, aber auch von einem generellen Mysterienglauben, einer tief im Menschen verwurzelten Sehnsucht nach einer Erlösung im Jenseits durch einen Gott, der ihnen die Ewigkeit verheißt (vgl. dazu Bleicken, S. 113ff.).

27 Ben-Chorin, Paulus, S. 184f.

28 Ben-Chorin, Paulus, S. 196: «War wirklich die Liebe das treibende Motiv

im Leben des Paulus, von der er so herrlich gesungen hat, oder aber der Haß, der aus vielen Sätzen seiner Briefe spricht?»

29 Paulus, S. 47.
30 Aus ökumenischer Sicht möchte ich die Sätze des Apostels so aufnehmen, wie sie ihrem «objektiven Erklärungswert» entsprechen. Kritische Exegese führt mitunter zu einem anderen Ergebnis: Das wahre Israel ist das geistige Israel, das Israel der Verheißung, nicht das Israel des Sinaibundes. Nur die Christusgläubigen sind wahre Kinder Abrahams und seiner Verheißung. Das Volk des Mosesbundes ist durch Gottes Zorn zur Vernichtung bestimmt. Nur ein kleiner Rest des Volkes, nämlich diejenigen Juden, die zum Christusglauben gekommen sind, kann gerettet werden. Deshalb (und nur insofern) hat Gott sein Volk nicht verworfen (R. Ruether, S. 101 ff.).
31 Die zweite Strophe des bekannten Kirchenliedes «O Haupt voll Blut und Wunden» lautet: «O Herr, was du erduldest, ist alles meine Last. Ich habe selbst verschuldet, was du getragen hast. Ich, Jesu, bin's, ich armer, der dies verdienet hat.»
32 Von Verfolgungen betroffen war allerdings nur der hellenistische Flügel der Jesus-Anhänger; der hebräische Flügel wurde als loyale Judensekte akzeptiert. Während die «Hellenisten» fliehen mußten und daher außerhalb Palästinas ihre Missionstätigkeit entfalteten (Apg. 8.1), hatten die hebräischen Apostel «in ganz Judäa und Galiläa und Samarien Frieden» (Apg. 9.31).
33 Lapide, Paulus, S. 53. Ein Namenswechsel infolge eines besonderen religiösen Ereignisses war nichts Ungewöhnliches. Zum Beispiel wurde der Fischer Simon in Petrus umbenannt, als er zum Jünger Jesu wurde (Mk. 3.16; Lk. 6.14), und in der katholischen Kirche ist es noch immer üblich, daß jemand einen anderen Namen bekommt, wenn er als Mönch oder Nonne in ein Kloster eintritt oder wenn er zum Papst gewählt wird.
34 In Damaskus hat es allerdings eine essenische Gemeinde gegeben. Gelegentlich wird die Vermutung geäußert, Paulus sei gegen die Essener zu Felde gezogen.
35 Eine ganz andere Frage ist natürlich, ob Paulus, der viel durch Wüstengegenden gereist ist, dort nicht eine Halluzination gehabt hat. So wie einsame Wanderer in der Wüste häufig eine Fata Morgana erleben, hören sie sich mitunter auch von einer Stimme angerufen. Paulus mag von einer solchen Vision erzählt haben, und der fromme Chronist hat sie dann zum Heilserlebnis hochstilisiert.
Eine noch einfachere Erklärung wäre die, daß Paulus einen schweren Hitzschlag erlitt und dann, wie in der Apostelgeschichte berichtet wird (9.12), von einem gewissen Ananias gesundgepflegt wurde. Ananias war ein in Damaskus lebender Jesus-Anhänger. Ihm verdankte Paulus seine Rettung vor dem Tode; in dem Zusammenhang mag Ananias ihn für den neuen Glauben gewonnen haben.
36 Die Zahl 40 freilich hat symbolischen Charakter: Die Sintflut dauerte 40 Tage (1. Mos. 7.4); die Juden sind 40 Jahre durch die Wüste geirrt (4. Mos. 14.33); die Reinigungszeit einer Frau nach der Geburt eines Kindes

dauert, wenn es ein Sohn war, 40 Tage, wenn es eine Tochter war, zweimal 40 Tage (3. Mos. 12.1–5); 40 Tage und 40 Nächte lang soll Jesus in der Wüste gefastet haben (Mt. 4.2; Lk. 4.2). Und zum Angriffskrieg im Libanon befragt, erklärte Premierminister Menachem Begin 1982, daß er Israel damit «40 Jahre Ruhe vor der PLO» schaffen wolle.
37 S. a. Lehmann, Jesus-Report, S. 207, Fußn. 11.
38 Ben-Chorin, Paulus, S. 51.
39 Die Kirche ging noch weit darüber hinaus: «Extra ecclesiam nulla salus.» Oder: «Der kann nicht Gott zum Vater haben, wer nicht die Kirche zur Mutter hat.»
40 S. 64.
41 Zitat nach Deschner, S. 181.
42 Die geistlichen Übungen. Hrsg. Weinhandl, 1921, S. 187.
43 Dieser auch theologischerseits oft vertretenen Auffassung von der (eigentlichen) Begründung des Christentums durch Paulus tritt allerdings Küng entschieden entgegen (S. 399): «So hat Paulus – nicht ein Mann des Hasses, sondern der Liebe, ein echter ‹froher Botschafter› – kein neues Christentum begründet.» Aber die Christologie, diese «Halbschwester des Christentums», hat der Apostel sicher begründet. Dem wird auch Küng zustimmen können.
44 Zitate bei Lapide, Paulus, S. 58, 59.
45 Cassius Dio, Historia Romana, 56.46. Nicht einmal den Kaiser Barbarossa mochte man unter den Toten wähnen. Als dieser vom Kreuzzug nicht zurückgekehrt war, versetzte ihn der Glaube, zum Zweck künftiger Auferstehung, in den Kyffhäuser.
46 Im Markus-Schlußkapitel (Mk. 16.19), welches Ende des 2. Jahrhunderts entstand, wird die lukanische Himmelfahrtsvorstellung in Form eines knappen Hinweises übernommen.
47 Himmelfahrt ist auf 40 Tage nach Ostersonntag festgesetzt. Nach einer alten Tradition schauten die Gläubigen während des Gottesdienstes auf eine durch das «Heilig-Geist-Loch» der Kirche hochgezogene Christus-Figur, man meinte, daß aus der Blickrichtung der Puppe im folgenden Jahr die Gewitter kommen würden. Himmelfahrt ist immer ein Donnerstag.
48 Das Glaubensbekenntnis ist mit Sicherheit nicht apostolischen Ursprungs. Es entstand in seinen frühesten Schichten erst in der zweiten Hälfte des 2. Jahrhunderts (wahrscheinlich zur Bekämpfung des Marcionismus), erhielt dann mehrere Variationen und ist in der heutigen Fassung erst seit dem Mittelalter bekannt.
49 Dagegen wendet sich mit zutreffenden Argumenten S. Landmann, S. 281 f.
50 Craveri, S. 411.
51 Angeführt bei Goguel (S. 101 f.). Ähnlich auch bei Mack/Volpert (S. 31 f.), denen zufolge der Urheber dieser phantastischen Geschichte allerdings nicht Marcion, sondern der Kirchenlehrer Basilides von Alexandria ist.
52 Einige Jahrhunderte später war dem Propheten Mohammed die spekulative Geschichte zu Ohren gekommen. Sie erschien ihm so interessant, daß er sie in den Koran aufnahm, wo es in Sure 4.158 heißt, die Juden hätten Jesus in Wirklichkeit nicht getötet und auch nicht gekreuzigt. Vielmehr

sei ihnen ein anderer ähnlich erschienen, so daß sie diesen mit Jesus verwechselten und töteten (s. a. Mack/Volpert, S. 32, ferner Pagels, S. 122).

53 Die Formel von der «Auferstehung des Fleisches» hingegen geht auf eine Definition zurück, die im Ausgang des zweiten Jahrhunderts der Kirchenlehrer Tertullian geprägt hat. Er spreche nicht, so sagt er, von der Unsterblichkeit der Seele; denn diese werde auch von den Häretikern nicht geleugnet. Was in der Tat erweckt worden sei, «das ist dies Fleisch, blutüberströmt, mit seinem Knochengerüst, durchzogen von Nerven, umschlungen von Adern» (zitiert nach Pagels, S. 41). Nur im – apokryphen – Petrus-Evangelium, von dem Fragmente Ende des vorigen Jahrhunderts gefunden wurden, wird der Vorgang der Auferstehung als solcher beschrieben.
54 Jesus, S. 165.
55 Zitiert nach Trilling, Fragen nach der Geschichtlichkeit Jesu, S. 145.
56 S. 339.
57 Pagels, S. 43.
58 siehe Mackey, S. 115.

3. Kapitel

1 Andererseits war den Essenern allerdings auch bekannt, daß es ihnen, den Söhnen des Lichts, zur Pflicht gemacht ist, die Söhne der Finsternis (womit die sogenannten Frevelpriester in Jerusalem und deren Parteigänger gemeint sind) zu hassen. Die Feindesliebe ist ein Postulat, das – ganz im Gegensatz zur landläufigen Meinung – auch mehrfach im Alten Testament erscheint (z. B. 2. Mos. 23.4–5; 3. Mos. 19.18; Sprüche Salomos 25.21–22.). Es ist eine insgesamt falsche Deutung, Jesus habe an die Stelle des alttestamentlichen Satzes «Auge um Auge, Zahn um Zahn» das Gebot «Liebet eure Feinde» gesetzt. Die Tatsache, daß «Auge um Auge, Zahn um Zahn» eine durchaus positive Bedeutung verdient, ist vielen nicht bekannt. Die alttestamentliche lex talionis besagt nämlich, daß – bildlich gesprochen – für ein Auge nur ein Auge und für einen Zahn nur ein Zahn gefordert werden könne und nicht auf jede Körperverletzung die Todesstrafe stehen dürfe (Grundsatz der Verhältnismäßigkeit). In der Praxis bedeutete dies, daß der Schädiger Schadensersatz einschließlich Schmerzensgeld zu erbringen hatte, vergleichbar den Verpflichtungen aus deliktischer Haftung nach dem BGB. Ähnlich verhält es sich mit der Behauptung, wonach der Gott des alten Testaments der Gott der Strenge und Rache ist, der Christengott aber der Gott der Liebe. Zwischen dem Gott des Alten Testaments und dem Gott des Neuen Testaments gibt es selbstverständlich keinen Unterschied, Jesus wollte keinen neuen Gottesbegriff schaffen. Daß sich dieser Gott dem unbefangenen Leser in den Schriften nicht gerade als «lieber» Gott darstellt, sondern in seiner Eifersucht und seinem Vernichtungswillen furchterregend wirken könnte, bedarf sicherlich exegetischer und theologischer Interpretation, um es abzumildern etwa (wie z. B. Lapide es tut) mit der Feststellung, daß Gottes Rache im Alten Testament vielleicht fünfmal vorkommt, von Gottes Gnade aber mehr als fünfzigmal die Rede ist. Es dürfte wohl insgesamt verfehlt sein, das Neue Testament gegen das Alte Testament auszuspielen. Auch einige Briefstellen

des Apostels Paulus, z. B. Röm. 1.18 ff., bedürften der Interpretation, um sie abzumildern. Für unzählige Mordaktionen, Verfolgung Andersdenkender, ja Ausrottung ganzer Völker, hat man sich schon auf Paulus berufen; oft genug haben Verfolger und Henker ihre Taten «christlich» gerechtfertigt. Historisch unredlich jedenfalls wäre die Behauptung, allein die Christen hätten das Gebot der Feindesliebe konzipiert.

2 Spekulationen sind darüber angestellt worden, ob die Gemeinde von Qumran die Adressatin des sogenannten Hebräerbriefes sein könnte, eines Briefes, der von einem Mitarbeiter des Apostels Paulus oder von ihm selbst verfaßt worden ist (darüber näher Ben Chorin, Paulus, S. 153 ff.). Plinius d. Ä., Philon und insbesondere Josephus Flavius berichten über die Essener. Man schätzt ihre Zahl zu Jesu Zeit auf etwa 4000 bis 5000, ebenso wie die Zahl der Pharisäer; die Zahl der Sadduzäer schätzt man auf etwa 2000.

3 Encyclopaedia Judaica: «Apparently, the beginnings of Christianity attracted no greater attention than did the many other sects that sprang up toward the close of the Temple period, and it is certain that the incidents connected with its founder were not at the center of events of the time, as the Gospels would lead one to believe.»

4 Vgl. Sueton: Vita Neronis 16.

5 Die christliche Geschichtsschreibung ist bestrebt, die Zahl der Märtyrer möglichst hoch anzusetzen, um die These zu bekräftigen, der christliche Glaube sei durch das Blut seiner Märtyrer zur Staatsreligion geworden. Kein geringerer als Origenes relativiert diese Heldensage, indem er die Zahl der christlichen Blutzeugen als «klein und leicht zu zählen» bezeichnet (Deschner, S. 344, mit Quellennachweis). Sollte Nero wirklich Christen verfolgt haben, dann mit Sicherheit nicht ihres Glaubens wegen, sondern deswegen, weil er sie als Verantwortliche für den Brand in Rom hinstellte. Eine andere Möglichkeit der Erklärung von Annales XV.44 könnte die sein, daß Tacitus die Christenverfolgung unter Nero frei erfunden hat, um darin seine Verachtung, die er für die Christen empfand, zu dokumentieren. Denn geradezu genüßlich führt er aus, welche Martern man diesen zugedacht hatte: «Zuerst wurden diejenigen aus der Sekte verhaftet, die gestanden hatten; dann, nach ihrer Entlarvung, wurden sehr viele für schuldig erklärt, nicht so sehr wegen der Brandstiftung als für Verachtung des Menschengeschlechts. Und Lächerlichkeit begleitete ihr Ende: sie wurden mit den Fellen wilder Tieren bedeckt und von Hunden zerrissen; oder sie wurden an Kreuze gebunden und in der Abenddämmerung angezündet, um bei Nacht als Fackeln zu dienen. Nero hat für dieses Schauspiel seinen Garten zur Verfügung gestellt.»

6 Zitat nach Aufhauser, S. 9.

7 v. Mendelssohn, S. 116.

8 Craveri, S. 28. S. Landmann (S. 310): «Es exkulpiert nicht, daß etliche Rabbinen ohne Griechischkenntnisse den dummen Plot von einem Techtelmechtel Mariä mit einem römischen Söldner namens Panthera oder Pandera erfunden und die Ehre dieser ohne Zweifel sehr braven Frau takt- und sinnlos befleckten.» Klausner (S. 25) vertritt die Auffassung, daß der

Name Pandera (Pandera oder Panthera) schlicht eine Verstümmelung aus «parthenos», griechisch «Jungfrau», darstelle, was in weiterer Verballhornung dann zu dem Spottnamen «Sohn der Pantherkatze» geführt habe.
9 S. 53 u. 312.
10 Originale Handschriften (Autographa) sind allerdings von keinem antiken Schriftsteller erhalten, also auch von Josephus nicht. So sind auch die in neuester Zeit getätigten Papyrusfunde nicht Autographa, sondern ihrerseits bereits Abschriften. Die ältesten Abschriften des Josephus-Werks stammen aus dem 10. Jahrhundert.
11 Jüdische Altertümer XVIII. 3.1; 4.1. Daß Josephus die Essener als ausschließlich sanftmütig beschreibt und ihren Einfluß auf den jüdischen Aufstand nicht zum Ausdruck bringt, beruht auf einem Irrtum des Chronisten, wohl bedingt dadurch, daß die Essener zur strikten Geheimhaltung ihres Kodex verpflichtet waren.
12 Jüdischer Krieg, VI. 5.3.
13 XX. 9.1. Ananos ist die griechische Form von Hannas. Der hier genannte Ananos ist ein Sohn des Hohenpriesters Hannas, der im Lukas-Evangelium (3.2) und Johannes-Evangelium (18.13) erwähnt wird. Josephus spricht von Ananos dem Jüngeren und Ananos dem Älteren.
14 Dagegen allerdings Klausner (S. 74), welcher meint, daß «ein Christ niemals von ‹Jesus, den man den Messias nannte›, gesprochen hätte; eine solche Interpolation wäre zu ‹schlau›. So konnte nur der pharisäische Jude Josephus schreiben...»
15 S. 276.
16 Flusser (Die letzten Tage Jesu in Jerusalem, S. 155 ff.), der sich dabei auf eine neuentdeckte arabische Fassung der betreffenden Josephus-Stelle beruft. Ferner Klausner (S. 69) unter Berufung auf Origenes. Origenes war die von Eusebios zitierte Josephus-Stelle unbekannt.
17 Vespasian wird unterschiedlich beurteilt. Mommsen (S. 343 f.) beschreibt ihn als besonnenen Feldherrn, der besonders vorsichtig taktierte.
18 Von Nikodemus ist sogar eine kleine Familienchronik bekannt. Er war ehedem einer der reichsten Patrizier in Jerusalem. Im jüdisch-römischen Krieg haben ihm aufständische Eiferer seine Getreidespeicher verbrannt, er selbst kam im Krieg ums Leben. Sein Sohn Gorion war am Anfang des Aufstandes als jüdischer Beamter an den Verhandlungen beteiligt, die zur Kapitulation der römischen Besatzung in Jerusalem geführt haben. Nikodemus' Tochter lebte nach dem Kriege in tiefster Armut (Flusser, Selbstzeugnisse S. 120, mit Quellennachweis).
19 Paulus bezieht zwar seine ganze Theologie speziell «vom Kreuz her»; geschichtlich aber schweigt er sich darüber aus. Lediglich in seinem ältesten Brief (1. Thess. 2.15) macht er eine Bemerkung über Jesu gewaltsamen Tod: In polemischer Weise bezichtigt er die Juden, sie hätten Jesus getötet; er will den Eindruck vermitteln, daß sogar die Exekution von den Juden besorgt wurde.
20 «Solche Naturereignisse gehören zum Tod großer Männer», urteilt Kolping (S. 661). Im übrigen haben wir es hier offenbar mit einer Erfüllungslegende gemäß dem Propheten Amos zu tun (Am. 8.9): «An jenem Tag –

Spruch Gottes, des Herrn – lasse ich am Mittag die Sonne untergehen und breite am hellichten Tag über die Erde Finsternis aus.»
21 Benz, S. 24.
22 S. a. Craveri (S. 395), welcher sich seinerseits auf Harnack bezieht. Sogar Blinzler (S. 40) räumt die Fälschung ein.
23 Zitiert nach Ben-Chorin, Bruder Jesus, S. 213.
24 S. 353.
25 S. 550.
26 Siehe Lapide/Lutz, S. 136.
27 S. 17.
28 S. 157.
29 Schweitzer, Vorwort, 6. Aufl.
30 Drews, Vorwort (XII): «Die Leugnung eines historischen Jesus kann sich schon heute bei der fortgeschrittenen religiös-geschichtlichen Einsicht unserer Zeit auf so gute Gründe stützen, daß sie zum mindesten den gleichen Grad von Wahrscheinlichkeit für sich in Anspruch nehmen darf wie die Art, in welcher die Anfänge des Christentums von theologischer Seite dargestellt zu werden pflegen.»
Küng, S. 146: «Karl Barth und mit ihm dann auch Bultmann und Tillich zeigten aufgrund der Ergebnisse der frühen liberalen Leben-Jesu-Forschung historische Skepsis und vertraten im Anschluß an Kierkegaards Glaubensverständnis einen historisch ungesicherten Glauben als den wahren Glauben.»
31 Siehe Drews, Vorwort.
32 S. 513, 566.
33 E. Bloch, Das Prinzip Hoffnung, 1967, S. 1482.
34 Simonis, S. 23 ff.
35 Mt. 11.19; Lk. 7.34.
36 Siehe dazu Kolping, S. 336.
37 Keinem Zweifel unterliegt es, daß die dem Täufer in Mt. 3.11 und Jh. 1.29–30 in den Mund gelegten Worte ausschließlich kerygmatischen Gehalt haben, offenbar auch aus der Notwendigkeit resultierend, aus der vertrackten Situation herauszukommen.
38 Lk. 4.28–29; Mk. 3.21.
39 Jh. 6.60–67; 7.7.
40 S. 149 ff.
41 Im übrigen wird man sich die Kreuze nicht so hoch vorstellen dürfen, wie sie auf Bildern der Golgatha-Szene meistens dargestellt werden. Die Kreuze waren etwa mannshoch, die Füße der Gekreuzigten waren nur wenige Zentimeter vom Erdboden entfernt.
42 Angeführt bei Blinzler, S. 358 f.
43 S. 155 f., 163.
44 Blinzler, S. 405 f.
45 Im Gegenteil: Nach der Prophezeiung des Sacharja (13.3) ist es gerade der «falsche» Prophet, der «durchbohrt» werden wird. Daß in der alten Kirche von einigen Kirchenvätern dennoch gelegentlich der Versuch unternommen wurde, in den Kreuzestod eine (verschlüsselte) Prophezeiung hinein-

zulegen, ist in Anbetracht der dem Weissagungsbeweis beigemessenen großen Bedeutung verständlich. Man bezieht sich dabei auf Jesaja, Kap. 53, den sogenannten Deutero-Jesaja, wo vom «leidenden Gottesknecht» die Rede ist, als einer Gestalt, die bereits erschienen, aber in ihrer Bedeutung unbekannt geblieben, verachtet worden und schmachvoll gestorben und begraben worden sei, dann aber auferstehen werde, um die Herrlichkeit der göttlichen Verheißung zu erfüllen.

46 Auch das offenbar absichtliche Belassen mancher Unebenheiten wird man hierzu zählen dürfen. Ich meine damit die mitunter festzustellende Aneinanderreihung von Sprüchen, denen eine innere Verbindungslinie fehlt, wie z. B. die Perikope vom Rangstreit in Mk. 9.33–37. Hier dürfte es sich um historisch gesicherte Sprüche Jesu handeln, die man in ihrer Ungereimtheit aneinandergereiht hat, weil sie nun einmal zum festen Überlieferungsschatz zählten.

47 Ganz dogmatische Theologen sind jedoch nicht bereit, diesen Irrtum Jesu einzuräumen. Sie greifen zurück auf die Vertröstung, die der 2. Petrus-Brief (3.8–13) gibt, der seinerseits Bezug nimmt auf den bekannten Psalm (90.4), wonach beim Herrn ein Tag wie tausend Jahre und tausend Jahre wie ein Tag sind. Hingegen Küng, S. 208: «Irren ist menschlich, und wenn Jesus wahrhaft Mensch war, konnte er auch irren.»

4. Kapitel

1 In der 1980 bei Herder erschienenen Einheitsübersetzung der Bibel ist nicht von «seinem vertrauten Weibe», sondern von «seiner Verlobten» die Rede. Beide Übersetzungen sind aufgrund der Textvarianten möglich.

2 Dies ist die griechische Übersetzung des Alten Testaments, die im Zuge der alexandrinischen Eroberung und der damit verbundenen Hellenisierung Palästinas auf Anordnung des Griechenkönigs Ptolemaios II. (308–246 v. Chr.) von 70 Dolmetschern gefertigt wurde – wobei die Geschichte von der Anzahl der Dolmetscher wohl Legende sein dürfte. Von besonderer Wichtigkeit war, daß dadurch auch die in der Diaspora lebenden Juden ihre Bibel lesen konnten.

3 S. 466.

4 Kolping (S. 322): «Die Sendung eines Engels zu einer Jungfrau ist für damaliges jüdisches Empfinden ungewöhnlich.»

5 Vgl. auch Lapide, Flüchtlingskind, S. 69 f.: «Es kann wohl kaum ein blinder Zufall sein, daß z. B. Mithras, der ‹Heiland› und Sonnengott der Römer, nach dem der erste Tag der christlichen Woche noch immer Sonntag heißt, von einer Jungfrau in einer Krippe ausgerechnet am 25. Dezember geboren und von Hirten gehuldigt wurde, der Welt den Frieden versprach, nur um später gekreuzigt zu werden, zu Ostern aufzuerstehen und letztlich in den Himmel zu fahren, um nur die auffallendsten Ähnlichkeiten mit dem Christus der griechischen Evangelien zu erwähnen.»

6 Es überzeugt mich nicht, wenn Knoch (S. 221) Apg. 1.14 heranzieht, um daraus «Anzeichen einer urchristlichen Marienverehrung» herzuleiten. Das Gegenteil ist der Fall. Denn abgesehen davon, daß Maria in Apg. 1.14 nur untergeordnet erwähnt wird, würden, wenn der betreffenden Stelle ein

Verehrungscharakter zukäme, viele andere Personen, z. B. Maria Magdalena, auf dieselbe Verehrungsstufe gestellt sein.

7 Im Anschluß an Matthäus und Lukas war es der Kirchenvater Ignatius von Antiochia, der erstmals wieder die Jungfrauengeburt erwähnte.
8 Craveri, S. 34. Allerdings war schon das vermutlich am Ende des zweiten Jahrhunderts verfaßte Protoevangelium des Jacobus «zur Verherrlichung der Maria geschrieben, die jetzt auch Davididin ist (übrigens schon von Justin behauptet), deren Jungfrauschaft im Sinne der Unverletztheit verstanden wird, und wo die Brüder Jesu Kinder des Joseph aus einer früheren Ehe sind» (Kolping, S. 321, Fn. 42).
9 Craveri, S. 35.
10 Die Heilige Inquisition nannte einen ihrer Folterapparate «Eiserne Jungfrau» oder «Schmerzensreiche Gottesmutter». Es handelte sich um eine in Frauenform gegossene hohe Gestalt aus Eisen, in die der Ketzerei verdächtige Personen hineinsteigen mußten und von spitzen eisernen Dornen gestochen oder zu Tode gepreßt wurden.
11 Noch genauer: Kaiser Aurelian änderte 274 n. Chr. freiwillig seinen Status als Gott und erklärte den «sol invictus» zum Titulargott des Reiches, als dessen irdischer Regent er sich empfand.
12 Während der Kreuzzüge z. B. hat es – bei aller Barbarei namentlich in den Ritterheeren – Phasen gegeben, in denen der Krieg jeweils nur von Montag bis Donnerstag geführt wurde. Man achtete den Feiertag des Gegners: den moslemischen Freitag, den jüdischen Samstag und den christlichen Sonntag.
13 Mit Daten allerdings ging man bis hin ins 16. Jahrhundert sowieso nicht sonderlich sorgfältig um. Häufig ging man davon aus, daß das Jahr Ostern beginnt, und so einigte man sich auf den 25. März. Für Ereignisse, die in die Monate Januar, Februar und März fallen, läßt sich das Jahr daher oft nicht bestimmen. Mitunter wurde der Jahresbeginn ab der Thronbesteigung des regierenden Monarchen oder des Papstes bestimmt. Für zusätzliche Verwirrung sorgte der religiöse Kalender, demzufolge ein bestimmtes Ereignis nicht nach dem Monatsdatum, sondern beispielsweise mit «drei Tage vor der Geburt der Jungfrau» oder mit «dem dritten Sonntag der Fastenzeit» bestimmt wurde.
14 Der Streit der alten und modernen Gelehrten umfaßt eine Zeitspanne von 21 Jahren, und zwar zwischen 12 v. Chr. und 9 n. Chr. (s. die tabellarische Übersicht bei Edwards, S. 25 ff.).
15 In Lk. 1.5 ist andererseits von «der Zeit des Herodes, des Königs in Judäa», die Rede, in welcher Jesus geboren sein soll.
16 Gemeint ist das Land, welches im Alten Testament mit «Kanaan» bezeichnet wird. Dieses Land «Palästina» zu nennen, hat sich zur Kennzeichnung im allgemeinen Sprachgebrauch eingebürgert. Offiziell heißt das Land erst seit Kaiser Hadrian «Palästina», nachdem der Bar-Kochba-Aufstand niedergeschlagen war und nun auch sprachlich jede Beziehung zu Israel ausgelöscht werden sollte. Jerusalem wurde in Aelia Capitolina umbenannt und hieß so bis Kaiser Konstantin. In israelitischer Zeit sprach man vorwiegend von «Land Juda», so benannt nach der Südprovinz Judäa. Seltener war die Bezeichnung «Land Israel» oder «Heiliges Land». Sprach-

lich leitet sich «Palästina» von «Philisterland» her. Die griechischen Seefahrer übertrugen in ihren Sprachgebrauch den Namen des von den Philistern einmal bewohnten Küstenstreifens auf das ganze Land.
17 Wahrscheinlich kam der Titel «Procurator Augusti» erst unter Kaiser Claudius auf. Im Jahre 1961 wurde in Caesarea eine Steinplatte gefunden, auf welcher Pontius Pilatus als «Praefectus Judaeae» bezeichnet wird (s. Titelbild).
18 Im Jahre 41, nach der Ermordung Caligulas, wurde Claudius Kaiser. Dieser war ein Schulkamerad von Agrippa I., eines Enkels Herodes des Großen. Agrippa gelang es, bei Claudius die Aufhebung der Prokuratur durchzusetzen, so daß Palästina unter seiner Führung wieder den Status eines (Vasallen-)Königreichs erhielt. Doch schon im Jahre 44, nach Agrippas Tod, führte Claudius die Prokuratur wieder ein.
19 So steht allein bei Lukas, daß Jesus als zwölfjähriger Knabe mit seinen Eltern nach Jerusalem gepilgert sei, daß die Eltern ihn bei der Rückkehr plötzlich vermißten, besorgt umkehrten, den Knaben im Tempel fanden, wo er mit den Schriftgelehrten diskutierte; daß sie ihm Vorwürfe machten, weil er sie so in Sorge versetzt habe, und daß sie dann von ihrem Sohn ziemlich barsch angefahren wurden (Lk. 2.41–50). Märchenhafte Ausschmückungen über Jesu Kindheitsjahre gibt es allerdings in einigen apokryphen Evangelien. Das bekannteste davon ist das sogenannte Kindheitsevangelium des Thomas. Hier erscheint Jesus als der «Göttliche Schelm». Beschrieben werden z. B. die Schulstreiche des Kindes Jesus, die er mit seinen Lehrern anstellt (s. a. Wolff, S. 157f.).
20 Craveri, S. 54.
21 Eine weitere Zeitangabe, die einen Anhaltspunkt für das Geburtsjahr Jesu geben könnte, ist ein Hinweis bei Lukas 3.23: «Jesus war, als er zu wirken anfing, ungefähr dreißig Jahre alt.» Angefangen zu wirken hat Jesus, nachdem er von Johannes dem Täufer getauft worden war. Dem Bericht des Lukas-Evangelisten zufolge (Lk. 3.1) hat Johannes im fünfzehnten Jahr der Regierungszeit des Kaisers Tiberius getauft, das wäre also – da nicht ab Januar, sondern ab dem jüdischen Frühlingsmonat Nisan gezählt wurde – im Jahre 28/29. Wenn Jesus da dreißig Jahre alt war, dann wäre er im Jahre 2 oder 1 vor der Zeitrechnung geboren.
Nun sagt allerdings Lukas, Jesus sei «ungefähr» dreißig Jahre alt gewesen, als er anfing, öffentlich aufzutreten. Eine präzise Berechnung ist daher nicht möglich, zumal Lukas und die anderen synoptischen Evangelien übereinstimmend berichten, daß Jesus seine Mission nicht sofort nach der Taufe begonnen habe, sondern erst nach der Gefangennahme des Täufers durch Herodes Antipas, die im Jahre 29 erfolgte. Auch weiß man nicht, wie Lukas zu seiner Datierung gekommen ist.
22 Möglicherweise waren Johannes die synoptischen Evangelien unbekannt (vgl. S. 43f.).
23 Conzelmann, Religionen (S. 624), weist darauf hin, daß Galiläa seit den ersten Deportationen durch die Assyrer zwar stark überfremdet, dann aber durch die Makkabäer rejudaisiert worden sei. Zu Jesu Zeiten war zumindest der ländliche Kern vorwiegend jüdisch.

24 Kolping, S. 314.
25 «Maria Lichtmeß» am 2. Februar: In der Katholischen Kirche offizielles Ende der Weihnachtszeit.
26 Eigentlich hätte das Kind selbst – als Erstgeborenes – dem Herrn gehören und ihm geweiht werden müssen (2. Mos. 13.1–2). Zur Zeit der Geburt Jesu gab es aber schon längst die Gepflogenheit, daß man statt dessen ein Tieropfer brachte oder eine angemessene Geldsumme zahlte.
27 Ein Flüchtlingskind, S. 21.
28 Ein Flüchtlingskind, S. 16 ff.
29 S. 470.
30 Bultmann, S. 21.
31 Schoeps, S. 37: «Als das Oberhaupt der Gemeinde erscheint nicht Petrus, sondern der Herrenbruder Jacobus, der zum Bischof von Jerusalem bestellt worden sei. Petrus hatte dem Jacobus schriftliche Jahresberichte über seine Reden und Taten einzureichen.»
32 Zitiert nach Deschner, S. 154. Siehe auch Schoeps, S. 23.
33 Mutter Mirjam, S. 33 f.
34 S. 442.

5. Kapitel

1 Kolping (S. 320) hält dem folgendes entgegen: «Dadurch, daß der Davidssohn Joseph dem von seiner rechtmäßigen Frau geborenen Sohn den Namen gab, hat er diesen als seinen Sohn anerkannt und damit unumstößlich in den an ihn geknüpften Erbanspruch eingesetzt. So ist der befremdende Ausnahmefall des Schlußgliedes der Genealogie voll und ganz erklärt und begründet, nämlich als von Gott ausgesagtes und verordnetes Geschehen.»
2 Lapide, Flüchtlingskind (S. 27): «Für bibelkundige Ohren muß die Tatsache, daß Maria bereits als ‹Verlobte› hochschwanger war, keineswegs einer Verleumdung gleichkommen, um so weniger, als die vier Ahnfrauen im Stammbaum Jesu: Tamar, Rahel, Rut und Batseba, zwar weltberühmt, aber nicht gerade Vorbilder der Keuschheit waren. Heißt es doch bei Japhtach, dem Richter, der Israel aus der Hand der Ammoniter erlöste, er sei ‹ein streitbarer Held, aber der Sohn einer Hure› gewesen (Ri. 11.1), was seinem Befreiungswerk keinen Abbruch tat.»
3 Die Realitätsferne wird noch dadurch gesteigert, daß man die Stammbäume nicht einmal bei König David abschließt, sondern weiter «zurückverfolgt», der eine (Matthäus) bis zum Erzvater Abraham und der andere (Lukas) gar bis auf Adam. Bei Matthäus hat Joseph 26 Stammväter, um zu David zu gelangen, bei Lukas hat er bis dahin 41.
4 Lapide, Flüchtlingskind (S. 22): «Auf Anhieb fällt hier auf, daß alle fünf gute jüdische Bibelnamen sind, ohne den geringsten hellenistischen Einfluß, wie er etwa bei Philippus, Andreas und Nikodemus zu finden ist.»
5 Kolping (S. 319) weist darauf hin, daß im Judentum jeder erste Sohn den Titel «Erstgeborener» trug, ganz gleich, ob ihm Geschwister folgten oder nicht. Auch müßten die bei Markus und Matthäus genannten «Brüder» älter als Jesus gewesen sein, andernfalls wäre im Orient deren bevormun-

dende Haltung, wie sie z. B. in Mk. 3.21 zum Ausdruck kommt, unverständlich. Waren sie aber älter, können sie nicht Söhne Marias gewesen sein, da ja Jesus der «Erstgeborene» ist.
6 Blinzler (S. 392) z. B. setzt das Wort «Brüder» in Anführungszeichen. Im Proto-Evangelium des Jakobus werden die Geschwister Jesu als Kinder des Joseph aus einer früheren Ehe dargestellt.
7 Pesch, Markus-Evangelium S. 324.
8 Flusser, Selbstzeugnisse S. 22.
9 Kolping, S. 316, 326; Stauffer, S. 23.
10 Siehe Craveri, S. 25f.
11 S. 27.
12 Bruder Jesus, S. 86.
13 Egon Friedell, S. 32: «‹Weib, was habe ich mit dir zu schaffen?› In einer zu rein apologetischen Zwecken verfaßten Schrift wäre ein solches Wort sicherlich unterdrückt worden, da es leicht mißverstanden werden kann. Und dennoch: Wie echt wirkt es! Wir haben hier wie in einem lebenden Bild eine erschütternde Darstellung des ewigen Themas: Das Genie und die ‹Familie›.»
14 S. 310. Die Autorin fährt dann fort (S. 311): «Welche ungeheure Bedeutung dem Mutter-Gottes-Kult für die ‹Akzeptanz› des Christentums vor allem auch im südlichen Mittelmeerraum zukam, kann man zum Beispiel an der festen Überzeugung des einfachen Volkes in Neapel ablesen, welches befindet, Jesus habe seine Kreuzesstrafe dadurch verdient, daß er sich bei jener Begegnung mit seiner Mutter so abweisend zu ihr verhalten und zu ihr gesagt habe: ‹Weib, was habe ich mit dir zu schaffen›?»

6. Kapitel

1 In dieser gedrängten Zusammenfassung übernommen von Pöhlmann, S. 91.
2 Küng, S. 184f.
3 Augstein (S. 229f.) bringt eine Zusammenstellung der wesentlichen Auffassungen, die über Jesu äußeres Erscheinungsbild kursieren.
4 Craveri, S. 164.
5 Stauffer (S. 50f.) versucht zu rekonstruieren: «Die Hautfarbe der antiken Palästina-Juden war hellbraun, die Augenfarbe meist braun. Über Jesu Augenfarbe erfahren wir in den Evangelien nichts. Wohl aber hören wir, daß man ihn anscheinend für einen Vierziger halten konnte (Jh. 8.57). Soll man daraus schließen, daß Jesus ein nicht sehr jugendliches, damals vielleicht schon ein recht verarbeitetes und gramgezeichnetes Gesicht hatte? Dann dürfte man sich Jesus etwa so vorstellen wie den Christus des Rembrandtschen Hundertguldenblattes oder des Emmausbildes im Louvre. Die antiken Palästina-Juden waren schwarzhaarig. In der Zeit und Heimat Jesu trugen die Männer das Haar schulterlang, in der Mitte gescheitelt, gekämmt, mit leichtem und feinem Öl gesalbt. Verwildertes Haar war verpönt. Ein Bart oder Schnurrbart gehörte dazu.»
6 Stauffer, S. 50.
7 So steht es in einem Reisebericht von einer Expedition Anfang unseres

Jahrhunderts (unter Leitung des Alttestamentlers und Palästinaforschers Gustav Dalman) – zitiert bei Bätz/Mack, S. 32: «Heuschrecken werden in Salzwasser gekocht, getrocknet und zerstampft und in Säcke gefüllt zu wochenlanger Nahrung von Menschen, Kamelen und Pferden in dürrem pflanzenlosem Gelände. Raswan (ein Gewährsmann von Dalman) fand ihren Geschmack nach Röstung gut, nach dem Kochen fade, nach langem Gebrauch widerwärtig...»

8 Der Ausdruck «Bräutigam» in der Luther-Übersetzung ist mißverständlich: Er beinhaltet ein Kerygma des Inhalts, daß Jesus sich selbst als Bräutigam bezeichnet, womit ein Bogen zum Gleichnis von den törichten und klugen Jungfrauen gezogen wird, wo der Bräutigam ein Synonym für Messias ist. Hieronymus hatte in seiner lateinischen Übersetzung «filii sponsi», also «Kinder des Bräutigams» gewählt, was keinen Sinn gibt. Im griechischen Urtext steht «nymphon», was so viel wie «Brautgemach» bedeutet. Jesus hat also offenbar den Ort, wo es leckere Sachen zu essen gibt, mit einem Brautgemach verglichen.

9 S. 313.

10 Mk. 14.3–9; Mt. 26.6–13; Jh. 11.2, 12.1–8. Nur bei Johannes wird diese Frau mit Namen genannt.

11 Craveri, S. 291.

12 Allerdings werden auch Zweifel an der Echtheit dieses jesuanischen Ausspruchs geäußert. Daß die Hinrichtung auf Grund eines bloßen Machtworts Jesu unterblieb, ist unwahrscheinlich. Auch die Begründung, die Jesus für sein Dazwischentreten gibt, erscheint fragwürdig. Haenchen (S. 373): «Wenn die irdische Gerechtigkeit nur von Menschen ohne Sünde ausgeübt werden darf, dann kann es überhaupt keine Rechtspflege mehr geben.»

13 Wolff, S. 53.

14 Evangelium des Philippus, §§ 32, 55b. Zitiert nach Vardiman.

15 Bruder Jesus, S. 127 ff.

16 Zitiert nach Vardiman, S. 108.

17 S. 135.

18 Die Zöllner waren Hilfspersonen der Besatzungsmacht, private Unternehmer, die – allein oder in Form von Gesellschaften – gegen einen festen Betrag einen Zollbezirk pachteten, in welchem sie die in ihre Taschen fließenden Zölle erhoben. Sie konnten mehr oder weniger willkürlich schalten und walten. Bei guten Einnahmen hatten sie den entsprechenden Profit, bei schlechten Einnahmen trugen sie das Risiko des Verlustgeschäfts.

19 Siehe Wolff, S. 121.

20 Vgl. auch Mt. 25.14 ff.; Mk. 13.34; Lk. 12.42 ff. Andererseits: Die Historizität des Gleichnisses von den anvertrauten Pfunden wird von mehreren Gelehrten bestritten. A. Mayer (S. 255): «Sich Gott als stillen Teilhaber an ausbeuterischen Geschäften vorzustellen, grenzt in meinen Augen an Blasphemie. Mit Jesus begegnet man Gott eher in den Slums als in den reichen Bankvierteln. Jedenfalls braucht man, um seinem Wort zu folgen: ‹Wer von dir borgen will, den weise nicht ab!› (Mt. 5.42) keine Bank.» Anders sieht es Lapide. Dieser geht von dem historischen Kern des Gleichnis-

ses aus, meint aber, daß Jesus hier mit «beißender Ironie» gesprochen habe, und zwar gemünzt auf Archelaos, den Sohn des Herodes, dessen Steuereintreiber während seiner Besuchsreise in Rom unter den Juden so gewütet hätten, daß er, als er von der Reise zurückkehrte, den Wucher als ein «lohnendes Geschäft» preisen konnte (s. Lapide: Er wandelte, S. 38).
21 S. 70.
22 Heiterkeit und Beifall löste Bodo Volkmann, Mathematikprofessor an der Universität Stuttgart, auf dem Stuttgarter Evangelischen Gemeindetag am 6. Juni 1985 aus, als er in seinem Referat folgendes ausführte: «Wer aber die Bergpredigt politisch verstehen wollte, der müßte konsequenterweise die Gerichtsbarkeit (‹Richtet nicht!›) und die Polizei (‹Widerstehet nicht dem Bösen!›) ebenso abschaffen wie die Rentenversicherung (‹Sorgt nicht für die Zukunft!›), die Banken (‹Sammelt euch keine Schätze auf Erden!›) und die Gewerkschaften (‹Wenn dich jemand anstellt, vierzig Stunden pro Woche für ihn zu arbeiten, so arbeite freiwillig für den gleichen Lohn achtzig Stunden!›). Nicht nur die Bundeswehr müßte er abschaffen, sondern alle staatlichen Einrichtungen zum Schutz des Bürgers vor dem Bösen.»
23 Craveri, S. 171.
24 Noch deutlicher wird die Sklaverei von Paulus und seinen Anhängern gutgeheißen, z. B. Eph. 6.5; 1. Kor. 7.20–22; 1. Petr. 2.18–20.

7. Kapitel

1 Conzelmann, Religionen S. 646.
2 Markus zufolge soll Jesus mit gleicher Münze heimgezahlt haben, indem er sich mit den Worten an die Jünger wendet: «Wie lange muß ich euch noch ertragen?» (Mk. 9.19).
3 Dazu Mussner, angeführt bei Kolping, S. 630: «Zuerst wandert Jesus als der die eschatologische Gottesherrschaft Anbietende; jetzt, nach der Ablehnung des Angebots durch Israel, wandert er als der mit der Ablehnung des Angebots selbst Abgelehnte.» Die Formulierung «Ablehnung des Angebots durch Israel» klingt vorwurfsvoll und weist in die Richtung der von der Kirche ständig vertretenen These, Jesus sei von seinen Landsleuten abgelehnt worden, und darin liege die «Schuld» des jüdischen Volkes. Als ob man nicht auch ganz wertneutral feststellen könnte, daß Jesus einfach weniger Erfolg gehabt hat als sein populärer Vorgänger Johannes der Täufer.
4 Eine Deutung der jesuanischen Verwünschungen könnte schlicht sein, daß die beiden Evangelisten auf Jesu Enttäuschung über sein Wirken in Galiläa zwar hinweisen wollen, die Flüche als solche aber nur Symbolcharakter haben. Und im übrigen darf natürlich nicht übersehen werden, daß es für den Orient typisch ist, sich mit starken und übertriebenen Worten die Meinung zu sagen.
5 Kolping (S. 620): «Messias-Ambitionen hat Jesus dabei sicher nicht gehabt.»
6 S. 265.
7 Kennzeichnend ist folgende talmudische Überlieferung: Ein Heide verlangt von Schammai die Bekehrung zum Judentum unter der Bedingung, daß die Belehrung über die Thora geschieht, «während ich auf einem Fuß stehe».

Schammai jagt ihn weg. Als er sein Anliegen bei Hillel wiederholt, meint der: «Was dir verhaßt ist, tue auch deinem Nächsten nicht an! Das ist die ganze Thora. Alles weitere ist Kommentar dazu. Gehe hin und lerne ihn.» (Übernommen von Bätz/Mack, S. 76).

8 Kolping (S. 620): «Was sich historisch für die Gedankenwelt Jesu aus seinem Zug nach Jerusalem ergibt, ist die Tatsache, daß Jesus, der bislang nur mit kleinen Leuten zu tun hatte, jetzt eine Konfrontation mit den Führern seines Volkes einkalkulieren mußte.»

9 Siehe dazu oben, S. 67. Dem – allerdings wohl legendären – Bericht des Markus-Evangelisten zufolge (Mk. 6.17–29) hat Johannes als Moralist angeprangert, daß Herodes Antipas die Ehefrau seines Bruders Philippus geheiratet und damit ein blutschänderisches Verhältnis begründet habe. Die Ehefrau habe sich dann gerächt und, im Zusammenwirken mit ihrer Tochter, Herodes veranlaßt, den Täufer enthaupten zu lassen.

10 S. Landmann, S. 68.

11 Um die Episode dennoch in die Zeit um Ostern zu legen, ist gelegentlich die unsinnige Behauptung aufgestellt worden, die Juden hätten die Gewohnheit gehabt, Feigenknospen zu essen. Noch wahrscheinlicher freilich ist, daß die Textstelle ein späterer christologischer Einschub mit symbolhaftem Charakter ist.

12 Ben-Chorin, Bruder Jesus, S. 143.

13 Jesus, S. 137.

14 Mackey, S. 71.

15 Es gibt Autoren, z. B. Schonfield, die selbst das behaupten.

16 Die beiden Prozesse als solche, nämlich der Prozeß vor dem jüdischen Hohen Rat und der vor dem römischen Prokurator, haben allerdings keine alttestamentliche Prophezeiung als Vorlage.

17 Die Einschaltung des Zusatzmonats erfolgte auf rein empirischer Grundlage. Rabbi Gamaliel schrieb dazu an einen Freund um 50 n. Chr.: «Wir möchten Dir mitteilen, daß die Tauben noch zart sind und die Lämmer noch jung sind, und daß das Getreide noch nicht reif ist. Ich habe darüber nachgedacht und es ratsam gefunden, noch dreißig Tage dem Jahr hinzuzufügen.» (Zitiert nach Edwards, S. 17.)

18 Das christliche Osterfest folgt in etwa dieser Kalendertradition: Ostern fällt immer auf den Sonntag, der dem ersten Vollmond nach Frühlingsanfang folgt.

19 Jesus S. 142.

20 Möglicherweise aber hat Jesus den Seder nach den Mahlregeln der Essener gefeiert; dann wäre es nämlich ganz in Ordnung, daß nur Männer zugegen waren.

21 Bedenken am Passah-Charakter des «Letzten Mahls» Jesu äußert Kolping (S. 596): «Daß der Zweifel am Passah-Charakter aufkommen kann, zeigt schon, daß der positive Beweis nicht so einfach zu führen ist... Der synoptischen Darstellung geht es darum, das urchristliche Gemeindemahl möglichst in dem Passah-Mahl Jesu gründen zu lassen.»

22 Kolping, S. 341.

23 Für die Historizität speziell dieser Textstelle, die von Simon von Kyrene

berichtet, spricht der Umstand, daß bei Markus sogar die Söhne des Simon namentlich genannt werden (Alexander und Rufus) – eine Belanglosigkeit, die bei den übrigen Evangelisten nicht mehr erscheint.
24 Vgl. dazu oben, S. 61.
25 Ben-Chorin, Bruder Jesus, S. 161.
26 S. a. die tabellarische Übersicht bei Edwards, S. 81 ff. – wobei Edwards als Anthroposoph allerdings im Endergebnis zu einem anderen Todesdatum als die meisten übrigen Forscher kommt: Ebenso wie Rudolf Steiner nimmt Edwards den 3. 4. 33 an. Im Johannes-Evangelium ist noch an anderer Stelle eine Datierung enthalten: Als Jesus in Jerusalem auftrat, soll mit dem herodianischen Tempelbau 46 Jahre zuvor begonnen worden sein (Jh. 2.20). Wenn dieser Datierung eine historische Exaktheit beizumessen wäre (was ich nicht annehme), dann würde Jesu Todesjahr das Jahr 28 sein. Herodes hatte sich zum Tempelneubau im 18. Jahr seiner Regierung entschlossen (Josephus Flavius, Jüdische Altertümer, XV. 11.1), also 20/19 v. Chr. (Blinzler, S. 103).
27 Blinzler (S. 372) konstatiert: «So viel ist klar, daß Jesus bis zum letzten Augenblick bei voller Besinnung war und die Gedanken des Sterbenden seinem himmlischen Vater gehörten.» Wieso das «klar» ist, verrät Blinzler freilich nicht. Er verwechselt Geschichtliches und Predigt.
28 Die fehlende Zeugenschaft wurde von dem Berliner Kirchengeschichtler H. Lietzmann hervorgehoben. Bei kritischen Theologen wie Bornkamm, Dibelius oder Haenchen hat diese Auffassung breiten Anklang gefunden; s. a. Strobel. S. 3, Fn. 6 und Blinzler, S. 23, Fn. 58, S. 174.
29 S. 70.
30 Welche Blüten naiver Glaube treiben kann, habe ich noch deutlich aus einem Diskussionsbeitrag in Erinnerung. Als ich vor einigen Jahren über das Thema auf Einladung eines evangelischen Pfarrers im Gemeindesaal seiner Pfarrei referierte und dabei auf die fehlenden Zeugen zu sprechen kam, hielt mir ein – übrigens noch relativ junger – Zuhörer folgendes vor: Der von den Toten auferstandene Jesus Christus habe schließlich als Angeklagter alles gehört, er habe seinen Anhängern von den Vorgängen berichtet, damit sie es niederschreiben können. Die meisten Zuhörer zollten dem Diskussionsredner Beifall.
31 Der fortschreitende Marienkult bezieht sich auch auf diese Johannes-Stelle: Durch ihre angebliche Anwesenheit am Kreuz wird Maria eine Rolle im öffentlichen Leben Jesu übertragen.
32 Bultmann (Angef. bei Augstein, S. 381) verweist auf den symbolischen Sinn dieser Szene: Die Mutter Jesu stelle das Judenchristentum dar, der Lieblingsjünger repräsentiere die Heidenchristen. Im Hause der großen kirchlichen Gemeinschaft solle das Judenchristentum sich künftig aufgehoben wissen.
33 Lukas spricht in einer allgemein gehaltenen Form: «Alle seine Bekannten standen von ferne und die Weiber, die ihm aus Galiläa waren nachgefolgt, und sahen das alles.» (Lk. 23.49).
34 Korrekte Übersetzung in der ökumenischen Einheitsübersetzung der Bibel, Herder 1980; s. a. H. Merkel, angef. bei Kümmel, S. 399.

35 Bornkamm, Jesus, S. 145.
36 S. 332.
37 Conzelmann, angeführt bei Strobel, S. 10, Fn. 22.

8. Kapitel

1 Die syrischen Söldner haben wahrscheinlich kein Hebräisch verstanden, ihre Sprache war Aramäisch; insbesondere darf man bei ihnen keine Bibelkenntnisse voraussetzen, so daß Mk. 15.36 mit Sicherheit unhistorisch ist: «Halt, laßt sehen, ob Elia komme und ihn abnehme.»
2 Jedenfalls gilt dies für die hier in Rede stehende Zeit. In hellenistisch-hasmonäischer Zeit soll die Kreuzesstrafe aber auch eine jüdische Exekutionsart gewesen sein (Hengel, S. 176, unter Berufung auf Y. Yadin und die Tempelrollen von Qumran). Allerdings soll es auf Herodes zurückzuführen sein, daß die von den Juden gelegentlich praktizierte Todesstrafe der Kreuzigung bzw. das «Hängen ans Holz» bei lebendigem Leibe abgeschafft wurde (Hengel, erläutert bei Kümmel, S. 410).
3 Angeführt bei Craveri, S. 394 mit Quellennachweis.
4 Der einfache Soldat wurde äußerst kärglich bezahlt. Sein Jahressold, der in drei Raten ausbezahlt wurde, betrug 225 Denare. Im Vergleich dazu: Für einen palästinensischen Tagelöhner war der Tagessatz 1 Denar (Bätz/Mack, S. 27). Wenn die vier Soldaten, die mit der Kreuzigung eines Mannes beauftragt waren, sich dessen Kleidung (mag sie auch noch so schäbig gewesen sein) teilen durften, war das ein zusätzlicher kleiner Naturallohn. Andererseits: Größer ist die Wahrscheinlichkeit, daß es sich bei der Perikope mit der Kleiderverteilung um eine Erfüllungslegende gemäß Psalm 22.19 handelt, wo es heißt: «Sie teilten unter sich meine Kleider.»
5 Vgl. dazu Hengel, erl. bei Kümmel, S. 409.
6 Drews, S. 74.
7 Man hat herausgefunden, daß die Knochenreste des Hingerichteten erst nachträglich in einem Privatgrab beigesetzt wurden (Kümmel, S. 411).
8 Die Beschreibung wurde übernommen von Bätz/Mack, S. 96, Abb. S. 113.
9 «Blut und Wasser» – die Sakramente von Abendmahl und Taufe! Und der Speer läßt die Prophezeiung von Sacharja 12.10 in Erfüllung gehen.
10 In Griechenland selbst wurde allerdings nie gekreuzigt.
11 Aurelius Victor, De Caesaribus, lb. 41.4.
12 Goguel (S. 316): «Wenn die Dinge sich so abgespielt hätten, wie man es annimmt, hätte Pilatus nicht nachforschen müssen, ob Jesus Handlungen begangen habe, die die römischen Gesetze bestraften, sondern er hätte nur untersuchen müssen, ob er diejenigen begangen habe, die das jüdische Gesetz verurteilte, und ob dieses richtig angewendet worden sei. Aber von einer jüdischen Verurteilung, die von der römischen Herrschaft gutgeheißen wurde, ist nicht die Rede, sondern von einer römischen Verurteilung und Hinrichtung.»
13 Schillebeeckx, S. 165: «Alle Juden in jenen Tagen wußten darum, daß die Römer das Recht der Kreuzigung hatten, Herodes Antipas das ‹ius gladii›... Schließlich hatte der Sanhedrin das Recht zur Steinigung.»
14 Die Ursache für die Steinigung des Stephanus liegt im dunkeln. Die Schil-

derung ist nicht eindeutig. Die offizielle Anschuldigung lautete auf Häresie. Es handelte sich aber um eine Häresie, wie sie für die innerjüdische Auseinandersetzung durchaus typisch war. Paulus hat sie in weit stärkerem Maße betrieben. Zum Tumult kam es erst, als Stephanus die Mitglieder des Synedriums als «Halsstarrige», «Verräter und Mörder» und «Gesetzesbrecher» beschimpfte. Nicht auszuschließen ist, daß der aufgebrachte Mob es war, der hier eine Lynchjustiz veranstaltet hat, obgleich die Anwesenheit und Beteiligung des Synedralbeamten Paulus dagegen spricht. Möglicherweise sind es aufgebrachte Hebräerchristen gewesen, die sich von dem «Hellenisten» Stephanus brüskiert fühlten, so daß Stephanus von seinen Mitchristen – Stichwort: Hebräer contra Hellenisten – umgebracht worden wäre.

15 Siehe dazu oben, S. 116.
16 Abb. bei Flusser, Selbstzeugnisse S. 107; Bätz/Mack, S. 29.
17 Josephus Flavius, Jüdische Altertümer, XX. 9.1.
18 Eine übersichtliche Zusammenstellung der Argumente gibt Strobel, S. 23 ff. Siehe im übrigen auch Schnackenburg, Jh. 18.31, mit zahlreichen Literaturhinweisen. Schnackenburg selbst neigt zwar zur Annahme einer nicht vorliegenden Vollstreckungskompetenz, läßt die Frage letzten Endes aber doch offen. Besonders eingehend mit dieser Frage hat sich Karlheinz Müller im Frühjahr 1987 auf der Tagung der deutschsprachigen katholischen Neutestamentler in Graz befaßt (Quastiones Disputatae, S. 41 ff.). Müller führt beachtliche Argumente ins Feld, die gegen eine bestandene Todesstrafenkompetenz sprechen. Es ist ihm m. E. aber nicht gelungen, die Fülle der Gegenargumente zu widerlegen.
19 Konstruktionen besonderer Art müssen bemüht werden, so z. B. Strobel (S. 88 u. Fn. 233): «Stephanus... unterschied sich als juristischer Fall kaum von Jesus... Da die römische Behörde damals das Urteil des Synedriums über Jesus anerkannt hatte, lag es diesmal nahe, unter Ausschaltung des römischen Prokurators die Hinrichtung selbst vorzunehmen, nun aber unter Anwendung der Steinigungsstrafe ganz im Sinne des alttestamentlichen Gesetzes.»
20 Goguel, S. 355.
21 In seinem Buch «Pontius Pilatus Defensus», s. Blinzler, S. 24. Eine neuere, zwar weitgehend isoliert dastehende, aber besonders infame These lautet gar, die Juden hätten Jesus den Römern zwecks Kreuzigung ausgeliefert, damit der Heiland diesen extrem schimpflichen Tod sterbe und nicht den noch relativ ehrenvollen Tod der Steinigung. Vertreten wurde diese These (angef. bei v. Schlotheim, S. 21) von dem evangelischen Theologen Bornhäuser im Jahre 1947, drei Jahre nach Auschwitz! Der katholische Theologe Blinzler argumentiert ganz ähnlich (S. 346): «Den Juden aber lag viel daran, daß er am Kreuz als ‹Fluch Gottes› sein Leben aushauchte.» Mussner, der sich bei der Erörterung des Prozeßberichts gern auf Blinzler beruft (im Gegensatz zu Blinzler und anderen Theologen kann man Mussner, einem Wortführer im christlich-jüdischen Dialog und dem Inhaber der Buber-Rosenzweig-Medaille, freilich keinen Antijudaismus nachsagen), hat diese Version offenbar von Blinzler übernommen: «Daß er nicht aufge-

hängt, sondern gekreuzigt wurde, hing damit zusammen, daß seine jüdischen Prozeßgegner die schimpfliche Hinrichtung am Kreuz ausdrücklich von Pilatus forderten» (Die Kraft der Wurzel, S. 134).
22 Ausführliche Zusammenstellung bei Blinzler, S. 24f.
23 Doerr (unter Berufung auf Mommsen), S. 53.
24 S. 57. Vgl. auch Josephus Flavius, Jüdischer Krieg II. 8.1.
25 Josephus Flavius, Jüdischer Krieg II. 20.5: «Josephus (sc. Kaiphas) bestimmte also aus der Mitte des Volkes die 70 einsichtsreichsten Ältesten als höchste Behörde für ganz Galiläa. In jeder Stadt setzte er sieben Richter für die kleineren Rechtssachen ein, denn Angelegenheiten von größerer Bedeutung und Mordfälle sollten nach seiner Anordnung ihm selbst und den 70 Ältesten vorgelegt werden.» S. a. Jüdische Altertünmer, 4.8.14–16. Die besondere Rolle der Zahl 70 hat ihr Vorbild bei 2. Mos. 24.1.
26 Mk. 14.53: «Alle Hohenpriester und Ältesten und Schriftgelehrten.» Nur wer sich in der Mentalität von Richtern nicht auskennt, könnte auf den Gedanken kommen, daß sich jedes einzelne Mitglied eines großen Richterkollegiums bereit findet, ohne zwingende Notwendigkeit zu einer nächtlichen Gerichtssitzung zu erscheinen, noch dazu vor einem Feiertag – vom alkoholisierten Zustand einmal ganz zu schweigen.
27 Bei Lukas fehlt die Verspottungsszene durch römische Soldaten. Dieser Evangelist will am konsequentesten darlegen, daß Rom niemals christenfeindlich war.
28 Während Matthäus sich über die Stunde der Hinrichtung ausschweigt, treten bei Lukas Zeitprobleme in Erscheinung, die von denen bei Markus abweichen und ebenfalls unlösbar sind. Bei Lukas kommt der jüdische Rat überhaupt erst nach Tagesanbruch zusammen, so daß die Überstellung Jesu an Pilatus frühestens im Laufe des Vormittags erfolgt sein kann (Lk. 22.66; 23.1). Über den Zeitpunkt der Kreuzigung sagt Lukas nichts, doch erwähnt er (ebenso wie die anderen Synoptiker) zwölf Uhr mittags als Stunde der Sonnenfinsternis und Agonie Jesu. Für eine Verhandlung vor Pilatus bleibt also überhaupt keine Zeit mehr. Dies, obwohl dem Lukas-Bericht zufolge ein besonders langwieriges Verfahren stattgefunden haben soll. Wiederum ganz anders berichtet der Johannes-Evangelist (Jh. 19.14, 16), demzufolge der Urteilsspruch erst um zwölf Uhr mittags erfolgt, die Kreuzigung somit nicht vor dreizehn Uhr stattgefunden haben konnte. Wirklich genauen Aufschluß kann nur Rudolf Pesch geben: Der Prozeß Jesu, S. 56: «Schon um 9 Uhr morgens am Paschafesttag, am Freitag, dem 7. April 30 n. Chr., wurde Jesus von Nazareth gekreuzigt.»
29 Wie streng man es damals mit der Bestattung von Toten angesichts des nahenden Festtags nahm, beschreibt Haenchen (S. 540) mit folgender Geschichte: «Ein Mann, der am Freitag im Sterben lag, sagte zu seinen Angehörigen: Ich weiß schon, warum ihr mir die Augen zudrückt und die Nase zuhaltet; ihr wollt den Sabbat nicht verletzen. Ich will es aber auch nicht, und darum fahrt nur fort.»
30 La date de la Cène, 1957, s. Blinzler, S. 109 ff.
31 Kroll, S. 375.
32 Goguel, S. 324.

33 Diese Worte «wie zu einem Räuber» geben nur dann einen Sinn, wenn sie an die Adresse eines römischen Verhaftungskommandos gerichtet sind. Auch durften nur die Römer, keinesfalls die Juden, Schwerter tragen. Juden waren also allenfalls als Amtsbüttel der Römer zugegen, so daß der folgende Vers Mk. 14.49 «Ich bin täglich bei euch im Tempel gewesen und habe gelehrt, und ihr habt mich nicht ergriffen, aber die Schrift muß in Erfüllung gehen» als ein späterer christologischer Einschub angesehen werden muß.

34 Pesch (Prozeß Jesu, S. 15) läßt es sich angelegen sein, sie als «Bandenkrieger» zu bezeichnen. Er gebraucht das Vokabular, das für eine Besatzungsmacht typisch ist, der die Freiheitskämpfer im besetzten Lande zu schaffen machen. So z. B. waren Spezialeinheiten der deutschen Wehrmacht in Polen, Frankreich, Jugoslawien oder Rußland zur «Bandenbekämpfung» eingesetzt. Natürlich waren auch die jüdischen Zeloten in den Augen der römischen Besatzungsmacht «Banditen».

35 Markus (15.32) und Matthäus (27.44) zufolge haben beide «Schächer» gleichermaßen geschmäht.

36 Jesus soll dem einsichtigen Leidegefährten daraufhin versprochen haben, daß dieser «noch heute mit ihm im Paradiese» sein werde (Lk. 23.43). Das «noch heute», diese «Himmelfahrt gleich vom Kreuze aus» (Kolping S. 660) ist nicht nachvollziehbar. Kommen nicht erst einmal Grab und Höllenfahrt und dann erst – am «dritten Tag» – die Auferstehung? Vgl. im übrigen auch Lk. 24.50f.

37 Nur Lukas berichtet, daß die jüdischen Behörden bei Pilatus Anzeige unter dieser Beschuldigung erstattet hätten. Markus, Matthäus und Johannes zufolge setzt Pilatus diesen Tatbestand ganz ohne Anzeige voraus.

38 Jüdische Altertümer, XVII. 10.8.

39 Der Verstoß gegen die lex Julia maiestatis ist aufgeführt im Corpus iuris, Dig. 48.4. 1,1: «Maiestatis autem crimen illud est, quod adversus populum Romanum, vel adversus securitatem eius committitur.» Es handelt sich, grob gesprochen, um den Tatbestand des Hochverrats. Die dafür vorgesehene Strafe war, je nach dem Stand des Delinquenten, die Kreuzigung, der Tod durch wilde Tiere im Zirkus oder Deportation auf eine Insel (Dig. 48.19.38).

40 Römischer Prokonsul, Bruder Senecas.

41 Klausner (S. 490): «Der schlaue römische Tyrann ließ sich nicht das Vergnügen nehmen, durch die oberhalb des Kreuzes angebrachte Inschrift das ganze jüdische Volk zu verspotten: Seht, welch schändlichen Tod wir, die Römer, über diesen sogenannten ‹König der Juden› verhängen!» Hingegen Haenchen (S. 514): «‹König der Juden› wäre nur möglich, wenn Pilatus den Juden einen Schabernack spielen wollte.»

42 Haenchen, zitiert bei Kolping, S. 663.

43 Wahrscheinlich in der Mitte des Querholzes.
Die Inschrift blieb lesbar, weil der Kopf des Gekreuzigten nach vorn oder seitlich herunterhing.

44 Blinzler (S. 77) weist unter Berufung auf eine Stelle bei Joseph Flavius darauf hin, daß es vor allem die Angehörigen des Hauses Hannas waren, «die

einen schwungvollen Handel mit Opferrequisiten trieben und sich dabei als skrupellose Börsenjobber betätigten».

45 Besonders spektakulär ist hier der Johannes-Bericht, allerdings in zeitlicher Versetzung zu den Synoptikern, indem er die Begebenheit nicht an das Ende, sondern an den Beginn des Wirkens Jesu setzt – Jh. 2.13 ff.

46 Lohse und Haenchen, zitiert bei Kolping S. 625.

47 Kolping, S. 265.

48 In der Apostelgeschichte (21.31 ff.) wird berichtet, wie die Römer bei sich anbahnenden Tumulten sofort zur Stelle waren. Eine etwas treuherzig anmutende Auffassung vertritt Pesch: Prozeß Jesu, S. 38: «Der Prokurator war gerade während der Pascha-Festtage in Jerusalem persönlich anwesend, um seinem Auftrag als Schutzherr des Tempels, den Jesus anzugreifen schien, gerecht zu werden.»

49 Es ist eine aus der Situationsbeschreibung nicht nachzuvollziehende Behauptung des Matthäus-Evangelisten (21.45–46), daß die Pharisäer und Hohenpriester ihn gern hätten verhaften lassen, weil die Gleichnisse, die Jesus ihnen vortrug – konkret ging es um die Gleichnisse von den ungleichen Söhnen und von den bösen Winzern –, ihren Zorn hervorgerufen hätten.

50 Bethanien als Aufenthaltsort Jesu wird nur von Matthäus (21.17) und Johannes (12.1) erwähnt. Hingegen heißt es bei Lukas 21.37 und 22.39: «Tagsüber lehrte Jesus im Tempel; abends aber ging er zum Ölberg hinaus und verbrachte dort die Nacht ... Dann verließ Jesus die Stadt und ging, wie er es gewohnt war, zum Ölberg; seine Jünger folgten ihm.» Der Chronologie des Johannes-Evangelisten zufolge, die mit der der Synoptiker nicht in Einklang zu bringen ist, übte Jesus zwischen seiner Rückkehr nach Jerusalem anläßlich des Passahfestes (diese Rückkehr soll am Montag vor Passah erfolgt sein) und seinem Tode allerdings keine öffentlichen Handlungen mehr aus. Die Vorstellung im Johannes-Evangelium ist, daß Jesus am Vorabend vor Ostern nur deshalb in die Heilige Stadt zurückgekommen sei, um dort zu sterben (Goguel, S. 271).

51 Harenberg, S. 89.

52 Vgl. dazu aber Jens (S. 48 f.), der ein (fiktives) Votum von Angehörigen des Ordens der Dominikaner aus dem Jahre 1962 anführt, wonach «nicht nur der Kuß im Garten von Gethsemane, sondern auch der Tod, der Selbstmord auf dem Töpferacker, ein Beweis dafür ist, daß der Verrat in Wirklichkeit ein Liebesdienst war».

53 Limbeck, S. 41.

54 Kolping, S. 566.

55 1. Kor. 15.5 Die Ersatzwahl des Matthäus als zwölften Apostels hat erst 40 Tage später stattgefunden (Apg. 1.21–26).

56 S. 59.

57 Bruder Jesus, S. 193.

58 Goguel, S. 337.

59 Siehe Jens, S. 85. Vgl. auch Landmann, S. 260.

60 Trilling, Gegner Jesu, S. 203.

61 Goldschmidt, S. 9.

62 Ben-Chorin, Bruder Jesus, S. 154. Ob Judas allerdings wirklich mit «mein Freund» angeredet wurde, erscheint deswegen fraglich, weil dabei wieder der Verdacht einer Erfüllungslegende besteht – vgl. Ps. 41.10 u. Ps. 55.13–15.
63 Jens, S. 57.
64 Luther («Von den Juden und ihren Lügen») findet Genugtuung im Ekel – zitiert nach Jens (S. 88): «Ich verfluchter Goi kann nicht verstehen, woher die Juden solche hohe Kunst haben, ohne daß ich muß denken, da Judas Ischariot sich erhenckt hatte, daß ihm die Darme zerrissen, und wie den Erhenckten geschicht, die Blase zerborsten, da haben die Juden ihre Diener mit güldenen Kannen und silbernen Schüsseln dabeigehabt, die Judas' Pisse sampt dem anderen Heiligthumb aufgefangen, darnach untereinander die Merde gefressen und gesoffen, daß sie Glossen in der Schrift sehen, die weder Matthäus noch Isaias noch alle Engel geschweige wir verfluchten Gojim sehen können.»
65 S. a Jens, S. 15 f., 58 ff.; in fiktiver Argumentation (S. 60): «Was schert Jesus die Schlinge, der Hanf, den Judas knüpfen wird? Er hat ja sein Kreuz!»
66 Jens, S. 5 ff., Zitat übernommen von Limbeck, S. 85 f. Auch der Franziskanerpater ist eine Fiktion, wie der ganze Bericht von Jens – siehe dort S. 95.
67 Jens, S. 37, S. 24.
68 Daß der Verrat nicht durch einen Kuß – eben den berüchtigten Judaskuß - begangen wurde, darüber sind sich wohl alle Exegeten einig. Der Kuß soll offenbar in der Allegorie des Todeskusses verstandes werden, wie er u. a. in 2. Sam. 20.9 erscheint. S. a. Ben-Chorin, Bruder Jesus, S. 188.
69 Lukas (22.52) läßt den Hohenpriester und die Ratsherren persönlich anwesend sein.
70 Apg. 21.31, 22.24; 23.10; 24.7. S. im einzelnen Blinzler, S. 90 ff.
71 Von einer «Schar» spricht allerdings auch Markus (14.43), Matthäus sogar von einer «großen Schar» (26.47).
72 Stauffer, S. 90 f.
73 Goguel, S. 315.
74 Blinzler, S. 92.
75 Diese Umdeutung wird außer von Blinzler (S. 96) u. a. auch von Kroll (S. 357) und – mit deutlicher Zurückhaltung – von Kolping (S. 637) vorgenommen: «Über die Urheber der Festnahme wird gestritten. Bultmann hält mit anderen die Festnahme durch die Römer für historisch... Doch verstehen wir wohl besser unter den Häschern die dem obersten Gerichtshof unterstehenden Gerichtsdiener. Die Notiz Jh. 18.12 handelt von dem Tempelobersten und der von ihm befehligten Tempelwache. Die Festnahme durch die römische Kohorte ist höchst unwahrscheinlich, da Pilatus erst später von Jesus erfährt. Die Initiative lag bei den Juden.»
76 Nach Lk. 22.50 soll es sich um das rechte Ohr gehandelt haben.
77 Ob die Geschichte vom bravourösen Einschreiten Petri – nur der Johannes-Evangelist übrigens sagt, daß es sich hier um Petrus gehandelt habe – auf historischer Wahrheit beruht, ist freilich eine andere Frage. Dazu Kolping (S. 567): «Doch ist die Geschichtlichkeit der Schwertszene historisch nicht ohne Bedenken. Jesu Wort Mk. 14.48 nimmt nämlich keine Notiz

von dem Schwertstreich und paßt sich so schlecht an das unmittelbar Vorausgegangene an. Wohl zeigt es, daß die Häscher sich vor Jesus in acht nehmen mußten.»
78 S. 512.
79 Blinzler, S. 136.
80 Pesch, S. 411.
81 Klausner, S. 471, unter Berufung auf Josephus Flavius.
82 Kolping (Theologische Revue, S. 272) vertritt die Auffassung, daß dem johanneischen Bericht insoweit eine historische Bedeutung zukommt: «Das nächtliche Verhör bei Hannas könnte der Traditionssplitter sein, der dem ‹Religionsprozeß› bei Markus und Matthäus zugrunde liegt.»
83 Eine etwas andere Meinung vertritt der jüdische Autor Maccoby. Ihm zufolge habe es sich bei Kaiphas um einen römischen Quisling gehandelt, der die Interessen Roms über die Interessen Israels stellte. Von Kaiphas, der in Jesus einen Aufwiegler gegen das Besatzungsregime gesehen habe, sei die Verhaftung veranlaßt und die Auslieferung an die Römer durchgeführt worden. Bei dieser Aktion habe nicht das Synedrium, geschweige denn die Bevölkerung mitgewirkt. Der Landesverräter Kaiphas trage dafür allein die Verantwortung.
84 J. G. Sadosan, zitiert bei Kümmel, S. 402.
85 Bruder Jesus, S. 194.
86 S. 80.
87 Diese Auffassung ist allerdings umstritten. Wenn aber Pilatus nicht zur Sejans-Partei gehört haben sollte, dann wäre Sejans Sturz auch für Kaiphas irrelevant.
88 Ganz richtig kann die Wiedergabe dessen, was Kaiphas im Hohen Rat gesagt haben soll, aber auch schon deswegen nicht sein, weil die «Wegnahme von Land» in jenen Jahren gewiß noch nicht aktuell war; den Juden ihr Land weggenommen haben die Römer erst nach dem Jahr 70 (Zerstörung Jerusalems durch Titus). Das war die Zeit, in der die Evangelien geschrieben wurden.
89 Wer war schuld an Jesu Tod, S. 107.
90 So Kirchenrat Hans Maas aus Karlsruhe in einem Brief an mich.
91 Bultmann, S. 21 f. Diese Möglichkeit wird – indirekt – auch von Kolping aufgezeigt, der seinerseits auf Haenchen Bezug nimmt (S. 668): «Daß die politische Führung des jerusalemischen Judentums Jesus den Römern denunziert hat und diese ihn daraufhin wegen angeblicher aufrührerischer Betätigung hingerichtet haben, ist auch heute noch das Wahrscheinliche.» Derselbe Gedanke wird auch in der Encyclopaedia Judaica zum Ausdruck gebracht: «The deliverance of Jesus into the hands of the Romans was, it seems, the work of the Sadducean ‹high priests›, who are often mentioned alone in the story. A man suspected of being a messianic pretender could be delivered to the Romans without a verdict of the Jewish high.»
92 In der Denkschrift des Rates des EKD «Christen und Juden», 1975, heißt es lapidar: «Im Zusammenspiel von jüdischer Selbstverwaltung und römischer Besatzungsmacht, das historisch im einzelnen schwer durchschau-

bar ist, kam es schließlich zur Hinrichtung Jesu durch die Römer» (übernommen von Strobel, S. 4).

Ausführlich und überzeugend zur historischen Situation und der sich daraus ergebenden Beurteilung: Kremers, S. 87 f. Vgl. ferner Hildegard Gollinger (S. 897 ff.), die es versteht, in knapp vier Spalten eines Lexikons einen exegetisch hervorragenden Überblick über die Prozeßproblematik zu geben.

93 Blinzler (S. 394) will aus dem Umstand, daß Pilatus die Leiche ohne Bedingung oder Auflage freigab, herleiten, daß dieser das Todesurteil «nur ungern ausgesprochen hatte». Stauffer (S. 108) hat folgende Erklärung parat: «Man darf... schließen, daß Pilatus und einige jüdische Richter kein ganz ruhiges Gewissen mehr hatten.»

94 Bei Lukas (23.54) heißt es in wörtlicher Übersetzung: «Als der Sabbat aufleuchtete» – der Evangelist meint damit den ersten Stern.

95 Deswegen vermag ich auch nicht einzusehen, daß es sich bei dem sogenannten «Grabtuch von Turin» um das Leinentuch handelt, in das Jesus gewickelt worden sein soll. Daß dieses Tuch der Wissenschaft große Rätsel aufgibt und – woran anhand der bis jetzt vorliegenden Untersuchungsergebnisse nicht gezweifelt werden kann – immerhin als ein Tuch in Frage kommen kann, in das ein vom Kreuz Abgenommener gewickelt worden sein könnte, ist eine Sache für sich, die nichts darüber aussagt, daß das Grabtuch mit Jesus von Nazareth in Verbindung zu bringen ist. Das Grabtuch bleibt so lange umstritten, wie die kirchlichen Behörden sich weigern, unabhängige Sachverständige mit der Begutachtung zu beauftragen, sondern sich die Auswahl der jeweiligen Sachverständigen selbst vorbehalten. Für die in diesem Buch behandelten Fragen ist das Geheimnis des Tuches sowieso ohne Belang. Es könnte, wenn es sich als «echt» herausstellen sollte, nur belegen, daß die Römer Jesus gekreuzigt haben.

96 Goguel, S. 372 f.

97 Goguel, S. 374 f.

98 Goguel, S. 375.

99 Schmithals, Wer war verantwortlich für den Tod Jesu?, in: Der Tagesspiegel, 22.12.1987.

100 Das änderte sich später: Als das Christentum seit Konstantin den Sieg über das römische Heidentum errang, meinten die christlichen Kaiser, daß sie den richtigen Glauben bestimmen sollten, und erklärten nunmehr umgekehrt das Bekenntnis des heidnischen Glaubens als Staatsverbrechen.

101 Auf einem ganz anderen Blatt steht, daß die Christen die privilegia judaica und damit u. a. den Dispens vom Kaiserkult eingebüßt hatten.

102 Mk. 12.1–12; Mt. 21.33–46; Lk. 20.9–19.

103 R. Ruether, S. 101 ff.

104 Siehe dazu im einzelnen oben, S. 31 ff.

105 Maccoby, S. 205.

106 Mayer, S. 111. Nero war wegen seiner ungeheuerlichen Verbrechen vom Senat zum Tode verurteilt worden. Der Urteilsvollstreckung entzog er

sich durch Selbstmord. Sein Andenken wurde durch Senatsbeschluß aus der Kaisergeschichte getilgt (Damnatio memoriae).
107 Siehe dazu Mommsen, S. 348 f.
108 Es werden sieben Sorten von Pharisäern unterschieden. Sechs davon sind schlechte Pharisäer. Nur der siebente, der «Liebespharisäer», der Gott aus Liebe gehorcht, ist der wahre Pharisäer. Siehe dazu Ben-Chorin, Bruder Jesus, S. 21 f.
109 S. 99.
110 Kolping, S. 268.
111 Siehe dazu Mt. 22.35; Apg. 5.34. Es gab aber wohl auch Schriftgelehrte bei den Sadduzäern. Kolping (S. 270) bezeichnet die Schriftgelehrten als «eine der drei Gruppen im jerusalemischen Synedrion».
112 Küng (S. 171): «So etwas wie ‹Herr Doktor›.»
113 Ben-Chorin, Paulus, S. 190, mit Quellennachweis.
114 Küng, S. 194.
115 Speidel, S. 33.
116 Thoma, zitiert bei Mussner, S. 281.
117 Zitate nach Lapide, Jesu Tod, S. 239.
118 Vgl. auch Apg. 3.13, wo Petrus in den Mund gelegt wird, er hätte den sog. Verrat des Jüngers Judas als Verrat des Volkes Israel angeprangert.
119 Ich erinnere mich noch an eine Bemerkung aus einem in den sechziger Jahren gehaltenen Vortrag von Fritz Bauer, des (inzwischen verstorbenen) hochangesehenen hessischen Generalstaatsanwalts über den Prozeß Jesu: «Die Juden wollten die Römer loswerden, nicht aber ihre Sünden!»
120 Haenchen, S. 537.
121 S. 427. Oder, andersherum ausgedrückt von Haas: «Ein ‹im römischen Strafregister eingetragener› Majestätsverbrecher wäre als Religionsstifter für die römische Obrigkeit nicht akzeptzabel gewesen» (S. 234).
122 S. 12 f.
123 Lutz, S. 139 f.
124 Lapide, Er wandelte, S. 44.
125 Goguel, S. 37. Für Orientalen empfanden die Römer insgesamt eine gewisse Verachtung, soweit sie sich nicht der griechisch-römischen Kultur angepaßt hatten.
126 Der erste Antrag war 1948, unmittelbar nach der Staatsgründung Israels, gestellt worden.
127 Blinzler, S. 15 ff.; Ben-Chorin, Bruder Jesus, S. 191 f.

9. Kapitel

1 Siehe dazu Überblick bei Kremers, S. 78 ff. Ruth Kastning-Olmesdahl, S. 91: «Für viele Christen gibt es weiterhin keinen Zweifel daran, daß ‹die Juden› den Tod Jesu gewollt und herbeigeführt haben, weil sie ihn nicht als den Messias, ihren Herrn, anerkennen wollten. Oft genug scheint es für das christliche Selbstverständnis geradezu konstitutiv zu sein, daß man sich von den Juden als den Richtern und ‹Mördern› Jesu abgrenzen kann. Darum wehrt man sich gegen alle Versuche, eine juristische Schuld der Juden infrage zu stellen.»

2 Kolping. S. 653; s. a. Küng. S. 320 f.; Bornkamm. S. 143 f.; Holtz, S. 128.
3 Als geschichtliche gesichert im Passionsbericht sieht Dibelius nur folgendes an: die Datierung nach Markus 14.2, die Tatsache des letzten Mahles, die nächtlich Verhaftung mit Hilfe des Judas, die Verurteilung durch Pilatus zum Kreuzestod, die Tatsache der Kreuzigung (angef. bei Trilling, Fragen, S. 132).
4 Zahlreiche Reaktionen, die auf die von mir vertretenen Thesen vorliegen, beweisen es.
5 Einem Theologen wie Blinzler ist der Ausdruck «Ratsherr» zu wohlklingend; er wählt statt dessen die abwertend klingende Bezeichnung «Synedrist» (z. B. S. 255). Ausnahmen macht er nur bei Joseph von Arimathia und Nikodemus. Diese beiden Mitglieder des Synedriums bezeichnet er respektvoll als «Ratsherren» (S. 394, 397).
6 Flusser, Selbstzeugnisse (S. 117) mit Quellennachweis. Demgegenüber meint Blinzler (S. 220), daß das «kleine Synedrium» in der Zeit Jesu noch nicht bekannt war.
7 Jüdische Altertümer, XX. 9.1.
8 «...mehr ein aristokratischer, religionspolitischer Standesverband als eine Partei» (Kolping, S. 269).
9 Speidel, S. 34. Kolping (S. 270) scheint daneben die «Schriftgelehrten» einerseits als eine eigenständige dritte Fraktion im Synedrium anzusehen, ordnet sie andererseits aber doch als «meist der Partei der Pharisäer» zugehörig ein. Er teilt im übrigen nicht die Auffassung Speidels, die Pharisäer seien die «stärkste Fraktion» gewesen.
10 Der Beiname ist offenbar ein Ehrenname gewesen. Er leitet sich, ebenso wie Kephas, von dem aramäischen Wort «kepha» (Fels) ab.
11 Hannas war im Jahre 6 vom Prokurator Coponius zum Hohenpriester ernannt worden. Er hat dann eine regelrecht hochpriesterliche Familiendynastie aufgebaut. Auch nach seiner Absetzung behielt er als «Graue Eminenz» einen bedeutenden politischen Einfluß. Man wird annehmen dürfen, daß sein Schwiegersohn Kaiphas ihm ergeben war, Kaiphas hatte die Nachfolge des Hannas-Sohnes Eleazar angetreten. Nach der Absetzung von Kaiphas übernahm der Hannas-Sohn Jonathan das Amt des Hohenpriesters, gefolgt von seinem Bruder Mathias, der im Jahre 41/42 eingesetzt wurde. Wie lange Mathias im Amt war, weiß man nicht. Fest steht aber, daß im Jahre 62 ein anderer Hannas-Sohn (er hieß ebenfalls Hannas) das Hohepriesteramt innehatte. Dieser ist jener Ananos, der Jesu Bruder Jakobus in einem illegalen Verfahren zum Tode verurteilte und deswegen sein Amt verlor. Im jüdischen Krieg (66–70) wurde Ananos dann von zelotischen Aufständischen umgebracht.
12 Auf diesen Umstand hat mich Chaim Cohn in einem Brief hingewiesen, so daß ich meine früher vertretene Auffassung korrigieren möchte, wonach dem Angeklagten in Kapitalsachen ein Verteidiger beigeordnet sein mußte, den ich irrtümlich als «Baal Rib» bezeichnet hatte. Ein Baal Rib ist eine Streitpartei im Zivilprozeß.
13 Nicht nur Glaubenszeugnis, sondern Glaubensschöpfungen der Gemeinde (sog. vaticinia ex eventu) sind die drei Leidensweissagungen Jesu

(Mk. 8.31; 9.31; 10.33). In der ersten und in der dritten Weissagung kündigt Jesus an, daß er vom Synedrium zum Tode verurteilt werden wird; in der zweiten läßt er offen, wer ihn töten wird.
14 Mk. 8.31; 11.18; 14.43, 53; 15.1.
15 Vgl. z. B. Matthäus, Kap. 23.
16 Flusser, Selbstzeugnisse (S. 120) schließt daraus (mit Verweis auf Josephus Flavius), daß mit den «Schriftgelehrten» hier die Sekretäre des Tempels gemeint seien, also nicht, wie sonst bei der Bezeichnung üblich, die pharisäischen Rabbis. In Mk. 14.55 werden die Versammelten dann allerdings plötzlich «die Hohenpriester und der ganze Hohe Rat» genannt. Jedenfalls aber taucht das sonst so viel auf der Anklageseite gegen Jesus genannte Wort «Pharisäer» innerhalb der Passionsgeschichte nirgendwo mehr auf.
17 J. Eckstein, Freiburg, Maschinenschriftliches Manuskript eines im Frühjahr 1986 gehaltenen Vortrags: «Ein Sanhedrin, der einen Menschen in sieben Jahren zum Tode verurteilt, wird blutrünstig genannt. R. Eleazar, der Sohn des Azarias, sagte: ‹Einer alle siebzig Jahre.› R. Akiba und R. Tarfon sagten: ‹Wenn wir Mitglieder des Sanhedrins gewesen wären, wäre niemals jemand hingerichtet worden.›»
18 Dem stellt Blinzler (S. 216 ff.) die Hypothese entgegen, es habe zur Zeit Jesu nicht das in der Mischna festgelegte pharisäische Strafprozeßrecht gegolten, sondern das harte sadduzäische. Mit diesem sadduzäischen Prozeßrecht aber sei das scheinbar illegale Strafverfahren gegen Jesus vereinbar gewesen. Gegen diese Hypothese Blinzlers wendet sich u. a. auch Strobel (S. 48 ff.) mit überzeugenden Argumenten.
19 So jedenfalls berichten Markus (14.53–54) und Matthäus (26.57–58). In offenbar beabsichtigter Abweichung davon berichtet Lukas nicht von dieser Nachtsitzung in der Residenz des Hohenpriesters, sondern von einer Versammlung des Synedriums am nächsten Morgen (Lk. 22.66). Strobel (S. 66) schließt daraus, daß es eine «ursprüngliche Traditionsgeschichte» gegeben habe, «in der anscheinend das Verhör im hochpriesterlichen Palast und die entscheidende Verhandlung im Versammlungsraum des Synedriums noch getrennt waren.» Einen «Beweis» für diese These sieht er darin, daß lt. Mk. 14.60 der Hohepriester «in die Mitte» trat, und damit könne nur der halbkreisförmige Versammlungsraum des Hohen Rates gemeint sein.
20 v. Mendelssohn, S. 67, mit Quellennachweis.
21 Flusser, Die letzten Tage Jesu in Jerusalem, S. 92.
22 In diesem Punkte muß ich auch Schalom Ben-Chorin (Bruder Jesus, S. 198) widersprechen, wenn er aus der Fülle der Rechtsverstöße nicht das Argument der Unhistorizität ableitet. Er schreibt: «Politische Prozesse, die aus Gründen der Staatsräson geführt werden, werden nicht immer nach allen Paragraphen der Prozeßordnung abgewickelt.» ... Es werden «nicht alle Finessen der Prozeßordnung eingehalten.» Hier geht es nicht um die Verletzung irgendeines Paragraphen der Prozeßordnung oder gar um «Finessen». Hier geht es um einen Prozeß, der als Justiz-Posse Nummer eins in der Weltrangliste zu verzeichnen wäre, begangen von einem Richterkollegium, dem die weisesten Männer Israels angehörten.

23 Jesu Wort von der Tempelzerstörung erwähnt Lukas in der Apostelgeschichte (6.14) im Zusammenhang mit der Anklage gegen Stephanus.
24 Kolping, S. 642, Fn. 88: «Der Todesbeschluß wird vorausgesetzt, aber nicht erzählt.»
25 Blinzler, S. 199. Chaim Cohn widerspricht dem allerdings. Er führt diese vielfach vertretene Auffassung auf eine falsche Quelleninterpretation zurück. Die richtige Lesung sei, daß, wenn Einstimmigkeit herrsche, die Richter nach Hause entlassen werden. Sie müssen dann erneut zusammenkommen, um zu beraten.
26 Ein logischer Bruch in der Schilderung tritt freilich darin hervor, daß Pilatus, der nach johanneischer Schilderung die Verhaftung offenbar veranlaßt hatte, bei der Überstellung erst einmalig rückfragt, was die ganze Aktion denn zu bedeuten habe, und dann die jüdischen Beamten auffordert, ihn mit dem Fall nicht zu behelligen (Jh. 18.29–31).
27 Kolping (S. 640) allerdings meint, daß das doch eine Rolle gespielt haben müsse: «Wenn diese (die Tempelreinigung) nicht ausdrücklich erwähnt wird, so könnte das an der Unvollständigkeit und Zufälligkeit der überlieferten Einzelheiten liegen.»
28 Z. B. Strobel S. 81 ff. Dieser will um die Klippe herumkommen, daß der Prozeß Jesu mit ungeheuerlichen, ja grotesken Verfahrensverstößen belastet ist und daher als historisch unglaubwürdig erscheinen muß. Strobel führt jüdische Rechtsvorschriften an, die besagen, daß in einem «Sonderfall», nämlich dem, daß vor Gericht der Fall einer Verführung verhandelt wird, die sämtlichen prozessualen Schutzvorschriften zugunsten eines Angeklagten suspendiert waren, so daß man gegen einen solchen Angeklagten auch Rechtswillkür walten lassen durfte. Freilich widerlegt Strobel sich insofern selbst, als er auf das Johannes-Evangelium verweist, wo in bezug auf Jesus mehrmals von «Verführung» die Rede ist. Daß mit jener bei Johannes erwähnten Verführung nicht der im 5. Mos. 13.7 festgelegte Straftatbestand gemeint sein kann, ergibt sich schon daraus, daß nicht sofortige Anzeige und die Durchführung eines Strafverfahrens erfolgten, wie es 5. Mos. 13.10 vorschreibt. Auch Pesch (Prozeß Jesu, S. 31 ff., 41, 45) macht sich, um seine These von der Historizität des Synedralprozesses zu «retten», die Auffassung Strobels blindlings zu eigen, obwohl ein Jahr zuvor, im April 1987, auf der Tagung der deutschsprachigen katholischen Neutestamentler in Graz, diese These Strobels «als geradezu abwegig» bezeichnet wurde. («Der Prozeß gegen Jesus», Aufsatz von Karlheinz Müller in: Quaestiones Disputatae, S. 43).
29 Matthäus berichtet etwas abweichend. Nachdem «viele falsche Zeugen» aufgetreten waren (über deren Aussagethemen nichts bekannt ist), kommen «zuletzt zwei Männer», die zum Thema Tempelabbruch aussagen. Matthäus sagt weder, daß es falsche Zeugen waren, noch daß ihre Aussagen nicht übereinstimmten.
30 Matthäus zufolge (26.61) soll er nicht gesagt haben, ich «will» den Tempel abreißen, sondern ich «kann» den Tempel abreißen.
31 Der Anblick des monumentalen Tempels muß überwältigend gewesen sein. Herodes der Große hatte ihn umbauen und vergrößern lassen. Zur

Zeit Jesu gehörte der Jerusalemer Tempel zu den prachtvollsten Sehenswürdigkeiten, die es in der antiken Welt gab.

32 Tatsächlich lag der Tempel in Trümmern, als die Evangelien verfaßt wurden; der Verfasser des Markus-Evangeliums stand noch unter dem ganz unmittelbaren Eindruck der Zerstörung.

33 Der Verfasser des Buches Daniel, auf den die frühen Christen sich vorzugsweise hinsichtlich einer angeblich prophezeiten Zerstörung des Tempels berufen haben (Dan. 9.27 i. V. m. Mt. 24.15), wird in der weiteren Kirchengeschichte hierfür nicht mehr in Anspruch genommen, seit Porphyrios nachgewiesen hat, daß Daniel nicht als Prophet voraussah, sondern vielmehr über die Vergangenheit berichtete (Wilcken, S. 152).

34 Ich teile nicht Fiedlers Auffassung, die er mir in einem Schreiben mitgeteilt hat, wonach gemäß Jer. 26.23–24 der Prophet Jeremia nur deswegen nicht hingerichtet wurde, weil ihn eine hohe Persönlichkeit (Ahikam) gedeckt habe. Ahikam hat ihn nämlich nicht vor einem Schuldspruch des Hohen Rats gedeckt, sondern vor dem Zorn des Pöbels, von dem eine Lynchjustiz drohte. Und ebensowenig vermag ich Fiedlers Auffassung zu teilen, wonach es Parallelen zwischen der Situation des Jesus von Nazareth und der Situation des bei Josephus Flavius genannten Jesus, «des Ananos Sohn», gebe. Der Sohn des Ananos nämlich war ein primitiver Tölpel, der den Juden wie den Römern mit seinem Wehegeschrei über einen unmittelbar bevorstehenden Kriegsausbruch auf die Nerven fiel und deswegen von den jüdischen Behörden ergriffen und der römischen Besatzungsmacht übergeben wurde. Dieser Jesus bekam von den Römern eine tüchtige Tracht Prügel (wurde also nicht wie Jesus von Nazareth in Vollzug der Kreuzigungsstrafe gegeißelt) und wurde dann laufengelassen, weil die Römer von seiner Verwirrtheit überzeugt waren. Jesus, des Ananos Sohn, hatte nicht aus Sorge um Israel die Zerstörung des Tempels angekündigt, sondern hatte schlicht ein ohrenbetäubendes Kriegsgeschrei angestimmt.

35 Der Johannes-Evangelist interpretiert selbst: «Er aber redete von dem Tempel seines Leibes.» (2.21) Offenbar soll damit die Auferstehung «nach drei Tagen» vorausgesagt sein.

36 Zitat bei v. Mendelssohn, S. 68, mit Quellennachweis.

37 Ich teile nicht die von Schillebeeckx (S. 279f.) vertretene Auffassung, der einen die Verurteilung Jesu rechtfertigenden Grund gerade darin sieht, daß der Angeklagte vor dem Synedrium keinerlei Angaben gemacht habe. In dem Schweigen Jesu sieht Schillebeeckx einen Verstoß gegen 5. Mos. 17.12: «Wenn aber einer sich vermißt, auf den im Dienst stehenden Hohenpriester oder Richter nicht zu hören, der soll sterben.» Außer bei Schillebeeckx habe ich eine solche Interpretation nirgendwo gelesen.

38 S. 93.
39 S. 18.
40 Ben-Chorin, Bruder Jesus, S. 198.
41 Conzelmann, S. 646. Ebenso Fiedler, S. 13.
42 S. 642.
43 S. 152.

44 Die sog. Emmaus-Jünger (Lk. 24.19) sagen dahingegen in ihrer Traurigkeit nochmals ganz deutlich, daß sie Jesus für einen Propheten gehalten hatten.
45 Siehe Lapide, Der Jude Jesus, S. 34f.
46 Lapide, Der Jude Jesus, S. 29, 31.
47 Conzelmann, S. 646, u. a. Historisch allerdings dürfte sein, daß die Pharisäer ihn in respektvoller und gutgemeinter Absicht haben warnen wollen. Denn Jubelrufe solcher Art seitens der Jünger hätten auch allzu leicht an das Ohr der Besatzungsmacht dringen können.
48 Schneider, Taschenbuchkommentar, S. 387.
49 Conzelmann, S. 630.
50 Bruder Jesus, S. 134.
51 Bloch, zitiert bei Augstein, S. 74f. In diesem Sinne hat mir auch Chaim Cohn geschrieben: «Da der erste Mensch mit dem Namen ‹Adam› belegt wurde und da er der Vater aller Menschen war, wurde jeder Mensch nach Adam zum ‹Ben-Adam›, der plötzlich als ‹Menschensohn› die ganze christliche Theologie in Verwirrung setzte.»
52 Selbst wenn das der Fall gewesen wäre, hätte es keine prozessuale Relevanz haben können, weil es an der nach 5. Mos. 19.15 vorgeschriebenen Anzeige durch zwei Denunzianten gefehlt hätte.
53 Blinzler, S. 192.
54 Klausner, S. 474, mit Quellennachweis. Auch sonstige Gründe, die für ein Zerreißen des Gewandes in Betracht gekommen wären, lagen nicht vor. Strobel (S. 92) zitiert diese Gründe mit Quellenangabe: «Wegen schlimmer Nachrichten... und wegen eines Torabuches, das verbrannt wurde, und wegen der Städte Judas und wegen des Heiligtums und wegen Jerusalem.»
55 Ben-Chorin, Bruder Jesus, S. 201.
56 Kolping, S. 642.
57 Kolping, S. 645.
58 Kolping, S. 643.
59 Ben-Chorin, Bruder Jesus, S. 197.
60 Blinzler, S. 151: «Kein unvoreingenommener Leser eines der beiden Evangelien kann sich dem Eindruck entziehen, daß von der... Antwort Jesu Erfolg oder Mißerfolg der Pläne seiner Widersacher abhängt. Lautet die Antwort ‹Ja›, dann haben sie gewonnen, kommt ein ‹Nein›, dann können sie ihre Hoffnungen begraben.»
61 Auch G. B. Shaw war diesem Irrtum erlegen, zitiert nach Blinzler (S. 189, Fn. 15): «Jesus wurde hingerichtet wegen der Blasphemie seiner Behauptung, ein Gott zu sein... Daher behandelte er (Kaiphas) Jesus als einen Betrüger und Gotteslästerer, wo wir ihn als einen Geisteskranken behandelt hätten... Hätte Jesus vor einem modernen Gericht gestanden, so wäre er von zwei Ärzten untersucht worden, man hätte entdeckt, daß er von einer fixen Idee besessen sei, er wäre für unzurechnungsfähig erklärt und in eine Anstalt geschickt worden.»
62 In Gal. 4.4 allerdings scheint Paulus von einem anderen Zeitpunkt des Beginns der Gottessohnschaft auszugehen.
63 Haenchen, S. 505, Fn. 1. Schneider (S. 10) hebt hervor, daß in der lukanischen Christologie der Messiastitel deutlicher als bei Matthäus und Mar-

kus vom Gottes-Sohn-Prädikat geschieden wird: «Nach der lukanischen Konzeption ist Jesus darum der Sohn Gottes, weil er jetzt – in der Zeit der Kirche – zur Rechten der Kraft Gottes sitzt... Als Ergebnis hellenistisch geprägter Christologie wird man betrachten müssen: die deutliche Scheidung zwischen Messias und Gottessohn.» Andererseits: die einzigen neutestamentlichen Stellen, in denen die Ausdrücke «Sohn Gottes» und «Messias» als Synonyma verwendet werden, stehen bei Lukas: Lk. 4.41; Apg. 9.20, 22.

64 Dibelius (S. 74): «Die Evangelisten schauen zurück. Sie wissen Jesus nicht nur getötet, sondern auferstanden und zu Gott erhöht... Sie reden aus österlichem Glauben, und für diesen Glauben hat das Wort Messias, d. h. Christus, eine neue Bedeutung: es bezeichnet die Würde, die Jesus und keinem anderen zukommt: das Wort hat seinen Gehalt von der Geschichte empfangen. Vor Ostern aber, zu Lebzeiten Jesu, war das Wort nicht von den Ereignissen, sondern von der Erwartung bestimmt; jeder konnte das hineinlegen, was er erhoffte.»

65 Mit dem Begriff «Kyrios» (lateinisch «Dominus») verhält es sich ähnlich. Während die Jerusalemer Judenchristen in bezug auf ihren Rabbi auch gelegentlich die dogmatisch belanglose Höflichkeitsformel «unser Herr» (hebräisch «Maran») gebrauchten, bekam diese Bezeichnung, ins Griechische übersetzt, eine völlig neue Qualität: «Kyrios», Der Herr («The Lord»). In der Septuaginta war der Titel «Kyrios» allein Gott vorbehalten. Auch die römischen Herrscher hatten, heidnischem Brauch entsprechend, diesen Titel für sich in Anspruch genommen, um ihre «Göttlichkeit» zu dokumentieren.

66 Bultman, S. 18.
67 Lapide, Der Jude Jesus, S. 28 f.
68 Flusser, Selbstzeugnisse, S. 83.
69 Bätz/Mack, S. 84.
70 Übrigens wird auch alle Tierquälerei ein Ende haben: «Und ich will zur selben Zeit für sie einen Bund schließen mit den Tieren auf dem Feld, mit den Vögeln unter dem Himmel und mit dem Gewürm des Erdbodens und will Bogen, Schwert und Rüstung im Land zerbrechen und will sie sicher wohnen lassen.» (Hos. 2.20).
71 Auf derselben Linie dürfte auch liegen, daß in Mk. 12.35–37 die Frage nach dem Verhältnis des Messias zu David gestellt wird. Bei diesem «dunklen Stück» handelt es sich um den Niederschlag einer Gemeindediskussion, wonach der Messias nunmehr auf Grund seiner Erhöhung mehr ist als David, nämlich dessen Herr (Conzelmann, S. 630).
72 Vgl. Apostelgeschichte 15.1–35 sowie oben, S. 32 f., 187 ff.
73 Wunderbeschreibungen waren in der antiken Welt an der Tagesordnung. Die griechischen und römischen Dichter haben eine Fülle von Wundertaten beschrieben, die von prominenten Zeitgenossen vollbracht sein sollen. So z. B. berichten Tacitus und Sueton übereinstimmend, daß Vespasian, nachdem er als Kaiser proklamiert war, in Ägypten einen Blinden geheilt habe. Craveri (S. 120) urteilt, daß die Zuverlässigkeit eines Titus Livius oder eines Tacitus sicher nicht geringer sei als die der Verfasser der Evange-

lien. Man kann daher nicht schließen, daß die von den Evangelisten beschriebenen Wunder ein Beweis für die Gottheit Jesu sind. Auch in der theologischen Lehre haben die Jesus zugeschriebenen Wunder nie einen zentralen Platz eingenommen. Auch ohne Wunderbeweise soll und kann man den Worten Jesu glauben. Man wird in die Wunderbeschreibungen insgesamt nicht mehr hineinlegen können als die Tatsache, daß Jesu Wirken seine Mitmenschen mitunter in Erstaunen versetzte. (Überzeugende Ausführungen hierzu macht Küng, S. 219 ff.)

74 Vgl. Wilcken, S. 189.
75 In Gal. 3.20 war Jesus nicht einmal eine Mittlerrolle zugesprochen worden: «Einen Mittler gibt es nicht, wo nur einer handelt. Gott aber ist ‹der Eine›.»
76 Geheimnis des Rabbi J., S. 262.
77 Erst kurz vor seinem Tod im Jahre 337 ließ Konstantin sich taufen, und zwar von Bischof Eusebius auf den arianischen Glauben. So starb der erste christliche Kaiser als Ketzer.
78 Im Galater-Brief (2.5) berichtet Paulus stolz, daß er sich in Jerusalem nicht habe unterkriegen lassen, und in der Apostelgeschichte (22.18) heißt es von einer paulinischen Vision: «Und ich sah, wie er zu mir sagte: Beeil dich, verlasse sofort Jerusalem; denn sie werden dein Zeugnis über mich nicht annehmen.»
79 Ben Chorin, Bruder Jesus (S. 197), weist darauf hin, daß, wenn der König der Juden den Thron besteigt, er sozusagen als neu gezeugter Sohn Gottes gilt. Auch in bezug auf David heißt es im Psalm 89.21,27–28: «Ich habe gefunden meinen Knecht David, ich habe ihn gesalbet mit meinem heiligen Öl... Er wird mich nennen also: Du bist mein Vater, mein Gott und Hort, der mir hilft. Und ich will ihn zum ersten Sohn machen, allerhöchst unter den Königen auf Erden.»
80 Der englische Religionswissenschaftler Fitzmyer weist dies nochmals sehr anschaulich nach anhand eines Qumran-Fragments, nach dem der Messias als «Sohn Gottes» und «Sohn des Allerhöchsten» bezeichnet wird. Nach den Ergänzungen und der Übersetzung von Fitzmyer hat das Fragment folgenden Wortlaut (übernommen von Mussner, S. 297): «But your Son shall be great upon the earth, O King! All man shall make peace, and all shall serve him. He shall be called the Son of the Great God, and by his name shall he be named. He shall be hailed as the Son of God, and they shall call him Son of the Most High. As comets flash to the sight, so shall be their kingdom.»
81 Kolping, S. 641 f.
82 Küng (S. 344) sieht Anhaltspunkte dafür, daß es das Pfingstfest des Todesjahres gewesen sein könnte: «Nur aus der späten lukanischen Apostelgeschichte wissen wir von einem christlichen Pfingstfest, ‹Pentekoste› = 50. Tag. Am ersten Pfingstfest nach Jesu Tod, wo zweifellos viele Festpilger nach Jerusalem kamen, konnte durchaus die erste Versammlung der (vor allem) aus Galiläa zurückgekommenen Anhänger Jesu in Jerusalem und ihre Konstitution als die endzeitliche Gemeinde (unter enthusiastisch-charismatischen Begleitumständen) stattgefunden haben. Möglicher-

weise hat Lukas eine Tradition vom ersten Auftreten einer geistgewirkten Massenekstase in Jerusalem am ersten Pfingstfest verwendet. Merkwürdigerweise wissen weder Paulus noch Markus, noch Matthäus etwas von einem christlichen Pfingsten. Für Johannes fallen Ostern und Pfingsten sogar ausdrücklich zusammen.»

83 Bezüglich der Vorstellung eines Wiedererscheinens in einer anderen Gestalt geht es mitunter etwas verwirrend zu: Jesus und ein Teil seiner Anhänger sehen in Johannes dem Täufer den wiedergekommenen Elia; andere hielten Jesus für Elia, und wiederum andere sahen in Jesus den auferstandenen Täufer (Mt. 16.13–14). Auch Herodes Antipas soll Jesus mit (dem auferstandenen) Johannes dem Täufer gleichgesetzt haben (Mk. 6.14).

84 In bezug auf die unmittelbar bevorstehende Endzeit hat man sich also zum zweitenmal getäuscht. Die Anhänger und Apostel in Jerusalem waren von der unmittelbar bevorstehenden Wiederkehr ihres Meisters und dem danach verheißenen Anbruch des Gottesreiches überzeugt. Auch Paulus glaubte zunächst noch an die weitgehend erlebbare Wiederkunft des Herrn. In seinem ältesten Dokument, dem 1. Brief an die Thessalonicher, versichert er den Adressaten seines Briefes, daß sie noch alle am Leben sein werden, wenn der Herr kommt, doch würden sie den Verstorbenen nichts voraushaben (1. Thess. 4.15 u. 17). Paulus scheint dann aber seine Meinung geändert und auch insofern eine Entwicklung eingeleitet zu haben, die das Warten auf die Wiederkunft des Herrn immer mehr hinauszuschieben vermochte bzw. sie sogar überflüssig erscheinen ließ: Paulus verkündet, daß durch Jesu Tod und Auferstehung die große Wende bereits eingetreten sei (2. Kor. 5.17), und im 2. Thessalonicherbrief (unterstellt, dieser Brief stammt von Paulus) distanziert er sich von dem im 1. Thessalonicherbrief Gesagten: Bis die Wiederkunft kommt, müssen noch eine ganze Reihe von Vorbedingungen erfüllt werden. Als dann das Christentum zur Staatsreligion geworden war, trat die Erwartung vom nahen Ende dieser Welt völlig in den Hintergrund. Die Bischöfe hatten sich so gut arrangiert und etabliert, daß es nicht mehr in ihr Konzept paßte, das baldige Ende herbeizusehnen. Die Parusie wurde zur Quantité négligeable. An die Stelle des wiedererwarteten Messias trat die Gegenwärtigkeit Christi in den Sakramenten. An die Stelle der Parusie trat die Gewißheit, daß die Menschheit durch den Tod Jesu erlöst sei. Im 4. Jahrhundert erinnert der Verfasser des 2. Petrusbriefes (3.8) an das alte Psalmwort: «Das eine aber, liebe Brüder, dürft ihr nicht übersehen: daß beim Herrn ein Tag wie tausend Jahre und tausend Jahre wie ein Tag sind.» Tröstend und mahnend fährt er dann fort: «Der Herr zögert nicht mit der Erfüllung seiner Verheißung, wie einige meinen, die von Verzögerung reden; er ist nur geduldig mit euch, weil er nicht will, daß jemand zugrunde geht, sondern daß alle sich bekehren.»

85 Drews, S. 117.
86 S. 138.
87 Zitiert bei Wilcken, S. 208.
88 Zitiert bei Wilcken, S. 215.
89 v. Harnack, S. 92.

90 S. 125.
91 Ich habe allerdings Bedenken, ob Ben Chorin hier recht hat. Auch der Blinde von Jericho (Mk. 10.51) nannte Jesus «Rabbuni», jedenfalls dem griechischen Urtext zufolge.
92 In Jerusalem existierte eine eigene Jakobusgemeinde, deren Mitglieder sich – offenbar stark beeinflußt von Qumran – die «Armen» (Ebionim) nannten. Es gehörten ihr auch Pharisäer an. Die jüdischen Behörden ließen die Jakobusgemeinde, jedenfalls in den ersten Jahrzehnten, unbehelligt. Auch in der jüdischen Diaspora wurden dann ebionitische Kreise gegründet. Schon hundertfünfzig Jahre später aber, als in der Kirche nur noch die Lehre des Paulus, nicht aber die des Jakobus etwas galt und auch das Ideal der Armut nicht mehr den Stellenwert von einst besaß, wurden die Ebioniten als Häretiker verdammt – im Grunde folgerichtig angesichts der Tatsache, daß sie Jesus als Messias, nicht aber als Sohn Gottes im biologischen Sinne ansahen.
93 Ein Richter oder Rechtsanwalt, der vielen zum Recht verhilft, wird «Sohn des Rechts» genannt werden oder kann gar den ehrenvollen Titel «Vater des Rechts» erhalten.
94 Luther hat – offenbar, um die aus christlicher Sicht gewollte Einmaligkeit des Gottes-Sohn-Begriffes nicht zu relativieren – falsch übersetzt: «Sie werden Gottes Kinder heißen.»
95 Wilcken, S. 192: «Bei den Juden greift Julian ihren Anspruch des Auserwähltseins als den anstößigsten heraus: ‹Moses sagt, daß der Schöpfer des Weltalls das hebräische Volk auserwählt habe, daß er sich um dieses Volk allein kümmere und für es sorge und daß er es allein in seine Obhut nehme. Doch darüber, wie und durch welche Götter die übrigen Völker regiert werden, hat er kein Wort gesagt.› Diese Vorstellung vom Auserwähltsein, bemerkt Julian, wurde ebenfalls von den Christen übernommen. Denn ‹Jesus der Nazarener und auch Paulus, der alle Magier und Quacksalber jedes Orts und jeder Zeit übertraf, behaupten, daß er der Gott von Israel und von Judäa sei und daß die Juden sein auserwähltes Volk seien›. An einer anderen Stelle, wo er von Jesus spricht, fragt Julian, warum Gott den Juden Propheten sandte, ‹uns aber keinen Propheten, keinen Gesalbten, keinen Lehrer, keinen Vorläufer, um seine Menschenliebe zu verkünden, die eines Tages, wenn auch spät, sogar auch uns erreichen sollte? ...Ist er der Gott von uns allen und der Schöpfer von allem, warum hat er uns so vernachlässigt?›» Julian gelang es aber, trotz seiner Vorbehalte hinsichtlich des Judentums, die Juden auf seiner Seite gegen das Christentum einzuspannen.
96 S. 633.
97 Abwegig ist somit auch die von einigen Theologen vertretene Auffassung, Jesus habe zwar nicht mit seiner Behauptung, er sei der Messias, der Sohn Gottes, eine Gotteslästerung begangen, wohl aber sei sein Anspruch auf das Sitzen zur Rechten Gottes und die Ankündigung seines Kommens auf den Wolken als Gotteslästerung betrachtet worden. Diese Auffassung wird auch von Blinzler (S. 192 ff.) zurückgewiesen. Mussner hingegen (Kraft der Wurzel, S. 129) vertritt sie erneut.
98 Mackey, S. 76.

99 Strobel «rechtfertigt» dieses Vorgehen – S. 72: «In bestimmten Fällen war Eifer als spontanes gewalttätiges Eintreten für die Religion durchaus geboten.»
100 Kolping (S. 646): «Erst die christliche Messias-Vorstellung, die Jesus ganz nahe an Gott rückte (‹zur Rechten der Macht›), mußte den jüdischen Widerstand herausfordern... Doch Gedanken solcher Messiasvorstellung konnten damals zwischen Jesus und dem Synedrion noch nicht die Auseinandersetzung bestimmen. Aus der markinischen Verhandlung vor dem Synedrion selbst können wir nicht entnehmen, was eigentlich zur Ablehnung Jesu durch die Autoritätsträger seines Volkes führt.»
101 S. 144. Ebenso Küng, S. 321.
102 Haenchen, S. 514.
103 Bultmann, S. 19f.
104 Lapide, Der Jude Jesus (S. 31). Weniger eindeutig, aber möglicherweise ebenfalls als Messiasprätendenten in Betracht zu ziehen sind die in Apg. 5.36f. genannten Widerstandskämpfer Theudas, der von sich behauptet hatte, er sei etwas «Besonderes», und Judas der Galiläer, der mit Theudas auf eine Stufe gestellt wird.

10. Kapitel

1 Die letzten Tage Jesu in Jerusalem, S. 35.
2 Wenn Paulus im Brief an die Galater (3.13) schreibt, «Christus aber hat uns erlöst von dem Fluch des Gesetzes», so bedeutet das, daß den, der in der nachösterlichen Zeit sich nicht mehr an die Weisungen der Thora hält, der in 5. Mos. 28.15 ff. angedrohte Fluch nicht treffen wird.
3 Strobel, S. 139.
4 S. 311, 326.
5 Siehe Ben-Chorin, Bruder Jesus, S. 193.
6 Jh. 5.1–16; Mk. 3.1–6; Mt. 12.9–14; Lk. 6.6–11.
7 Braun, S. 81.
8 1. Makkabäer 2.33–36.
9 Salcia Landmann (S. 123) meint sogar, die Eroberung der Festung Massada durch die Römer im Jahre 73 sei auf die zu konsequente Sabbatobservanz der Belagerten zurückzuführen.
10 Selbstzeugnisse, S. 44.
11 Encyclopaedia Judaica, Bd. 10: «According to the Synoptic Gospels, Jesus did not heal by physical means on the Sabbath but only by words, healing through speech having always been permitted on the Sabbath, even when the illness was not dangerous.» Vgl. auch Maccoby, S. 230, mit Quellennachweis.
12 Z. B. Mk. 3.2–6, wo der Evangelist den Pharisäern nachsagt, sie hätten Jesus wegen einer geringfügigen Übertretung der Sabbatabservanz nach dem Leben getrachtet und dabei – eine historische Unmöglichkeit! – mit den Herodianern gemeinsame Sache gemacht. Vgl. dazu auch Schmithals S. 192. Auch Chaim Cohn hat sich mir gegenüber im Sinne einer Nichtstrafbarkeit geäußert.
13 Jesus-Report, S. 98f.

14 Küng, S. 194.
15 Trilling: Fragen, S. 91, ebenda: «Nach Lev. 11.7f. darf ein Jude kein Schweinefleisch essen. In der Masse der Thoragebote mögen diese Vorschriften geringfügig erscheinen. In der Praxis des jüdischen Lebens spielen diese Paragraphen eine ganze entscheidende Rolle. Hunderte von jüdischen Männern und Frauen haben in der syrischen Religionsverfolgung den Märtyrertod auf sich genommen, um dem Greuel des Schweinefleischessens zu entgehen. Millionen von Juden haben sich im Zeitalter Jesu den Spott ihrer griechischen und römischen Nachbarn in aller Welt gefallen lassen müssen, weil sie kein Schinkenbrot aßen. Selbst der Kaiser Augustus hat sich darüber amüsiert. Wer die mosaischen Speisegebote verachtet, der macht gemeinsame Sache mit den Spöttern und Henkern Israels. Vermutlich hängt auch der wiederholte Vorwurf, daß Jesus mit den Zöllnern und Sündern zusammen ißt, mit dem Kampf um die Geltung der kanonischen Speisevorschriften zusammen. Denn ein Kollaborateur wie Zachäus hat in dem lebenslustigen Jericho doch wohl im Offizierskasino wie im eigenen Hause gern mit den Herren der Besatzungsmacht zusammen gegessen und dabei auf die mosaischen Speisegebote keine Rücksicht nehmen können. Schon deshalb mußte er in den thoratreuen Kreisen von Jericho als Sünder verschrien sein (Lk. 19.7). Und wenn Jesus sich ungeladen an einen Tisch setzte, so konnte er gewiß nicht erwarten, daß die aufgetragenen Speisen allesamt koscher waren...»
16 Weiteres Material aus den Evangelien zur Stellung Jesu in der Frage nach «rein» und «unrein» sind die Erzählungen über die Heilung von Aussätzigen. Dazu eingehend Mussner: Die Kraft der Wurzel, S. 100f.
17 Kraft der Wurzel, S. 99.
18 The Trial and Death of Jesus, New York 1971.
19 Dieser Tatbestand liegt vor, wenn ein Prophet oder ein Traumseher auftritt und Zeichen und Wunder ankündigt, verbunden mit der Aufforderung, anderen, bis dahin unbekannten, Göttern nachzufolgen und ihnen zu dienen.
20 Vergl. S. 66, 323, Anm. 34.
21 Käsemann, S. 188.

11. Kapitel

1 Strobel (S. 95): «Der technische Begriff ‹ausliefern› hat im Kontext der Passionsgeschichte sowohl den gerichtlichen Sinn der Überstellung als auch einen unverkennbar martyrologisch-heilsgeschichtlichen Klang, erfüllt sich doch nun die von Jesus in Mk. 10.33 längst angekündigte ‹Auslieferung an die Heiden›.»
2 Vgl. dazu aber Mackey (S. 79, 81): «Jesus – alles andere als ein Pazifist – stachelte in der Tat im Laufe seines Wirkens die Menschen zu revolutionärem Handeln gegen die im Lande befindlichen Mächte an, und Pilatus konnte auf Grund seiner Erfahrung etwa mit den Zeloten in den Aktivitäten Jesu ein todeswürdiges Verbrechen sehen... Die meisten Menschen, die sich an kriegerischen Auseinandersetzungen oder bewaffneten Aufständen beteiligen, tun das im Namen des Friedens und behaupten voller Überzeugung, im Herzen die einzigen wahren Pazifisten zu sein, während

ein anderer, wie vielleicht Jesus, der niemals auch nur einen Finger gekrümmt hat, um einen anderen Menschen tätlich anzugreifen, mehr radikale Veränderungen in der menschlichen Gesellschaft herbeiführen und mehr Strukturen nachhaltig gefährden und dadurch mehr Gewalt gegen sich und seine Anhänger herausfordern könnte als die bestbewaffnete Guerilla der Welt.»

3 Jüdische Altertümer XVIII. 5.2; siehe S. 67.
4 Unter dieser Bezeichnung ist Pilatus allgemein bekannt; in Wirklichkeit hatte er den Titel «Praefectus Judaeae».
5 Jüdischer Krieg, II. 12.1.
6 Jüdischer Krieg, II. 14.8.
7 Der Prokurator Ventidius Cumanus (48–52 n. Chr.) hatte sich dort einquartiert, als während eines Laubhüttenfestes ein Aufstand ausgebrochen war (Josephus Flavius, Jüdische Altertümer, XX. 5.3; Jüdischer Krieg II. 12.1).
8 Speidel, S. 97.
9 Daß die Anmaßung der Königswürde obendrein noch eine Majestätsbeleidigung des Kaisers Tiberius darstellte, ist sicher richtig (Ben-Chorin, Bruder Jesus, S. 202). Im Rahmen eines großangelegten Prozesses gegen einen Prominenten hätte natürlich auch dieser Tatbestand erörtert werden können. Hier aber haben wir es mit einem standrechtlichen Schnellverfahren zu tun, das nur die Bedeutung hatte, potentielle Aufrührer abzuschrecken, zumal die Aufrührer, wann immer sie sich zusammengetan hatten, sogleich einen «König» wählten.
10 Wie empfindlich die Römer auf eine davidische Abstammung reagierten, geht aus der von Hieronymus überlieferten Geschichte hervor, derzufolge im Jahre 110 Trajans Statthalter Atticus sogar den ebionitischen Bischof Simon hat kreuzigen lassen, nachdem eine politische Anklage gegen ihn eingereicht worden war. Simon wurde zum Verhängnis, daß er von den Römern als Davidide angesehen wurde. Der Umstand, daß er Ebionit war, somit als Pazifist mit Aufstandsbewegungen gegen Rom nichts zu tun hatte, fiel dagegen nicht ins Gewicht. (Siehe dazu Schoepps, S. 32.)
11 Bultmann, S. 20.
12 Goguel, S. 269. Ob Jesus allerdings wirklich so messianisch in Jerusalem eingeritten ist, wie die Evangelien berichten, muß, wie alles, was als Erfüllung eines Prophetenwortes geschildert wird, historisch angezweifelt werden. Kolping (S. 624): «An der Historizität einer messianischen Huldigung für Jesus ist stärkstens zu zweifeln.» Salcia Landmann: «Wenn er wirklich je auf einem Esel in Jerusalem eingeritten sein sollte, dann muß er in dem betreffenden Augenblick bereits daran geglaubt haben, daß er der Messias sei.» Anders, mit m. E. überzeugendem Argument, sieht es Flusser (Die letzten Tage Jesu in Jerusalem, S. 46): «Auf einem Esel zu reiten, war damals allgemein üblich. Man konnte zu Fuß oder auf dem Rücken eines Esels in Jerusalem einziehen. Kein Jude im Land Israel ritt damals auf einem Pferd.»
13 Strobel, S. 111.
14 Küng, S. 194.

15 Der Führer des jüdischen Aufstandes gegen Rom im Jahre 66 war allerdings ein Sadduzäer: Eleazar, der Sohn des Hohenpriesters Ananos.
16 Augstein, S. 45, mit Quellennachweis.
17 Nationalpolitische Zukunftserwartungen klingen mitunter an, z. B. Mk. 10.37; Lk. 19.11; Lk. 24.21.
18 Eine dritte Meinung, die im Zusammenhang mit der Bedeutung des Beinamens «Iskariot» vertreten wird, ist die, daß ihm das aramäische Wort «schekra» bzw. «eschkaria» zugrunde liege, was «Betrug» oder auch «Falschheit» bedeute – also «Judas der Falsche» (Goldschmidt, S. 25 f.; Limbeck, S. 46 f.). Begründet wird diese Auffassung u. a. damit, daß die Sikarier zur Zeit Jesu noch nicht bekannt gewesen sein sollen, sondern erst seit der Zeit des Landpflegers Felix ab 52 n. Chr.
19 Bar-Jona ist nämlich nicht nur mit «Sohn-Jonas» zu übersetzen, sondern kann ebensogut «Mann, der draußen lebt» oder «Vogelfreier» heißen. Baryonim (Mehrzahl von Barjona) war eine bestimmte Bezeichnung für die zelotischen Aufständischen. Der größte Zelotenführer «Judas der Galiläer» wurde gelegentlich so genannt (Lehmann, Jesus-Report, S. 127).
20 Kolping, S. 361.
21 50%, wenn man von der Zwölfzahl ausgeht.
22 Lehmann, Jesus-Report (S. 123): «Ein Eiferer im Glauben war immer auch ein Zelot gegen das Fremde, das er in der Geschichte real als Besatzungsmacht erlebte. Der wahre Fromme war vom Wesen her auch der wahre Aufrührer, ob er nun zum Schwert griff oder nicht.»
23 Vgl. auch Renan, S. 218.
24 Mommsen, S. 340 f.
25 S. 179.
26 Küng, S. 181.
27 Im Besatzungsstatut war festgelegt, daß jeder römische Soldat von einem Juden, egal welchen Standes, verlangen konnte, ihm eine Meile weit das Gepäck zu tragen, sich also sozusagen als Packesel zur Verfügung zu stellen.
28 Mk. 7.27; Mt. 10.5–6; 15.26.
29 Siehe zu Mk. 12.17 aber auch die tiefsinnige Auslegung, die Lapide (Er predigte, S. 35, 41) vornimmt: «Gebt dem Kaiser, was des Kaisers ist! Aus diesem kurzen, schicksalschweren Satz haben die Kirchenlehrer seit Augustinus aller gläubigen Emanzipation einen theologischen Strick gedreht; sie haben Thron und Altar vermählt und zum heiligen Hüter jedes politischen Status quo erhoben und die Reichskirche über eineinhalb Jahrtausende lang zur Hochburg der politischen Reaktion gemacht... Nicht ‹gebt› steht im griechischen Text, sondern ‹gebt zurück›! – und das ist gutes Hebräisch. Es will sagen: Gebt dem kaiserlichen Münzherrn sein verfluchtes Silber zurück, das nach römischem Recht sein Eigentum ist! Weigert euch nicht nur, die Kaisersteuer zu zahlen, sondern verweigert die Annahme seiner bibelwidrigen Münzen überhaupt! Reinigt euch durch Rückgabe von seinem Sündengeld, damit ihr wieder Gott geben könnt, was Gottes ist: die Anerkennung seiner alleinigen Weltkönigsherrschaft.»
30 Todessehnsucht ist eine Erscheinung, die für die späteren christlichen

Märtyrer typisch werden sollte. Es war die Imitation des Leidens Christi: «Durch das Leiden von einer Stunde erwerben sie für sich selbst ewiges Leben» (Martyrium des Polikarp, zitiert bei Pagels, S. 143). Ob die Märtyrer als Helden oder neurotische Masochisten anzusehen sind, ist eine seit jeher umstrittene Frage. Ihre Freudesschreie angesichts des Todes, den sie meistens durch ein schlichtes Bekenntnis zur staatlichen Loyalität hätten vermeiden können, sind vielfach überliefert. Ignatius, Bischof von Antiochien, soll das Todesurteil mit Jubel als eine Möglichkeit, «die Passion meines Gottes nachzuahmen», aufgenommen haben: «Erlaubt, daß ich von den wilden Tieren gegessen werde, durch die ich zu Gott gelangen kann. Ich bin Gottes Weizen, und wenn ich durch die Zähne der wilden Tiere gemahlen werde, so möge ich zum reinen Brot Christi werden» (zitiert nach Pagels, S. 133).

31 Mehr als erste Ansätze eines Erfolges waren es allerdings auch in Jerusalem offenbar nicht gewesen. Zwar hatte er Beifall gefunden, eine etwas größere Öffentlichkeit hatte von ihm Notiz genommen, aber das alles war nicht genau das, was er suchte, nämlich Jerusalem durch seine Lehrweise wirklich zu gewinnen (s. Goguel, S. 279). Mt. 23.37: «Jerusalem, Jerusalem... wie oft habe ich die Kinder versammeln wollen, wie die Henne versammelt ihre Küchlein unter ihre Flügel; und ihr habt nicht gewollt.»

32 Küng (S. 324) zieht einen Vergleich zu anderen Religionsstiftern: Mose Buddha, Kung-futse: «Sie alle starben in hohem Alter, erfolgreich, inmitten ihrer Schüler und Anhänger... Mohammed starb, nachdem er als politischer Herr Arabiens die letzten Lebensjahre gut genossen hatte, mitten in seinem Harem in den Armen seiner Lieblingsfrau.»

33 Die letzten Tage Jesu in Jerusalem, S. 81f.

34 Ob Jesus durchweg die Anrede «Abba» gebrauchte, wenn er betete oder Gott anrief, ist in der Exegese umstritten. Allzusehr erinnert dieses Wort an ein kleinkindliches Lallwort, dem deutschen «Papa» vergleichbar. Haenchen, der zu diesem Fragenkomplex einen umfassenden Überblick gibt (S. 492ff.), verweist beispielhaft auf Jh. 17.1–26: «Das hohepriesterliche Gebet kann nicht beginnen: ‹Papa, die Stunde ist gekommen.›» Zur Gottesanrede Jesu s. a. Bätz/Mack, S. 95.

35 Gemeint ist der – im Ritual umstrittene – fünfte Becher des Sedermahls: Der Kelch der Bitternis und des Todes (Ben-Chorin, Bruder Jesus, S. 182 ff.).

36 Vgl. auch Hebräerbrief 5.7: «Und er hat in seinem Erdenleben Bitten und Flehen unter lautem Geschrei und unter Tränen vor den gebracht, der ihn vom Tod erretten konnte.»

37 S. 457.

38 S. 305.

39 Die Schilderung im Johannes-Evangelium ist ganz anders. Von Angst und Verzweiflung ist da nichts zu spüren: «Soll ich den Becher nicht trinken, den mir mein Vater gegeben hat?» (Jh. 18.11). Eine Parallele zu Jesu letzten Worten am Kreuz wird sichtbar: Ist es bei Markus und Matthäus der schmerzerfüllte Aufschrei: «Mein Gott, mein Gott, warum hast du mich verlassen?», so ist es bei Johannes der triumphale Ausruf: «Es ist vollbracht!»

40 Craveri, S. 381.
41 Goguel, S. 355.
42 Ben-Chorin, Bruder Jesus, S. 182.
43 Goguel, S. 353.
44 Goguel, angeführt bei Blinzler, S. 31, Fn. 41.

12. Kapitel

1 Pesch (S. 413) weist darauf hin, daß Mk. 14.2 (ebenso Mt. 26.4–5) unrichtig mit «nicht während des Festes» übersetzt wird; richtig muß es heißen «innerhalb der Festmenge». Der Ausdruck ist also lokal zu verstehen (s. a. Schmithals, S. 588).
2 Küng (S. 318f.) hebt hervor, daß die Differenzierung zwischen jüdischem Volk und seinen Führern ursprünglich wichtig war. Der ausdruck «die Juden» in seiner gebrauchten negativen Bedeutung erscheint im Johannes-Evangelium 71mal, in allen übrigen Evangelien zusammen «nur» elfmal.
3 S. 467.
4 Eine geradezu schauerliche Unlogik kommt hier ins Spiel. Sie liegt auf derselben Ebene wie der Terror-Ruf der christlichen Neger im Negeraufstand San Domingo während der Französischen Revolution: «Die Weißen haben Christus umgebracht; tötet die Weißen!»
5 Zitiert nach Flusser, Jesus in Selbstzeugnissen, S. 141, Anm. 223. Vgl. auch Fiedler, S. 12.
6 Wer war schuld an Jesu Tod?, S. 72, mit Quellenangabe.
7 Claude Aziza in: Journal für Geschichte 3/86, S. 52ff.
8 Jüdische Altertümer XVIII. 3.1.2.
9 Der Bischof Eusebius hat die Legende erfunden, derzufolge Pilatus, von Gewissensbissen gequält, Selbstmord begangen habe, indem er sich in den Tiber stürzte (s. Craveri, S. 395).
10 Lapide, Jesu Tod, S. 242.
11 Eine originelle (in der Formulierung wohl nicht ganz ausgereifte) Erkenntnis bringt Pesch, indem er folgendes schreibt (Der Prozeß Jesu, S. 69, 71): «Die Gemeinden der Evangelisten wußten noch, daß... alle für den Tod des Messias mitverantwortlich waren, sofern sie der Feindschaft gegen Gott Raum gewährt hatten... ‹Die Juden›, das sind in diesem Sinne auch die Christen, die im Gottesvolk die Sache des Widersachers Gottes betreiben.»
12 Wer war schuld an Jesu Tod?, S. 79.
13 Trilling, Das wahre Israel, S. 72.
14 Trilling, Das wahre Israel (S. 70f.), weist unter Quellen- und Textangabe allerdings darauf hin, daß es sich bei dieser Sentenz um eine formelhafte Wiedergabe alttestamentlich verwurzelten Gedankengutes handeln könnte. Bedauerlicherweise übersah Trilling die aus 2. Kön. 14.6, Ez. 18.19–20, insbesondere aber aus 5. Mos. 24.16 sich eindeutig ergebende Gegenmeinung. Ähnlich wie Trilling auch Gubler, S. 29. Eine wiederum andere Meinung vertritt Klaus Haacker: Mt. 27.25 sci eine christologische Deutung im Hinblick auf die jüdische Generation des Aufstandes der Jahre 66–74. Nur mit dieser Generation seien die «Kinder» gemeint.

15 Zitiert bei Lapide, Jesu Tod, S. 239. Origenes wurde von der Kirche als Häretiker verdammt, aber natürlich nicht wegen der hier zitierten Kommentarstelle, sondern weil er nicht an die biologische Gottessohnschaft Jesu glaubte (s. S. 228).
16 Thomas von Aquin, Super Evangelium S. Matthaei Lextura, Turin–Rom 1951 (Marietti) 2343 (zu Mt. 27.25).
17 Mayer, S. 255.
18 Zitiert nach Deschner, S. 458, mit Quellennachweis.
19 S. 98, 101.
20 S. 314f. Blinzler zitiert dabei in einer Fußnote (S. 314) einen Satz aus Ben-Chorin, Bruder Jesus, um den Anschein hervorzurufen, er und Ben-Chorin stimmten in dem Punkt überein. Der Satz bei Ben-Chorin lautet (S. 208): «Es wird sich nicht mehr ausmachen lassen, ob dieser Schrei (gemeint ist Mt. 27.25) jemals wirklich ausgestoßen wurde. Ich halte es jedenfalls für möglich, obwohl die Formulierung ungewöhnlich ist.» Wohlweislich unterschlägt Blinzler, was Ben-Chorin wenige Sätze später (S. 209) schreibt: «Selbst wenn aber tatsächlich einige wilde Schreier oder von der Clique des Hohenpriesters abhängige und bezahlte Kreaturen einen solchen Schrei ausgestoßen haben sollten, könnte dieser Ausbruch des organisierten Volkszornes noch nicht einmal den Juden Jerusalems in toto und den Festpilgern aus dem übrigen Lande und der Diaspora zur Last gelegt werden, noch weniger der Masse der Juden im übrigen Lande, die von den Vorgängen nicht die geringste Ahnung hatten, bestimmt nicht den Gemeinden von Alexandrien bis Rom, und am allerwenigsten den Juden späterer Generationen.»
21 S. 333, 430f.
22 Zitiert nach Lapide, Jesu Tod durch Römerhand, S. 249. Kolping (Theologische Revue), S. 274: «Oberammergau entsprang andererseits einem historisch engen Bewußtseinshorizont, dessen Nachwehen auch bei Blinzler und Staufer zu finden sind.»
23 Ein klassischer Fall des Vorwurfs mittelbarer Täterschaft ist auch in der sogenannten Pfingstrede des Petrus enthalten – Apg. 2.22–23: «Israeliten, hört diese Worte: Jesus von Nazareth... habt ihr durch die Hand von Gesetzlosen ans Kreuz geschlagen und umgebracht.» Der Vorwurf unmittelbarer Täterschaft wird einige Verse später erhoben – Apg. 2.36: «Diesen Jesus, den ihr gekreuzigt habt.» Der Verfasser der Apostelgeschichte (Lukas) setzt damit eine bereits von Paulus vierzig Jahre zuvor begonnene Polemik fort – 1. Thess. 2.15: «Diese (die Juden) haben sogar den Herrn Jesus getötet.»
24 Mussner hat im Passauer Bistumsblatt vom 21. März 1985 einen Aufsatz geschrieben, in dem er mit Betroffenheit aufzeigt, in welcher Art von verbohrten Theologen (und wohl auch einer Vielzahl anderer Leute, die sich Christen nennen) noch immer argumentiert wird: «Die Juden sind schuld an der Tötung Jesu; denn ohne die Juden hätte der Prozeß gegen Jesus von Nazareth und ohne den Prozeß die Passion Jesu nicht stattgefunden. Mit dem Prozeß Jesu traten für die jüdischen Täter Straffolgen ein, zunächst vor allem die Zerstörung des Tempels und der heiligen Stadt Jerusalem. Die Straffolgen für die Tötung Jesu gelten auch den ‹Kindern› der jüdischen

Prozeßgegner Jesu, also allen Juden, sofern sie sich nicht zu Jesus bekehren. Es lastet auf den Juden eine ‹Kollektivschuld›!... Die Juden sind insgesamt, so sie sich nicht zu Christus bekehren, des Heils verlustig gegangen... Die Juden haben selbst mit ihrem Ruf ‹Sein Blut komme über uns und unsere Kinder› auf das Heil in Christus verzichtet... Die Juden haben sich mit dem Ruf von Gott losgesagt, der sich deshalb von ihnen abgewendet hat... Jeder Jude hat Jesus gekreuzigt. Nur wenn der Jude sich bekehrt und sich taufen läßt, also sein Judentum aufgibt, befreit er sich von den Verstrickungen der Eltern, von der Mitschuld am Tode Jesu... Dabei wird stets vorausgesetzt daß Mt. 27.25 einen historischen Tatbestand wiedergibt, die Juden also wirklich so gerufen haben, wie es in Mt. 27.25 zu lesen ist. Zudem behauptet der Evangelist Matthäus, daß ‹das ganze Volk› so gerufen habe. Der Jude C. G. Montefiore hat... bemerkt: ‹Ein schrecklicher Vers; eine entsetzliche Erfindung. Bitterer Haß läßt den Evangelisten schreiben: das ganze Volk... Dies ist einer jener Sätze, die schuldig sind an Meeren von Menschenblut und an einem ununterbrochenen Strom von Elend und Verzweiflung.›»
25 Mag es sich bei ihnen auch um eine ziemlich spät eingebrachte Einfügung handeln, der Ausspruch als solcher also unhistorisch sein. Kolping (S. 662): «In den jüdischen Märtyrergeschichten bittet der Märtyrer nie für seine Peiniger.»
26 Zitiert nach Lapide, Der Jude Jesus, S. 10.
27 S. 616.
28 Dogmatik, IV.3, 1007, zitiert nach Lapide, Der Jude Jesus, S. 19.
29 Zitiert nach Lapide, Wer war schuld an Jesu Tod?, S. 90.
30 S. 99.
31 Trilling, Das wahre Israel, S. 73.
32 Die zeitliche Diskrepanz zu Markus läßt sich gewiß nicht damit erklären, daß man in der Antike auf bloße Schätzungen der Zeitangabe angewiesen war, weil man noch keine Uhren besaß.
33 Goguel, S. 355.
34 Der Theologe Gaechter (angeführt bei Blinzler, S. 277, Fußn. 3) hat dazu eine eigene Theorie entwickelt: Kaiphas habe, als er zur Verhaftung Jesu militärischen Schutz von Pilatus erbat, von diesem die mehr oder weniger bestimmte Zusicherung erhalten, daß er Jesus als Rebellen hinrichten werde; so hätten die Synedristen gehofft, Jesus ohne neues Gerichtsverfahren ans Kreuz zu bringen; in ihrer Enttäuschung war Pilatus aber in der Morgenfrühe nicht in der Stimmung, ihnen entgegenzukommen. Von Kohler, einem französischen Theologen, ist sogar einmal die Auffassung vertreten worden, Pilatus sei von seiner ursprünglichen Zusage deswegen abgerückt, weil seine Frau (Mt. 27.19) zugunsten Jesu interveniert habe (s. Blinzler, S. 316, Fußn. 45).
35 S. 314.
36 Strobel, S. 111: «Daß Pilatus von dem galiläischen Tetrarchen die Erledigung des unangenehmen Falles erwartet haben soll, wie Blinzler annimmt, erscheint in hohem Maße fraglich.» Strobel hält aber für möglich, daß Pilatus bei Antipas eine Art Rechtsgutachten eingeholt hat.

37 Der italienische Gelehrte Lazzarato vertritt in seinem 1963 veröffentlichten Buch «La passione di Cristo» die Auffassung, die «Sentenz» des Herodes Antipas habe gelautet: Unzurechnungsfähigkeit (Quelle bei Blinzler, S. 27, Fußn. 32).
38 Wo ist das Prunkgewand geblieben? Nach Lk. 23.34 hat Jesus seine eigenen Kleider an, die dann unter die vier zum Hinrichtungskommando gehörenden Soldaten verteilt werden. Nach Mt. 27.28 sind es nicht Herodes und dessen Soldaten, sondern es ist die ganze römische Kohorte, die Jesus seine alten Kleider auszieht, um ihn sodann mit einem purpurroten Spottmantel zu bekleiden.
39 Pilatus sagt demzufolge also nicht von sich, daß er Jesus für den Messias halte noch daß Jesus sich selbst dafür halte: Nur die Leute sagen von ihm, er sei der Messias.
40 Nestle-Aland: Novum Testamentum Graece, Stuttgart 1979.
41 Oxford University Press/Cambridge University Press 1970.
42 Er wird als «lestes» bezeichnet, was man sowohl mit «Räuber» als auch mit «Aufständischer» übersetzen kann.
43 Grant, S. 220, mit Quellennachweis.
44 Kolping, der zwar nirgendwo direkt zum Ausdruck bringt, daß er eine Identität zwischen Jesus und Barabbas für wahrscheinlich hält, läßt jedoch Skepsis an der Szene anklingen – (S. 654): «Die Barabbas-Szene... ist von mancher Unwahrscheinlichkeit belastet: Vor allem wird der Römer Jesus kaum dem Plebiszit als ‹den König der Judäer› vorgestellt haben. Ganz erfunden wird der Anlaß, der zum ‹Topos› der Barabbas-Szene innerhalb der Passionsgeschichte führte, kaum sein. Er muß in einem Vorgang innerhalb des politischen Klimas zu vermuten sein, mit dem sich Pilatus in Jerusalem konfrontiert sah.»
45 Griechisch «episemos», deutsch «wohlbekannt» – was im guten wie im üblen Sinn gebraucht werden kann und auch mit «berüchtigt» übersetzt wurde.
46 Das Neue Testament Deutsch, «Ausgabe letzter Hand» 1545/46, Deutsche Bibelgesellschaft, Stuttgart 1982, S. 61.
47 S. 420 ff.
48 Dazu kritisch Fiedler, S. 12.
49 Strobel, S. 120, mit Quellenangaben.
50 Cod. Theod. 9.38.3 ff.
51 Daß es in der christlichen Berichterstattung viele Fälschungen gegeben hat – auch schon lange vor der sogenannten Konstantinischen Schenkung –, wird mittlerweile auch allgemein eingeräumt.
52 Allerdings wird die vollzogene Auspeitschung als Mittel, den Pöbel durch Mitleidserregung zum Nachgeben zu bewegen, nur im Johannes-Evangelium berichtet. Lukas deutet die bloße Absicht des Pilatus an, den Angeklagten auspeitschen zu lassen, um ihn dann freizugeben. Nach Markus und Matthäus findet die Geißelung statt, nachdem das Todesurteil verkündet war. Tatsächlich war die Geißelung bei der Kreuzesstrafe der erste Teil des Vollzugs. Die Opfer wurden geschunden und gemartert ans Kreuz geheftet, so wie später die Opfer der «christlichen» Inquisitionen oft halb-

tot nach vollzogener Tortur an den Pfahl des Scheiterhaufens gebunden wurden.
Blinzler (S. 294): «Wenn Pilatus über Jesus die Geißelung verfügte, so bestimmte ihn dazu... die Erkenntnis, daß nach dem Fehlschlag des Amnestierungsversuchs völlige Straffreiheit für Jesus nicht mehr zu erreichen sei.»

53 Die Dornenkrone erwähnt nur Johannes. Daß Jesus sie bei der Kreuzigung noch getragen habe, läßt sich aber auch dem Johannes-Evangelium nicht entnehmen.
54 Daß der Evangelist hier «die Hohenpriester» sprechen läßt, hat nur redaktionelle Bedeutung; im Kontext bleiben es «die Juden». Dazu Fiedler, S. 13: «Der jüdischen Seite wird mit dem historisch unvorstellbaren Wort Jh. 19.15 vorgeworfen, es sage sich von seinem Glauben, seiner Heilshoffnung los. Das ist nah an Mt. 27.25.»
55 Kolping (S. 657): «Der Messias ist sein (Gottes) Statthalter!»
56 S. 337.
57 Blinzler, S. 332.
58 Ganz abwegig argumentiert Mussner: «Obwohl er von der Unschuld Jesu... überzeugt war, verurteilte er ihn dennoch aus Furcht vor den Juden zum Kreuzestod» (Kraft der Wurzel, S. 136).
59 Blinzler (S. 313) tadelt: «Man hat es befremdend gefunden, daß Pilatus das nach römischem Verfahrensrecht ihm zustehende Mittel einer Vertagung des Streitfalls behufs eingehender Untersuchung nicht angewendet hat. Diesen Ausweg hatte er sich eben durch seine unglückliche Taktik der Volksbefragung selbst versperrt.»
60 Die Erklärung dafür lautet bei Blinzler (S. 216f.): «(Es) liegt die Annahme sehr nahe, daß Pilatus sich hier einem jüdischen Brauch angepaßt hat, um den Juden, die zum überwiegenden Teil seine griechisch gesprochenen Worte nicht verstanden, ausnahmslos verständlich zu sein.»
61 Das sog. Evangelium des Gamaliel (s. a. Craveri, S. 396) – ein Manuskript in äthiopischer Sprache wurde in den sechziger Jahren unseres Jahrhunderts entdeckt – schließt mit folgenden Worten: «Pilatus befand sich im Garten und sprach mit seiner Frau Prokula von den Wundern Jesu, als plötzlich eine Stimme aus den Wolken ertönte und zu ihm sagte: Pilatus, kennst du die Seelen derer, die auf dieser Wolke zum Paradies emporschweben? Es sind der auferweckte Schächer und der Hauptmann. Auch du wirst, wenn die Zeit gekommen ist, in Rom enthauptet werden. Deine Seele wird zusammen mit der deiner Frau ins himmlische Jerusalem auffahren.»
62 Festtag ist der 27. Oktober.
63 Apologeticum, 21.24: «Et ipse iam pro conscientia Christianus.» Ein gewisser Wandel in der Beurteilung des Pilatus trat allerdings ab dem vierten Jahrhundert ein, nachdem sich das römische Reich zum Christentum bekannt hatte. Seither hat es auch viele Verdammungsschriften über ihn gegeben.
64 U. a. Roger Chaillois, «Pontius Pilatus»; Michael Plauelt, «Sache Jesus».

Epilog

1 Levinson (S. 45, 57): «Christen reagieren mit ungläubigem Staunen und auch oftmals gereizt auf eine einfache historische Tatsache: daß zwar das Christentum ohne seine jüdischen Wurzeln, also das Neue Testament ohne die hebräische Bibel, unvollständig bleibt, daß aber das Judentum sehr wohl auch ohne Jesus und das Christentum mit sich selbst identisch ist... Dem gekreuzigten Jesus fühlen sich viele Juden näher als je zuvor. Sie meinen, daß die Christen für die tiefe Kluft verantwortlich sind, die so oft zwischen Jesus und seinem Volk entstanden ist. Nicht nur, indem sie diese Brüder und Schwestern Jesu in seinem Namen mit Feuer und Schwert verfolgt haben. Ihre Theologen haben auch immer wieder zu beweisen versucht, und sie tun das auch noch heute, daß dieser Jesus eben so ganz anders war als dieses Volk, beinahe, als ob es ein Versehen Gottes wäre, daß er in dieses Volk hineingeboren wurde.»
2 Lapide, Jesu Tod durch Römerhand, S. 252.
3 Abgedruckt bei Heer, Vorspruch.

Literaturverzeichnis

Aufhauser, J. B.: Antike Jesus-Zeugnisse, Stuttgart 1925.
Augstein, R.: Jesus Menschensohn, München 1972.
Bätz, K./Mack, R.: Sachtexte zur Bibel, Lahr–München 1985.
Ben-Chorin, Sch.: Bruder Jesus, München 1967.
Ben-Chorin, Sch.: Mutter Mirjam, München 1971.
Ben-Chorin, Sch.: Paulus, München 1981.
Benz, E.: Der gekreuzigte Gerechte bei Plato, im Neuen Testament und in der alten Kirche, Wiesbaden 1950.
Bleicken, J.: Verfassungs- und Sozialgeschichte des römischen Kaiserreichs, Bd. 2, Paderborn–München–Wien–Zürich 1981.
Blinzler, J.: Der Prozeß Jesu, Regensburg 1969.
Bornkamm, G.: Jesus von Nazareth, Stuttgart 1977.
Bornkamm, G.: Paulus, Stuttgart 1977.
Braun, H.: Jesus, der Mann aus Nazareth und seine Zeit, Stuttgart–Berlin 1969.
Bultmann, R.: Jesus, Gütersloh 1977.
Burckhardt, J.: Die Zeit Constantins des Großen, Stuttgart 1970.
Carmichael, J.: Leben und Tod des Jesus von Nazareth, München 1966.
Cohn, C.: The Trial and Death of Jesus, New York 1971.
Conzelmann, H.: Grundriß der Theologie des Neuen Testaments, München 1968.
Conzelmann, H.: in: Die Religionen in Geschichte und Gegenwart, Tübingen 1959.
Craveri, M.: Das Leben des Jesus von Nazareth, Stuttgart 1970.
Dautzenberg, G.: Der Jesus-Report und die neutestamentliche Forschung. Eine Auseinandersetzung mit Johannes Lehmanns Jesus-Report, Würzburg 1970.
Deschner, K.: Abermals krähte der Hahn, Düsseldorf 1980.
Dibelius, M.: Jesus, Berlin 1960.
Doerr, F.: Der Prozeß Jesu in rechtsgeschichtlicher Betrachtung, Berlin–Stuttgart–Leipzig 1920.
Drews, A.: Die Christusmythe, Jena 1909.
Edwards, O.: Chronologie des Lebens Jesu und das Zeitgeheimnis der drei Jahre, Stuttgart 1978.
Encyclopaedia Judaica: Stichwort «Jesus», Bd. 10, Jerusalem 1973.
Fiedler, P.: Die Passion und «die Juden» – Last und Chance der Glaubensvermittlung, in: Katechetische Blätter 110 (1985), S. 10–17.
Flusser, D.: Die letzten Tage Jesu in Jerusalem, Stuttgart 1982.
Flusser, D.: Jesus in Selbstzeugnissen und Bilddokumenten, Reinbek 1978.
Friedell, E.: Der historische Jesus Christus, Salzburg–Wien 1947.
Gibbon, E.: Verfall und Untergang des römischen Reiches (Nachdruck), Nördlingen 1987.
Gnilka, J.: Der Prozeß Jesu nach den Berichten des Markus und Matthäus, in: Quaestiones Disputatae, Freiburg 1988.
Goguel, M.: Das Leben Jesu, Zürich 1934.
Goldschmidt, H. L./Limbeck, M.: Heilvoller Verrat? Judas im Neuen Testament, Stuttgart 1976.
Gollinger, H.: Prozeß Jesu, in: Praktisches Bibellexikon, Freiburg 1977.

Grant, M.: Jesus, Bergisch Gladbach 1979.
Guardini, R.: Der Herr. Betrachtungen über die Person und das Leben Jesu Christi, Würzburg 1964.
Gubler, M.-L.: Juden und Christen – die fremden Brüder, Stuttgart 1981.
Haacker, K.: Sein Blut über uns, Erwägungen zu Matthäus 27.25, in: Kirche und Israel, 1/86, S. 47 ff.
Haas, K.: Standrechtlich gekreuzigt, in: Verwaltungsblätter für Baden-Württemberg, Heft 6/1988, S. 322 ff.
Haenchen, E.: Der Weg Jesu, Berlin 1968.
Harenberg, W. (Hrsg.): Was glauben die Deutschen?, München 1968.
Harnack, A. v.: Das Wesen des Christentums, Stuttgart 1903.
Heer, F.: Gottes erste Liebe, München–Esslingen 1967.
Hengel, M.: Mors turpissima crucis, in: Rechtfertigung. Festschrift für Ernst Käsemann, Tübingen 1976.
Holl, A.: Jesus in schlechter Gesellschaft, Stuttgart 1971.
Holtz, T.: Jesus aus Nazareth, Zürich–Einsiedeln–Köln 1981.
Jens, W.: Der Fall Judas, Stuttgart 1975.
Josephus Flavius: Geschichte des jüdischen Krieges. Übersetzung von H. Clementz, Wiesbaden 1982.
Josephus Flavius: Jüdische Altertümer. Übersetzt und mit Einleitung und Anmerkung versehen von H. Clementz, Wiesbaden 1982.
Jüdisches Lexikon: Stichwort «Jesus», Bd. 3, 1927.
Käsemann, E.: Das Problem des historischen Jesus, Bd. I, Göttingen 1960.
Kastning-Olmesdahl, R.: Die Juden und der Tod Jesu – Antijüdische Motive in evangelischen Religionsbüchern, in H. Jochum/H. Kremers (Hrsg.): Juden, Judentum und Staat Israel im christlichen Religionsunterricht in der Bundesrepublik Deutschland, Paderborn–München–Wien–Zürich 1980.
Klausner, J.: Jesus von Nazareth, Jerusalem 1952.
Klein, Ch.: Theologie und Anti-Judaismus, München 1975.
Knoch, O.: Standrechtlich gekreuzigt, in: Anzeiger für die Seelsorge, Heft 6/1987, S. 220 ff.
Koch, W.: Der Prozeß Jesu, München 1968.
Kolping, A.: Fundamentaltheologie, Bd. II, Regensburg–Münster 1974.
Kolping, A.: Standrechtlich gekreuzigt. Neuere Überlegungen zum Prozeß Jesu, in: Theologische Revue, Heft 4/1987, S. 265 ff.
Kremers, H.: Die Juden und der Tod Jesu als historisches, theologisches und religionspädagogisches Problem, in: H. Jochum/H. Kremers (Hrsg.): Juden, Judentum und Staat Israel im christlichen Religionsunterricht in der Bundesrepublik Deutschland, Paderborn–München–Wien–Zürich 1980.
Kroll, G.: Auf den Spuren Jesu, Leipzig 1964.
Kümmel, W. G.: Dreißig Jahre Jesusforschung: 1950–1980, Bonn 1985.
Küng, H.: Christ sein, München 1975.
Landmann, S.: Jesus und die Juden, München–Berlin 1987.
Lapide, P.: Wer war schuld an Jesu Tod?, Gütersloh 1987.
Lapide, P.: Ein Flüchtlingskind, München 1981.
Lapide, P.: Er predigte in ihren Synagogen, Gütersloh 1985.
Lapide, P.: Er wandelte nicht auf dem Meer, Gütersloh 1984.
Lapide, P.: Jesu Tod durch Römerhand?, in H. Goldstein (Hrsg.): Gottesverächter und Menschenfeinde?, Düsseldorf 1979.
Lapide, P.: Mit einem Juden die Bibel lesen, Stuttgart 1982.
Lapide, P.: Paulus, Rabbi und Apostel, Stuttgart–München 1981.
Lapide, P./Lutz, U.: Der Jude Jesus, Zürich–Einsiedeln–Köln 1980.
Lehmann, J.: Jesus-Report, Düsseldorf 1970.

Lehmann, J.: Das Geheimnis des Rabbi J., Hamburg 1985.
Levinson, N. P.: Nichts anderes als Jude, in: H. Goldstein (Hrsg.): Gottesverächter und Menschenfeinde?, Düsseldorf 1979.
Limbeck, M.: s. Goldschmidt
Lutz, U.: s. Lapide
Maccoby, H.: König Jesus, die Geschichte eines jüdischen Rebellen, Tübingen 1982.
Mack, R./Volpert, D.: Der Mann aus Nazareth – Jesus Christus, Stuttgart 1981.
Mackey, J. P.: Jesus, der Mensch und der Mythos, München 1981.
Mayer, A.: Der zensierte Jesus, Olten–Freiburg, 1983.
Mendelssohn, H. v.: Jesus – Rebell oder Erlöser, Hamburg 1981.
Mommsen, Th.: Das Weltreich der Römer, Nachdruck, Stuttgart (ohne Jahr).
Müller, K.: Möglichkeit und Vollzug jüdischer Kapitalgerichtsbarkeit im Prozeß gegen Jesus von Nazareth, in: Quaestiones Disputatae, Freiburg 1988.
Mußner, F.: Traktat über die Juden, München 1979.
Mußner, F.: Die Kraft der Wurzel, Freiburg–Basel–Wien 1987.
Pagels, E.: Versuchung durch Erkenntnis, Die Gnostischen Evangelien, Frankfurt/M. 1987.
Pesch, R.: Das Markusevangelium, II. Teil, Freiburg–Basel–Wien 1980.
Pesch, R.: Der Prozeß Jesu geht weiter, Freiburg 1988.
Pöhlmann, H. G.: Wer war Jesus von Nazareth? Gütersloh 1987.
Renan, E.: Das Leben Jesu, Berlin 1864.
Ritt, H.: Wer war schuld am Tod Jesu, in: Biblische Zeitschrift, Sonderdruck 1987/31. Jahrgang.
Ruether, R.: Nächstenliebe und Brudermord, Die theologischen Wurzeln des Antisemitismus, München 1978.
Schillebeeckx, E.: Jesus. Die Geschichte von einem Lebenden, Freiburg–Basel–Wien 1975.
Schlotheim, H. H. v.: Der Prozeß gegen Jesus von Nazareth, Hamburg 1959.
Schmaus, M.: Der Glaube der Kirche, Handbuch der katholischen Dogmatik, II Bde., München 1969/70.
Schmithals, W.: Ökumenischer Taschenbuchkommentar zum Neuen Testament, Bd. 2/1, Würzburg 1979.
Schmithals, W.: Wer war verantwortlich für den Tod Jesu? in: Der Tagesspiegel, Ausgabe vom 22.12.1987.
Schnackenburg, R.: Das Johannes-Evangelium, III. Teil, Kommentar zu Kap. 13–21, Freiburg–Basel–Wien 1979.
Schneider, C.: Geistesgeschichte des antiken Christentums, Bd. I u. II., Stuttgart 1954.
Schneider, G.: Jesus vor dem Synedrium, in: Bibel und Leben, 11. Jg. 1970.
Schneider, G.: Ökumenischer Taschenbuchkommentar zum Neuen Testament, Bd. 3/2, Würzburg 1977.
Schoeps, H. J.: Das Judenchristentum – Untersuchungen über Gruppenbildungen und Parteikämpfe in der frühen Christenheit, Dalp-Taschenbuch 1964.
Schonfield, H. J.: Der lange Weg nach Golgatha, Bergisch Gladbach 1978.
Schweitzer, A.: Geschichte der Leben-Jesu-Forschung, Bd. 1, Gütersloh 1977.
Simonis, W.: Jesus von Nazareth, Düsseldorf 1985.
Speidel, K. A.: Das Urteil des Pilatus, Stuttgart 1976.
Stauffer, E.: Jesus. Gestalt und Geschichte, Bern 1957.
Strobel, A.: Die Stunde der Wahrheit. Untersuchungen zum Strafverfahren gegen Jesus, Tübingen 1980.

Swidler, L.: Der Jude Jesus. Theologische Implikationen für Christen, Ms. für die Sendereihe des Südwestfunks «Begegnungen mit dem Judentum», 1980.
Trilling, W.: Fragen zur Geschichtlichkeit Jesu, Düsseldorf 1966.
Trilling, W.: Gegner Jesu – Widersacher der Gemeinde – Repräsentanten der «Welt», in H. Goldstein (Hrsg.): Gottesverächter und Menschenfeinde?, Düsseldorf 1979.
Trilling, W.: Das wahre Israel, Leipzig 1975.
Vardiman, E. E.: Die Frau in der Antike, Düsseldorf 1982.
Wilcken, R. L.: Die frühen Christen – Wie die Römer sie sahen, Graz–Wien–Köln 1986.
Wilckens, U.: Das Neue Testament (Wilckens-Bibel), Hamburg 1971.
Winter, P.: On the Trial of Jesus, Berlin–New York 1974.
Wolff, H.: Jesus der Mann. Die Gestalt Jesu in tiefenpsychologischer Sicht, Stuttgart 1975.
Zahrnt, H.: Es begann mit Jesus von Nazareth, Stuttgart 1960.

Autorenregister

Aufhauser, J. B. 299 Anm. 6
Augstein, R. 292 Anm. 14, 306 Anm. 3, 310 Anm. 33, 324 Anm. 51, 331 Anm. 16

Bätz, K./Mack, R. 307 Anm. 7, 308 f. Anm. 7, 311 Anm. 4 u. 8, 312 Anm. 16, 325 Anm. 69, 333 Anm. 34
Ben-Chorin, Sch. 34, 46, 48, 53, 103, 111, 117, 132 f., 167, 169, 232, 262, 292 Anm. 20, 294 Anm. 7, 295 Anm. 24 u. 28, 301 Anm. 23, 310 Anm. 25, 316 Anm. 68, 319 Anm. 108, 113 u. 127, 321 Anm. 22, 323 Anm. 40, 324 Anm. 59, 326 Anm. 79, 331 Anm. 9, 333 Anm. 35
Benz, E. 301 Anm. 21
Bleicken, J. 295 Anm. 26
Blinzler, J. 81, 174, 176, 271, 276, 301 Anm. 22 u. 42, 306 Anm. 6, 310 Anm. 27 f., 312 Anm. 21 f., 314 Anm. 30, 315 Anm. 44, 316 Anm. 70 u. 75, 318 Anm. 93, 319 Anm. 127, 320 Anm. 5 f., 321 Anm. 18, 322 Anm. 25, 324 Anm. 53 u. 60 f., 328 Anm. 97, 333 Anm. 44, 336 Anm. 34 u. 37, 337 Anm. 52, 338 Anm. 59 f.
Bornkamm, G. 58, 134, 138, 199, 214, 237, 295 Anm. 25, 310 Anm. 28, 311 Anm. 36, 319 Anm. 2
Braun, H. 214, 329 Anm. 7
Bultmann, R. 26, 58, 101, 183, 214, 224, 237 f., 252, 310 Anm. 33
Burckhardt, J. 67 f.

Carmichael, J. 255
Cohn, Ch. 245
Conzelmann, H. 43, 291 Anm. 5, 304 Anm. 23, 308 Anm. 1, 323 Anm. 41 u. 47, 325 Anm. 71
Craveri, M. 108, 132, 261, 297 Anm. 50, 299 Anm. 8, 301 Anm. 22, 303 Anm. 8 f., 304 Anm. 20, 306 Anm. 4 u. 10, 307 Anm. 11, 308 Anm. 23, 325 Anm. 73, 334 Anm. 9, 338 Anm. 61

Dautzenberg, G. 19
Deschner, K. 119, 297 Anm. 41, 299 Anm. 5, 305 Anm. 32
Dibelius, M. 199, 310 Anm. 28, 319 Anm. 3, 325 Anm. 64
Doerr, F. 313 Anm. 23
Drews, A. 301 Anm. 30 f., 311 Anm. 6, 327 Anm. 85

Edwards, D. 303 Anm. 14, 309 Anm. 17, 310 Anm. 26

Fiedler, P. 196, 323 Anm. 34 u. 41, 337 Anm. 48, 338 Anm. 54
Flusser, D. 30, 239, 242, 260, 300 Anm. 16 u. 18, 306 Anm. 8, 312 Anm. 16, 320 Anm. 6, 321 Anm. 16 u. 21, 325 Anm. 68, 334 Anm. 5
Friedell, E. 306 Anm. 13

Gibbon, E. 155
Goguel, M. 72, 153, 157, 173, 186, 252, 262, 297 Anm. 51, 311 Anm. 12, 315 Anm. 50 u. 58, 318 Anm. 96 f., 319 Anm. 125, 333 Anm. 31, 336 Anm. 33
Goldschmidt, H. L./Limbeck, M. 315 Anm. 53, 316 Anm. 61 u. 66, 332 Anm. 18
Gollinger, H. 318 Anm. 92
Grant, M. 337 Anm. 43
Gubler, M.-L. 334 Anm. 14

Haacker, K. 334 Anm. 14
Haas, K. 319 Anm. 122
Haenchen, E. 162, 176, 196, 237, 310 Anm. 28, 313 Anm. 29, 324 Anm. 63, 314 Anm. 41, 317 Anm. 91, 333 Anm. 34

Harenberg, W. 315 Anm. 51
Harnack, A. v. 327 Anm. 89
Heer, F. 339 Anm. 3
Hengel, M. 80, 311 Anm. 2
Holl, A. 112
Holtz, T. 199

Jens, W. 315 Anm. 52 u. 59, 316 Anm. 63, 65 u. 67
Josephus, Flavius 65 ff., 91, 93, 100, 151, 154, 160, 184, 200, 249 f., 267, 299 Anm. 2, 300 Anm. 10, 310 Anm. 26, 312 Anm. 17, 314 Anm. 38, 317 Anm. 81, 320 Anm. 7, 331 Anm. 5 ff.

Käsemann, E. 76, 330 Anm. 20
Kastning-Olmesdahl, R. 191, 319 Anm. 1
Klausner, J. 261, 266, 300 Anm. 14 u. 16, 314 Anm. 41, 317 Anm. 81, 324 Anm. 54
Knoch, O. 302 Anm. 6
Kolping, A. 72, 96, 106, 166, 191 f., 199, 214, 219 f., 235, 292 Anm. 25, 294 Anm. 9, 295 Anm. 14 u. 22, 300 Anm. 20, 301 Anm. 36, 302 Anm. 4, 303 Anm. 8, 305 Anm. 1 u. 5, 308 Anm. 3 u. 5, 309 Anm. 8 u. 21, 310 Anm. 22, 314 Anm. 36 u. 42, 315 Anm. 46 f., 317 Anm. 82 u. 91, 319 Anm. 111, 320 Anm. 9, 321 Anm. 24, 322 Anm. 27, 324 Anm. 58, 326 Anm. 81, 328 Anm. 100, 332 Anm. 20, 335 Anm. 22, 336 Anm. 25, 338 Anm. 55
Kremers, H. 318 Anm. 92, 319 Anm. 1
Kroll, G. 314 Anm. 31, 316 Anm. 75
Kümmel, W. G. 311 Anm. 2 u. 5, 317 Anm. 84
Küng, H. 26, 27, 58, 73, 86, 103, 112, 115, 193, 232, 240, 243, 272, 297 Anm. 43, 302 Anm. 47, 319 Anm. 112, 326 Anm. 82, 329 Anm. 101, 331 Anm. 14, 332 Anm. 26, 333 Anm. 32, 334 Anm. 2

Landmann, S. 21, 65, 111, 297 Anm. 49, 299 Anm. 8, 309 Anm. 10, 315 Anm. 59, 329 Anm. 9
Lapide, P. 43, 56, 99, 182, 197, 224 f., 267, 268, 295 Anm. 12, 296 Anm. 33, 298 Anm. 1, 302 Anm. 5, 305 Anm. 2 u. 4, 307 f. Anm. 20, 319 Anm. 117, 323 Anm. 45 f., 329 Anm. 104, 332 Anm. 29, 334 Anm. 10 u. 15, 335 Anm. 22, 336 Anm. 26 u. 28 f., 339 Anm. 26
Lapide, P. / Lutz, U. 301 Anm. 2
Levinson, N. P. 338 Anm. 1
Lehmann, J. 228, 242, 297 Anm. 37, 232 Anm. 19 u. 22
Lutz, U. 196, 295 Anm. 18

Maccoby, H. 293 Anm. 28, 317 Anm. 83, 318 Anm. 105, 329 Anm. 11
Mack, R. / Volpert, D. 297 Anm. 51
Mackey, J. P. 298 Anm. 58, 309 Anm. 14, 328 Anm. 98, 330 Anm. 2
Mayer, A. 35, 40, 291 Anm. 8 u. 9, 318 Anm. 106, 334 Anm. 17
Mendelssohn, H. v. 299 Anm. 7, 321, Anm. 20, 323 Anm. 35
Mommsen, Th. 300 Anm. 17, 319 Anm. 107, 332 Anm. 24
Müller, K. 312 Anm. 18, 322 Anm. 28
Mussner, F. 244 f., 308 Anm. 3, 312 f. Anm. 21, 319 Anm. 116, 326 Anm. 80, 328 Anm. 97, 330 Anm. 15 u. 16, 335 Anm. 24, 338 Anm. 58

Pagels, G. 291 Anm. 10, 298 Anm. 53 u. 57, 333 Anm. 30
Pesch, R. 106, 281, 314 Anm. 34, 315 Anm. 48, 317 Anm. 80, 322 Anm. 28, 334 Anm. 1 u. 11
Pöhlmann, H. G. 122

Renan, E. 255 Anm. 23, 232 Anm. 23
Ruether, R. 294 Anm. 32, 296 Anm. 30, 318 Anm. 103

Schillebeeckx, E. 129 f., 292 Anm. 16 u. 18, 312 Anm. 13, 323 Anm. 37
Schlotheim, H. H. v. 212, 312 Anm. 21
Schmithals, W. 318 Anm. 99, 329 Anm. 12
Schnackenburg, R. 312 Anm. 18

Schneider, G. 324 Anm. 48 u. 63
Schoeps, J. 293 Anm. 29 u. 30 f., 305 Anm. 31 f., 331 Anm. 10
Schonfield, H. J. 309 Anm. 15
Schweitzer, A. 74, 100, 301 Anm. 29
Simonis, W. 39, 167, 291 Anm. 5, 301 Anm. 34
Speidel, K. A. 319 Anm. 115, 320 Anm. 9, 331 Anm. 8
Stauffer, E. 106, 114, 173, 176, 212, 240, 271, 273, 306 Anm. 5, 318 Anm. 93
Strobel, A. 239 f., 253, 310 Anm. 28, 312 Anm. 18 f., 318 Anm. 92, 321 Anm. 18 f., 322 Anm. 28, 324 Anm. 54, 328 Anm. 99, 336 Anm. 36, 337 Anm. 49

Trilling, W. 167 f., 320 Anm. 3, 334 Anm. 13 f., 336 Anm. 31

Vardimann, E. E. 307 Anm. 14 u. 16

Wilcken, R. L. 232, 323 Anm. 33, 326 Anm. 74, 328 Anm. 95
Wilckens, U. 291 Anm. 7
Wolff, H. 304 Anm. 19, 307 Anm. 13 u. 19

Zahrnt, H. 54, 73

Register der Bibelstellen

1. Mose

1.28	105
4.10	269
7.4	296

2. Mose

12.46	149
13.1f.	305
20.12	110
23.4f.	298
24.1	313

3. Mose

11.7f.	329
12.1ff.	98; 297
19.18	298
23.40	132
24.11ff.	235
24.16	154

4. Mose

14.33	296
15.32ff.	241

5. Mose

13.2ff.	209; 246
13.7	322
13.10	322
13.15	213
16.16	131
17.6	204
17.12	323
18.20	246
19.15	204; 324
21.18ff.	204
21.22f.	184
21.23	79
24.16	269; 334
28.15ff.	329

Josua

2.1	104

Richter

11.1	305
13.5ff.	101

1. Samuel

2.7	294

2. Samuel

7	96
17.23	166
20.9	316

1. Könige

1.1f.	104
8.41ff.	294

2. Könige

14.6	334

2. Chronik

19.6f.	201

Hiob

5.11	294
12.19	294

Psalmen

2.7	230
13.14	268
21.27	326
22.2	137
22.8f.	145
22.19	311
26.6	136; 284
31.6	137
31.14	135f.
41.10	135; 166; 316
45.3	113
55.13ff.	316
69.22	136
80.9	97
89.21f.	326
89.36ff.	225
90.4	302
98.36ff.	225
109.7ff.	170
110.1	135; 219; 231
118.26	133
147.6	294

Sprüche

15.21f.	298

Jesaja

1.3	295
7.14	85
8.23	95
9.1ff.	226
9.5f.	96
11.1f.	102
40.9	223
49.6	294
50.6	136
52.13f.	113
53.2	113

53.7	136
53.9	185
53.9ff.	159
56.7	135
61.1f.	292

Jeremia

7.11	162
23.5	102
26.1ff.	211
26.23	323
31.15	93

Ezechiel

17.3f.	103
18.19f.	334
18.20	269

Daniel

7.13	135; 219; 231
7.13ff.	216
9.27	323

Amos

8.9	136

Micha

5.1	97

Habakuk

2.11	216

Sacharja

9.9	134; 252
11.12f.	135
13.3	301

1. Makkabäer

2.33ff.	329
16.23f.	200

Matthäus

1.18ff.	84; 107
1.1ff.	101
1.20	87
1.23	84
1.24f.	87
2.1ff.	92
2.6	96
2.11	97
2.23	102
3.1ff.	114
3.11	301
4.1f.	114
4.2	297
4.13	95
4.24	36
5.9	233; 257
5.17ff.	54; 239
5.25	257
5.39	257
5.41	257
5.42	308
5.44f.	234
6.7	33
7.6	33
8.10	34
8.14f.	117; 122
8.20	217
9.1	95
9.15	117
10.5f.	33; 332
10.16	220
10.23	216
10.34	254
10.34ff.	110; 248
11.19	114; 301
11.20ff.	129
12.9ff.	329
12.11	242
12.34	193
13.53ff.	105
13.55	84; 295
15.24	33; 54
15.26	332
16.13ff.	214; 327
16.17	254
16.17ff.	37
16.23	38
17.12	231
19.1	36
19.4f.	117
19.24	120
19.28ff.	257
20.1ff.	121
21.4f.	39
21.8	131
21.15	162
21.17	315
21.18f.	133
21.33	318
21.43	38
21.46	315
22.7	23
22.34	163
22.35	319
22.39	259
23.14	193
23.15	294
23.29ff.	190
23.37	134
24.5	215
24.15ff.	190; 323
24.20	243
25.14ff.	307
25.26	121
26.5	140
26.6ff.	307
26.15	135
26.17	138
26.19	138
26.22	166
26.25	166
26.34	145
26.39	260
26.47	316
26.49f.	169
26.52	249
26.57	206
26.57f.	321
26.59	221
26.59ff.	201
26.61	210; 322
26.62f.	218
26.64	218
26.65	219
26.67f.	236
27.1	207; 213
27.1f.	206
27.5	166

27.14	276	5.25 f.	40	14.18	135
27.16 f.	279 f.	6.2	130	14.26	139
27.17	278	6.3	19; 86; 105; 106; 108	14.27 f.	260
27.19	276; 336	6.4	108	14.31	145
27.23	278	6.8 f.	114	14.32	139
27.24	284	6.9	114	14.37	139
27.25	38; 268; 335; 336; 338	6.14	130; 327	14.40 ff.	139
		6.17 ff.	309	14.43	316; 321
27.27	173	7.1 ff.	245	14.48	157; 317
27.28	337	7.14 f.	244	14.49	314
27.34	136	7.15	244	14.52	143
27.38	158	7.18 ff.	244	14.53	313; 321
27.44	314	7.19	35; 244	14.53 f.	321
27.45	70	7.27	34	14.54	202
27.46	27; 137; 292	8.17 f.	21	14.55 f.	209
27.48	136	8.27 f.	214; 332	14.55 ff.	201
27.51	219	8.29 f.	215	14.57 ff.	210
27.51 ff.	70	8.31	320; 321	14.60	212; 321
27.56	144	8.33	215	14.61 f.	135
27.57	185; 291	8.38	216	14.62	220
28.1	118	9.1	224	14.63 f.	236
28.19	32; 291	9.7	36	14.64	207
		9.19	308	14.66	145; 202
		9.31	320	14.70	21
Markus		9.33 ff.	302	14.71	145
		10.17 f.	217	15.1	321
1.7	114	10.18	54; 321	15.7	158
1.9	96	10.33	320; 330	15.12 f.	273
1.11	36	10.37	331	15.16	173
1.12 f.	114	10.48	105	15.23	30
1.15	26	10.51	327	15.25	156
1.21	95	11.8	131	15.27	158
2.1	95	11.8 ff.	132	15.28	159
2.7	235	11.10	105	15.29 f.	144
2.17	119	11.12 ff.	133	15.31	80
2.19	115	11.17	162	15.32	314
2.27 f.	243	11.18	162	15.33 f.	156
2.28	217	11.19	163	15.34	27; 137; 292
3.1 ff.	329	11.27 ff.	163	15.36	311
3.2 ff.	329	12.1 ff.	163; 318	15.37	156
3.6	108; 130	12.17	257; 332	15.39	36; 195
3.12	36	12.31	292	15.40	144
3.14 ff.	291	12.34	163	15.42	137; 140
3.16	296	12.35 ff.	325	15.42 ff.	184
3.17	254	12.38 ff.	163	16.1	260
3.20	95	13.1 f.	210	16.8	56; 260
3.21	95; 109; 301; 306	13.10	32	16.9 ff.	118; 294
3.30	109	13.14	23	16.19	297
3.31	295	13.34	307		
3.31 ff.	109; 295	14.1 f.	266		
4.13	20	14.2	30; 140; 320		
4.26 ff.	256	14.3 ff.	122; 307		
5.7	36	14.12	138		

Lukas

1.1ff.	92
1.5	303
1.5ff.	40
1.26ff.	84
1.32ff.	226
1.46f.	41
1.46ff.	226
1.52f.	40
1.68ff.	31
2.1ff.	90
2.5	84
2.7	88; 105
2.26	84
2.33	84
2.41	84; 131
2.41ff.	304
2.52	106
3.1	304
3.2	300
3.23	89; 304
3.23ff.	104
4.1f.	114
4.2	297
4.18f.	292
4.22	84
4.28f.	301
4.41	325
5.27ff.	120
5.34	117
6.6ff.	329
6.12	169
6.14	296
6.15	254
6.27	248
6.29	248
7.9	34
7.25	114
7.34	114; 301
7.36	193
7.37	115
7.44	115
7.47	120
8.1ff.	42; 122
8.43	40
8.44	114
9.18ff.	214
11.27f.	41
12.8	216
12.15	120
12.20f.	120
12.42ff.	123; 307
12.49	
13.1	
13.1ff.	258
13.31	193
13.32	214; 277
13.33ff.	294
13.34	134
14.15ff.	40
14.26	110
15.7	120
16.15	189
17.7ff.	121
19.8ff.	122
19.11	129; 331
19.23ff.	122
19.37ff.	132
19.38	215
19.39	193
19.39ff.	216; 294
19.45f.	162
19.48	265
20.9ff.	318
21.20ff.	23
21.22	190
21.22ff.	294
21.37	315
22.2	265
22.7	138
22.30	291
22.36	248; 254
22.38	254
22.39	315
22.43f.	261
22.50	316
22.52	316
22.63ff.	206
22.66	206; 313
22.71	207
23.2	208; 265; 276
23.3f.	276
23.6	252
23.7ff.	278
23.11	277
23.13ff.	277
23.15	273
23.18	278
23.25f.	31; 195
23.26ff.	294
23.27	30; 280
23.32	159
23.34	272; 292; 336
23.40f.	159
23.42f.	292

12.49 248; 254
13.1 31

23.46	27; 137; 292
23.47	195
23.48	30
23.49	311
23.51	69; 207
23.54	140; 318
24.5	186
24.19	323
24.19ff.	31; 179
24.21	226; 331
24.50ff.	39; 56; 314
24.53	40
32.1	313

Johannes

1.29f.	301
1.45	96; 102
1.46	95
2.3ff.	111
2.4	295
2.12	110
2.13ff.	315
2.19	211
2.21	323
2.43	295
3.14	81
3.22	294
4.2	294
4.17f.	116
4.22	42
5.1ff.	329
5.19ff.	295
5.37	43
6.5	295
6.14f.	42
6.15	217; 258
6.24	295
6.42	86
6.51ff.	44
6.60	128
6.60ff.	301
6.66f.	128
6.70	168
7.2	43
7.2ff.	133
7.3	291
7.7	128; 301
7.15	130
7.28	295
7.41	295
7.41ff.	96

8.7	116; 151	18.38	274	4.10	293
8.11	116	18.39f.	278	4.13	21
8.28	81	18.40	158	4.32ff.	40
8.31	43; 291	19.1	282	5.26	180
8.41	107	19.1ff.	208	5.30	31; 293
8.44	43; 168	19.4	274	5.34	319
8.57	113; 306	19.5	282	5.34ff.	180; 191
9.28	291	19.6	153; 282; 283	5.36f.	329
10.22ff.	133	19.7	195; 208; 283	5.37	253
10.33	151	19.8	283	6.7	143
10.34	43	19.11	228	6.14	321
10.34ff.	228	19.12	265; 283; 284	7.45ff.	50
11.2	307	19.13	251	7.58	151
11.47	202	19.14	313	9.1ff.	51
11.47ff.	181; 182; 295	19.15	283; 338	9.12	296
11.48	265	19.16	195; 268	9.20ff.	325
11.50	182	19.21f.	160	11.26	65
11.56ff.	45	19.23	114; 148	12.2	295
11.57	164	19.25	144	13.27ff.	185
12.1	315	19.26	111; 295	13.45ff.	293
12.1ff.	307	19.26ff.	292	15.1ff.	49; 325
12.19	164; 295	19.30	27; 292	15.5	143
12.32	81	19.31	137; 140	18.14f.	160
12.34	81	19.31ff.	150	21.31	173; 315; 316
12.37ff.	295	19.35	20	22.3	47
12.42f.	181	19.39	69	22.6ff.	51
13.26	168	19.39f.	184	22.18	326
13.27	168	20.1	118	22.24	316
13.35	291	20.9f.	57	22.30	177
14.21	228	20.11ff.	118; 232	23.6	47; 191
15.8	291	20.25ff.	148	23.10	316
15.21	295	20.31	77	24.5	65
15.25	43	21.24	20; 144	24.7	316
16.3	295			25.10f.	154
17.1	81			25.16	275
17.5	81	*Apostelgeschichte*		26.11ff.	51
18.3	172; 174; 202				
18.6	172	1.1	40		
18.8	143	1.4	230	*Römer*	
18.11	333	1.9ff.	36; 39; 56		
18.12	172; 316	1.14	41; 86; 87; 101; 302	1.3	226; 227
18.12f.	177	1.18	170	1.4	222; 227
18.13	300	1.18ff.	166	1.18ff.	299
18.19ff.	177	1.21ff.	315	3.7	55
18.20	165	1.26	294	3.22ff.	48
18.24	177	2.22f.	335	5.15	227
18.28	140; 177	2.23	293	8.14	227
18.29f.	274; 322	2.32	58	8.32	287
18.31f.	153	2.36	31; 195; 335	8.29	53
18.33	274	3.13	273; 319	9.1	55
18.34ff.	262; 274	3.14	281	9.3ff.	48
18.35	268	3.20	231	11.2	48; 189
18.36ff.	275	4.6	180; 203	13.1	190

13.1ff.	63	2.5	326	*1. Timotheus*	
15.3	53	2.9	101		
		2.19	53	2.5	228
		3.13	53	6.13	53
1. Korinther		3.13f.	81		
		3.16	53		
1.23	81	3.20	326	*1. Petrusbrief*	
2.2	53	4.4	53; 85; 324		
5.7	140	5.11	81	2.18ff.	308
5.15	315			3.19f.	291
7.1f.	119			4.7	291
7.20ff.	308			5.9	291
9.20	46	*Epheser*			
10.25f.	245			*2. Petrusbrief*	
11.23f.	53	2.11ff.	286		
15.5	291	6.5	308	3.8	327
15.5ff.	50; 59			3.8ff.	302
15.7	101				
15.10	75				
15.17ff.	288	*Philipper*		*Hebräer*	
15.24f.	226; 252				
15.50	59	1.18	55	5.7	333
15.55	227	2.8	53	12.2	81
		3.5	191	12.24	270
		3.8	47		
2. Korinther					
				Offenbarung	
3.17	59				
5.16	53	*Kolosser*		13.18	23
5.17	327				
5.19	26	4.11	66		
		4.14	40	*Petrus-Evangelium*	
				6–9, 14.46 (Frg.)	194
Galater					
				Philippus-Evangelium	
1.3ff.	288	*1. Thessalonicher*			
1.12	50			§§ 32, 55 b (Frg.)	307
1.13	49	2.15	118; 300; 335		
1.16	50	2.15f.	47		
1.17	52	2.16	189		
1.17ff.	49	4.15	327		
1.20	55	4.17	327		
2.1ff.	49				

Namen- und Sachregister

Abba 54, 260, 279, 333 Anm. 34
Abfallprediger 244
Abi in crucem 148
Ablehnung der Familie 109
Abolitio publica 282
Abschiedsmahl 141
Abschreckung (Strafzweck der Kreuzigung) 155, 184
Abtrünniges Israel 188
Achitophel 166
Achtzehn-Bitten-Gebet 58, 261
Acta Pilati 71
Adar 138
Adoptionslehre 228
Ägypter-Evangelium 25
Aelia Capitolina 303 Anm. 16
Älteste 163, 200, 203
Agrippa I 37, 152, 267, 304 Anm. 18
Agrippa II 66
Ahas 85
Ahikam 323 Anm. 34
Akiba (Rabbi) 238, 321 Anm. 17
Alexander d. Gr. 86, 150
Alexander (Sohn des Herodes) 93
Alexandria 63, 65
alma 85
Alter Bund 61
Ambrosius 88, 148
Amnestie s. privilegium paschale
Amtsanmaßung 207, 237
Ananias 296 Anm. 35
Ananos (Hoher Priester) 66, 152, 200 f., 300 Anm. 13, 320 Anm. 11
Andreas (Jünger) 254
Anklage im Synedralprozeß 209, 213
Annageln, anbinden ans Kreuz 148
Annales 62 f., 299 Anm. 5
Antisemitismus, Antijudaismus 10, 42, 47 f., 189, 271
Antike Geschichtsschreibung 236, 292 Anm. 18
Antiochia 63, 65
Antiochus IV. 241
Antonia (Burg) 91, 142, 163, 250 f., 268

Aphroditetempel 186
Apokalypse des Johannes 23
Apokryphe Evangelien 24
Apostat s. Abfallprediger
Apostel der Heiden 46
Apostolisches Glaubensbekenntnis 56, 223, 229
Aramäischer Urtext der Evangelien 21
Aramäische Sprache Jesu 21
Archelaos 91, 97
Aristobolus 93
Arius, Arianer 228 f.
Armin der Cherusker 90
Arzt Lukas 39
Asketen 101
Atha amartha 220
Athanasius 229
Atticus 331 Anm. 10
Auferstandener Christus 15, 22, 26, 56 ff.
Auferstehung des Fleisches 298 Anm. 53
Auferstehung der Toten 192, 287
Aufklärung 26, 72
Aufrührer, Aufwiegler 157, 161, 178, 256, 263, 276
Auge um Auge 298 Anm. 1
Augenzeugen 19, 290 Anm. 3
Augustinus 116, 269, 290 Anm. 3
Augustus 56, 90, 93, 98, 253, 276, 330 Anm. 14
Aurelian 303 Anm. 11
Aurelius Victor 311 Anm. 11
Auschwitz 286, 312 Anm. 21
Auserwähltes Volk 328 Anm. 95
Autodidakt Jesus 106
Autographa 300 Anm. 10
Autoren des Neuen Testaments 23
Auxiliartruppen 91
Aziza, C. 334 Anm. 7

Baal Rib 320 Anm. 12
Babylonische Gefangenschaft 224
«Bänder der Passion» 148
Bagatelldelikte 246

Balfour-Erklärung 39
Bandenbekämpfung 314 Anm. 34
Barabbas s. Jesus Barabbas
Bar Giora 238, 293 Anm. 28
Barjona 254
Bar Kochba 178, 238, 293 Anm. 29, 304 Anm. 16
Barmherziger Samariter 28
Barnasch 217
Barth, K. 26, 229, 272
Basilides v. Alexandria 297 Anm. 51
Bauer, B. 74
Bauer, F. 319 Anm. 119
Bea (Kardinal) 272
Begin, M. 297 Anm. 36
Belagerung Jerusalems 150, 238
Ben-Adam 230, 324 Anm. 51
Bereinigungen der Evangelien 24
Bergpredigt 29, 61, 122, 128, 233, 239, 257, 292 Anm. 24
Berufsethos jüdischer Richter 201
Besatzungsmacht 154, 172, 183, 195, 257, 264 u. ö.
Besatzungsstatut 238, 332 Anm. 27
Besoldung des römischen Soldaten 311 Anm. 4
Bestätigungstheorie 154
Betäubungstrank vor Kreuzigung 30
Beth Dien 204
Bethanien 164, 315 Anm. 50
Bethlehem 39, 93, 95 ff. u. ö.
Bethlehem Ephrata 96 f.
Betulla 85
Beweisaufnahme 256
Biographie Jesu 14
Bloch, E. 75, 217, 301 Anm. 33
Blut und Wasser 311 Anm. 9
Blutgerichtsbarkeit 150, 152, 203
Bonhoeffer, D. 229
Bornhäuser, K. 312 Anm. 21
Bräutigam, Brautgemach 117, 307 Anm. 8
Brüderlichkeit 61
Burnouf, E. 74
Bußtaufe 78 f.

Caesar, J. 19, 150
Caesarea Maritima 91, 154
Caesarea Philippi 214 f.
Caillois, R. 338 Anm. 64
Caligula 60, 267, 304 Anm. 18
Cassius Dio 297 Anm. 45

Celsus (Kelsos) 64
Centurio s. römischer Hauptmann
Ceres 87
Chauvinismus 33
Che Guevara 256
Chiliarchos 91, 172 ff.
Christenverfolgungen 51, 62 f., 291 Anm. 4
Christiani Christianoi 62, 65
Christus-König 161
Cicero 150
Claudia s. Procula
Claudius 63, 304 Anm. 17
Codex Laurentianus 113
Codex Vatikanus 261
Cohn, Ch. 245, 320 Anm. 12, 322 Anm. 25, 324 Anm. 51, 329 Anm. 12
Conjunctio Magna 94
Coponius 91, 320 Anm. 11
Cross-Section 76
Crurifragium 149
Cumanus, V. 250, 331 Anm. 7
Cyrenius 91 f., 253

Dalman, G. H. 307 Anm. 7
Damaskus, Damaskuserlebnis 49, 51 f.
Damasus I. 25
Dammatio memoriae 319 Anm. 106
David, Davidide 20, 45, 102, 104 f., 166, 223, 225, 230 u. ö.
Davidssohn 29, 39, 250
Davids-Turm 250
Denkfehler in der Evangelienredaktion 82
Denunzianten (Verfahrensbeteiligte) 204, 324 Anm. 52
«Der Herr» 325 Anm. 65
Deuterojesaja 302 Anm. 45
Diasporajude 43, 46, 49
Dienstverfehlung 184
Dies Dominica 89
Diokletian 291 Anm. 4
Dionysius 90
Distanziertes Verhältnis Jesu zur Mutter 110
Dominikaner 315 Anm. 52
«Dominus» 325 Anm. 65
Domitilla-Katakombe 114
Donnersöhne 42, 254
Doppelprozeß 69, 202

Doppelschichtigkeit der Evangelien 31
Dornenkrone 282, 338 Anm. 53
Dreieinigkeit s. Trinität
Drei-Tage-Passion 157

Ebionim, Ebioniten 32, 102, 328 Anm. 92, 331 Anm. 10
Eckstein, J. 321 Anm. 17
Ehebrecherin 116, 120, 151
Eichmann-Prozeß 292 Anm. 20
Eiferer 157
Ein-Tag-Passion 157
Einzelgrab 185
Eiserne Jungfrau 303 Anm. 10
EKD-Denkschrift 317 Anm. 92
Ekklesia 294 Anm. 6
Eleazar (Hoher Priester) 320 Anm. 11
Eleazar (Rabbi) 321 Anm. 17
Eleazar (Sohn des Ananos) 331 Anm. 15
Eleazar ben Dinseus 238
Eleazar ben Zadok 152
Eli (Großvater Jesu nach Lukas) 105
Elia 231, 327 Anm. 18
Emmaus-Jünger 57, 178, 226, 294 Anm. 3
Entlastungszeugen 211
Entstehung der Evangelien 22, 34
Episemos (Wortbedeutung) 337 Anm. 45
Erbsünde 87
Erfüllungslegende 134, 145, 185, 268, 311 Anm. 4, 316 Anm. 62
Erklärungswert (objektiver) 189, 296 Anm. 30
Erlöser 53, 80 ff.
Eroberung Jerusalems 23, 35
Ersatzwahl des Matthäus 315 Anm. 55
Erstgeborenes 305 Anm. 26
Essener 60 f., 141, 190, 242, 253 f., 298 Anm. 1, 309 Anm. 20
Etappen der Evangelien 29
Eusebius 67, 87, 101, 186, 326 Anm. 77
Ewiger Jude 167
Ezechiel 25

Fahndungsbeschluß 164
Fair Trail 213
Falsche Prophetie 209, 246

Familienkonflikt 110
Familienstatus Jesu 117 f.
Fasten 114
Fehlerquellen der Evangelien 24
Feigenbaum 133
Feindesliebe 61, 292 Anm. 24, 298 Anm. 1
Felix, A. 238
Felsengrab 148
Festus, P. 153
Fiat lux 228
Fisch (Symbol der Christen) 81
Fitzmyer 326 Anm. 80
Florus, G. 250
Fluch und Schandmal des Kreuzes 81, 134
Flucht der Jünger 143
Flucht nach Ägypten 39, 92, 97
Fluchtgedanken Jesu 260
France, Anatole 71
Franz von Assisi 295 Anm. 12
Franziskaner 171
Frau am Jakobsbrunnen 42, 116
Frauenhaarflechterin 64
Freibeuter, Freischärler 158
Freisler, R. 204
Freispruch 212, 221
«Fresser und Weinsäufer» 114
Frevelpriester 298 Anm. 1
Friedell, E. 57
Friedfertigkeit Jesu 13, 39, 255 ff.
Frohe Botschaft 26, 209
«Frommer Betrug» 55
Fruchtbarkeitsideal der jüdischen Frau 88
Fünfter Becher 333 Anm. 35

Gabbata 251
Gaechter, P. 336 Anm. 34
Gärtner 57, 232
Galba 80
Galiläa der Heiden 95
Galiläischer Dialekt 21
«Galiläischer Frühling» 128
Gallio 160
Gamaliel (Rabbi) 47, 69 f., 180, 191, 309, Anm. 17
Gamaliel-Evangelium 338 Anm. 61
Gegenreformation 87
Gegenstimme im Synedrium 207
Geißelung 52, 147, 149, 282, 337 Anm. 52
Geistliche Semiten 286

Genealogie Jesu 39, 104f.
«Genosse» (pharisäische Anrede) 193
Geständnis des Angeklagten 204f.
Gethsemane 139, 166, 169, 172, 260ff. u. ö.
Gewaltlosigkeit 248
Geweihte Gottes 101
Gewinnsucht 171
Glaubensgemeinde Jesu 286
Glaubensspaltung im Urchristentum 49
Gleichnis vom Großen Gastmahl 23, 40
Gleichnis vom unnützen Sklaven 121
Gleichnis vom verlorenen Sohn 40
Gleichnis von den anvertrauten Pfunden 121, 307 Anm. 20
Gleichnis von den Arbeitern im Weinberg 121
Gleichnis von den bösen Winzern 188, 315 Anm. 49
Gleichnis von den klugen und törichten Jungfrauen 307 Anm. 8
Gleichnisredner Jesus 44, 123, 192, 265
Gnosis, Gnostiker 25, 43, 229
Goethe, J. W. v. 72f.
Göttlicher Christus 28, 32
Göttlicher Schelm 304 Anm. 19
Götzendienst 209
Golgatha 118, 156, 178, 186, 195, 233, 251
Gott Abrahams, Isaaks und Jakobs 286
Gott Israels 33
Gott der Liebe, Gott der Rache 298 Anm. 1
Gottesknecht 231
Gotteslästerung (Blasphemie), Gotteslästerer 195, 199, 206f., 219, 222, 225, 237 u. ö.
Gottesmord 287
Gottessohn 45, 160, 222, 230, 237 u. ö.
Grabeskirche 186, 251
Grablegung 143
Grabtuch von Turin 318 Anm. 95
Grabverweigerung 79
Gräberverehrung 185
Gratus, V. 200
Grauzone des Glaubens 230

Gregor d. Gr. 286
Griechische Sprache der Evangelien 21
Großer Sabbat 140
Großer Zensus 99, 253
Grüber (Probst) 292 Anm. 20
Gründonnerstag 155, 164
Grundsatz der Verhältnismäßigkeit 298 Anm. 1
Grundsatz der Nichteinmischung 154f.
Guter Hirte 43f., 112

Hader und Streit 127
Hadrian 303 Anm. 16
Hände in Unschuld waschen 284
Händewaschen vor dem Essen 244
Händel, G. F. 223
Händler und Wechsler 162f.
Häresie, Häretiker 25, 102, 298 Anm. 53
Haftbefehl 162
Hahnenschrei 145
Halacha 239, 260
Hannas 164, 176, 200, 208, 266
Harnack, A. v. 294 Anm. 7
Hasmonäerpalast 156
Haupt voll Blut und Wunden 296 Anm. 31
Hebräerbrief 299 Anm. 2
Hebräer-Evangelium 25
Heiden 33, 40
Heidenchrist, Heidenchristentum 39, 194
Heilbehandlungen 242
Heilig-Geist-Loch 297 Anm. 47
«Heilig lügen» 54
«Heilige Ehen» 86
Heiliger Geist 25, 84
Heiliges Grab 186
Heiliges Land 304 Anm. 16
Heilserfahrung 28
Heilsplan 169
«Heimlicher Christ» 284
Helena (Kaisermutter) 186
Herakles 86
Herder, J. G. 26
Herodes Antipas 91, 98, 108, 130, 156, 182, 194 u. ö.
Herodes d. Gr. 90ff., 200 u. ö.
Herodespalast 250f.
Herodianer 130, 190, 192, 329 Anm. 12

«Herrschende Meinung» 32
«Herrscher Israels» 226
Hieronymus 61, 331 Anm. 10
Hillel (Rabbi) 130, 192, 294 Anm. 37, 309 Anm. 7
Himmelfahrt 39, 56, 297 Anm. 46 u. 47
Himmelskönigin 87
Himmlisches Jerusalem 225, 338 Anm. 61
Himmlisches Wesen 222
Hiskia 85
Historizität jesuanischer Worte 26
Hochzeit zu Kana 110
Höllenfahrt 291 Anm. 4, 314 Anm. 36
Hoher Priester 176, 199 ff. u. ö.
Holder Knabe 112
Homoiousios 229
Hosianna 132
Hure von Jericho 104

Ibis in crucem 147
Ignatius (Bischof) 78, 333 Anm. 30
Ignatius von Antiochia 303 Anm. 7
Ignatius von Loyola 55
Illegalität des Synedralprozesses 205
Immerwährende Jungfrau 88
In dubio pro reo 213
Indien (behauptetes Wirkungsgebiet Jesu) 57
Indoeuropäische Sprachfamilie 22
Innerkirchliche Auseinandersetzungen 25
Inquisition, Inquisitionsverfahren 201, 239, 303 Anm. 10, 337 Anm. 52
I. N. R. I. 160 f.
Instanzenzug 201
Ipsissima verba Jesu 27
Irenäus 57
Irrlehrer 240
Isais 102
Isis-Kult 87
Italienische Gerichtsbarkeit 198
Ius gladii 312 Anm. 13

Jaffa-Tor 250
Jakob (Großvater Jesu nach Matthäus) 105
Jakobus (Bruder Jesu) 19, 32, 36, 49, 75, 86, 101 f. u. ö.

Jakobus (Jünger, Sohn des Zebedäus) 37, 42, 231, 254
Jakobusbrief 19, 55
Jakobus-Evangelium 107, 303 Anm. 8, 306 Anm. 6
Jaubert, A. 157
Jeremia 166
Jericho 330 Anm. 14
Jerusalem 129 ff. u. ö.
Jesus (Namensbedeutung) 66
Jesus Barabbas 156, 158, 278 ff.
Jesus (geistesgestörter Sohn des Ananos) 66, 246, 323 Anm. 34
Jesus, Sohn des Damnäus (Hoher Priester) 200
Jesus Christ Superstar 112
Johanna (Jüngerin) 42
Johannes (Lieblingsjünger, Sohn des Zebedäus) 20, 36, 42, 144 u. ö.
Johannes XXIII. 286 f.
Johannes der Täufer 61, 67, 78 f., 92, 101, 114, 119 u. ö.
Johannes redivivus 130
Jom-Kipur-Krieg 241
Jonathan (Hoher Priester) 320 Anm. 11
Josefsehe 88
Joseph (Vater Jesu) 84, 88, 97, 99, 107
Joseph v. Arimathia 57, 69, 142 f., 181, 183, 185
Jotapata 69
Judäa 36, 91, 98, 304 Anm. 16
Judas (Bruder Jesu) 19, 105
Judasbrief 19
Judas Iskariot 146, 165 ff., 180, 254 u. ö.
Judaskuß 316 Anm. 68
Judas v. Gamala 99, 253, 329 Anm. 104, 332 Anm. 19
Jude Jesus 28, 47, 77
Juden als Freunde Jesu 30, 42
Judenchristen 32
Judenerklärung 287
Judenhaß 10, 263
Jünger 20, 42
Jüngerinnen 42
Julian 232, 328 Anm. 95
Jungfrau, Jungfrauengeburt 84 ff. u. ö.
Justin 55
Justizirrtum 159
Justizmord 240
Justizposse 321 Anm. 22

Justizskandal 200f.
Justus v. Tiberias 60

Kaiphas 29, 176, 180, 200, 236 u. ö.
Kampfmessias 31, 39, 161, 251, 258
Kanaan 303 Anm. 16
Kanon des Neuen Testaments 25
Kantabrer 267
Kapernaum 95, 100, 127
Kapitalprozesse, -verbrechen 203, 320 Anm. 12
Karet 245
Karfreitagsliturgie 286
Kepler, J. 94
Keuschheitsideal 116
Kidrontal 173
Kinder Gottes 234
Kindermord des Herodes 142
Kindheitsevangelium des Thomas 304 Anm. 19
Kindheits- und Jugendjahre Jesu 93
Klatschgeschichten über Maria 106
Kleiderverteilung 311 Anm. 4
Knecht des Hohen Priesters 175, 254
Knüppel und Stangen (Waffen jüdischer Büttel) 172
König der Juden 160f., 258 u. ö.
Körpergröße Jesu 113
Kohorte 156, 173f.
Kollaborateure 120, 257
Kollegialgericht 236
Kollektivschuldthese 154, 269, 335 Anm. 24
Konstantin d. Gr. 67f., 81, 87, 89, 150, 186, 228, 303 Anm. 16, 318 Anm. 100, 326 Anm. 77
Konstantinische Schenkung 337 Anm. 51
Konzil, Erstes Vatikanisches 26
Konzil, Zweites Vatikanisches 287
Konzil von Chalcedon 29, 229
Konzil von Ephesus 229
Konzil von Konstantinopel 33
Konzil von Nicäa 29, 33, 58, 228f., 291 Anm. 4
Kooperationsbereitschaft 182
Koptische Kirche 284
Koran 297 Anm. 52
Kreuz als Reliquie 186f.
Kreuz als Totschläger 187
Kreuzestod, -strafe 79ff., 147ff., 154

Kreuzzüge 303 Anm. 12
Krippenidylle 41
Kyrillos 232
«Kyrios» 325 Anm. 65

Lamm Gottes 54, 82
Land Israel 304 Anm. 16
Land Juda 304 Anm. 16
Landesverräter Kaiphas 317 Anm. 83
Laterankonzil des Jahres 649 88
Laubhüttenfest 95, 131ff.
Lazarus 116, 164
Lazzaroto, D. 336 Anm. 37
Leeres Grab 56, 118, 186, 260
Legatus Augusti 91
Legion 173
Legionstruppen 91
Lehre Jesu? 26, 292 Anm. 24
Leibfeindliche Kirche 115
Leidensweissagungen 320 Anm. 13
Lessing, G. E. 73
Lestes 158, 337 Anm. 42
Levi 36
Lex Julia maiestatis 160, 263, 314 Anm. 39
Liebespharisäer 319 Anm. 108
Liebestat Gottes 287
Lietzmann, H. 310 Anm. 28
Literarisches Eigentum 20
Lithostrotos 251
Livia 56
Logienquelle (Q) 29
Lohse, E. 162
Lügenmessias, Lügenprophet 215, 240
Luther, M. 54, 118, 269f., 281
Luzern 285
Lynchjustiz 312 Anm. 14

Maaß, H. 317 Anm. 90
Machärus 130, 151
Märtyrer, Märtyrertod 37, 42, 79, 184, 299 Anm. 5, 336 Anm. 25
Magnifikat 40
Majestätsbeleidigung 207, 276, 331 Anm. 9
Makarius 189
Makkabäer 224, 305 Anm. 23
Malchus 254
Mandäer 101
Mara bar Sarapion 63
Marc Anton 250

Marc Aurel 291 Anm. 4
Marcion, Marcionismus 25, 57f., 297 Anm. 48
Marcus Pontius 267
Maria (Mutter Jakobs des Kleinen) 56, 144
Maria (Mutter Jesu) 41, 64 u. ö.
Maria v. Bethanien 116, 164
Maria Magdalena 42, 56f., 116f., 143f., 232, 303 Anm. 6
Maria Lichtmeß 305 Anm. 25
Marienverehrung, Marienkult 41, 87f., 105, 306 Anm. 14 u. ö.
Markus-Nachtrag 35
Markus-Priorität 35
Martin Luther King 256
Masada 253, 329 Anm. 9
Masochisten 232 Anm. 30
Mater Ecclesiae 87
Mathias (Hoher Priester) 320 Anm. 11
Matthäus (Apostel) 36, 294 Anm. 5
May, F. 291 Anm. 3
Mazen 138
Menachem 238, 293 Anm. 28
Menschensohn 216f., 230, 324 Anm. 51
Messias, Messianität 213f., 218, 231 u. ö.
Messiasbekenntnis, Messiasgeheimnis 214f.
Militärstrafrecht 158
Minerva 87
Mischna 321 Anm. 18
Missionsbefehl 32ff.
Mithras 302 Anm. 5
Mittäter 159
Mittelbare Täterschaft 271, 335 Anm. 23
Mohammed 333 Anm. 32
Mondkalender 137, 141
Monotheismus 55, 210
Montefiore, C. G. 336 Anm. 24
Moses 20, 93, 333 Anm. 32
Mühselige und Beladene 122
Mündlich tradierte Worte Jesu 24f.
Müntzer, T. 256
Mutter Gottes 87
Mutterreligion 187
Mysterienglaube 295 Anm. 26

Nächstenliebe 33, 61, 257, 272, 292 Anm. 24

Nächtliches Verfahren 204, 206, 321 Anm. 19
Nährvater 88
Naherwartung 26, 44, 119, 209, 224, 230, 259, 327 Anm. 84
Naiver Glaube 72f.
Namensbezeichnungen der Evangelien 23f.
Namenswechsel 296 Anm. 33
Nasiräer, Nazoräer 100ff.
Nazaräersekte 65, 189
Nazareth 95, 98 u. ö.
Nero 62, 190, 250, 299 Anm. 5, 318 Anm. 106
Neronische Christenverfolgung 37, 63
Neuer Bund 61
Nezer 103
Nikodemus 69f., 181, 184
Nisan 137ff., 304 Anm. 21
Nothilfe 243
Nürnberger Prozeß 270

Oberammergauer Passionsspiele 271
Oberster Gerichtshof Israels 197
Ochs und Esel 41, 295 Anm. 12
Ödipus 93
Öffentliche Sicherheit und Ordnung 163
Öffentliche Sitzung 204
Ohrfeige 208
Opfertod 278
Orientalische Informanten 24
Orientalische Jüdin (Maria) 88
Origenes 25, 194, 228, 269, 279, 299 Anm. 5, 300 Anm. 16
Originalfassung der Evangelien 23
Orthodoxe Kirche 284
Ostergraben, Ostergeschichte 28, 215
Overbeck 54

Palästina 90, 155, 303 Anm. 16
Palmsonntag 131
Pandera, Panthera 64, 300 Anm. 8
Papias 24, 55
Papstbullen 287
Paradies 261
Parthenos 85
Partisan 159
Parusie s. Naherwartung
«Parusieverzögerung» 82

Passah, Passahmahl 131, 138 u. ö.
Passionsgeschichte (historischer Ursprung) 29, 127
Patriot 184, 245, 253, 264, 280
Paul VI. 82
Paulus, H. E. G. (Exeget) 57
Pazifisten 32
Pella 32, 256
Perseus 86
Persönlicher Glaube 15
Peter und Paul 49
Petrus 19, 21, 36, 49, 86, 144 u. ö.
Petrusbriefe 19, 21
Petrus-Evangelium 194 f., 298 Anm. 53
Petruspredigten 75
Pfingsten (Pentekoste) 326 Anm. 87
Pfingstpredigt 58, 335 Anm. 23
Pharao 93
Pharisäer 28, 38, 47, 65, 130, 143, 299 Anm. 2 u. ö.
Philipp II. (Makedonierkönig) 86
Philon v. Alexandria 60, 266
Philippus (Tetrarch) 90 f.
Philippus-Evangelium 116, 118
Philisterland 304 Anm. 16
Pilatus 29, 31, 62, 64 f., 91, 147 u. ö.
Pilger 131, 155, 162, 249 f., 277
Pilum 267
Pius IX. 82
Pius XI. 286
Pius XII. 286
Plauelt, M. 338 Anm. 64
Plinius d. Ä. 60
Plinius d. J. 60
PLO 297 Anm. 36
Pneumatisches Evangelium 29
Pöbelhaufen 268
Polikarp 232 Anm. 30
Polizeiaktionen gegen Christen 291 Anm. 4
Pompeius 241
Poppeia Sabina 63
Porphyrios 232, 323 Anm. 33
Praefectus Judaeae 304 Anm. 17, 331 Anm. 4
Prätorium 156, 176, 250, 274 f.
Predigtcharakter der Evangelien 28
Predigtfreiheit 180
Privathaus des Kaiphas 206
Privilegia judaica 157, 179, 318 Anm. 101

Privilegium paschale 281 f.
Procula (Claudia) 275, 284, 338 Anm. 61
Procurator Augusti 91, 304 Anm. 17
Prokonsul 91
Prophet Jesus 179, 214
Proselytenstatus 295 Anm. 26
Protoevangelium des Jacobus s. Jakobus-Evangelium
Provinzgouverneur 91
Prozeßökonomie 158
Prozeßordnung (jüdische) 13, 204
Prozeßordnung (römische) 13, 275
Pseudo-Matthäus-Evangelium 97, 107
Pseudo-Messiasse 237 f.
Psychotherapeut Jesus 108
Ptolemaios II. 302 Anm. 2
Pythagoras 64

Quaderhalle 204
Quinisextum (Synode) 82
Quirinius s. Cyrenius
Qumran, Schriftrollen vom Toten Meer 26, 60 f., 299 Anm. 2

Rabbi Jesus 36, 45, 117 f., 179, 192, 217
Rabbuni 232
«Rächer Israels» 226
Räuber 158
Räuberkonzil 229
Rahab 104
Rahner, K. 229, 272
Rangstreit der Jünger 302 Anm. 46
Ratsherren 182, 185
Realpolitiker 179, 182
Rebell, Rebellentod 155, 196
Rechtsempfinden 9
Rechtsgutachten des Herodes Antipas 336 Anm. 36
Rechtshilfeersuchen 177
Rechtsstaatliches Verfahren 213
Reicher Jüngling 122
Reichsinnenminister (Erlaß 1938) 295 Anm. 16
Reihenfolge der Evangelien 22
Reimarus, H. S. 73
Reinigungszeit 296 Anm. 36
Religionsgesetze 208
Religionsprozeß 29, 241
Reliquien 187
«Retter Israels» 226

Riß des Vorhangs im Tempel 70
Ritterstand 267
Robertson, J. M. 74
Römer als Feinde Jesu 30
Römischer Hauptmann 36, 57, 91, 174, 195 f., 338 Anm. 61
Rosenzweig, F. 55
Rückübersetzungen 22
Rüsttag 140

Sabbat, Sabbatverletzungen 204, 209 u. ö.
Sabotageakte 144
Sabre 47
Sadduzäer 130, 163, 179, 190, 192, 200, 238, 299 Anm. 2 u. ö.
Salome (Jüngerin Jesu) 56
Salomo 20, 104
Samaria, Samaritaner 98, 267
Sankt-Pilatus-Tag 284
Saul 50, 151
Schächer am Kreuz 159, 338 Anm. 61
Schammai (Rabbi) 130, 309 Anm. 7
Scharf, K. 257
Schauprozeß 213, 221, 259
Schawuoth 131
Scheiterhaufen 239, 337 Anm. 52
Schlüsselgewalt Petri 38
Schmähschriften (jüdische) 63 f.
Schmerzensreiche Gottesmutter 303 Anm. 10
Schmerzensschrei 27, 45
Schnellverfahren 13, 70, 157, 252
Schnitzer, J. 294 Anm. 7
Schöne Sünderin 115
Schreien der Steine 216
Schreiende Volksmassen 156
Schriftbeweis 38, 231
Schriftgelehrte 130, 163, 192, 202
Schulstreiche des Knaben Jesus 304 Anm. 19
Schweigen Jesu 213, 221, 276, 323 Anm. 37
Schweinefleisch 93, 329 Anm. 14
Schwere Körperverletzung 175
Schwerter zu Pflugscharen 225
Schwertstreich des Petrus 316 Anm. 77
Schwören 61
Sechs-Tage-Krieg 39
Seder 138, 156, 205
Sedile 149

Sejan 180 f., 267, 317 Anm. 87
Selbstmord 146, 165
Selbstverfluchung der Juden 10, 38, 209, 271
Seligsprechung des Judas 171
Semitische Sprachwelt 22
Sendungsbewußtsein Jesu 130 f.
Seneca 314 Anm. 40
Septuaginta 85, 325 Anm. 65
Sexualität Jesu 116
Shaw, G. B. 324 Anm. 61
Sicarii 253
Sicherheitsrisiko 155
Sicherheitsvorkehrungen 163
Sieben Worte Jesu am Kreuz 292 Anm. 17
Silberlinge 171
Simon (Bischof) 331 Anm. 10
Simon v. Kyrene 57, 141, 149, 310 Anm. 23
Simon bar Giora 238
Simon Zelotes 254
Sinai-Bund 189
Sintflut 296 Anm. 36
Sippenhaft 269
Skandalon des Kreuzes 79
Sklaven, Sklaverei 123
Smith, W. B. 74
Söhne der Finsternis 298 Anm. 1
Söhne des Lichts 298 Anm. 1
Sohn der Pantherkatze 300 Anm. 8
Sohn-Gottes-Begriff 223 u. ö.
Sohn des Vaters 279
Sokrates 64
Sol invictus 89, 303 Anm. 11
Soldateska 156, 195, 236
Sonnenfinsternis 70, 313 Anm. 28
Sonnengott s. sol invictus
Sorge um Israel 211, 323 Anm. 34
Speira 172
Splitter des Kreuzes 187
Staatskirche, Staatsreligion 24, 87, 327 Anm. 84
Staatsverbrechen 318 Anm. 100
Stall 41, 97
Standgericht 159, 161, 252
Starker Simson 101
Statthaltergericht 69, 142, 202
Steiner, R. 310 Anm. 26
Steinigungstod 154
Stelter, J. 154
Stephanus 49, 151, 154, 312 Anm. 14 u. 19

Stern von Bethlehem 142
Stern-Konjunktion 94
Steuerhinterziehung 207, 276
Stimmungsumschwung 264
Störenfried 171
Strafantrag des Verletzten 204
Strauß, D. F. 74
Streicher, J. 270
Streitgespräche Jesu 163
«Stricke des Kreuzes» 148
Sündenbewußtsein Jesu 78
Sueton 63, 299 Anm. 4
Supersticio externa 155
Susanne (Jüngerin Jesu) 42
«Sweet Lord» 112
Synagoge 167, 233
Synedrium (Hoher Rat) 154, 176 f.
u. ö.
Synoptische Evangelien 29
Syrien 36, 90, 98, 200, 267
Syrophönizische Frau 33 f.

Tacitus 62 f., 299 Anm. 5, 325 Anm. 73
Täufersekte 78
Talmud 64
Tarfon (Rabbi) 321 Anm. 17
Tarsos 46
Taube 36
Taufbefehl 32
Tauftätigkeit Jesu 294 Anm. 33
Tempel der Aphrodite 186
Tempelabriß, Tempelzerstörung 210 ff., 221, 322 Anm. 30, 323 Anm. 33
Tempelbehörde, Tempelpolizei 162 ff.
Tempelbezirk 162
Tempelgeld 162
Tempelkult 211
Tempelreinigung 162
Tempelsteuer 162
Tempelweihfest 133
Tertullian 25, 33, 55, 88, 228, 284, 298 Anm. 53
Testimonium Flavianum 68
Tetanusinfektion 57
Tetrarchen 90
Teufel, Teufelskinder 168
«The Lord» 325 Anm. 65
Theodotus von Byzanz 228
Theudas 329 Anm. 104
Thielicke, H. 26, 113

Thomas v. Aquin 78, 194, 269, 334 Anm. 16
Thoratreue Jesu 239
Tiberius 69, 91, 267, 283, 304 Anm. 21
Tieropfer 98, 162
Tierquälerei 325 Anm. 70
Tillich, P. 26
Tischler 106, 179
Tischordnung 168
Titulus 161
Titus 150, 152, 272
Todesangst Jesu 163, 262
Todesdatum 139 ff.
Todesstrafen (jüdische) 147
Todesstrafen (römische) 147
Todesstrafenkompetenz 150
Tötung der Propheten 32
Toleranz Jesu 116
Torheit des Kornbauern 121
Trajan 60, 331 Anm. 10
Traumseherei 246, 330 Anm. 18
Tribun s. Chiliarchos
Tributverweigerung 99
Trinität, Trinitätslehre 33, 227, 237
Tumultuarisches Auftreten Jesu 162 f., 209
Tyrische Währung 162

Uhrzeit der Kreuzigung 274
Unbefleckte Empfängnis 87
Unbekanntheit Jesu 61 f., 172
Unbesiegter Sonnengott s. sol invictus
Uneheliche Geburt 107
Unruhestifter 180
Unsauberer Geist (Unzurechnungsfähigkeit) 109, 246, 336 Anm. 37
Unsterblichkeit der Seele 61, 298 Anm. 53
Urapostel 50
Urchristliche Marienverehrung 302 Anm. 6
Urgemeinde 31, 49, 186, 237
Urkommunismus 40
Urteilstenor 147, 261
Uterus clausus 88

Varus, Q. 90
Vaterunser 261
Vaticinium ex eventu 216, 320 Anm. 13

Venus 87
Verfahrensverstöße 213
Verfasser der Evangelien 19, 23
Verführung 209, 322 Anm. 28
Vergebung der Sünden 287
Verhaftungskommando 174
Verhöhnung Jesu 156
Verres, G. 80
Verstocktes Israel 32, 40
Verstoßungssatz Jesu 38
Versuchung durch Satan 45
Verwerfung Israels 38
Verwünschungen Jesu 129
Vespasian 69, 300 Anm. 17, 325 Anm. 73
Via Dolorosa 251
Vienne 267
Vierwaldstättersee 285
Virginitas ante partum 87
Vitellius 91, 200, 267
Völkermord 271
Volkmann, B. 308 Anm. 22
Volksaufstand 265
Volksheld (Barabbas) 280
Volkslied (Spottlied auf Hohe Priester) 266
Volkszählung 90, 98
Vorhof der Heiden 162
Vox populi 276
Vulgata 25
Vulva reservata 88

Wahre Lehre Christi 25
Wahrer Mensch und wahrer Gott 223, 229
Wartezeiten nach Geburt 98
«Weib» (Anrede) 111
Weihnachten 89
Weihnachtsgeschichte 98f.

Wein 138, 156, 205, 259
Weisen aus dem Morgenland 97
Weltsprache Griechisch 22
Werkzeug Gottes 169
Wettlauf mit der Zeit 155
Widerstand gegen die Staatsgewalt 175
Widerstandskämpfer 238
Wochenbett 98
Worte des erhöhten Herrn 294 Anm. 34
Würdigung des Beweisergebnisses 14
Wunder, Wundertaten 39, 77, 108, 227, 325 Anm. 73
Wundmale 148
Wyszynski (Kardinal) 87

Yadin, Y. 311 Anm. 2

Zachäus 330 Anm. 14
Zebedäus 42
Zeloten 37, 158, 171, 190, 248 ff., 253 ff. u. ö.
Zerreißen des Gewandes 219, 238, 324 Anm. 54
Zerstörung Jerusalems 35, 211, 249, 317 Anm. 88
«Zeuge der Anklage» 167
Zeugen, Zeugenbeweis 205, 211f.
Zeugen vom Hörensagen 28
Zeugenbelehrung 211
Zimmermannssohn 29, 53, 112
Zinsgroschen 257
Zölibat 118
Zöllner 36, 99, 120, 257, 307 Anm. 18
Zwölfjähriger Jesus 106, 304 Anm. 19
Zwölfzahl der Jünger 291 Anm. 5

Kirche und Staat

Wolfgang Huber
Protestantismus und Protest
Zum Verhältnis von Ethik und Politik
(ESSAY 12136)

Dorothee Sölle/Horst Goldstein
«Dank sei Gott und der Revolution»
Christen in Nicaragua (5438)

Dorothee Sölle
Im Hause des Menschenfressers
Texte zum Frieden (4848)

Dorothee Sölle/ Luise Schottroff
Die Erde gehört Gott
Texte zur Bibelarbeit von Frauen
(5634)

Herausgeber
Ingke Brodersen
Freimut Duve

C 2135/6

12140   5626

Liberalität

Erhard Eppler (Herausgeber)
Grundwerte
für ein neues Godesberger Programm.
Die Texte der Grundwerte-Kommission
der SPD (5437)

Václav Havel
Briefe an Olga
Identität und Existenz. Betrachtungen aus
dem Gefängnis (5340)

Olof Palme
**«Er rührte an die Herzen
der Menschen»**
Reden und Texte (5919)

Rolf Meinhardt (Herausgeber)
Türken raus?
oder Verteidigt den sozialen Frieden.
Beiträge gegen die Ausländerfeind-
lichkeit (5033)

Ariane Mnouchkine/Hans G. Berger u. a.
**Der Prozeß gegen den Schriftsteller
Wei Jingsheng** (5883)

Herausgeber
Ingke Brodersen
Freimut Duve

C 2000/13 a

5532

5989